新羅中古政治史研究

金德原

景仁文化社

▫ 책을 내며

초등학교 시절 백과사전에서 학교에 대한 부분을 보다가 대학교 위에 대학원이 있다는 사실을 알게 되면서 막연하게 대학원을 가야되는 것으로 생각하였다. 시간이 지나면서 이런 막연한 생각이 점차 당연히 대학원을 가야되는 것으로 굳어지게 되었다. 결국 초등학교 시절의 생각이 지금까지 이어지면서 책을 보고 글을 쓰고 있는 것 같다.

역사를 공부하면서 가끔 평소에 알고 있는 사실과 다른 부분들을 발견하거나 또 일종의 선입관을 가지고 역사를 바라볼 때도 있다. 그러다 보니 흑백논리에 의해서 역사적 사실을 평가하는 위험성을 언제나 가지고 있으며, 때로는 정반대의 결과를 가져오기도 한다. 따라서 그 동안 소홀하게 취급하였던 문제를 재조명하여 그에 대한 새로운 인식과 더불어 역사적인 위치를 새롭게 정립하는 것도 의미 있는 일이라고 생각한다. 필자가 '舍輪系'라고 하는 다소 생소한 주제를 연구의 대상으로 삼은 것도 바로 이와 같은 이유 때문이다.

이 책은 필자의 박사학위논문을 수정・보완한 것이다. 이 중에는 개별 논문으로 발표한 것도 있어서 내용이 부분적으로 중복된 곳도 있지만, 전체적인 논지에는 큰 변화가 없다. 이것은 전적으로 필자의 부족함에서 비롯된 것으로 독자 여러분의 혜량을 바란다.

책을 내면서 뒤돌아보니 부족한 점이 너무 많아 무척이나 부끄럽지만, 앞으로 한 단계 더 나가기 위한 중간 점검이라고 생각하고 싶다. 그리고 이 책이 동학들의 연구에 조금이나마 도움이 되었으면 하는 소박한 바람으로 스스로의 위안을 삼고자 한다.

이 책을 내기까지 정말 너무 많은 분들의 도움을 받았다. 학문보다 먼저 인간이 되라고 가르쳐 주신 故 申千湜 교수님께 머리 숙여 감사드린다. 자만하지 말고 항상 겸손하라고 하셨는데, 이 책을 내면서 교수님의 가르침을 어기는 것이 아닌지 걱정스럽다. 또 부족한 논문을 꼼꼼히 지도해 주신 申瀅植·金杜珍·金渭顯·韓明基 선생님께도 감사드린다.

어렵고 힘들 때 옆에서 말없이 도와주신 嚴翼成·邊銀淑·申鶴泰 선생님 등의 선후배와 학문적으로 든든한 동반자인 한국학중앙연구원의 金昌謙 선생님을 비롯한 新羅史學會의 여러 선생님께 감사드린다. 또 꼼꼼하게 교정을 보고 색인을 작성해 주신 국민대학교의 張彰恩 선생님께도 감사를 드린다.

어려운 여건 속에서도 출판을 허락해 주신 景仁文化社의 韓相夏 회장님과 韓政熙 사장님을 비롯한 편집부 직원들에게도 고마운 마음을 전한다.

끝으로 못난 자식을 위해 항상서 희생하시며 노심초사하시는 부모님(金基洙·裵英子)께 이 책을 바친다.

2007년 6월 20일
面牧洞 서재에서
金 德 原 識

<목 차>

\<표목차\>

서 론

1. 연구 목적

新羅 中古期는『三國遺事』에 의한 시기구분으로 제23대 法興王이 즉위하는 514년부터 제29대 武烈王이 즉위하는 654년까지 약 140년의 시기를 말한다. 이 시기는 新羅史의 많은 부분에서 변화와 발전을 거듭하던 시기이다.[1]

本書는 이와 같이 변화와 발전을 거듭하던 신라 중고기 중에서 舍輪系의 政治活動에 대한 연구를 목적으로 한 것이다. 본서에서 사용한

---

1) 이와 같은 경향은 1990년대 이후에 中古期를 주제로 한 博士學位論文을 통해서 파악할 수 있다.

李宇泰, 1991,『新羅 中古期의 地方勢力 研究』, 서울大 博士學位論文 : 李文基, 1992,『新羅 中古期 軍事組織 研究』, 慶北大 博士學位論文 ; 1997,『新羅 兵制史研究』, 一潮閣 : 金昌鎬, 1994,『六世紀 新羅 金石文의 釋讀과 그 分析』, 慶北大 博士學位論文 ; 2007,『고신라 금석문의 연구』, 서경문화사 : 姜鳳龍, 1994,『新羅 地方統治體制 研究』, 서울大 博士學位論文 : 盧鏞弼, 1994,『新羅 眞興王巡狩碑 研究』, 西江大 博士學位論文 ; 1996,『新羅眞興王巡狩碑研究』, 一潮閣 : 全德在, 1995,『新羅 六部體制 研究』, 서울大 博士學位論文 ; 1996,『新羅六部體制研究』, 一潮閣 : 李銖勳, 1995,『新羅 中古期 村落支配研究』, 釜山大 博士學位論文 : 朱甫暾, 1995,『新羅 中古期의 地方統治와 村落』, 啓明大 博士學位論文 ; 1998,『新羅 地方統治體制의 整備過程과 村落』, 신서원 : 李晶淑, 1995,『新羅 眞平王代의 王權 研究』, 梨花女大 博士學位論文 : 鄭雲龍, 1996,『5～6世紀 新羅 對外關係史 研究』, 高麗大 博士學位論文 : 田美姬, 1997,『新羅 骨品制의 成立과 運營』, 西江大 博士學位論文 : 河日植, 1998,『新羅 官等制의 起源과 性格』, 延世大 博士學位論文 ; 2006,『신라 집권 관료제 연구』, 혜안 : 朴淳敎, 1999,『金春秋의 執權過程 研究』, 慶北大 博士學位論文 ; 2006,『김춘추, 외교의 승부사』, 푸른역사 : 金義滿, 2000,『新羅 官等制 研究』, 東國大 博士學位論文 · 梁正錫, 2001,『新羅 中古期 皇龍寺의 造營과 그 意味』, 高麗大 博士學位論文 ; 2004,『皇龍寺의 造營과 工權』, 서경문화사 : 金在弘, 2001,『新羅 中古期 村制의 成立과 地方社會 構造』, 서울大 博士學位論文 : 金德原, 2003a,『新羅 中古期 舍輪系의 政治活動 研究』, 明知大 博士學位論文.

'舍輪系'라는[2] 용어는 眞興王의 次子인 舍輪(金輪)을 중심으로 한 그의 直系 子孫을 의미하는 것이다. 즉 진흥왕의 차자로서 이후 眞智王으로 즉위하는 舍輪과 그의 아들인 金龍春(樹),[3] 그리고 손자인 金春秋를 말한다. 그리고 그 시기는 太子 銅輪이 죽은 572년부터 김춘추가 무열왕으로 즉위하는 654년까지 약 82년으로 한정하였다. 이 기간은 중고기의 약 140년 중에서 절반 이상에 해당하며, 또한 신라 사회가 중요한 변화와 발전을 하던 시기이기도 하다.[4]

사륜계는 572년(진흥왕 33) 태자 동륜의 죽음으로 차자 사륜이 진흥왕 후기의 정국을 주도하면서 등장하였으며, 진흥왕이 죽은 후에는 동륜의 아들인 白淨을 배제시키고 진지왕으로 즉위하였다. 그러나 진지왕은 재위 4년만에 '政亂荒婬'의 이유로 폐위되었고, 동륜의 아들인 백정이

---

2) 金德原, 1999,「新羅 中古期 舍輪系의 政治活動」『白山學報』52 ; 2003, 앞의 논문 참조.

3) 李鍾旭은 筆寫本『花郞世紀』를 토대로 龍春과 龍樹를 형제로 파악하였고(이종욱 역주해, 1999,『화랑세기』, 소나무), 曺凡煥도 이종욱의 견해를 수용하였다(조범환, 2000,『우리 역사의 여왕들』, 책세상). 그러나 本書에서는 同一人으로 간주하고자 한다.

4) 622년(진평왕 44) 內省의 설치는 新羅史에서 시대를 劃하는 중요한 사건으로써 金龍春의 정치일선으로의 등장은 새로운 시대의 도래를 예고하는 것이며(李晶淑, 1986,「新羅 眞平王代의 政治的 性格－所謂 專制王權의 成立과 關聯하여－」『韓國史研究』52 ; 1995, 앞의 논문), 大耶城의 함락이라는 金春秋 가문의 개인적인 비극을 국가적 불행으로 승화시킬 수 있었던 것은 그의 시대가 도래되었음을 예고하는 신호라고 한다(申瀅植, 1977,「武烈王系의 成立과 活動」『韓國史論叢』2 ; 1984,『韓國古代史의 新研究』, 一潮閣). 그리고 毗曇의 亂은 중앙귀족이 지방귀족에게 밀려나고 새로운 시대의 도래를 예고하는 것이며(姜聲媛, 1983,「新羅時代 叛逆의 歷史的 性格－『三國史記』를 중심으로－」『韓國史研究』43), 中古期 지배체제가 가진 모순구조의 총체적인 정리・결산인 동시에 새로운 시대의 도래를 예고하는 것이라고 한다(朱甫暾, 1994,「毗曇의 亂과 善德王代 政治運營」『李基白先生古稀紀念 韓國史學論叢』上, 一潮閣). 이와 같이 舍輪系와 관련된 정치적인 사건에 대하여 다양한 규정을 내리고 있는 것은 결국 사륜계가 활동하였던 이 시기가 신라사에서 많은 변화를 거듭한 결과 中代라는 새로운 시대로 발전하였던 시기임을 알 수 있게 한다.

眞平王으로 즉위하게 된다. 이후 사륜계는 진평왕과 善德王・眞德王을 거치면서 진지왕의 아들인 김용춘과 손자인 김춘추가 '銅輪系'와의 관련 속에서 정치활동을 수행하다가 김춘추가 무열왕으로 즉위함으로서 재집권하게 되었다. 이러한 사륜계의 활동은 신라사를 연구하는데 중요한 과제 중의 하나인 骨品制에 대한 문제를 비롯하여 신라가 삼국을 통일하는 과정과도 그 軌를 같이 하는 것이라고 할 수 있다.

그 동안 사륜계에 대한 연구는 김춘추를 제외하고는 부진을 면치 못하였다. 지금까지의 연구가 대부분 진평왕을 비롯하여 동륜계 위주로 진행되고 있다고 해도 과언이 아니다. 그나마 진지왕과 김용춘에 대한 것도 진평왕과 관련하여 단편적으로 언급되는데 그치고 말았다. 그러나 그 동안 소홀하게 취급하였던 사륜계에 대한 문제를 재조명하여 그에 대한 새로운 인식과 더불어 역사적인 위치를 새롭게 정립하는 것도 의미 있는 일이라고 생각한다. 筆者가 사륜계를 연구의 대상으로 삼은 것도 바로 이와 같은 이유 때문이다.

사륜계의 활동은 金官加耶의 후예인 '加耶系'의 활동과도 같이 한다. 본서에서 사용한 '가야계'라는 용어는 금관가야의 후예인 金武力을 중심으로 한 그의 직계 자손을 의미하는 것이다. 즉 금관가야의 마지막 왕인 仇衡王의 아들인 김무력과 그의 아들인 金舒玄, 그리고 손자인 金庾信을 말한다.

사륜계와 가야계의 관계는 사륜이 진지왕으로 즉위하는 과정에서부터 성립되어 이후 김춘추가 무열왕으로 즉위하기까지 상호 긴밀한 협조 속에서 이루어지고 있다. 사륜이 진지왕으로 즉위하는 과정에는 居柒夫뿐만 아니라 김무력의 도움을 받았을 것으로 생각된다. 이때 형성된 두 가문의 관계는 진지왕이 폐위된 이후에도 계속 유지되어 진평왕대의 김용춘과 김서현, 선덕왕・진덕왕대의 김춘추와 김유신으로 이어지고 있다. 그리고 사륜과 김무력, 김용춘과 김서현, 김춘추와 김유신의 3대에 걸친 두 가문의 관계는 이후 중복되는 혼인을 통해서 더욱 강화되었고, 마침내 中代라는 새로운 시대를 열 수 있는 원동력이 되었다.

이와 같은 연구를 통해서 그 동안 소홀하게 취급하였던 사륜계에 대한 문제를 재조명하여 그것에 대한 새로운 인식과 더불어 역사적인 위치를 새롭게 정립할 수 있을 뿐만 아니라 중고기의 정국동향을 繼起的으로 이해할 수 있을 것으로 기대한다.

2. 연구 성과

신라 중고기는 신라사의 발전과정에서 중요한 위치를 차지하는 시기이다. 따라서 이 시기에 대한 연구도 많은 부분에 걸쳐서 다양하게 이루어지고 있으며, 또한 상당한 성과도 축적되었다. 그러나 중고기의 정치과정과 정치세력을 어떻게 인식할 것인가에 대한 연구자들 사이에 편차가 크기 때문에 같은 내용의 사료에 대해서도 전혀 다른 접근과 해석을 하고 있으며, 이것은 때때로 정반대의 결과를 가져오기도 한다.

본서에서 살펴보고자 하는 舍輪系에 대한 문제도 예외는 아니다. 사륜계의 활동시기는 진흥왕 후기 이후부터 중고기 전 기간에 해당한다. 따라서 사륜계의 활동은 진흥왕 후기 이후의 중고기 정치과정과 軌를 같이 하고 있다. 그러므로 이 시기와 관련하여 이루어진 연구 성과를 검토하면서 사륜계와의 관련성에 대하여 살펴보고자 한다.

먼저 진지왕에 대한 연구이다. 이것은 진지왕이 어떠한 과정을 거치면서 왕위에 즉위하였는가 하는 문제에서 비롯되며, 또 진지왕대의 정국운영을 포함하여 그의 폐위와도 관련된 것이다. 진흥왕 후기의 정국동향과 관련하여 572년(진흥왕 33) 太子 銅輪의 죽음 이후 진흥왕이 말년에 승려로 일생을 마친 사실로 미루어 次男과 嫡孫 사이에 불화와 대립이 있었던 것으로 파악하였다.[5] 나아가 진흥왕 말기의 정국은 왕위계승 문

제로 혼미하여 진흥왕은 심리적으로 깊은 좌절감과 함께 정복전쟁에서
의 대규모 살육으로 인하여 薨去할 때까지 연속적인 불교행사와 불교에
歸依라는 형태로 진행되었다고 한다.[6] 그리고 법흥왕이 출가하기 이전
에 진흥왕에게 讓位하였을 것이라는 견해를[7] 참조하여 진지왕도 진흥
왕의 출가 이전에 양위 내지는 攝政을 하여 진흥왕 후기의 정국을 주도
하며 정치적인 경륜을 쌓아갔다는 견해가 제기되었다.[8]

이와 같은 상황에서 태자 동륜에게 白淨이라는 아들이 있었음에도 불
구하고 사륜이 진지왕으로 즉위한 것은 백정의 나이가 어렸기 때문이었
으며,[9] 따라서 그의 즉위는 왕위계승의 원칙에서 벗어난 부당한 것이라
고 하였다.[10] 그러나 백정과의 연령을 비교하여 年長者 또는 優秀者의
원리에 의하여 사륜이 즉위한 것이라는 견해도 제기되었다.[11]

한편 진지왕의 즉위과정에 대해서는 居柒夫가 도움을 주었기 때문에
가능하였다는 연구가 통설인 가운데,[12] 加耶系의 金武力도 거칠부와

---

5) 申瀅植, 1977, 앞의 논문 ; 1984, 앞의 책.
6) 李晶淑, 1994b, 「眞平王의 即位를 전후한 政局動向」『釜山史學』27 ; 1995,
   앞의 논문.
7) 李晶淑, 1994a, 「眞興王의 即位에 대한 몇 가지 문제」『釜山女大史學』12 ;
   1995, 앞의 논문.
   金昌謙, 1996, 「新羅 眞興王의 即位過程」『韓國上古史學報』23.
8) 金德原, 2002, 「眞智王의 即位에 대한 再檢討」『白山學報』63 ; 2003a, 앞의
   논문.
9) 三池賢一, 1966, 「『日本書紀』'金春秋の來朝記事'について」『駒澤史學』13 ;
   1974, 『古代の日本と朝鮮』, 學生社 ; 1969, 「金春秋小傳」2『駒澤史學』16 :
   鄭孝雲, 1986, 「新羅 中古時代의 王權과 改元에 관한 研究」『考古歷史學志』2 :
   文暻鉉, 1987, 「武烈王體制의 成立」『新羅社會의 新研究』, 新羅文化宣揚會.
10) 金瑛河, 1988, 「新羅 中古期 政治過程 試論―中代王權 成立의 理解를 위한
    前提―」『泰東古典研究』4 ; 2002, 『韓國 古代社會의 軍事와 政治』, 高大 民
    族文化研究院 : 李明植, 1989, 「新羅 中代王權의 專制化過程」『大丘史學』38 ,
    1992, 『新羅政治史研究』, 螢雪出版社.
11) 沈㬨俊, 1965, 「新羅王室의 婚姻法則」『趙明基博士華甲紀念佛教史學論叢』:
    鄭孝雲, 1986, 앞의 논문.

함께 진지왕의 즉위에 도움을 주었다는 견해가 새롭게 제기되었다.[13] 거칠부가 사륜의 즉위에 도움을 주었던 이유에 대해서는 거칠부가 智證 王系의 왕권중심체제가 아닌 汎奈勿王系의 貴族聯合體制를 추구하여 정통성이 결여된 진지왕을 추대함으로써 왕권 약화의 소지를 만들고, 범 내물왕계 귀족중심의 연합정치체제를 지향하기 위한 것이라는 연구가 있다.[14] 그리고 이러한 견해를 수용하여 거칠부가 智證王系 直系卑屬 에 의한 권력독점이란 현실에 제동을 걸어 왕권의 약체화를 노림으로써 지증왕계 왕권중심체제가 아닌 범내물왕계의 귀족연합체제로의 복귀를 추구하기 위한 것이라고 보고 있다.[15] 그러나 거칠부가 진지왕의 즉위 에 도움을 주었던 것은 당시 백제와 고구려의 계속되는 침략으로부터 확 대된 신라의 영토를 보전하고,[16] 진흥왕이 실시하였던 불교정책을 계승 하기 위한 것이라고 파악한 견해도 있다.[17]

진지왕대의 정국운영은 기록이 부족할 뿐만 아니라 『三國史記』와 『三 國遺事』에도 진지왕에 대해서 서로 다른 내용이 수록되어[18] 있기 때문 에 그 정확한 실상을 파악하기가 곤란한 실정이다. 그럼에도 불구하고 단편적인 기록이나[19] 金石文 자료를[20] 통해서 진지왕대에 불교정책이 활발하게 시행되었음을[21] 어느 정도 알 수 있다. 또한 당시 왕권에 대항

---

12) 申瀅植, 1977, 앞의 논문 ; 1984, 앞의 책.
13) 선석열, 2001, 「신라사 속의 가야인들－金海金氏와 慶州金氏－」 『한국고대사 속의 가야』, 혜안.
14) 金瑛河, 1988, 앞의 논문 ; 2002, 앞의 책.
15) 李晶淑, 1994b, 앞의 논문 ; 1995, 앞의 논문.
16) 金德原, 1999, 앞의 논문 ; 2003, 앞의 논문.
17) 金德原, 2002, 앞의 논문 ; 2003, 앞의 논문.
18) 姜鳳龍, 1992, 「6～7世紀 新羅 政治體制의 再編過程과 그 限界」 『新羅文化』 9.
19) 金杜珍, 1987, 「新羅 中古時代의 彌勒信仰」 『韓國學論叢』 9 ; 1988, 「新羅 眞 平王代의 釋迦佛信仰」 『韓國學論叢』 10.
20) 石上英一, 1974, 「古代における日本の稅制と新羅の稅制」 『古代朝鮮と日本』, 龍溪書舍 : 辛鍾遠, 1992, 「新羅 佛敎公認의 實相」 앞의 책 : 朴南守, 1996, 『新羅手工業史』, 신서원 : 주보돈, 1998, 앞의 책.

하여 진지왕을 폐위시킬 수 있는 일단의 정치세력을 언급하고, 이 세력
과의 관계를 통해서 진지왕대의 정국이 운영되었을 것으로 보았다.[22]
결국 이러한 문제는 진지왕의 폐위와 직결되는 것이라고 할 수 있다.

진지왕의 폐위에 대한 원인은 다각도로 이루어졌다. 이 문제는 크게
진지왕 개인의 失政과[23] 정치세력과의 대립으로 파악하고, 정치세력과
의 대립은 또 眞骨貴族이나[24] 銅輪系와의[25] 관계로 구분하고 있으며,
사상적인 변화에서도 그 원인을 찾고 있다.[26] 그리고 대부분의 연구자
들은『삼국유사』의 桃花女・鼻荊郞 설화를[27] 인용하면서 진지왕의 폐

21) 姜英卿, 1989,「新羅 眞平王代 巫佛關係에 대한 一考察」『淑大史論』13・14・
   15 ; 1990,「新羅 善德王의 '知幾三事'에 대한 一考察」『원우논총』8 : 金德原,
   2004,「新羅 眞智王代의 王權强化와 彌勒信仰」『史學研究』76.
22) 朴海鉉, 1988,「新羅 眞平王代 政治勢力의 推移－王權强化와 관련하여－」『全
   南史學』2 : 金杜珍, 1987, 앞의 논문 ; 1990,「新羅 眞平王代 初期의 政治改
   革－三國遺事 所載 '桃花女・鼻荊郞'條의 分析을 中心으로－」『震檀學報』
   69 : 金德原, 2003b,「新羅 眞智王代의 政局運營」『梨花史學研究』30 ; 2003a,
   앞의 논문.
23) 文暻鉉, 1987, 앞의 논문 : 李晶淑, 1994b, 앞의 논문 ; 1995, 앞의 논문 : 朱甫
   暾, 1994, 앞의 논문.
24) 三池賢一, 1966, 앞의 논문 ; 1974, 앞의 책 : 丁仲煥, 1984,「金庾信(595～673)
   論」『高柄翊先生回甲紀念史學論叢 歷史와 人間의 對應』, 한울 : 朴海鉉,
   1988, 앞의 논문 : 金瑛河, 1988, 앞의 논문 ; 2002, 앞의 책 : 文暻鉉, 1999,「弑
   王說과 善德女王」『白山學報』52 : 朴勇國, 2006,「新羅 眞智王의 廢位와 眞
   平王 初期의 政治的 性格」『大丘史學』85.
25) 申瀅植, 1977, 앞의 논문 ; 1984, 앞의 책 : 朴南守, 1987,「統一主導勢力의 形
   成과 政治改革」『統一期의 新羅社會 研究』, 東國大 新羅文化研究所 : 李明
   植, 1989, 앞의 논문 ; 1992, 앞의 책 : 李昊榮, 1997,『新羅三國統合과 麗・濟
   敗亡原因研究』, 書景文化社.
26) 姜英卿, 1989, 앞의 논문 ; 1990, 앞의 논문.
27) 金杜珍, 1990, 앞의 논문 : 張長植, 1997,「桃花女 鼻荊郞 說話의 성립과 의미」
   『黃山李興鍾博士華甲紀念史學論叢』: 金基興, 1999,「桃花女・鼻荊郞 설화의
   역사적 진실」『韓國史論』41・42 ; 2000,『천년의 왕국 신라』, 창작과비평사.
   이 외에도 대부분의 연구자들이 진지왕의 폐위와 진평왕의 즉위에 대한 문제를
   논의할 때에는 모두 桃花女・鼻荊郞 설화에 대해서 언급하고 있다.

위를 '政亂荒婬'과 관련하여 인식하고 있다. 그러나 『삼국사기』의 진지
왕 재위 기록과 『삼국유사』의 '聖帝'라는 기록을 통해서 진지왕의 폐위
를 비롯한 여러 문제에 대한 재검토의 여지를 남기고 있다.[28]

다음은 金龍春에 관한 것이다. 김용춘은 진지왕의 아들로 舍輪系를
대표하는 실질적인 인물이다. 그는 622년(진평왕 44)에 內省私臣으로
임명됨으로써 진지왕이 폐위된 이후에 침체된 사륜계의 세력을 다시 회
복하였고, 이후 金春秋가 中代라는 새로운 시대를 열 수 있도록 그 기
반을 조성하였다. 따라서 김용춘은 사륜계와 관련된 문제뿐만 아니라 中
古期의 정치과정을 이해하는데 있어서도 빼놓을 수 없는 중요한 인물이
라고 할 수 있다. 그러나 김용춘에 대한 연구도 진지왕과 마찬가지로 진
평왕의 즉위과정을 비롯하여 內省의 설치와 선덕왕대의 皇龍寺九層塔
건립에 대한 문제 등과 같은 몇 가지에 집중되어 있고, 그 외에는 거의
연구가 이루어지지 않았다고 할 수 있다.

김용춘에 대한 연구는 『三國遺事』의 桃花女·鼻荊郞 설화에서부터
시작된다. 도화녀·비형랑 설화에서 鼻荊을 김용춘으로 상징되는 인물
로 생각하거나[29] 좀 더 적극적인 해석을 시도하여 비형이 곧 김용춘을
의미하는 것으로 해석하였다.[30] 이러한 연구에 힘입어 김용춘에 대한
專論까지 나오게 되었다.[31] 이것은 진지왕이 폐위된 이후에 사륜계의
세력동향에 대한 문제와 더불어 진평왕 초기의 관제정비를 비롯한 정국
운영과도 관련되는 것이다.

진평왕대의 官制整備는 크게 진평왕 초기와 후기의 두 시기로 구분
하는 것이 일반적이다.[32] 이러한 관제정비는 진평왕대에 왕권을 강화하

---

28) 金德原, 2003, 앞의 논문 ; 2003, 앞의 논문.
29) 金杜珍, 1990, 앞의 논문 : 李昊榮, 1997, 「對麗·濟相爭과 太宗武烈王權의 成
    立」, 앞의 책, 書景文化社.
30) 朴淳敎, 1999, 앞의 논문 : 金基興, 1999, 앞의 논문 ; 2000, 앞의 책.
31) 金德原, 2000, 「金龍春의 生涯와 活動」 『明知史論』 11·12 ; 2003, 앞의 논문.

는 차원에서 이루어지는 것으로 이해하고 있다.[33) 그런데 진평왕 초기
의 관제정비는 동륜계인 진평왕이 사륜계와 더불어 왕권을 안정시키려
는 의도가 포함되었으며, 진평왕 후기에는 사륜계가 동륜계를 능가할 정
도로 득세하였다는 견해가 제기되었다.[34) 이는 그 동안 진평왕 위주의
연구 경향에서 탈피하여 새로운 시각에서 이해할 수 있는 계기를 마련한
것으로 주목된다고 할 수 있다. 그리고 이러한 견해는 진평왕 초기의 사
륜계의 세력과 관련하여 김용춘이 내성사신에 임명되기 이전의 활동에
대해서도 알 수 있게 할 뿐만 아니라 이후 진평왕 후기의 內省 설치를
비롯한 관제정비와도 연결된다.

지금까지 김용춘은 內省私臣에 임명되기 이전까지 아무런 활동을 하
지 못한 것으로 이해하였다.[35) 그러나 비형이 곧 김용춘과 동일인이라
고 한다면 그는 화랑이었을 가능성과 함께[36) 執事로 활동하다가[37) 私
臣을 역임한 것이 된다.[38) 또 私臣의 '臣'은 大等을 칭하기 때문에[39)
私大等으로 의역될 수 있고,[40) 私大等은 大等에서 분화된 職名임으

32) 李晶淑, 1986, 앞의 논문 ; 1995, 앞의 논문 : 金瑛河, 1988, 앞의 논문 ; 2002,
    앞의 책 : 金杜珍, 1988, 앞의 논문 ; 1990, 앞의 논문.
33) 李晶淑, 1986, 앞의 논문 ; 1995, 앞의 논문.
34) 金杜珍, 1988, 앞의 논문.
35) 三池賢一, 1968,「金春秋小傳」1『駒澤史學』15 : 金瑛河, 1988, 앞의 논문 ;
    2002, 앞의 책 : 李晶淑, 1999,「眞平王 末期의 政局과 善德王의 卽位」『白山
    學報』52 : 조범환, 2000, 앞의 책.
36) 朴淳敎, 1999, 앞의 논문 : 金基興, 1999, 앞의 논문 ; 2000, 앞의 책.
37) 鼻荊의 執事라는 직책과 관련하여 이것을 家臣集團으로 이해하는 견해(田美姬,
    1993,「新羅 眞平王代 家臣集團의 官僚化와 그 限界-『三國史記』48 實兮·
    劍君傳에 보이는 舍人에 대한 검토를 中心으로-」『國史館論叢』48 : 朴南守,
    1992,「新羅 上代 手工業과 匠人」『國史館論叢』39 ; 1996, 앞의 책)와 近侍
    勢力으로 보는 견해(李文基, 1983,「新羅 中古의 國王近侍集團」『歷史敎育論
    集』5 : 朴淳敎, 1999, 앞의 논문)로 구별된다.
38) 金基興, 1999, 앞의 논문 ; 2000, 앞의 책 : 선석열, 2001, 앞의 논문.
39) 武田幸男, 1985,「新羅'毗曇의 亂'の一視覺」『三上次男博士喜壽紀念論文集』,
    平凡社.

로[41] 私大等은 大等 집단에서 취임하는 관직이라고 하였다.[42] 이와 함
께 김용춘은 波珍湌의 관등을 가지고 大等으로 활동하다가 611년(진평
왕 33) 무렵에 伊湌이 되면서 兵部令이 되었을 것이라는 견해도 제기되
었다.[43] 결국 이러한 김용춘의 활동이 기본적으로 전제되었기 때문에
622년(진평왕 44)에 내성이 설치될 때 그 장관인 內省私臣으로 임명될
수 있었을 것이다.

대부분의 연구자들은 진평왕 후기에 內省을 설치하면서 김용춘이 內
省私臣으로 등장하는 것을 당시의 정치상황과 관련이 있을 것으로 이해
하고, 그 과정에서 김용춘이 진평왕과 정치적으로 타협한 결과로 파악하
려는 것에 대체로 일치된 견해를 보이고 있다. 다만 그 타협의 원인에
대해서는 약간의 차이를 보이고 있다. 즉 진평왕 후기의 정국운영과 관
련하여 진평왕이 왕권을 강화하고,[44] 중고왕실의 지속적인 안정을 위한
권력구조 재편의 차원에서[45] 내성을 설치하였으며, 그 과정에서 김용춘
과 타협하여 내성사신으로 임명함으로써 선덕왕의 후계구도를 확고하게
하기 위한 것이라고 하였다.[46] 또 김용춘도 가문의 유지를 위하여 진평
왕에게 협조하여 내성사신을 기반으로 새로운 정치세력을 형성할 수 있

---

40) 今西龍, 1933, 「新羅眞興王巡狩管境碑考」『新羅史硏究』, 近澤書店.
41) 木村誠, 1976, 「新羅郡縣制の確立過程と村主制」『朝鮮史硏究會論文集』13 ;
　　2004, 『古代朝鮮の國家と社會』, 吉川弘文館.
42) 李文基, 1983, 앞의 논문 : 李晶淑, 1986, 앞의 논문 ; 1995, 앞의 논문.
43) 金德原, 1999, 앞의 논문 ; 2003, 앞의 논문.
44) 李晶淑, 1986, 앞의 논문 ; 1995, 앞의 논문 : 朴海鉉, 1988, 앞의 논문 ; 1996,
　　「新羅 中代의 성립과 神文王의 王權 强化」『湖南文化硏究』24 ; 2003, 『신라
　　중대 정치사 연구』, 국학자료원.
45) 申瀅植, 1977, 앞의 논문 ; 1984, 앞의 책 : 金瑛河, 1988, 앞의 논문 ; 2002, 앞의
　　책 : 李明植, 1989, 앞의 논문 ; 1992, 앞의 책 : 姜鳳龍, 1992, 앞의 논문 : 朴勇
　　國, 2000, 「善德王代 初의 政治의 實狀」『慶北史學』23.
46) 안지원, 1997, 「신라 眞平王代 帝釋信仰과 왕권」『歷史敎育』63 ; 2005, 『고려
　　의 국가 불교의례와 문화』, 서울대 출판부 : 朴淳敎, 1999, 앞의 논문 : 조범환,
　　2000, 앞의 책.

었다고 하였다.[47)

이와 달리 진평왕 초기의 정국운영이 후기에도 계속해서 유지된 것으로 생각하고, 내성의 설치를 이러한 측면에서 이해한 견해도 있다. 즉 진평왕 후기의 정국은 三宮을 장악한 內省私臣이 주도하였으며,[48) 따라서 삼궁과 거기에 소속된 官員들이 내성사신의 통제를 받는다면, 내성사신의 권한은 어느 중앙 행정관부의 장관에 못지 않았을 것이라고 하였다.[49) 또한 김용춘은 내성사신으로 임명된 이후에 金春秋의 후견 내지는 정신적 지주 역할을 담당함으로써[50) 김춘추의 왕위계승을 가능하게 하였다고 한다.[51) 이러한 견해는 진평왕 초기와 마찬가지로 진평왕 후기에도 사륜계의 세력이 건재하였다는 것으로, 김용춘이 진평왕 후기의 관제정비와 선덕왕의 왕위계승을 비롯한 정국운영에 깊이 관여하였음을 의미하는 것이다.

진평왕 후기의 정국운영은 내성의 설치를 비롯한 관제정비 이후에 일어난 柒宿의 謀叛사건이 주목된다. 이 모반사건은 진평왕의 말년에 발생하였기 때문에 대부분의 연구자들이 선덕왕의 왕위계승과 관련되었을 것으로 이해하고 있다. 이러한 사실과 더불어 이 난의 원인을 왕권에 대한 眞骨貴族의 불만과[52) 舊貴族勢力과 新貴族勢力의 대립과 갈등,[53)

---

47) 申瀅植, 1977, 앞의 논문 ; 1984, 앞의 책 : 李晶淑, 1986, 앞의 논문 ; 1995, 앞의 논문 : 金瑛河, 1988, 앞의 논문 ; 2002, 앞의 책.

48) 金杜珍, 1988, 앞의 논문.

49) 특히 李仁哲은 內省私臣이 兵部令을 겸할 경우에는 그 실권이 왕권을 능가할 수 있었을 것이라고 하여 내성사신의 위상에 대하여 주목하였는데(李仁哲, 1993, 「新羅 內廷官府의 組織과 運營」 『新羅政治制度史硏究』, 一志社), 示唆하는 바가 크다.

50) 金瑛河, 1988, 앞의 논문 ; 2002, 앞의 책.

51) 李鍾旭, 1980, 『新羅上代王位繼承硏究』, 嶺南大 出版部.

52) 丁仲煥, 1977, 「毗曇・廉宗亂의 原因考－新羅政治社會의 轉換期에 관한 一試考－」 『東亞論叢』 14 : 朱甫暾, 1979, 「新羅 中古의 地方統治組織에 대하여」 『韓國史硏究』 23 ; 1998, 앞의 책 : 申瀅植, 1983, 「金庾信家門의 成立과

또는 사륜계의 득세에 대한 불만과 관련된 것이라고도 한다.[54] 칠숙의
모반사건은 이후의 毗曇의 亂과 궤를 같이 하므로[55] 두 사건을 연결해
서 파악하여야 더욱 정확한 사실을 알 수 있을 것이다. 한편 이 반란의
진압은 김춘추와 김유신에 의해서 이루어진 것으로 보기도 하고,[56] 김
용춘과 김서현에 의하여 진압되었을 것으로 생각하기도 한다.[57] 이러한
견해들은 진압한 주체에 있어서 약간의 차이는 있으나 모두 사륜계에 의
해서 진압된 것으로 이해한 것이며, 진평왕 후기의 사륜계의 위상을 보
여주는 단적인 예라고 할 수 있다.

선덕왕대의 김용춘에 대한 연구는 크게 두 가지로 구분되는데, 선덕
왕의 즉위와 관련된 문제와 또 다른 하나는 皇龍寺九層塔의 건립에 대
한 것이다.

먼저 선덕왕이 여성임에도 불구하고 왕위에 즉위할 수 있었던 것은
진평왕대의 왕권이 강력하였기 때문이라고 파악하거나,[58] 선덕왕의 즉
위를 지지하는 세력과 반대하는 세력, 즉 신귀족세력과 구귀족세력 사이
의 일정한 정치적인 타협의 결과라고도 한다.[59] 그 과정에서 사상적인

活動」『梨花史學硏究』13·14 ; 1984, 앞의 책 : 姜聲媛, 1983, 앞의 논문 : 朴
南守, 1987, 앞의 논문 : 朴海鉉, 1988, 앞의 논문 : 李明植, 1990,「新羅 中古
期의 王權强化過程」『歷史敎育論集』13·14 ; 1992, 앞의 책 : 姜鳳龍, 1992,
앞의 논문 : 朴勇國, 1996,「新羅 中代 支配勢力의 形成過程과 그 性格」『慶
尙史學』12 : 朴淳敎, 1999, 앞의 논문 : 朴勇國, 2000, 앞의 논문 : 김기홍,
2000, 앞의 책.
53) 丁仲煥, 1984, 앞의 논문 : 李晶淑, 1986, 앞의 논문 ; 1995, 앞의 논문 : 金瑛河,
   1988, 앞의 논문 ; 2002, 앞의 책.
54) 金杜珍, 1988, 앞의 논문.
55) 金瑛河, 1988, 앞의 논문 ; 2002, 앞의 책.
56) 金杜珍, 1988, 앞의 논문.
57) 金德原, 1992,「新羅 眞平王代의 政治改革 小考」『明知史論』4.
58) 姜鳳龍, 1992, 앞의 논문 : 鄭容淑, 1994a,「新羅의 女王들」『韓國史市民講座』
   15, 一潮閣 : 李晶淑, 1999, 앞의 논문 : 朴淳敎, 1999, 앞의 논문.
59) 申瀅植, 1983, 앞의 논문 ; 1984, 앞의 책 : 金瑛河, 1988, 앞의 논문 ; 2002, 앞의

면도 작용하였으며,[60] 또한 일본에서의 여왕 즉위 사례를 이용하였을
것이라 이해하고 있다.[61] 이러한 견해들이 제시되고 있다는 사실은 결
국 선덕왕의 즉위가 지금까지 전례가 없었던 것인 만큼 여러 가지 문제
점을 내포하고 있었음을 의미하는 것이다.[62] 이와 관련하여 진평왕 말
년의 칠숙의 모반사건을 진압한 이후의 정치적인 분위기에 의해서 선덕
왕이 즉위하였다는 연구가 주목된다.[63] 즉 진평왕 말년의 정국은 칠숙
의 모반사건을 진압한 사륜계의 영향력에 의해서 운영되었다고 보여지
므로 선덕왕의 즉위과정에서 김용춘이 큰 역할을 담당하였을 것으로 생
각할 수 있다. 그리고 김용춘이 선덕왕의 즉위 초에 왕의 고유한 통치행
사권의 하나였던 地方巡撫를 대행함으로써 상당한 정치활동을 수행하
고 있었다는 견해를[64] 통해서도 이러한 사실을 어느 정도 확인할 수 있
을 것이다.

　　다음은 皇龍寺九層塔의 건립에 대한 것이다. 『三國遺事』에는 김용춘
이 황룡사구층탑의 건립을 담당하였다고 기록하고 있는데, 「刹柱本記」
의 발견으로 이러한 사실이 확인되었다.[65] 따라서 다른 부분과 달리 김
용춘이 이 공사의 책임을 맡았던 것에 대해서는 특별한 異見이 없는 것
으로 보인다.

────────────

　　책 : 朴海鉉, 1988, 앞의 논문 : 朱甫暾, 1993, 「金春秋의 外交活動과 新羅內政」
　　『韓國學論集』 20 ; 1994, 앞의 논문 : 朴勇國, 1996, 앞의 논문.
60) 姜英卿, 1990, 앞의 논문 : 南東信, 1992, 「慈藏의 佛教思想과 佛教治國策」 『韓
　　國史研究』 76 : 안지원, 1997, 앞의 논문 ; 2005, 앞의 책.
61) 朱甫暾, 1994, 앞의 논문 : 李晶淑, 1999, 앞의 논문 : 朴淳敎, 1999, 앞의 논문 :
　　조범환, 2000, 앞의 책.
62) 文暻鉉은 善德王이 즉위하는 데에는 무리도 문제도 없다고 하였다(文暻鉉,
　　1999, 앞의 논문).
63) 鄭容淑, 1994a, 앞의 논문 ; 1994b, 「新羅 善德王代의 정국동향과 毗曇의 亂」
　　『李基白先生古稀紀念 韓國史學論叢』 上, 一潮閣.
64) 金瑛河, 1987, 「新羅 中古期의 中國認識」 『古代韓中關係史의 研究』, 三知院.
65) 黃壽永 編, 1994, 『韓國金石遺文』(제5판), 一志社.

황룡사구층탑은 大耶城의 함락 이후에 신라의 국가적 위기를 극복하고,[66] 그로 말미암아 실추된 왕실과 女主의 권위를 회복하며, 아울러 왕권의 강화와 국력의 신장을 추구하기 위한 방안으로 건립된 것이라고 한다.[67] 이와 같은 목적으로 추진된 황룡사구층탑의 감독을 김용춘이 담당하였다는 사실은 선덕왕대에 그가 차지하고 있었던 정치적인 위상을 보여주는 것이라고 할 수 있다.

마지막으로 金春秋에 대한 것이다. 김춘추에 대한 연구는 진지왕과 김용춘에 비하여 비교적 일찍부터 이루어졌으며, 또한 상당한 정도의 연구성과도 축적되었다. 그 이유는 김춘추가 武烈王으로 즉위하여 中代라는 새로운 시대를 개창하였고, 백제와의 전쟁을 시작으로 三國統一을 이룩하기 위한 일련의 커다란 변화가 시작하는 시기였기[68] 때문이라고 생각된다.

김춘추가 무열왕으로 즉위하기 이전의 연구에 대해서는 크게 外交活動에 대한 문제와 그것을 바탕으로 실시하였던 制度改革에 대한 것으로 구분할 수 있다.

김춘추의 외교활동은[69] 선덕왕대의 對高句麗外交와 對倭外交,[70] 진

---

66) 朴南守, 1987, 앞의 논문.

67) 李基白, 1978, 「皇龍寺와 그 創建」『新羅時代 國家佛敎와 儒敎』, 韓國研究院 ; 1986, 『新羅思想史研究』, 一潮閣 : 金相鉉, 1992, 「皇龍寺九層塔考」『中齋張忠植博士華甲紀念論叢』-歷史學篇- ; 1999, 改題 「黃龍寺九層塔의 建立」『신라의 사상과 문화』, 一志社 : 南東信, 1992, 앞의 논문 : 文暻鉉, 1999, 앞의 논문 : 김기흥, 2000, 앞의 책.

68) 이기동, 2002, 「김유신-지성으로 이룩한 삼국통일의 위업-」『한국사시민강좌』 30, 일조각.

69) 金春秋의 外交活動에 대한 연구는 다음과 같다.
   盧啓鉉, 1964, 「新羅의 統一外交政策 研究」『大韓國際法學會論叢』9-1 : 三池賢一, 1966, 앞의 논문 ; 1974, 앞의 책 : 三池賢一, 1968·1969·1970, 앞의 논문 : 鈴木英夫, 1980, 「七世紀中葉における新羅의 對倭外交」『國學院雜誌』 81-10 : 金鉉球, 1983, 「日唐關係의 成立과 羅日同盟-『日本書紀』‘金春秋의 渡日’ 記事를 中心으로-」『金俊燁教授華甲紀念 中國學論叢』: 武田幸男,

덕왕대의 對唐外交를 말한다. 그리고 이러한 김춘추의 외교활동은 대내
적으로는 지배체제의 문제를 해결하고, 대외적으로는 백제의 위협으로
부터 벗어나기 위해서 비롯된 것이며,[71] 이 과정에서 '請兵'이라는 군사
적인 부분이 가장 중요한 목적이었다고 이해하고 있다.[72] 이러한 군사

1985, 앞의 논문 : 徐榮洙, 1987, 「新羅 統一外交의 展開와 性格」『統一期의
新羅社會 硏究』, 東國大 新羅文化硏究所 : 盧泰敦, 1989, 「淵蓋蘇文과 金春
秋」『韓國史市民講座』5, 一潮閣 : 山尾幸久, 1989, 『古代の日韓關係』, 塙書
房 : 朱甫暾, 1993, 앞의 논문 : 鄭孝雲, 1995, 『古代韓日政治交涉史硏究』, 學
硏文化社 : 朴淳敎, 1999, 앞의 논문: 徐榮敎, 2000, 『羅唐戰爭史硏究-國際
情勢의 變化와 羅唐戰爭의 推移-』, 東國大 博士學位論文 ; 2006, 『羅唐戰爭
史硏究』, 아세아문화사 : 노태돈, 2002, 「연개소문」『한국사시민강좌』31, 일조
각 : 拜根興, 2002, 『7世紀 中葉 羅唐關係 硏究』, 慶北大 博士學位論文 ;
2003, 『七世紀中葉唐與新羅關係硏究』, 中國社會科學出版社 : 연민수, 2003,
『古代韓日交流史』, 혜안 : 최현화, 2004, 「7세기 중엽 羅唐關係에 관한 考察」
『史學硏究』73 : 김선숙, 2004, 「羅唐戰爭 前後 新羅·日本間 外交關係의 推
移와 그 背景」『日本學』23 ; 2007, 『新羅 中代 對日外交史 硏究』韓國學中
央硏究院 博士學位論文 : 金德原, 2005, 「신라 善德王代 金春秋의 외교활동과
정국동향」『新羅史學報』5 : 이기동, 2005, 「신라의 대당 군사동맹과 삼국통일」
『한국사시민강좌』36, 일조각 : 金德原, 2007, 「新羅 眞德王代 金春秋의 對唐
外交와 官制整備」『新羅文化』29.
70) 金春秋의 對倭外交에 대해서는 김춘추가 倭에 使臣으로 파견되었다는 『日本書
紀』의 기록을 인정하는 긍정론(盧啓鉉, 1964, 앞의 논문 : 申瀅植, 1977, 앞의
논문 ; 1984, 앞의 책 : 金鉉球, 1983, 앞의 논문 : 武田幸男, 1985, 앞의 논문 :
盧泰敦, 1989, 앞의 논문 : 朱甫暾, 1993, 앞의 논문 : 鄭孝雲, 1995, 앞의 책 :
朴淳敎, 1999, 앞의 논문 : 연민수, 2003, 앞의 책 : 金德原, 2005, 앞의 논문)과
이것을 부정하는 부정론(三池賢一, 1966, 앞의 논문 ; 1974, 앞의 책 : 三池賢一,
1969, 앞의 논문 : 梁起錫, 1981, 「三國時代 人質의 性格에 대하여」『史學志』
15 : 權悳永, 1995, 「三國史記 新羅本紀 遣唐使 記事의 몇 가지 問題」『三國
史記의 原典檢討』, 韓國精神文化硏究院 ; 1997, 『古代韓中外交史』, 一潮閣)
으로 구분할 수 있다.
71) 朱甫暾, 1993, 앞의 논문. 그러나 김춘추의 외교활동이 사위인 金品釋의 전사에
따른 김춘추의 개인적인 원한 때문이라는 견해도 있다(二池賢一, 1968, 앞의 논
문 : 金相鉉, 「慈藏의 政治外交的 役割」1995, 『佛敎文化硏究』4 ; 1999, 앞의
책 : 文暻鉉, 1999, 앞의 논문).
72) 三池賢一, 1969, 앞의 논문 : 金鉉球, 1983, 앞의 논문 : 朱甫暾, 1993, 앞의 논

적인 목적과 함께 각각의 외교활동에서 추구하였던 구체적인 목적에 대
해서도 언급하고 있는데, 淵蓋蘇文 政變 이후의 고구려 내부의 동정을
살피면서[73] 화평한 관계를 형성하기 위한 것이라든가[74] 大化改新 이후
倭의 제반 정치 동향의 파악,[75] 그리고 唐의 유교정치이념을 비롯한 唐
制의 수용과[76] 같은 문제들이라고 할 수 있다.

　　진덕왕대 추진된 官制整備는 김춘추의 대당외교의 결과로 이해되
며,[77] 그 중에서도 執事部의 설치와 관련된 것을 주요 내용으로 하고
있다.[78] 그리고 이때의 관제정비는 김춘추와 김유신을 중심으로 하는
新貴族勢力에 의해서 실시되었고,[79] 이것이 그대로 中代로 이어지면서
專制王權의 중요한 토대가 되었던 것으로 이해하고 있다.[80] 이와 같은
관제정비는 결국 김춘추가 무열왕으로 즉위하는 과정의 하나로 작용하
였다.[81]

　　문 : 金相鉉, 1995, 앞의 논문 ; 1999, 앞의 책.

73) 三池賢一, 1968, 앞의 논문 : 文暻鉉, 1981,「三國統一과 新金氏家門－金庾信 祖
　　孫 四代의 貢獻－」『軍史』 2 : 朴淳敎, 1999, 앞의 논문 : 徐仁漢, 1999,『羅唐
　　戰爭史』, 國防軍史硏究所.
74) 盧啓鉉, 1964, 앞의 논문 : 盧泰敦, 1989, 앞의 논문 : 徐榮洙, 1987, 앞의 논문 :
　　노태돈, 2002, 앞의 논문.
75) 朱甫暾, 1993, 앞의 논문 : 朴淳敎, 1999, 앞의 논문.
76) 鬼頭淸明, 1974,「世紀後半の國際政治史試論－中國・朝鮮三國・日本動向－」
　　『古代の日本と朝鮮』, 學生社 : 武田幸男, 1974,「新羅法興王代の律令と衣冠制」
　　『古代朝鮮と日本』, 龍溪書舍 : 南東信, 1992, 앞의 논문 : 朱甫暾, 1993, 앞의
　　논문 : 朴勇國, 1996, 앞의 논문.
77) 李丙燾, 1959,『韓國史』－古代篇, 乙酉文化社.
78) 李基白, 1964,「新羅 執事部의 成立」『震檀學報』 25・6・7 ; 1974,『新羅政治社
　　會史硏究』, 一潮閣.
79) 井上秀雄, 1962, 「新羅政治體制の變遷過程－門閥貴族の集團支配と專制王
　　權－」『古代史講座』 4, 學生社 ; 1974,『新羅史基礎硏究』, 東出版 : 李基白,
　　1962,「上大等考」『歷史學報』 19 ; 1974, 앞의 책.
80) 李基白, 1964, 앞의 논문 ; 1974, 앞의 책.
81) 金德原, 2007, 앞의 논문.

한편 사륜계와 긴밀한 협조관계를 유지하였던 加耶系에 대한 연구는
비교적 일찍부터 이루어졌다. 가야계는 멸망한 金官加耶의 후예로 신라
진골귀족에게 억압과[82] 차별을 받는 열등세력으로서 金舒玄이 萬明과
혼인할 때 肅訖宗이 반대하였다는 기록은 이러한 사실을 알 수 있는 것
으로 이해하고 있다.[83] 그리고 김서현이 만명과 파격적인 혼인을 시도
하였던 것은 지방세력의 한계를 극복하고, 신라 사회에서의 지위를 확고
히 하려는 의도에서 비롯된 것이라는 견해가 대부분이다.[84]

그러나 金武力은 진흥왕대 한강유역으로의 진출과정에서 활약하여
新州軍主에 임명되었고,[85] 계속해서 管山城 전투에서 백제의 聖王을
戰死시킴으로써 신라의 정계에서 두각을 나타내기 시작하였다.[86] 김서
현도 군사적인 활동을 통해서 입지를 강화해 나갔다.[87] 김무력은 居柒
夫와 함께 진지왕의 즉위에 도움을 주었던 것으로[88] 보이는 만큼 가야
계도 신라 사회에서 어느 정도의 지위를 확보하였고, 이러한 결과가 김
서현에게도 반영되어 결국 만명과 혼인을 할 수 있게 되었을 것이다.[89]

---

82) 金哲埈, 1956,「高句麗·新羅의 官階組織의 成立過程」『李丙燾博士華甲紀念
   論叢』; 1990,『韓國古代社會硏究』, 서울大 出版部.
83) 末松保和, 1954,「新羅三代考」『新羅史의 諸問題』, 東洋文庫.
84) 申瀅植, 1977, 앞의 논문 ; 1983, 앞의 논문 ; 1984, 앞의 책 : 金瑛河, 1988, 앞의
   논문 ; 2002, 앞의 책 : 柳永哲, 1989,「新羅 中代 王權의 性格 - 太宗武烈王을
   中心으로 -」『嶠南史學』4 : 朴淳敎, 1999, 앞의 논문.
85) 申瀅植, 1983, 앞의 논문 ; 1984, 앞의 책.
86) 李基白, 1962,「大等考」『歷史學報』17·18 ; 1974, 앞의 책 : 文暻鉉, 1981,
   앞의 논문 : 申瀅植, 1983, 앞의 논문 ; 1984, 앞의 책 : 武田幸男, 1985, 앞의
   논문 : 朴南守, 1987, 앞의 논문.
   李明植은 金武力이 新州軍主가 되었을 때 阿湌이었으므로 六頭品에 편입되었
   고, 管山城 싸움에서 大功을 세워 국왕의 신임을 받았으나 아직 眞骨의 반열에
   들지 못하였다고 하였다(李明植, 1989, 앞의 논문 ; 1992, 앞의 책).
87) 文暻鉉, 1987, 앞의 논문 : 李鍾旭, 1999,『新羅骨品制硏究』, 一潮閣
   朴海鉉은 金舒玄이 629년(진평왕 51) 이전에는 蘇判에 이르지 못하고 波珍湌
   이하의 관등이었을 것이라고 하였다(朴海鉉, 1988, 앞의 논문).
88) 선석열, 2001, 앞의 논문.

金庾信에 대한 연구는 629년(진평왕 51) 고구려의 娘臂城 전투에 참가하기 이전에는 아무런 활동을 하지 않았던 것으로 이해하고 있다.[90] 그러나 김유신은 15세에 이미 花郎으로서 활동하였고, 또한 그의 무리를 특별히 '龍華香徒'라고 불렀던 것은 김유신의 활동에 대한 기대감에서 비롯되었을 것이다. 따라서 김유신이 일찍부터 활동하였음에도 불구하고 기록에 나타나지 않았던 까닭은 그의 수행과정에서 알 수 있듯이 神異한 내용이 많았기 때문이었을 것이다.

낭비성 전투 이후 김유신은 선덕왕대와 진덕왕대에 걸쳐서 활발한 활동을 전개함으로써 군사적인 면에서 신라의 대표적인 존재로 등장하였다. 그리고 이러한 군사적인 활동을 통하여 김춘추가 무열왕으로 즉위하는데 결정적인 지원을 하였으며, 신라가 삼국통일을 이룩하는 과정에서도 가장 중요한 역할을 수행하였다.

가야계와 사륜계와의 결합은 대체로 진평왕대에 본격적으로 이루어진 것으로 보고 있다.[91] 이들의 결합은 서로의 지역적인 연고를 바탕으로 한 인적·물적인 기반과[92] 중복되는 혼인을 통해서 더욱 굳어지게

---

89) 金舒玄이 萬明과 혼인할 수 있었던 것은 肅訖宗이 묵인하였기 때문에 가능하였던 것으로 이해하는 견해도 있다(丁仲煥, 1984, 앞의 논문 : 朴南守, 1987, 앞의 논문 : 朴淳教, 1999, 앞의 논문). 이러한 사실은 加耶系가 신라 사회에서 어느 정도의 지위를 차지하고 있었음을 알 수 있게 하는 것이다. 한편 盧鏞弼은 김서현이 혼인을 할 수 있었던 것은 진흥왕대에 智證王系와 非智證王系 세력 사이의 연합이 이루어지고 있었던 정치적 상황에 따른 것이라고 하였다(盧鏞弼, 1996,『眞興王巡狩碑研究』, 一潮閣).

90) 金瑛河, 1988, 앞의 논문 ; 2002, 앞의 책 : 朴淳教, 1999, 앞의 논문.

91) 申瀅植, 1983, 앞의 논문 ; 1984, 앞의 책 : 朴南守, 1987, 앞의 논문 : 朱甫暾, 1994, 앞의 논문.

92) 大耶城은 加耶系와 舍輪系 모두의 정치·경제적 기반이었으며(井上秀雄, 1962, 앞의 논문 ; 1974, 앞의 책 : 三池賢一, 1968·1969, 앞의 논문 : 金瑛河, 1988, 앞의 논문 ; 2002, 앞의 책 : 任慶彬, 1993,「新羅 眞德女王代의 政治改革－武烈王의 卽位와 관련하여－」『北岳史論』3 : 朴勇國, 1996, 앞의 논문 : 朴淳教, 1999, 앞의 논문 : 金德原, 2005,「新羅 善德王代 大耶城 함락의 의미」『東峰

되었다. 그러나 가야계와 사륜계와의 결합은 진지왕이 즉위하는데 김무력이 도움을 줌으로써 성립되었을 것으로 보인다. 따라서 가야계와 사륜계가 결합한 시기는 진흥왕 후기까지 상향할 수 있을 것이다.[93] 이와 같은 과정을 거치면서 결합된 가야계와 사륜계는 진지왕과 김무력, 김용춘과 김서현, 김춘추와 김유신으로 이어지면서 상호 조화와 균형을 유지하며 신귀족세력을 형성하였고,[94] 이후 신라의 정계에서 중요한 정치세력으로 존재하다가 마침내 中代라는 새로운 시대를 열게 되었다.

3. 연구 방법

본서는 舍輪이 眞興王 후기에 정국을 주도하면서 어떤 과정을 거치면서 眞智王으로 즉위할 수 있게 되었는가 하는 것에서 출발하였다. 그리고 진지왕이 폐위된 이후에 그 직계 자손인 金龍春과 金春秋가 銅輪系인 眞平王 이후에 어떠한 활동을 하면서 舍輪系의 세력을 유지하였고, 또 왕위에 즉위하여 재집권할 수 있었는가 하는 문제에 대해서 고찰한 것이다. 이러한 과정에서 3대에 걸쳐서 사륜계와 지속적으로 협력관계를 유지하며 중요한 정치·군사적인 역할을 담당하였던 加耶系와의 관계도 포함하고 있다.

申千湜敎授停年記念史學論叢』, 景仁文化社), 특히 新州·大梁州·押梁州는 신라의 군사적 요충지로서 이 지역의 軍主를 역임한 가야계는 신라 사회에서 큰 비중을 차지하고 있었음을 알 수 있다(申瀅植, 1983, 앞의 논문 ; 1984, 앞의 책). 아울러 김무력·김서현·김유신으로 이어지는 3대가 군주를 계승한 것은 지방세력을 장악한 것으로도 이해된다(井上秀雄, 1974, 「新羅王權と地方勢力」 앞의 책 : 申瀅植, 1983, 앞의 논문 ; 1984, 앞의 책).

93) 이와 관련하여 朴淳敎는 金春秋의 執權過程은 銅輪 직계를 제쳐두고 진지왕이 즉위하게 된 진흥왕대부터 그 생성 배경을 찾을 수 있다고 하였는데(朴淳敎, 1999, 앞의 논문), 示唆하는 바가 크다.

94) 申瀅植, 1983, 앞의 논문 ; 1984, 앞의 책.

본서는 신라 중고기의 사륜계를 진지왕·김용춘·김춘추로 구분하여
크게 4장으로 구성되었다.

제1장은 舍輪系의 등장과 眞智王代의 政局運營에 대하여 고찰하였
다. 지금까지 진지왕에 대한 연구는 거의 이루어지지 않았다고 할 수 있
는데, 이것은 진지왕에 대한 다른 문제와 관련해서도 마찬가지이다. 그
나마 진지왕에 대하여 연구된 부분은 『三國遺事』에 기록되어 있는 桃
花女·鼻荊郎 설화와 관련된 것이 대부분이며, 그것도 진평왕의 즉위
과정과 관련된 진지왕의 폐위에 대해서만 언급하고 있을 뿐이다. 따라서
그 동안 진지왕의 즉위과정에 대한 문제와 더불어 진지왕대의 정국이 어
떻게 운영되었는지에 대해서는 제대로 연구조차 이루어지지 않았다고
할 수 있다.

이러한 현상은 다음과 같은 이유 때문이라고 생각된다. 하나는 진지
왕이 재위 4년만에 '政亂荒婬'으로 폐위되었다는 기록 때문에 관련 사
료가 매우 부족하다는 것이다. 다른 하나는 진지왕을 이어서 즉위한 진
평왕에 대한 인식과 관련된다. 즉 진평왕은 진지왕이 폐위된 후에 즉위
하여 54년 동안 재위하면서 제도의 정비를 통하여 왕권을 강화시켰다는
평가를 받고 있다.[95] 그러나 무엇보다 중요한 것은 진평왕이 太子 銅輪
의 長子로서 진지왕으로부터 왕위를 다시 찾으면서 종래의 眞骨보다 우
월한 聖骨意識을[96] 갖게 되었다는 것을 지적하지 않을 수 없다.

결국 이러한 연구 경향은 일종의 선입관을 형성하여 진평왕에 대한
긍정적인 평가가 크면 클수록 진지왕에 대한 부정적인 인식도 그만큼 커
진다는 것을 의미한다.[97] 다시 말해서 진지왕에 대해서는 흑백논리에

---

95) 李晶淑, 1995, 앞의 논문.
96) 李基東, 1972, 「新羅 奈勿王系의 血緣意識」『歷史學報』53·54 ; 1984,『新羅
　　骨品制社會와 花郎徒』, 一潮閣.
97) 이러한 사실은 『三國遺事』에 기록된 桃花女·鼻荊郎 설화와 天賜玉帶 설화를
　　통해서도 알 수 있다. 즉 진지왕은 政亂荒婬하여 國人들에 의하여 폐위되었고,

의하여 평가할 수 있는 위험성을 항상 내포하고 있으며, 지금까지의 연구도 이러한 경향이 없지 않았다고 생각된다.

따라서 572년(진흥왕 33) 태자 동륜의 죽음으로 진흥왕 후기의 정국에서 사륜이 국정을 주도적으로 운영하면서 왕위에 즉위할 수 있는 기반을 확보하는 과정을 살펴보았다. 이러한 과정을 통해서 진지왕이 즉위할 수 있었던 것은 부당한 방법에 의한 것이 아니라 그의 개인적인 능력과 함께 즉위를 전후하여 당시 신라가 처하였던 대내외적인 상황이 크게 작용하였다는 사실을 밝히려고 하였다. 그리고 진지왕은 자신의 개인적인 능력을 당시의 대내외적인 상황에 따라서 적절하게 활용하며 대처하였기 때문에 가능하였다는 것을 규명하였다.

또한 진지왕대의 政局運營에 대해서도 살펴보았다. 이러한 과정으로써 桃花女·鼻荊郞 설화에 기록되어 있는 '政亂荒婬'에 대한 의미를 새롭게 조명하고자 한다. 이와 관련하여 진지왕이 어떠한 방법으로 정국을 운영하려고 하였고, 왜 폐위되었는가 하는 문제에 대해서도 언급하였다.

제2장은 舍輪系의 성장과 金龍春의 활동에 대하여 살펴보았다. 진지왕과 마찬가지로 김용춘에 대한 연구는 진평왕의 정치개혁과 관련하여 단편적인 것이 대부분이며, 그 이유도 진지왕과 크게 다르지 않다.

지금까지 김용춘은 天明과 혼인한 사실 이외에는 오랫 동안 정치를 할 수 없었고, 이와 같은 상황이 622년(진평왕 44)에 內省私臣으로 임명되기 이전까지도 계속되었다고 보고 있다. 이러한 인식은 김용춘이 폐위된 진지왕의 아들이었기 때문에 정치적인 활동을 하기에는 일정한 한계가 있었을 것이라는 선입관에서 비롯된 것이라고 할 수 있다. 그러나 김용춘은 폐위된 前王의 아들임에도 불구하고 비교적 일찍부터 활동을 하였다. 이것은 비록 진지왕이 폐위되었지만 사륜계가 완전히 몰락한 것은

진평왕은 上皇으로부터 玉帶를 받으며 즉위하고 있다. 이와 같은 설화를 통해서도 진지왕과 진평왕에 대한 인식의 차이가 크다는 것을 확인할 수 있다.

아니었고, 동륜계와 타협의 결과로 진평왕대 초기의 관제정비에 참여하면서 그 세력을 유지하고 있었음을 의미한다.

도화녀·비형랑 설화의 비형랑에 대한 기록을 적극적으로 해석하여 비형을 곧 김용춘으로 이해한다면 이러한 가능성은 더욱 커진다고 할 수 있다. 따라서 기록에는 없지만 도화녀·비형랑 설화를 통해서 김용춘의 생애를 복원하고, 그의 활동에 대해서 살펴보았다.

김용춘의 활동과 관련하여 또 하나 주목되는 것은 內省의 설치에 대한 문제이다. 진평왕 후기에 내성을 설치하고 그 책임자에 김용춘이 임명된 것은 진평왕 이후의 왕위계승과 관련된 것이라고 생각된다. 따라서 내성 설치의 정치적 의미를 파악함으로써 '女王'이 즉위할 수 있었던 과정에서 김용춘이 어떠한 역할을 하였는가에 대하여 고찰하였다. 이 시기 김용춘의 역할은 앞으로 김춘추가 활동할 수 있는 기반으로 작용하였을 뿐만 아니라 김춘추에 의해서 마침내 中代 武烈王權을 형성할 수 있는 토대가 되었다고 생각하기 때문이다.

제3장은 舍輪系의 세력강화와 金春秋의 외교활동에 대하여 살펴보았다. 김춘추에 대해서는 진지왕과 김용춘에 비하여 비교적 활발하게 연구되었다. 다만 그것은 사륜계와 관련해서 이루어진 것이 아니라 대부분이 중대를 개창한 무열왕권과 관련된 것이었다. 따라서 본서에서는 사륜계와 관련하여 김춘추의 활동을 파악하고, 그것을 바탕으로 무열왕으로 즉위할 수 있었던 과정에 대해서 살펴보았다.

이와 관련하여 진평왕 말년에 발생하였던 伊湌 柒宿의 모반사건을 진압한 이후 선덕왕의 즉위와 정국운영에 대하여 고찰하였다. 그리고 사륜계가 선덕왕대에 세력을 강화하는 과정에서 642년(선덕왕 11) 백제의 침공으로 大耶城의 함락과 그 결과로 나타난 고구려와 왜에 대한 김춘추의 외교활동에 대하여 살펴보았다. 일반적으로 고구려와 왜에 대한 김춘추의 외교활동을 '請兵'의 목적으로 인식하였으나 다른 차원에서 인식할 수도 있을 것이라고 생각된다.

제4장은 舍輪系의 집권과 武烈王의 개혁정치에 대한 것이다. 사륜계 세력의 확대에 따른 불만의 결과로 上大等 毗曇의 亂과 또 이 난을 진압한 이후 648년(진덕왕 2) 당에 대한 김춘추의 외교활동에 대해서 살펴보았다. 당시 신라의 입장에서는 고구려와 왜 그리고 당에 대한 인식에 차이가 있었으며, 이러한 인식의 차이는 결국 선덕왕대에 실시한 외교활동과 진덕왕대의 그것과는 일정한 차이가 있었을 것으로 생각된다. 따라서 김춘추의 외교활동의 차이에 대해서 파악하고, 이러한 그의 외교활동이 무열왕으로 즉위하는데 어떠한 배경으로 작용하였는지에 대해서도 살펴보았다.

또한 김춘추가 무열왕으로 즉위하기 전후에 실시하였던 개혁정치에 대해서 고찰하였다. 무열왕은 적극적인 漢化政策을 추진하여 儒教政治理念을 강화함으로써 동륜계가 불교에 의한 聖骨이라는 神聖化 관념을 내세웠던 것과 구별하려고 하였다. 따라서 이러한 개혁정치의 내용을 파악함으로써 이전과는 다른 중대라는 새로운 시대를 이해할 수 있을 것이다.

이와 같은 순서에 따라 논지를 전개하면서 아울러 다음과 같은 방법을 함께 적용하였다.

첫째, 연령을 추정하는 방법을 사용하였다. 그 동안 막연한 선입관에[98] 의해 당연시하였던 부분이 많았기 때문에 정작 중요한 문제의 본질에 대해서는 제대로 파악하지 못하였던 것이 사실이다. 그러나 이러한 방법론을 적용하여 본질에 대해 객관적으로 살펴봄으로써 지금까지 간과되어 왔던 여러 가지 문제들을 보다 현실적이고도 실질적으로 이해하

---

98) 舍輪系에 대한 연구자들의 공통된 시각은 이들이 기록에 나타나기 이전에는 아무런 활동을 하지 못한 것으로 인식하고 있다는 점이다. 이것은 신사왕 자신이 폐위된 왕이었고, 또 그 자손들인 김용춘과 김춘추가 폐위된 왕의 후손으로서 신라의 政界에서 활동하기에는 일정한 한계가 있었을 것이라는 선입관에서 비롯된 것이라고 할 수 있다.

는데 많은 도움을 줄 수 있을 것이다.

둘째, 사료를 분석하는데 있어서 적극적인 추론과 해석을 시도하였다. 고대사를 연구하는데 가장 어려운 점의 하나는 자료의 절대적인 부족이라고 할 수 있다. 이와 같이 부족한 자료의 한계를 극복하기 위해서는 남아 있는 사료에 대해서 좀 더 적극적인 추론과 해석을 시도해야 할 필요가 있다. 이러한 방법론을 사용함으로써 발생 가능한 여러 가지 상황을 다각적인 면에서 고찰할 수 있을 것으로 생각된다.

셋째, 시기를 구분하는 방법을 사용하였다. 장기간에 걸쳐서 진행되었던 역사적인 사건을 일정한 판단 기준에 따라 시기를 구분하여 세분화시킬수록 당시의 상황을 이해하는데 더욱 유용할 수 있기 때문이다. 이에 따라 본서에서도 572년부터 654년까지 약 82년 동안에 걸쳐서 활동한 舍輪系에 대하여 시기를 구분하여 고찰하였다.

이에 본서에서는 舍輪系에 대하여 크게 4시기로 구분하였다. 제1기는 572년부터 579년까지이다. 이 시기는 太子 銅輪의 죽음으로 舍輪이 진흥왕 후기의 정국을 주도하면서 진지왕으로 즉위하였다가 폐위되는 시기이다. 제2기는 579년부터 622년까지이다. 이 시기는 진지왕이 폐위되고 銅輪系인 진평왕이 즉위한 이후부터 內省이 설치되는 시기이다. 제3기는 622년부터 642년까지이다. 이 시기는 김용춘이 內省私臣으로 임명되면서 정국을 주도하며 재등장한 이후부터 백제의 침공으로 大耶城이 함락되는 시기이다. 제4기는 642년부터 654년까지이다. 이 시기는 대야성이 함락된 이후에 김춘추가 고구려와 왜, 그리고 당을 상대로 적극적인 외교활동을 수행하면서 개혁정치를 통하여 무열왕으로 즉위하는 시기이다. 그리고 무열왕이 즉위한 이후부터는 中代 武烈王權으로 이어진다.

제1장

舍輪系의 등장과 眞智王代의 政局運營

제1절 眞智王의 즉위 배경

1. 太子 銅輪의 죽음

신라는 진흥왕대에 활발한 정복활동을 통해서 영토를 비약적으로 확대시키며 국가적으로 성장하였다. 그리고 이것을 바탕으로 대내적으로는 왕권을 강화하였고, 대외적으로는 고구려·백제와의 관계에서 주도권을 장악하였다. 이와 같은 상황에서 자신의 후계구도를 확고하게 마련하기 위한 준비를 하였는데, 그것은 다음의 기록을 통해서 알 수 있다.

> 27년 2월에 王子 銅輪을 세워 王太子로 삼았다.[1]

위의 기록은 566년(진흥왕 27)에 王子 銅輪을 太子로 책봉하였다는 내용이다. 진흥왕은 동륜을 자신의 후계자로 확정함으로써 국가적으로 성장한 이후에 체제의 안정을 유지하고자 하였을 것이다. 결국 진흥왕이 동륜을 태자로 책봉한 것은 자신의 후계구도를 확고히 함과 동시에 체제의 안정을 이루려고 하는 의도가 포함된 것이라고 할 수 있다.

동륜이 태자에 책봉되었을 때는 15세 정도로 추정되는데, 이때 萬呼夫人과 혼인을 하면서 진흥왕 후기의 정국에서 후계자로서의 지위를 확보해 나갔다. 그러나 이러한 상황은 태자 동륜이 죽음으로써 오래 지속되지 못하였다.

> 33년 3월에 王太子 銅輪이 죽었다.[2]

---

1) 『三國史記』 권4, 新羅本紀4 眞興王 27년 2월.
2) 『三國史記』 권4, 新羅本紀4 眞興王 33년 3월.

위의 기록은 572년(진흥왕 33)에 태자 동륜이 죽었다는 내용이다. 동륜은 566년에 태자로 책봉된 이후에 기록이 보이지 않다가 이때에 다시 나타나고 있다. 그런데 동륜의 죽음에 대해서는 약간의 의문시되는 점이 있다. 왜냐하면 그의 죽음이 갑작스럽게 일어났던 것처럼 보이기 때문이다. 그가 어떻게 죽었는지에 대해서는 기록이 없어서 자세히 알 수는 없지만, 진흥왕 후기의 정국과 관련된 政變에 의한 가능성도 배제할 수 없을 것이다. 이것은 동륜이 죽은 이후 北齊에 사신을 파견하여 朝貢한 것과 花郞徒에 대한 것을 제외하면 진흥왕 후기에는 불교와 관련된 종교행사의 기록만 나타나고 있는 사실을 통해서 어느 정도 알 수 있을 것이다. 이와 관련하여 다음의 기록이 주목된다.

> A-1. 8월에 왕이 薨하니 諡號를 眞興이라 하고, 哀公寺 北峯에 장사하였다. 왕이 어려서 즉위하여 一心으로 佛敎를 받들어 末年에 이르러서는 머리를 깎고 중의 옷을 입고 스스로 法雲이라 號하고 그 몸을 마쳤다. 王妃도 그를 본받아 중이 되어 永興寺에 거주하더니, 돌아가자 國人이 禮로써 장사하였다.[3]
>
> 2. 제24대 진흥왕이 即位하였을 때의 나이는 15세였다. 太后가 攝政하니 太后는 즉 법흥왕의 딸로 立宗葛文王의 妃였다. 진흥왕이 臨終할 때에 머리를 깎고 法衣를 입고 돌아갔다.[4]

위의 기록은 『三國史記』와 『三國遺事』에 진흥왕의 죽음에 대한 내용이다. 위의 기록을 통해서 진흥왕은 말년에 불교에 歸依하여 머리를 깎고 승려가 되었다는 사실을 알 수 있다. 진흥왕이 俗世를 버리고 出家한 것은 물론 그의 불교에 대한 신앙심에서 비롯된 것이라고 할 수도 있지만,[5] 태자 동륜의 죽음과도 관련이 있었을 것으로 생각된다.

---

3) 『三國史記』 권4, 新羅本紀4 眞興王 37년 8월.
4) 『三國遺事』 권1, 紀異1 眞興王.
5) 辛鍾遠은 법흥왕과 진흥왕이 捨身한 것이라고 하였다(辛鍾遠, 1992, 『新羅初期佛敎史硏究』, 民族社, 197~202쪽).

진흥왕은 자신이 轉輪聖王임을 표방하며[6] 적극적으로 추진하였던 정복사업의 결과로 확대된 영토와 그것을 통해서 강화된 왕권을 태자인 동륜에게 계승하려고 하였을 것이다. 그러나 태자 동륜의 갑작스러운 죽음은 진흥왕의 인생에 많은 변화를 주었고, 결국 진흥왕은 깊은 허무감과 회의감을 가지게 되었을 것이다.[7] 그리하여 자신의 재위 기간 동안에 수많은 전쟁에서 죽어간 병사들을 위하여 7일 동안 八關會를 개최하는가 하면 皇龍寺丈六像을 鑄成하는[8] 등 불교에 더욱 심취하하였으며,[9] 마침내 머리를 깎고 귀의하게 되었다.

그런데 불교에 귀의한 것은 진흥왕뿐이 아니었다. 법흥왕의 말년에도 이와 같은 일이 있었는데, 그 기록은 다음과 같다.

> B-1. 법흥왕이 이미 폐지된 佛法을 일으켜 절을 세우고 절이 이룩되자 冕旒冠을 벗고 袈裟를 입었으며, 궁중에 있는 친척들로 절의 노예로 쓰게 하여(절의 노예는 지금까지도 王孫이라고 한다. 그 뒤 太宗王 대에 宰相 金良圖가 佛法을 믿어 花寶와 蓮寶 두 딸을 받쳐 이 절의 노비로 삼았으며, 또 逆臣 毛尺의 가족을 籍沒하여 절의 노비로 삼았으니, 두 가족의 후손이 지금까지 끊어지지 않았다) 그 절의 主持가 되어 몸소 넓게 교화되었다. … 법흥왕과 진흥왕이 왕위를 버리고 출가한 것을 史記에 기록하지 않은 것은 세상을 경영하는 교훈이 되지 못하기 때문이다.[10]
>
> 2. 공사를 마치자 왕은 왕위를 사양하고 승려가 되어 이름을 法空이라 고

---

6) 金煐泰, 1966, 「彌勒仙花攷」『佛敎學報』3·4 ; 1987a,『新羅佛敎硏究』, 民族文化社, 77쪽.

7) 李晶淑, 1994b, 「眞平王의 卽位를 전후한 政局動向」『釜山史學』27, 46쪽.

8) 김상현, 1999, 「新羅三寶의 불교사상적 의미」『신라의 사상과 문화』, 一志社, 58쪽. 한편 辛鍾遠은 皇龍寺丈六像은 진평왕대에 鑄成되었다고 하였다(辛鍾遠, 1992, 앞의 책, 275~277쪽). 그러나 皇龍寺丈六像을 비롯한 新羅 三寶는 진흥왕·진평왕·선덕왕으로 이어지면서 조성되었을 것이다.

9)『三國史記』권4, 新羅本紀4, 眞興王 35년 3월에 皇龍寺丈六像을 鑄成하였다고 기록되어 있는데, 황룡사장육상의 鑄成은 진흥왕의 人生觀의 변화와 관련되었을 것이다.

10)『三國遺事』권3, 興法3 元宗興法 厭髑滅身.

치고, 三衣와 瓦鉢만을 생각하였다.[11]

위의 기록은 법흥왕도 진흥왕과 마찬가지로 말년에 왕위를 버리고 불교에 귀의하였다는 내용이다. 이 기록을 토대로 법흥왕이 이미 진흥왕에게 讓位하였을 것이라는 가능성이 제기되었다.[12] 그렇다면 진흥왕도 출가하기 전에 진지왕에게 왕위를 물려주었거나 아니면 적어도 攝政케 하였을 것이다. 왜냐하면 진흥왕은 태자 동륜의 죽음 이후에 정치를 등한시하였을 가능성이 크기 때문이다. 따라서 진지왕도 태자 동륜이 죽은 이후 어느 시기부터 왕위를 물려받았거나 아니면 섭정하였을 것으로 생각할 수 있다.[13] 그 구체적인 시기는 572년(진흥왕 33) 10월에 八關會를 개최한 이후였을 가능성이 크다. 이것은 572년 10월 이후부터 573년까지 『삼국사기』에 아무런 기록이 없다는 사실을 통해서 어느 정도 당시의 상황을 추정할 수 있을 것이다.

이와 같이 진지왕은 태자 동륜이 죽은 이후의 진흥왕 후기에 실제적으로 국정을 직접 담당하며 정국을 주도하였고, 이러한 경험을 토대로 정치적인 경륜을 쌓아갔을 것이다.[14] 그리고 이것은 태자 동륜의 죽음

---

11) 『海東高僧傳』 권1, 流通1 釋法空.
12) 李晶淑, 1994a, 「眞興王의 卽位에 대한 몇 가지 문제」 『釜山女大史學』 12, 255~257쪽 : 金昌謙, 1996, 「新羅 眞興王의 卽位過程」 『韓國上古史學報』 23, 166~168쪽. 한편 朴南守는 진지왕이 葛文王으로 있다가 왕위에 즉위하였을 가능성이 높다고 하였다(朴南守, 2003, 「新羅 和白會議에 관한 再檢討」 『新羅文化』 21, 224쪽).
13) 李晶淑은 銅輪太子가 사망한 후 眞興王은 後嗣를 정하지 못한 채 薨去한 것으로 파악하였고(李晶淑, 1994b, 앞의 논문, 46쪽), 朴勇國은 진흥왕이 동륜 태자의 사후에 후계자의 책봉 문제에 적극적이지 않았다고 하였다(朴勇國, 2006, 「新羅 眞智王의 廢位와 眞平王 初期의 政治的 性格」 『大丘史學』 85, 6쪽).
14) 金昌謙은 책봉된 太子는 어느 정도 성년의 경우에는 정치적·군사적 통치와 관련된 직접 경험이나 실무를 수행함으로써 帝王으로서의 소양을 직접·간접 경험을 통하여 넓혀 갔다고 하였다(金昌謙, 1993, 「新羅時代 太子制度의 性格」 『韓國上古史學報』 13, 160쪽). 비록 태자에 국한된 것이지만 太子 銅輪이 죽은 이

과 밀접한 관련을 갖고 있었음을 알 수 있다. 진지왕은 이러한 정치적인 경륜을 바탕으로 다음 왕위계승자로서의 기반을 확고하게 마련하였고, 결국 왕위에 즉위할 수 있었다.

2. 眞智王의 개인적인 능력

진지왕은 舍輪 또는 金輪이라고 하며, 진흥왕의 次子로 신라 제25대 왕으로 즉위하였다.[15] 그가 차자임에도 불구하고 왕위에 즉위할 수 있었던 것은 당시 정치적인 실력자였던 居柒夫의 도움이 있었기에 가능하였던 것으로 파악되었다.[16] 다만 거칠부의 도움 이외에도 진흥왕 후기의 정국운영과 관련하여 여러 가지 요인을 생각할 수 있다. 여기에서는 진지왕의 개인적인 능력과 즉위를 전후한 대내외적인 상황을 주목해 보고자 한다.

진지왕의 개인적인 능력에서는 우선 白淨보다 年長者였다는 사실을 지적할 수 있다. 그리고 이것을 바탕으로 하여 축적된 정치적인 경륜과 명철한 지혜, 정확한 판단력을 들 수 있다.

진지왕의 연령에 관한 문제는 대부분의 연구자들이 진지왕과 太子 銅輪의 長子인 白淨의 연령을 서로 비교하면서 언급하였다.[17] 그 기준

후 진흥왕 후기의 상황으로 미루어 진지왕의 경우에도 이와 같았을 것으로 생각되기 때문에 示唆하는 바가 크다.

15) 三池賢一은 진지왕이 왕위에 즉위함으로써 二流의 王統이 시작되었다고 하였다(三池賢一, 1966, 「『日本書紀』 '金春秋의 來朝記事'について」 『駒澤史學』 13 ; 1974, 『古代の日本と朝鮮』, 學生社, 207쪽).

16) 申瀅植, 1977, 「武烈王系의 成立과 活動」 『韓國史論叢』 2 ; 1984, 『韓國古代史의 新研究』, 一潮閣, 113쪽.

17) 申瀅植, 1977, 앞의 논문 ; 1984, 앞의 책 ; 鄭孝雲, 1986, 「新羅 中古時代의 王權과 改元에 관한 研究」 『考古歷史學志』 2 ; 李晶淑, 1994b, 앞의 논문 ; 金德原, 2000, 「金龍春의 生涯와 活動」 『明知史論』 11·12 ; 2003a, 『新羅 中古期

이 되는 것은 진흥왕이 즉위하였을 때의 연령과 깊은 관련을 맺고 있다. 그리고 이것은 진흥왕이 언제 혼인하였는지에 의해서 동륜과 사륜의 연령이 결정되는 문제와 더불어 당시의 정치적인 상황을 좀 더 구체적으로 살펴볼 수 있는 하나의 방법이 될 수 있을 것이다. 이와 관련된 기록은 다음과 같다.

> C-1. 진흥왕이 즉위하니 諱는 彡麥宗(혹은 深麥夫라고도 한다)이고, 그때 나이는 7세이며, 법흥왕의 아우인 葛文王 立宗의 아들이다. 母夫人은 金氏, 법흥왕의 딸이요, 妃는 朴氏 思道夫人이다. 왕이 幼少하므로 王太后가 攝政하였다.[18]
>
> 2. 제24대 진흥왕은 왕위에 올랐을 때 나이 15세이므로 太后가 攝政하였다. 태후는 법흥왕의 딸로서 立宗葛文王의 妃였다.[19]

위의 기록은 진흥왕의 즉위에 관한 『삼국사기』와 『삼국유사』의 내용이다. 사료 C의 기록에서는 진흥왕이 즉위하였을 때의 나이를 각각 7세와 15세로 기록하고 있어 약 8년의 차이를 보이고 있다. 이러한 기록의 相異함으로 인하여 그 동안 진흥왕이 즉위하였을 때의 연령을 7세설과[20] 15세설로[21] 크게 나누어 파악하고 있다.[22] 그러나 신라를 포함하

舍輪系의 政治活動 研究』, 明知大 博士學位論文.

李晶淑은 진지왕의 연령에 대하여 직접적인 언급은 하지 않고, 진흥왕의 長子인 銅輪과 또 동륜의 長子인 白淨의 연령만을 추정하였다. 그러나 이와 같은 추정을 통해서도 진지왕의 연령에 대해서는 어느 정도 파악할 수 있다.

18) 『三國史記』권4, 新羅本紀4 眞興王 卽位年.
19) 『三國遺事』권1, 紀異1 眞興王.
20) 李丙燾, 1976, 「眞興大王의 偉業」『韓國古代史研究』, 博英社, 669쪽 : 村上四男, 1976, 「新羅眞興王と其の時代」『朝鮮學報』81, 383~385쪽 : 李基白, 1978, 「皇龍寺와 그 創建」『新羅時代 國家佛敎와 儒敎』, 韓國研究院 ; 1986, 『新羅思想史研究』, 一潮閣, 65쪽 : 李基東, 1979, 「新羅 花郎徒의 社會學的 考察」『歷史學報』82 ; 1984, 『新羅 骨品制社會와 花郎徒』, 一潮閣, 340쪽 : 鄭孝雲, 1986, 앞의 논문, 9~12쪽.
21) 金龍善, 1979, 「蔚州 川前里 書石 銘文의 研究」『歷史學報』81, 21쪽 : 李晶

여 삼국시대에는 대체로 15세가 되면 성인으로 간주하였던 것으로 보인
다. 이것은 15세 정도가 되면 남녀의 혼인이 가능하였고,[23] 賦役에도 동
원되었으며,[24] 또한 花郞이 되어 전쟁에도 참여하고 있는 사실에서[25]
확인할 수 있다. 따라서 15세 정도가 되면 성인으로서 사회적인 활동을
하고 있었음을 알 수 있다. 이러한 사실을 통하여 진흥왕은 7세에 즉위
하여 18세가 되는 551년(진흥왕 12)에 開國이라는 年號를 사용하면서
親政을 실시하였고, 그 결과 활발한 대외정복 활동으로 나타나게 되었
을 것으로 이해할 수 있다.

이와 관련하여 진흥왕이 18세가 되는 551년에 친정과 더불어 혼인하
였을 것이라는 연구를 참조하면,[26] 진지왕이 즉위하였을 때의 나이를
추정할 수 있다. 즉 진흥왕의 장남인 銅輪은 552년(진흥왕 13) 무렵에
태어나 15세가 되던 566년(진흥왕 27)에 태자가 되었고,[27] 21세가 되던
572년(진흥왕 33)에 죽은 것이 된다. 동륜이 15세에 태자가 되면서 혼인
하였다면, 白淨은 567년(진흥왕 28)에 태어났을 것으로 생각된다. 곧 백
정은 동륜이 죽었을 때에는 5세였고, 진흥왕이 죽었던 576년에는 10세
미만이었을 것이다. 한편 차남인 舍輪은 554년(진흥왕 15) 무렵에 태어

淑, 1994a, 앞의 논문, 250~254쪽.

22) 金昌謙은 『三國史記』에 기록된 7세는 진흥왕이 즉위한 나이를 기록한 것이고,
『三國遺事』의 15세는 진흥왕이 親政을 실시한 나이로 파악하였다(金昌謙, 1996,
앞의 논문, 177~184쪽). 한편 김선주는 신라 中古王室은 嫡統 아들이 없을 경
우에 딸을 매개로 하여 가계혈통을 계승하였기 때문에 진흥왕이 7세에도 즉위가
가능하다고 하였다(김선주, 1997,「眞興王의 卽位와 只召太后의 攝政」『韓國
學大學院論文集』12, 70~71쪽).

23) 崔淑卿, 1978,『韓國女性史』Ⅰ, 梨花女大 出版部, 140쪽 : 金基興, 1993,『새
롭게 쓴 한국고대사』, 역사비평사, 74~75쪽.

24) 鄭孝雲, 1986, 앞의 논문, 11쪽.

25) 李基東, 1979, 앞의 논문 ; 1984, 앞의 책, 340쪽.

26) 鄭孝雲, 1986, 앞의 논문, 10쪽.

27) 申瀅植은 銅輪이 태자가 되었을 때의 나이를 14~15세로 추정하였다(申瀅植,
1977, 앞의 논문 ; 1984, 앞의 책, 113쪽).

난 것으로 보인다. 그는 태자인 동륜이 죽었을 때는 19세였고, 진흥왕이 죽었을 때에는 23세 정도였을 것이다.[28]

이와 같이 진흥왕이 죽은 576년에 사륜은 23세 정도였고, 백정은 10세 미만으로 추정된다. 따라서 연령상으로 사륜이 백정보다 우위에 있었음을 알 수 있다. 이것은 결국 왕위를 계승하여 한 나라를 통치할 때에는 적어도 일정한 연령 이상이 되어야 가능하다는 사실을 말해 준다.[29] 여기에는 진흥왕의 경우에서와 같이 母后가 攝政하였던 기간 동안의 폐단이랄까 한계를 경험한 것이 일정한 영향을 끼쳤을 것으로 보인다.[30] 사륜이 백정보다 年長者였다는 사실은 당시 신라가 처한 대내외적인 상황과도 깊은 관련을 맺고 있었을 것이다. 이러한 시대적인 상황과 관련하여 왕위의 즉위과정에서 사륜의 연령이 백정보다 좀 더 유리하게 작용하였을 것이다.[31]

진지왕의 즉위를 3대가계의 운영원리에서 찾기도 하지만,[32] 대부분의 연구에서는 진지왕의 즉위과정에서 거칠부의 지원과[33] 태자 동륜의

---

28) 鄭孝雲, 1986, 앞의 논문, 12쪽.

29) 李鍾旭은 중고기 聖骨王의 왕위계승을 3代家系原理에 의한 것으로 파악하고, 長子는 연령상으로 次子보다 정치를 행할 능력이 컸을 가능성과 능력자 계승의 원리가 크게 작용하였을 가능성이 있다고 하였다(李鍾旭, 1980, 『新羅上代王位繼承研究』, 嶺南大 出版部, 277쪽). 비록 장자와 차자와의 관계에 대해서 언급한 것이지만, 연령이 즉위에 있어서 중요하게 작용하였음을 알 수 있다. 또한 왕이 어려서 즉위하는 경우에는 거의 예외 없이 반역이 발생하고 있어 어린 왕의 통솔력을 무시한다는 견해도 참고된다(Marc J. Swartz, Victor W. Turner & Arthur Tuden, Political Anthropology ALDINE publishing Co. Chicago. 1976 3rd, pp. 45~46 : 姜聲媛, 1983, 「新羅時代 叛逆의 歷史的 性格 -『三國史記』를 중심으로-」 『韓國史研究』 43, 58쪽 재인용-).

30) 母后의 攝政에 대한 폐단과 한계는 이후 선덕왕의 후계자 선정과정과 즉위에도 일정한 영향을 끼쳤을 것이다.

31) 金德原, 1999, 「新羅 中古期 舍輪系의 政治活動」 『白山學報』 52 ; 2003a, 앞의 논문, 30쪽.

32) 李鍾旭, 1980, 「新羅中古時代의 聖骨」 『震檀學報』 50 ; 1999, 『新羅骨品制研究』, 一潮閣, 170쪽.

아들인 백정보다 연장자로서의 그의 역할에 대해서 주목하고 있다.[34] 그리고 거칠부가 진지왕을 지원하였던 이유는 왕권을 약화시키고 '汎奈勿王系의 貴族聯合體制'로의 복귀를 추구하였기 때문으로 보고 있다.[35] 그렇기 때문에 진지왕은 왕권강화를 위한 어떠한 조처도 취할 수 없었으며, 자신의 年號조차 제정하지 못한 것으로 이해하고 있다.[36] 그러나 진지왕은 진흥왕대에 활발하게 전개되었던 대외전쟁을 수행하고, 또한 불교정책을 계승하여 추진함으로써 백성들에게 '聖帝'로[37] 불리었다. 이것은 진지왕이 진흥왕과 마찬가지로 왕으로서의 임무를 수행하였음을 의미한다. 여기에는 진지왕의 연령이 정력적으로 활동할 수 있는 20대였다는 것이 크게 작용하였을 것이다.

명철한 지혜와 정확한 판단력도 진지왕이 즉위하는데 중요한 원인의 하나로 작용한 듯하다. 진지왕에 대한 기록이 부족한 상황에서 이 문제에 대해서 논하는 것은 매우 어려운 일이다. 그러나 부족한 자료 가운데에서도 진지왕의 지혜와 판단력에 대한 것을 발견할 수 있는데, 이 기록은 다음과 같다.

---

33) 申瀅植, 1977, 앞의 논문 ; 1984, 앞의 책, 113쪽.

34) 沈喁俊, 1965, 「新羅王室의 婚姻法則」『趙明基博士華甲紀念 佛敎史學論叢』, 309쪽 : 鄭孝雲, 1986, 앞의 논문, 7쪽.

35) 金瑛河, 1988, 「新羅 中古期의 政治過程 試論 — 中代王權 成立의 理解를 위한 前提 —」『泰東古典研究』4 ; 2002, 『韓國 古代社會의 軍事와 政治』, 高大 民族文化研究院, 249~250쪽 : 李晶淑, 1994b, 앞의 논문, 42~43쪽.

36) 金瑛河, 1987, 「新羅 中古期의 中國認識」『古代韓中關係史의 研究』, 三知院, 158쪽. 李晶淑도 『三國遺事』의 桃花女・鼻荊郞 설화의 기록을 토대로 진지왕이 帝王의 위엄으로서도 상대방을 굴복시키지 못한 사실로 미루어 진지왕은 재위시에 그다지 강력한 왕권을 구사하지 못하였다고 파악하였다(李晶淑, 1994b, 앞의 논문, 59쪽).

37) 金基興은 민중들이 진지왕을 피해를 받은 왕으로서 동정과 넌민의 대상으로 인식하여 '聖帝'로 불러주었다고 한다(金基興, 1999, 「桃花女・鼻荊郞 설화의 역사적 진실」『韓國史論』41·42, 156쪽). 그러나 진지왕이 '聖帝'라고 불려진 것은 불교정책을 비롯한 재위기간 동안의 치적 때문이었다.

　　진지왕대에 와서 興輪寺에 중 眞慈(또는 貞慈라고도 한다)가 있어 항상
堂의 주인인 彌勒像 앞에 나가 發願하여 맹세하며 말하기를 "우리 大聖께서
는 花郎으로 化하시어 이 세상에 나타나 내가 항상 晬容을 가까이 뵙고 받들
어 시중을 들게 하십시오!"라고 하였다. 그 정성스럽고 간절하게 기원하는 마
음이 날로 더욱 두터워지니, 어느 날 밤 꿈에 중 하나가 말하기를 "네가 熊川
水源寺에 가면 彌勒仙花를 볼 수 있을 것이다"라고 하였다. 진자는 꿈에서
깨자 놀라며 기뻐하여 그 절을 찾아 열흘 길을 가는데 발자국마다 절을 하며
그 절에 이르렀다. 문밖에 탐스럽고 섬세하게 생긴 한 소년이 있다가 예쁜 눈
매와 입맵시로 맞이하여 작은 문으로 데리고 들어가 객실로 안내하니, 진자는
올라가면서도 揖하면서 말하기를 "그대는 평소에 나를 모르는데 어찌하여 이
렇듯 은근하게 대접하는가?"라고 하였다. 소년이 말하기를 "나도 또한 서울
사람입니다. 스님이 먼 곳에서 오시는 것을 보고 위로했을 뿐입니다"라고 하
였다. 이윽고 소년은 문밖으로 나가더니 어디로 갔는지 알 수가 없었다. … 그
런지 한 달이 넘어 진지왕이 이 말을 듣고 진자를 불러서 그 까닭을 묻고 말
하기를 "그 소년이 스스로 서울 사람이라고 하였으니 聖人은 거짓말을 하지
않는데, 왜 성안을 찾아보지 않았소?"라고 하였다. 진자는 왕의 뜻을 받들어
무리들을 모아 두루 마을을 돌면서 찾으니, 단정을 맞추어 얼굴 모양이 수려
한 한 소년이 靈妙寺 동북쪽 길가의 나무 밑에서 거닐며 놀고 있었다. 진자
는 그를 만나보자 놀라서 말하기를 "이 분이 彌勒仙花다"라 하고 나가서 묻
기를 "郎의 집은 어디에 있으며, 姓은 누구신지 듣고 싶습니다"라고 하였다.
郎이 대답하기를 "내 이름은 未尸입니다. 어렸을 때 부모들을 모두 잃어 姓
이 무엇인지 모릅니다"라고 하였다. 진자는 그를 가마에 태워 들어가 (진지)
왕께 뵈었다. (진지)왕은 그를 존경하고 사랑하여 받들어 國仙을 삼았다.[38]

　　위의 기록은 『三國遺事』에 수록되어 있는 眞慈師와 未尸郎에 대한
내용이다. 이 기록에서 알 수 있듯이 진자사는 彌勒仙花를 찾기 위해서
熊川의 水源寺까지 열흘이나 걸리는 먼 길을 '一步一禮'하며 갔다. 이
러한 사실은 진자사가 그만큼 미륵선화를 만나서 받들기 위하여 힘든 고
생을 마다하지 않았다는 것이다. 그러나 진자사는 미륵선화를 만났지만
알아보지 못하고 헤어진 다음에야 뒤늦게 그 사실을 알게 되었으며, 한

---

38) 『三國遺事』 권3, 塔像4 彌勒仙花・未尸郎・眞慈師.

달이 지난 후에 진지왕의 도움으로 비로소 미륵선화인 未尸郞을 만났다
는 내용이다.

위의 기록에서 주목되는 것은 웅천의 수원사에서 만난 소년이 미륵선
화라는 사실을 알고 난 후에 진자사가 취한 행동이다. 진자사가 웅천의
수원사에서 만난 소년을 찾는 일을 포기하였다고 생각할 수도 있다. 그
러나 기록에는 언급이 되어 있지 않지만, 진자사는 미륵선화를 다시 만
나기 위해서 많은 사람들을 동원하여 사방으로 찾아다녔을 것으로 생각
된다. 왜냐하면 미륵선화를 만나러 가는 과정에서도 '一步一禮'를 하며
온갖 정성을 다 하였던 진자사의 행동으로 미루어 보아 쉽게 포기하지는
않았을 것이기 때문이다. 하지만 그 일은 쉽지 않아서 실패하였던 것 같
다. 그런데 진지왕이 진자사가 한 달 동안 찾지 못하고 고민하던 문제에
해결의 실마리를 주었다. 즉 진지왕은 '郞旣自稱京師人 聖不虛言 盍覓
城中乎'라고 하면서 진자사가 미처 생각하지도 못했던 사실을 알려주어
마침내 미륵선화를 찾을 수 있게 되었다.

이렇듯 진지왕은 진자사가 한달 동안이나 온갖 정성을 들이면서 찾았
지만 실패하였던 일을 단 한 번에 해결할 수 있도록 지혜를 주었다. 이
러한 사실은 결국 진지왕의 명철한 지혜의 한 면을 보여주는 것이라고
할 수 있다. 또한 진지왕은 未尸를 처음 본 후에 國仙으로 삼았다고 하
였는데,[39] 이것은 진지왕이 인재의 선발과 발탁에도 탁월한 식견과 능
력을 갖고 있었음을 알 수 있게 해 준다. 이렇게 하여 국선이 된 미시는

39) 金煐泰는 眞慈師가 花郞徒의 郞徒였기 때문에 未尸를 받들었다고 하였고(金煐
泰, 1966, 앞의 논문 ; 1987a, 앞의 책, 69~70쪽), 姜英卿은 未尸는 원래 巫俗
信仰系의 神仙이었는데, 왕실의 布佛意志에 의해 彌勒仙花로서 國仙으로 봉해
진 것으로 보았으며(姜英卿, 1989, 「新羅 眞平王代 巫佛關係에 대한 一考察」
『淑大史論』13·14·15, 22~23쪽), 판카즈(N. M. Pankaj)는 화랑도가 진지왕대에
彌勒과의 관련이 맺어졌다고 하였다(판카즈(N. M. Pankaj), 1994, 「新羅 '中古'
期의 轉輪聖王 理念-印度 Asoka王과 新羅 眞興王의 政治理念의 비교-」, 서
울大 碩士學位論文, 43~44쪽).

진지왕의 뜻에 부응이라도 하듯이 '其和睦子弟 禮義風敎 不類於常 風
流耀世'하였다.[40] 따라서 未尸의 행동은 결국 인재의 능력을 통찰하였던
진지왕의 명철한 지혜를 확인할 수 있는 또 하나의 자료가 될 것이다.

진지왕이 명철한 지혜와 함께 정확한 판단을 하고 있는 자료가 있는
데, 다음의 기록이 그것이다.

> 이보다 먼저 沙梁部의 어떤 民家의 여자 하나가 얼굴이 곱고 아름다워
> 당시 사람들이 桃花娘이라[41] 불렀다. (진지)왕이 이 소문을 듣고 궁중으로 불
> 러들여 욕심을 채우고자 하니, 桃花女가 말하기를 "여자가 지키는 바는 두
> 남편을 섬기지 못하는 것이니, 남편이 있음에도 다른 데로 가게 한다면, 이는
> 비록 萬乘의 위엄으로도 빼앗을 수 없는 것입니다"라고 하였다. (진지)왕이
> 이르기를 "너를 죽이겠다면 어떻게 하겠느냐?"고 하니, 여자가 다시 말하기를
> "차라리 거리에서 죽음을 당할지언정 먹은 마음을 달리 할 수가 없습니다"라
> 고 하였다. (진지)왕이 희롱하여 말하기를 "남편이 없으면 가능하겠느냐?"고
> 하니, "되겠습니다"라고 하였다. (진지)왕이 (여자를) 돌려보내 주었다.[42]

위의 기록은 『三國遺事』의 桃花女·鼻荊郎 설화에 관한 내용이다.
기록에 의하면 진지왕은 왕의 지위를 이용하여 '沙梁部 庶女'인 도화녀
를 궁중으로 불러서 강제로 취하려고 하였지만, 도화녀가 남편이 있음을
내세우며 강하게 저항을 하였다고 한다. 그리고 이것이 '政亂荒婬'의 원
인이 되었고, 결국 진지왕이 폐위를 당하게 되었던 결정적인 사건으로
언급하고 있다.

그러나 이 기록을 통해서 도리어 진지왕은 오히려 정확한 상황 판단
을 하고 있음을 발견할 수 있다. 즉 도화녀는 진지왕이 자신의 욕심을
채우려고 하였을 때 '不事二夫'와 '萬乘之威'를 내세우며 그의 뜻을 받

---

40) 『三國遺事』 권3, 塔像4 彌勒仙花·未尸郞·眞慈師.
41) 村上四男은 '娘'이 여성의 人名에 부쳐진 존칭이라고 하였다(村上四男, 1994, 『三
   國遺事考証』 下之一, 塙書房, 284쪽).
42) 『三國遺事』 권1, 紀異1 桃花女·鼻荊郎.

아들이지 않았다.[43] 진지왕도 도화녀의 굳은 의지를 확인하고 어떻게 할 수 없다는 것을 알게 되었다. 그리고 남편이 없으면 자신의 요구가 가능하다는 한가지 희망을 발견한 것으로 만족하며 무리한 행동을 하지 않고 도화녀를 돌려보내고 있다.

물론 진지왕 이전에도 이와 비슷한 사건들은 있었다. 즉 고구려의 山上王과 酒桶村의 后女,[44] 신라의 炤知王과 捺巳郡의 碧花,[45] 백제의 蓋鹵王과[46] 都彌夫人[47] 등의 기록이 그것이다. 그리고 이 기록의 주인 공들인 산상왕·소지왕·개로왕은 그 후에 개인적으로 많은 시련을 겪었고, 국가적으로도 심각한 위기를 초래하게 되었다.[48] 그리고 그 시련과 위기는 모두 이들의 무리한 행동의 결과에서 비롯된 것이었다. 특히 소지왕은 '萬乘之威'를 가지고 있으면서도 '不自愼重'하여 古陀郡의 老嫗에게[49] 신랄한 비판을 받고 있다. 그러나 도화녀·비형랑 설화에서

---

43) 金杜珍은 왕권에 대항할 수 있는 眞骨貴族세력의 성장으로 桃花女가 진지왕의 청을 거절하였고(金杜珍, 1987,「新羅 中古時代의 彌勒信仰」『韓國學論叢』9, 28쪽), 이것은 沙梁部 내에서의 도화녀 家門의 세력기반과도 관련된 것이라고 하였다(金杜珍, 1990,「新羅 眞平王代 初期의 政治改革-『三國遺事』所載 '桃花女·鼻荊郎'條의 分析을 中心으로-」『震檀學報』69, 23쪽). 朴海鉉은 진지왕이 '萬乘의 威嚴'으로 도화녀를 범하려고 한 것은 대항세력인 귀족세력에 대해서 왕권을 행사하려는 것이라고 파악하였으며(朴海鉉, 1988,「新羅 眞平王代 政治勢力의 推移-王權强化와 관련하여-」『全南史學』2, 3쪽), 李晶淑은 진지왕이 帝王의 위엄으로서도 상대방을 굴복시키지 못한 사실로 미루어 진지왕은 재위시에 그다지 강력한 왕권을 구사하지 못하였다고 하였다(李晶淑, 1994b, 앞의 논문, 59쪽).

44)『三國史記』권16, 高句麗本紀4 山上王 12년 11월.

45)『三國史記』권3, 新羅本紀3 炤知王 22년 9월.

46)『三國史記』에는 蓋婁王으로 기록되어 있지만, 蓋鹵王으로 간주하고자 한다(梁起錫, 1986,「『三國史記』都彌列傳 小考」『李元淳教授華甲記念 史學論叢』, 敎學社, 4·5쪽).

47)『三國史記』권48, 列傳8 都彌.

48) 山上王은 王后 于氏의 계속되는 妬忌를 받았고, 炤知王은 碧花를 別室에 둔 얼마 후에 죽었으며, 蓋鹵王도 고구려의 長壽王의 침공으로 수도인 漢城이 함락되고 죽임을 당한 사실에서 이들의 무리한 행동에 따른 시련을 알 수 있다.

는 위의 기록들과 비교하였을 때 중요한 차이점을 발견할 수 있다. 그것
은 진지왕이 산상왕·소지왕·개로왕과는 전혀 다른 결정을 내리고 있
다는 사실이다.

　진지왕은 무리한 행동보다는 후일을 기약하며 도화녀를 돌려보내고
있다.[50] 그리고 언제인지는 알 수 없지만 자신의 뜻을 이룰 수 있다는
막연한 하나의 희망을 선택하였다. 그런 면에서 진지왕은 '萬乘之威'를
가지고 '愼重'한 처신을 한 셈이다. 물론 이러한 선택에는 당시 동륜계
와의 관계에서 자신이 처한 정치적인 입장도 반영되었을 것이다. 그러나
위와 같이 현실적인 인식과 이성적인 사고로 현명한 선택을 하였다는 기
록을 통해서 진지왕이 명철한 지혜와 정확한 상황 판단을 할 수 있는
능력을 소유하였던 신중한 성격의 인물이었음을 알 수 있을 것이다.

　결국 이러한 진지왕의 연령과 경륜, 그리고 명철한 지혜와 정확한 상
황 판단을 할 수 있었던 개인적인 능력은 진지왕이 차자임에도 불구하고
백정을 배제하고 왕위에 즉위할 수 있었던 중요한 조건이 되었을 것이다.

3. 眞智王代 전후의 대내외적인 상황

　진지왕이 즉위할 수 있었던 것은 개인적인 능력뿐만 아니라 당시 신
라가 처하고 있었던 대내외적인 상황도 중요한 원인으로 작용하였을 것
으로 보인다. 진지왕이 즉위하기 이전의 신라는 진흥왕이 대내적으로 불
교의 轉輪聖王의 이념을[51] 바탕으로 佛國土 건설에[52] 심혈을 기울이

---

49) 崔光植, 1981, 「三國史記 所載 老嫗의 性格」『史叢』25 ; 2007,『한국 고대의
　　토착신앙과 불교』, 고려대 출판부 참조.
50) 金基興, 1999, 앞의 논문, 155～156쪽.
51) 金煐泰, 1967, 「新羅 眞興大王의 信佛과 그 思想 研究」『佛敎學報』5 ; 1987a,
　　앞의 책.
52) 申東河, 2000, 『新羅 佛國土思想의 展開樣相과 歷史的 意義』, 서울大 博士學

며 왕권강화에 치중하고 있었다. 이러한 가운데 대외적으로는 적극적인 정복활동을 통하여 영토확장을 이룩한 이후부터 고구려와 백제의 거듭되는 침략을 받고 있었다.

먼저 대외적인 면을 살펴보면, 진흥왕은 551년(진흥왕 12)에 백제의 聖王과 함께 고구려가 차지하고 있었던 한강유역을 점령하여 10郡을 설치하였다.[53] 이어 백제의 동북지방을 침공하여[54] 新州를 설치하고, 阿湌 金武力을 軍主로 삼아 이 지역에서 생산되는 풍부한 자원을 확보하여 중국과 직접 교류할 수 있는 통로를 개척하였다.[55] 이에 백제의 성왕은 신라를 공격하였으나 오히려 管山城에서 新州軍主인 김무력에 의해 전사하였다.[56] 이로써 신라와 백제 사이에 체결되었던 羅濟同盟은 와해되었다.[57] 이후 신라는 백제의 계속되는 침입을 받게 되었는데, 그 기록은 다음과 같다.

D-1. 承聖 3년 9월에 백제의 군사가 珍城에 來侵하여 남녀 3만 9천명과 말 8천 필을 노략하여 갔다. 이에 앞서 백제가 신라와 더불어 군사를 합하여 고구려를 치려고 할 때 진흥왕이 말하기를 "나라의 興亡은 하늘에 달렸으니, 만일 하늘이 고구려를 미워하지 않으면 내 어찌 감히 바라리

位論文.

53) 『三國史記』권4, 新羅本紀4 眞興王 12년 ; 同 권44, 列傳4 居柒夫.

54) 선석열은 『日本書紀』권30, 欽明紀 13년 是歲의 기록을 토대로 신라가 백제의 동북지방을 빼앗은 것이 아니라 백제의 성왕이 완전한 영토회복을 위하여 신라를 공격하여 빼앗으려고 하였으나, 오히려 신라에 의해 백제의 6郡마저 점령당하게 되었다고 파악하였다(선석열, 2001, 「신라사 속의 가야인들 - 金海金氏와 慶州金氏 - 」『한국 고대사 속의 가야』, 혜안, 533쪽 및 주 22) 참조).

55) 申瀅植, 1983, 「韓國古代에 있어서 漢江流域의 政治·軍事的 性格」『鄕土서울』41 ; 1984, 앞의 책, 155~156쪽.

56) 『三國史記』권4, 新羅本紀4 眞興王 15년 ; 同 권26, 百濟本紀4 聖王 32년 7월.

57) 金秉柱, 1984, 「羅濟同盟에 관한 硏究」『韓國史硏究』16. 한편 李晶淑은 羅·濟 양국의 동맹관계가 신라의 본격적인 한강유역 진출을 기점으로 하는 550년(진흥왕 11)에 사실상 청산되었다고 하였다(李晶淑, 1994b, 앞의 논문, 56쪽 주 43) 참조).

44 新羅中古政治史硏究

요"라 하고, 이 말을 고구려에 전하였다. 고구려가 그 말에 감격하여 신라와 通好하자 백제는 신라를 원망하여 來侵한 것이다.[58]

2. 16년 春 2월에 백제의 왕자 餘昌이 왕자 惠(왕자 惠는 위덕왕의 동생이다)를 보내어 아뢰기를 "聖明王이 적에게 살해되었습니다"라고 하였다 (15년에 신라에게 죽임을 당하였다. 고로 지금 아뢰었다). 天皇이 듣고 몹시 슬퍼하였다.[59]

3. 17년 春 정월에 백제의 왕자 惠가 돌아가기를 청하였다. 그래서 무기와 良馬를 많이 하사하였다.[60]

4. 8년 7월에 군사를 보내어 신라의 邊境을 침략하였는데, 신라 군사의 出擊을 받아 패하여 죽은 자가 1천여 명이었다.[61]

5. 백제가 國境의 民戶를 침략하므로, 왕이 군사를 보내어 이를 막아 1천여 명을 殺獲하였다.[62]

위의 사료는 백제의 성왕이 管山城에서 전사한 이후에 왕위를 계승한 위덕왕이 신라를 침입하였던 사실을 기록한 것이다. 사료 D-2·3을 통해서 알 수 있듯이 백제의 위덕왕은 관산성에서의 패전에 대한 보복을 하기 위해 동생 惠를 倭에 파견하여 군사를 청하는 등 대신라 공략에 많은 노력을 하고 있었다.[63] 그리고 D-4와 5는 동일한 내용으로[64] 백제가 신라의 변경을 침략하였지만 패하였다는 것이다. 이러한 기록을 통하여 적어도 위덕왕은 재위 10년까지는 대신라 공략에 치중하였음을 알 수 있다. 이러한 상황은 진지왕이 즉위한 이후에도 계속되었는데, 다음의 기록이 그것이다.

---

58) 『三國遺事』 권1, 紀異1 眞興王.
59) 『日本書紀』 권19, 欽明紀 16년 봄 2월.
60) 『日本書紀』 권19, 欽明紀 17년 봄 정월.
61) 『三國史記』 권27, 百濟本紀5 威德王 8년 7월.
62) 『三國史記』 권4, 新羅本紀4 眞興王 23년 7월.
63) 梁起錫, 1990, 「百濟 威德王代 王權의 存在形態와 性格」, 『百濟硏究』 21, 42쪽.
64) 李丙燾, 1983, 『譯註 三國史記』 下, 乙酉文化社, 75쪽 주 5) 참조.

E-1. (2년) 10월에 백제가 西邊의 州郡을 침범하므로, (진지왕이) 伊湌 世宗 에게 명하여 군사를 출동하여 一善의 북쪽에서 격파하여 斬獲함이 3천 7백級이나 되었다.[65]

　2. (24년) 10월에 신라의 西邊 州郡을 침공하였는데, 신라의 伊湌 世宗이 군사를 거느리고 이를 격파하였다.[66]

　3. (2년) 內利西城을 쌓았다.[67]

　4. (3년) 백제의 闕也山城을 침공하였다.[68]

　5. 4년 2월에 백제가 熊峴城과 松述城을 쌓아 蒜山城·麻知峴城·內利 西城의 길을 막았다.[69]

위의 기록은 진지왕대에 백제와의 관계에 대한 내용이다. 진지왕에 대한 기록은 4년이라는 짧은 재위기간에도 불구하고 백제와의 전쟁과 築城에 대한 것이 대부분을 차지하고 있다.[70] 특히 신라에서는 E-3의 기록과 같이 內利西城을 쌓는 등 백제의 침략에 대하여 적극적으로 대처하고 있다. 내리서성이 지금의 어느 지역인지는 확실히 알 수 없지만, E-5에서 熊峴城과[71] 松述城을 쌓아 蒜山城·麻知峴城[72]·內利西城 등의 길을 막았다는 기록과 당시 백제와의 관계를 고려하면, 백제의 국

---

65) 『三國史記』 권4, 新羅本紀4 眞智王 2년 10월.
66) 『三國史記』 권27, 百濟本紀5 威德王 24년 10월.
67) 『三國史記』 권4, 新羅本紀4 眞智王 2년.
68) 『三國史記』 권4, 新羅本紀4 眞智王 3년.
69) 『三國史記』 권4, 新羅本紀4 眞智王 4년 2월.
70) 金德原, 1999, 앞의 논문 ; 2003a, 앞의 논문, 37쪽.
71) 熊峴城은 지금의 대전시 대덕구 지역으로 비정하거나(李丙燾, 1983, 『譯註 三國 史記』上, 乙酉文化社, 113쪽 : 정구복 외, 1997, 『역주 삼국사기』3, 한국정신 문화연구원, 201쪽), 報恩 근처로 추정하고 있다(酒井改藏, 1970, 「三國史記의 地名考」『朝鮮學報』54, 41쪽 및 서영일, 1999, 『신라 육상 교통로 연구』, 학연 문화사, 124쪽).
72) 酒井改藏은 蒜山城을 醴泉으로, 麻知峴城을 예안-예천간의 文峴으로 비정하 였고(酒井改藏, 1970, 앞의 논문, 41쪽), 서영일은 報恩이나 槐山 일대로 비정하 였다(서영일, 1999, 앞의 책, 125쪽 주 129) 참조).

경과 가까운 신라의 서쪽 변경지역이었을 것으로 추정된다.[73] 이러한
사실은 진흥왕대와 마찬가지로 진지왕대에도 백제의 침입이 계속되고
있었다는 것을 의미한다.

　이와 같이 관산성 전투 이후에 신라에서는 확대된 영토를 안전하게
지키는 것과 동시에 백제의 침입을 방어해야 하는 어려운 상황에 처하였
다. 따라서 이와 같은 상황을 극복하기 위해서는 나이 어린 백정보다는
여러 가지 면에서 개인적으로 유리한 조건을 가지고 있었던 진지왕이 즉
위하는 것이 현실적인 어려움을 극복하는데 더욱 적합하였을 것이다.[74]

　이러한 대외적인 상황과 관련하여 주목되는 것은 居柒夫이다. 거칠부
는 고구려의 10城을 攻取하여 신라가 한강유역으로 진출하는데 결정적
인 역할을 수행하였고,[75] 진흥왕의 巡狩에 隨駕하는[76] 등 異斯夫와[77]
함께 진흥왕대의 활발한 대외정복 활동으로 영토를 확장하는데 있어서
상징적인 인물이었다. 또한 그는『國史』편찬을 주관하였고, 兵部令으
로서[78] 군사적으로 중요한 역할을 담당하며, 당시 백제와의 관계를 주
도적으로 이끌었다. 이러한 거칠부가 진지왕의 즉위에 도움을 주었다
면,[79] 그 이유는 당시 신라가 처하였던 위기상황과 깊은 관련을 맺고 있

---

73) 서영일은 內利西城이 一善지역을 방어하기 위한 요충지로 報恩이나 淸州 부근
　　으로 추정하였다(서영일, 1999, 앞의 책, 124쪽).

74) 金德原, 1999, 앞의 논문 ; 2003a, 앞의 논문, 38쪽.

75) 李昊榮은 居柒夫가 젊은 시절에 승려가 되어 고구려의 영역에 들어갔던 경력을
　　살려서 향도나 참모로 종사하였을 것이라고 하였다(李昊榮, 1984,「高句麗·新
　　羅의 漢江流域 進出 問題」『史學志』18, 15쪽).

76) 李基白, 1962,「大等考」『歷史學報』17·18 ; 1974,『新羅政治社會史研究』, 一
　　潮閣, 71~78쪽.

77) 異斯夫에 대한 연구는 李明植, 2004,「新羅 中古期의 將帥 異斯夫考」『『삼국
　　사기』「열전」을 통해 본 신라의 인물』, 新羅文化宣揚會 참조.

78) 申瀅植, 1974,「新羅兵部令考」『歷史學報』61 ; 1984, 改題「新羅의 國家的
　　成長과 兵部令」앞의 책, 155~156쪽.

79) 申瀅植, 1977, 앞의 논문 ; 1984, 앞의 책, 113쪽.

을 것이다. 즉 거칠부는 당시의 위기상황을 극복하기 위해서는 나이 어
린 백정보다 연령과 이것을 바탕으로 한 정치적인 경륜, 그리고 명철한
지혜와 정확한 판단력을 가지고 있었던 진지왕이 더 적합하다고 판단하
였을 가능성이 있다.[80] 따라서 거칠부가 진지왕의 즉위에 도움을 주었
던 근본적인 이유의 하나는 신라의 영토보전이라는 절박한 현실에서 비
롯되었을 것이다.

한편 거칠부가 진지왕의 즉위에 관여하였던 이유는 왕권을 약화시키
고, '汎奈勿王系의 貴族聯合體制'로의 복귀를 추구하였기 때문이라는
견해가 있다.[81] 그러나 이러한 견해는 다음의 몇 가지 경우를 생각할 때
의문이 든다. 먼저 진지왕을 지원하였던 거칠부와 진평왕의 즉위에 도움
을 준 弩里夫를 비롯한 당시 진골귀족들의 동향에 대한 문제를 들 수
있다. 왜냐하면 노리부도 거칠부와 같은 내물왕계의 진골귀족이었을 것
으로 생각되기 때문이다. 즉 奈勿王系 家系集團의 대표자격으로 중고
기의 정치에 참여하였던 거칠부가[82] 정통성이 결여된 진지왕을 추대하
여 왕권을 약화시키고 '범내물왕계의 귀족연합체제'를 추구하였다면, 당
시 대부분의 진골귀족들도 여기에 동참하였을 것이다. 그러나 거칠부와
같이 내물왕계 가계집단의 대표로서 정치에 참여하였다고 추정되는 노
리부는 오히려 거칠부가 지원하였던 진지왕을 폐위시키고 진평왕의 즉
위에 관여함으로써 거칠부와는 달리 智證王系 왕실을 지지하고 있다.
이러한 사실은 내물왕계 진골귀족이며, 같은 喙部 출신 사이에서도 정

---

80) 舍輪이 白淨보다 왕위계승에 있어서 정통성이 결여되었다면, 이러한 사실은 居
柒夫도 충분히 알고 있었을 것이다. 그럼에도 불구하고 거칠부가 사륜이 왕위에
즉위하는데 도움을 주었다면, 거기에는 정통성의 문제보다 더 중요하고 시급한
현실적인 문제가 내재되어 있었을 것이다.

81) 金瑛河, 1988, 앞의 논문 ; 2002, 앞의 책, 249~250쪽 : 李晶淑, 1994b, 앞의
논문, 42~43쪽.

82) 李基東, 1972, 「新羅 奈勿王系의 血緣意識」 『歷史學報』 53·54 ; 1984, 앞의
책, 78~79쪽.

치노선을 달리하는 세력들이 존재하고 있음을 알려 준다.[83] 또한 진지
왕을 폐위시키고 즉위한 진평왕이 진골귀족들의 지지를 얻기 위하여
'正統 奈勿王家'의 계승자를 내세웠다면,[84] 기본적으로 거칠부가 추구
하였던 '범내물왕계의 귀족연합체제'와 같은 정치노선을 추구한 것이라
고 할 수 있다.

둘째는 진흥왕대에 거칠부의 활약에 대한 문제이다. 즉 거칠부가 평
생에 걸쳐서 이룩한 자신의 업적을 스스로 쉽게 져버리고 왕권의 약화를
획책하였다고 보기에는 설득력이 약하다고 생각되기 때문이다. 또한 진
지왕을 추대할 당시의 거칠부의 나이를 고려한다면,[85] 과연 그가 자신
의 남아 있는 생애 동안에 왕권을 약화시키고 '범내물왕계의 귀족연합체
제'로 복귀시킬 수 있었을지도 의문시된다. 왜냐하면 진흥왕대에는 이미
왕권이 지속적으로 성장하여 專制王權의 수준까지 성장하였기 때문이
다.[86]

셋째는 거칠부가 왕권을 약화시키고 '범내물왕계의 귀족연합체제'로
복귀하려고 하였다면, 진지왕보다 나이가 어린 백정이 더 적합하였을 것
이다. 백정이 왕위에 즉위하였다면 진흥왕처럼 親政이 아니라 일정 기
간동안에 母后가 攝政하였을 것으로 추정되는데, 그렇다면 거칠부가 추
구하려던 의도가 좀 더 손쉽게 이루어졌을 가능성이 크기 때문이다.

따라서 이러한 견해가 어느 정도 타당하다면 거칠부가 왕권의 약화를
노리고 '범내물왕계의 귀족연합체제'로 복귀시켜려고 하였다는 기존의

---

83) 李昊榮, 1997, 「對麗·濟相爭과 太宗武烈王權의 成立」 『新羅三國統合과 麗·
  濟敗亡原因研究』, 書景文化社, 84쪽.
84) 申瀅植, 1977, 앞의 논문 ; 1984, 앞의 책, 113쪽.
85) 『三國史記』에 居柒夫는 78세에 죽었다고 기록되어 있다. 따라서 그가 진지왕을
  추대하였을 때에는 적어도 74세 정도였을 것이다(『三國史記』 권44, 列傳4 居柒夫).
86) 李晶淑, 1994b, 앞의 논문, 41쪽. 이와 관련하여 高慶錫는 중고기 왕권이 강화되
  는 과정에서 많은 귀족들은 국왕과 대립하기보다는 親王的인 성격을 띠었다고
  하였다(高慶錫, 1994, 「毗曇의 亂의 성격 문제」 『韓國古代史研究』 7, 249쪽).

견해는 再考되어야 할 것이다.

진지왕의 즉위에는 거칠부뿐만 아니라 加耶系의[87] 金武力을 생각할 수 있다. 김무력은 신라가 한강유역으로 진출할 때 거칠부와 함께 중요한 역할을 수행하여 新州軍主가 되었으며, 管山城에서 백제의 聖王을 전사시켰다. 이러한 군사적인 활약으로 迊湌까지 승진하여[88] 568년(진흥왕 29) 무렵에는 최고위층으로 부각되었으며,[89] 진흥왕이 巡狩할 때에도 隨駕하였다.[90] 당시 군사적으로 활발한 활동을 하였던 김무력은 역시 군사적으로 중요한 역할을 담당하고 있었던 거칠부와 자연스럽게 연계되었을 것이다.

따라서 거칠부가 진지왕의 즉위에 도움을 주었을 때에 김무력도 군사

---

87) 지금까지 加耶系는 신라에 복속된 金官加耶 출신이기 때문에 慶州 貴族에 비하여 사회적으로 천대를 받았고, 따라서 金舒玄이 萬明과 혼인할 때에 肅訖宗이 반대하였던 것으로 파악하였다(末松保和, 1954,「新羅三代考」『新羅史の諸問題』, 東洋文庫, 11~15쪽). 그러나 加羅金氏가 신라 국내에서도 어느 정도의 旣成勢力을 유지하는 것이 가능하였다는 견해와(三池賢一, 1969,「金春秋小傳」2『駒澤史學』16, 46쪽) 가야계는 신라에 항복한 이후에 4대가 지나면서 진골귀족의 대표가문으로서 자리를 굳히게 되었다는 견해가(武田幸男, 1985,「新羅‘毗曇の亂’の一視覺」『三上次男博士喜壽紀念論文集』, 平凡社, 240쪽) 제기되었다. 그리고 肅訖宗이 萬明의 혼인에 반대하였던 것은 金官加耶系라는 이유가 아니라 金舒玄이 낮은 관등의 소유자일 뿐만 아니라 그의 父인 金武力이 진지왕의 비정상적인 왕위계승에 동조하였기 때문에 왕족인 숙흘종이 혼인을 반대하였다는 견해와(선석열, 2001, 앞의 논문, 535~536쪽) 함께 당시 만명은 진평왕의 왕비가 될 수 있는 가장 유력한 지위에 있었음에도 불구하고, 아버지의 뜻과 당시의 관습에 어긋난 일을 저질렀기 때문에 숙흘종이 달갑게 받아들이지 않았다는 견해가 새롭게 발표되었다(鄭求福, 2002,「金庾信(595~673)의 정신세계」『悠山姜仁求敎授停年紀念 東北亞古文化論叢』, 民昌文化社, 595쪽).
88) 선석열, 2001, 앞의 논문, 534쪽. 그러나 武田幸男은『三國遺事』「駕洛國記」에 角干으로 기록되어 있는 것에 의문을 표시하고, 현실적으로 高位의 관등을 얻었을 것이라고 하였다(武田幸男, 1985, 앞의 논문, 239쪽).
89) 申瀅植, 1983,「金庾信家門의 成立과 活動」『梨花史學研究』13·14 ; 1984, 앞의 책, 247~248쪽.
90) 韓國古代史研究所 編, 1992,『譯註 韓國古代金石文』Ⅱ, 88쪽.

적인 기반을 토대로 거칠부와 함께 중요한 역할을 수행하였을 것으로 생
각된다. 그리고 이때에 형성된 진지왕과 김무력의 관계는 그들의 家門
에도 커다란 영향을 끼치게 되어 이후 김용춘과 김서현, 김춘추와 김유
신으로 연결되었을 것이다.[91] 이와 같은 관계를 바탕으로 舍輪系와 加
耶系는 서로 연합하여 新貴族勢力을 형성하였으며, 中代라는 새로운
시대를 열게 되는 원동력이 되었을 것이다.

다음은 대내적인 문제이다. 당시의 대내적인 문제는 불교와 깊은 관
련이 있는데, 중고기는 '佛敎王名時代'라고[92] 할 만큼 불교가 중요한
역할을 수행하였던 시기였다. 더욱이 진흥왕은 轉輪聖王의 이념을 바탕
으로 신라의 영토를 확장하며, 征服君主로서의 역할을 하였다. 그리고
皇龍寺의 창건과 百高座會와 八關會를 개최하는 등 護國佛敎를 통한
佛敎理想國[93] 즉 有緣國土說을 내세워 정복사업을 추진함으로써[94] 佛
國土를 건설하고자 하였다.[95]

이러한 진흥왕의 불교정책에서 주목되는 것은 전륜성왕의 이념이
다.[96] 진흥왕은 자신 스스로 전륜성왕을 표방하며[97] 백제와 고구려를
공략하여 영토를 확장시키면서 정복군주로서의 위상을 갖추어 나갔다.
진흥왕은 정복군주로서의 위상을 유지하기 위하여 자신의 아들에게도

---

91) 선석열, 2001, 앞의 논문, 536~537쪽 및 544쪽.
92) 金哲埈, 1952,「新羅 上代社會의 Dual Organization」下『歷史學報』2, 91~92
　　쪽 ; 1990,『韓國古代社會硏究』, 서울大 出版部, 147~148쪽.
93) 金煐泰, 1967, 앞의 논문 ; 1987a, 앞의 책, 61쪽.
94) 南都泳, 1987,「眞興王의 政治思想과 治積」『統一期의 新羅社會 硏究』, 東國
　　大 新羅文化硏究所, 88쪽.
95) 申東河, 2000, 앞의 논문.
96) 轉輪聖王에 대한 연구는 다음과 같다.
　　판카즈(N. M. Pankaj), 1994, 앞의 논문 : 장지훈, 1995,「佛敎의 政治理念과 轉
　　輪聖王－三國時代 佛敎受容 문제와 관련해서－」『史叢』44 ; 1997,『한국고대
　　미륵신앙연구』, 집문당.
97) 金煐泰, 1966, 앞의 논문 ; 1987a, 앞의 책, 77쪽.

전륜성왕의 이념을 계승시켰다. 그리하여 아들의 이름을 銅輪과 舍輪 (金輪)이라고[98) 하였다.

이와 같이 진흥왕은 자신의 정치적인 이상을 자식들에게 계승하여 동륜을 태자로 책봉하였지만, 태자 동륜이 일찍 죽어서 사륜만 남게 되었다. 그러나 사륜은 비록 차자이지만 동륜과 비슷한 대우를 받았을 것으로 보인다. 왜냐하면 사륜도 전륜성왕에 대한 진흥왕의 정치적인 이상을 계승할 수 있는 조건을 갖추었다고 생각되기 때문이다.[99)

그런데 전륜성왕의 이념에 대해서 주목할 만한 견해가 발표되었는데, 그것은 輪(Cakra)의 개념에 관한 것이다. 즉 輪은[100) 왕의 통치권을 나

---

98) 舍輪의 또 다른 이름인 金輪에 대해서는 여러 가지 견해가 있다. 먼저 金哲埈은 舍輪의 舍는 金의 刊誤이던가 '쇠'의 音의 표시로서 鐵輪을 말하는 것이며, 太子가 銅輪이므로 次子인 眞智는 그보다 한 급 낮은 鐵輪의 의미로서 舍輪이라 하였을 것으로 파악하였고(金哲埈, 1952, 앞의 논문 ; 1990, 앞의 책, 148쪽), 金煐泰는 金輪·銀輪·銅輪·鐵輪 등 전륜성왕의 종류를 바탕으로 태자가 동륜이고, 차자가 금륜이라고 한 것은 순서가 바뀐 것으로 보고, 금륜이 長子였지만 王者之德을 갖춘 동륜을 태자로 삼은 것이라고 하였으며, 따라서 銀輪도 있었을 것으로 생각하였다(金煐泰, 1967, 앞의 논문 ; 1987a, 앞의 책, 54~55쪽). 姜英卿은 재래의 土着信仰과 관련하여 진지왕은 布佛의 가장 큰 금륜을 기존의 巫俗信仰系인 市에까지 굴림으로써 舍輪王 또는 金輪이라고 불리게 되었다고 하였다(姜英卿, 1989, 앞의 논문, 20~21쪽). 南東信은 김춘추가 왕위에 즉위한 이후에 불명예스럽게 폐위된 祖父 진지왕의 명예를 회복시키는 과정에서 동륜계를 의식하여 사륜을 동륜보다 우월한 금륜으로 격상시킨 것으로 파악하면서도 진흥왕이 동륜과 철륜을 아들로 거느린 金輪王에 비정되었을 것으로 보았다(南東信, 1992, 「慈藏의 佛敎思想과 佛敎治國策」 『韓國史硏究』 76, 31쪽 및 주 125) 참조). 朴淳敎는 진지왕이 철륜이 아닌 금륜으로 된 것은 김춘추의 즉위 이후에 취해진 家祖尊崇과 연결된 것이라고 하였다(朴淳敎, 1999, 『金春秋의 執權過程 硏究』, 慶北大 博士學位論文, 255~256쪽 및 주 75) 참조). 그리고 金基興은 불교를 최초로 공인하여 크게 일으킨 법흥왕을 금륜으로, 진흥왕 자신은 은륜으로 생각하고, 왕자의 이름을 동륜과 철륜으로 지었다고 하였다(김기흥, 2000, 『천년의 왕국 신라』, 창작과비평사, 159쪽).

99) 金杜珍은 진흥왕에 이어 진지왕대까지 왕실은 전륜성왕 관념을 표방하고 있었다고 하였다(金杜珍, 1988, 「新羅 眞平王代의 釋迦佛信仰」 『韓國學論叢』 10, 32~33쪽).

타내는 것으로 왕의 통치권은 상속되어질 수 없으며, 후계자가 스스로의 힘으로 통치권을 행사하는 것이라고 한다. 그리고 전륜성왕은 절대로 상속되어지는 것이 아니라 기본적으로 공덕을 많이 쌓은 왕에게만 제한된다는 것이다.[101] 이 견해에 의하면 진흥왕에 의해서 자식들에게 계승된 전륜성왕의 이념은 태자 동륜이 죽은 후에 그 아들인 백정에게 이어지는 것이 아니라 사륜에게 계승될 수 있었다는 것을 의미하는 것이다. 특히 '후계자가 스스로의 힘으로 통치권을 행사해야 한다'라든가 전륜성왕이 '절대로 상속되어지는 것이 아니고, 공덕을 많이 쌓아야만'한다는 것 등에서 이러한 가능성은 더욱 크다고 할 수 있다. 왜냐하면 개인적인 자질이나 대내외적인 상황이 진지왕이 왕으로 즉위하는데 유리하게 작용하였기 때문이다.

한편 진흥왕대의 불교와 관련하여 거칠부의 역할도 주목하지 않을 수 없다. 불교와 관련된 거칠부의 기록은 다음과 같다.

居柒夫(혹은 荒宗이라고도 한다)의 성은 金氏요, 奈勿王의 5대손인데, 祖父는 仍宿 角干이고, 아버지는 勿力 伊湌이다. 居柒夫는 少時에 사소한 일에 거리끼지 않고 遠大한 뜻을 품어 머리를 깎고 중이 되어 四方으로 다니며 구경하였다. 고구려를 偵察하려고 그 地境에 들어갔다가 法師 惠亮이 講堂을 열고 經을 講說한다는 말을 듣고, 드디어 나아가 (그의) 講經을 들었다. 하루는 惠亮이 묻기를 "沙彌는 어디서 왔는가?"라 하므로 대답하기를 "저는 신라 사람입니다"라고 하였다. 그 날 저녁에 法師가 그를 불러다 보고 손을 잡으며 비밀히 말하기를 "내가 사람을 많이 보았는데, 너의 용모를 보니 분명 보통 사람이 아니다. 아마 다른 마음을 가짐이 아니냐?"고 하였다. (居柒夫가) 대답하기를 "제가 偏方에서 태어나 道理를 듣지 못하다가 스승님의 德望과 名聲을 듣고 와서 末席에 참여하였사오니, 스승님은 거절하지 마시고 끝까지 啓蒙해 주소서!"라고 하였다. 法師가 말하기를 "老僧이 不敏하지만 그대를

---

100) 輪은 輪寶를 뜻하는 것으로 전륜성왕의 七寶의 하나이며, 金・銀・銅・鐵의 네 가지가 있다.

101) 판카즈(N. M. Pankaj), 1994, 앞의 논문, 12쪽.

능히 알아볼 수 있다. 이 나라가 비록 작기는 하지만 사람을 알아보는 자가 없다고 하지는 못할 것이다. 그대가 잡힐까 염려하여 비밀히 알려 주는 것이니 빨리 돌아가라!"고 하였다. 거칠부가 돌아오려 할 때 法師가 또 말하기를 "그대의 相을 보니 제비턱에 매의 눈이라, 장래에 반드시 將帥가 될 것이다. 만일 군사를 거느리고 오거든 나에게 해를 끼치지 말라!"고 하였다. 거칠부가 "만일 스승님의 말씀과 같다면, 스승님과 愛好를 같이하지 아니한다면 저 밝은 해를 두고 맹세하겠습니다"라 하고 드디어 歸國하였다.[102]

위의 사료는 居柒夫가 젊었을 때에 머리를 깎고 승려가 되어 고구려의 영역에 들어갔다가[103] 惠亮法師를 만났던 사실을 기록한 것이다. 위의 기록이 구체적으로 언제였는지는 정확히 알 수 없지만, 적어도『國史』를 편찬하는 545년(진흥왕 6) 이전이었음은 확실하다. 따라서 위의 기록을 통해서 거칠부는 일찍부터 머리를 깎고 승려가 되었을 만큼 불교와 밀접한 관계를 맺고 있었다는 것을 알 수 있다.[104]

---

102) 『三國史記』 권44, 列傳4 居柒夫.
103) 李昊榮은 居柒夫가 승려가 되어 고구려의 영역에 들어갔던 것은 고구려 南邊의 정세와 지리를 파악하기 위한 정보수집의 목적이 있었으며, 그가 정찰한 곳은 丹陽 부근으로 추정하였다(李昊榮, 1984, 앞의 논문, 15쪽). 한편 노태돈은 惠亮이 한강 상류지역 중에서 고구려의 주요 거점이었던 國原城(忠州)에 주석하였던 것으로 파악하였고(노태돈, 1999, 『고구려사연구』, 사계절, 398쪽), 鄭善如는 혜량이 안원왕 말년에 발생하였던 왕위계승전에서 양원왕과 대립하던 세력과 밀접하게 연결되었기 때문에 중앙에서 활동하기가 어려워서 지방인 漢水 유역의 사찰로 이주한 것으로 파악하였다(鄭善如, 2000, 「高句麗 僧侶 義淵의 活動과 思想」『韓國古代史研究』 20, 487쪽).
104) 朴成熙는 居柒夫가 불교와 밀접한 관련을 맺고 있었으며, 그것은 거칠부 집안의 내력과도 연관이 있을 것으로 파악하였고(朴成熙, 1999, 「古代 三國의 史書 편찬에 대한 재검토」『震檀學報』 88, 35쪽), 朴勇國은 거칠부가 고구려의 선진 왕실불교를 받아들여 왕권강화에 기여할 수 있는 기반을 닦았다고 하였다(朴勇國, 2006, 앞의 논문, 12쪽). 이와 관련하여 南都泳은 진흥왕이 八關戒律을 제정할 때 惠亮法師와 거칠부의 노력이 컸을 것이라고 하였는데(南都泳, 1987, 앞의 논문, 85쪽), 示唆하는 바가 크다. 한편 盧鏞弼은 거칠부는 자신의 家系가 國王位나 葛文王位에서 멀어졌던 것에 불만을 품고 한때 출가한 것이라고 하였고(盧鏞弼, 1996, 『新羅眞興王巡狩碑研究』, 一潮閣, 84~85쪽 주 2) 참조),

　거칠부는 진흥왕대 영토확장의 상징적인 인물이었으며, 또한 진지왕의 즉위에 도움을 주었던 인물이다. 이러한 거칠부가 불교와 깊은 관계를 맺고 있었다면, 전륜성왕의 이념에 의해 왕위계승의 가능성이 높은 사륜의 즉위에 도움을 주었을 가능성이 더욱 커진다. 결국 거칠부가 진지왕의 즉위에 도움을 주었던 또 다른 이유의 하나는 진흥왕이 실시하였던 불교정책을 계승하려는 것에서 찾을 수 있다. 따라서 진지왕은 왕권강화를 위해 강력한 布佛意志를 가지고,[105] 진흥왕의 전륜성왕 이념을 바탕으로 한 불교정책을 계승하여 추진하였을 것이다.[106]

　이상에서 살펴본 바와 같이 진지왕은 거칠부와 김무력 등의 정치적인 도움을 받아서 즉위하였음을 알 수 있다. 그리고 진지왕은 이들 이외에도 여러 정치세력들과의 관련을 맺으면서 진흥왕대 후기의 정국을 주도적으로 운영하였을 것이다.

　<표 1>은 『삼국사기』에서 진흥왕대에 활동하였던 인물들을 정리한 것이다. <표 1>을 통해서 알 수 있는 것은 진지왕의 즉위와 관련된 인물들은 거칠부와 김무력 등을 찾을 수 있지만, 폐위와 관련된 인물들은 구체적으로 나타나지 않고 있다는 사실이다. 즉 진지왕을 폐위시킨 '國人'이라고 할 수 있는 인물로는 弩里夫로 추정되는 奴夫만을[107] 확인할 수 있다. 이러한 사실은 결국 551년(진흥왕 12)에 고구려의 10군을 탈취할 때의 주역인 8將軍들의 정치적 성향과 관련된 것이라고 할 수 있다.

김선주도 거칠부의 가계가 소지왕대 국정을 총괄할 정도의 세력이었는데, 智證王系가 왕위를 장악한 이후에 밀려나게 되면서 불만세력으로 남았을 가능성이 크다고 하였다(김선주, 1997, 앞의 논문, 78쪽).
105) 姜英卿, 1989, 앞의 논문, 20쪽.
106) 金德原, 2005, 앞의 논문, 44쪽.
107) 李昊榮, 1997, 「新羅 法興・眞興王代의 統一基盤 構築」 앞의 책, 書景文化社, 58쪽.

〈표 1〉 진흥왕대의 인물 성향

성 명	연　　도	관 등	관 직	활　　동	성 향	비 고
異斯夫	541년(진흥왕 2)		兵部令	掌內外兵馬事		
	545년(진흥왕 6)	伊湌		國史 編纂 건의		
	550년(진흥왕 11)			道薩·金峴城 전투		
	562년(진흥왕 23)	伊湌		加耶 정복		
居柒夫	545년(진흥왕 6)	大阿湌		國史 編纂	舍輪系	
	551년(진흥왕 12)		將軍	高句麗 10郡 탈취		
朱玲	548년(진흥왕 9)		將軍	獨山城 전투		
于勒	551년(진흥왕 12)			伽倻琴 연주	加耶系	
尼文	〃			〃	〃	
仇珍	〃	大角湌	將軍	高句麗 10郡 탈취		
比台	〃	角湌	〃			
耽知	〃	迊湌	〃			
	554년(진흥왕 15)	伊湌		管山城 전투		
非西	551년(진흥왕 12)	迊湌	將軍	高句麗 10郡 탈취		
奴夫	〃	波珍湌	〃	〃	銅輪系	(弩里夫)
西方夫	〃	〃	〃	〃		
比次夫	〃	大阿湌	〃	〃		
未珍夫	〃	阿湌	〃	〃		
階古	552년(진흥왕 13)			于勒에게 琴 전수		
法知	〃			于勒에게 노래 전수		
萬德	〃			于勒에게 춤 전수		
金武力	553년(진흥왕 14)	阿湌		新州 軍主	加耶系	
	554년(진흥왕 15)		軍主	管山城 전투		
于德	〃	角干	〃	〃		
都刀	〃	高干	裨將	〃		(加耶系)
成宗	556년(진흥왕 17)	沙湌		比列忽州 軍主		
起宗	557년(진흥왕 18)	沙湌		甘文州 軍主		
身得	558년(진흥왕 19)	奈麻		砲·弩 제작		
仇梨知		級湌				
斯多含	562년(진흥왕 23)		花郎	加耶 정복		
武官郎	563년(진흥왕 24)		〃			
春賦	565년(진흥왕 26)	阿湌		國原 다스림		
銅輪	566년(진흥왕 27)		王子	太子 임명	銅輪系	
	572년(진흥왕 33)		太子	죽음		

( )는 추정임

이 외에도 진지왕대 활동하였던 인물들을 통해서도 진지왕의 즉위에 도움을 주었던 세력들을 확인할 수 있다.

〈표 2〉 진지왕대의 인물 성향

성 명	연 도	관 등	관 직	활 동	성 향	비 고
居柒夫	576년(진지왕 원년)	伊湌	上大等	軍國事務自任	舍輪系	
世宗	577년(진지왕 2)	伊湌		一善郡 전투	(舍輪系)	

( )는 추정임

위의 <표 2> 역시 『삼국사기』에서 진지왕대 활동하였던 인물들을 정리한 것이다. 그러나 진지왕은 재위기간이 4년이었기 때문에 단 2명만이 기록에 나타나고 있다. 그 중에서 577년(진지왕 2)에 백제가 一善郡의 북쪽에 침입하였을 때 이를 물리친 世宗이 주목된다. 당시 세종은 관등이 伊湌이었고, 진지왕이 백제에 대해서 강경한 정책을 추진할 때 활동하였던 것으로 미루어 그도 거칠부와 함께 진지왕의 즉위에 도움을 주면서 진지왕대의 정국에 참여하였을 것으로 추정된다. 이와 같이 세종을 진지왕의 즉위에 도움을 주었던 인물로 볼 수 있다면, 또 한 명의 사륜계 세력을 확인할 수 있게 되는 것이다.[108]

지금까지 살펴본 바와 같이 진지왕은 태자 동륜이 죽은 이후에 개인적인 능력을 기반으로 즉위를 전후한 신라의 대내외적인 상황에서 거칠부와 김무력 등의 도움으로 백정을 대신하여 즉위할 수 있었다.

---

108) 金德原, 2003a, 앞의 논문, 46쪽.

제2절 眞智王代의 王權强化

1. 中古期 彌勒信仰의 유행

彌勒은 梵語로 Maitreya이며, 慈氏 또는 慈尊이라고 한다. 미륵은 釋
迦가 入滅하고 56억 7천만년 후에 兜率天에서 閻浮提인 지상으로 내려
와 龍華樹 아래에서 3번의 說法을 행하여 사람들을 구원한다. 그리고
미륵에게 구원을 받으려는 신앙의 형태를 彌勒信仰이라고 하는데, 이것
은 上生信仰과 下生信仰으로 구분된다.[109] 이러한 미륵신앙은 삼국에
불교가 전래된 이후에 일찍부터 신앙되기 시작하였다.[110]

법흥왕대에 불교가 공인된 이후 신라에서 초기부터 신앙의 대상이 되
었던 것은 미륵신앙이었다. 비록 언제부터 미륵이 신앙의 대상이 되었는
지에 대한 정확한 기록은 없지만, 신라 최초의 사원인 興輪寺에 彌勒佛
을 봉안하였고,[111] 또 흥륜사의 '輪'이 미륵신앙과 밀접한 관련을 맺고
있는 轉輪聖王을 의미한다는 사실은[112] 중요한 示唆를 하고 있다. 결국
이러한 사실은 신라에서 불교가 공인된 법흥왕대부터 미륵을 신앙하였

---

109) 金三龍, 1983, 『韓國 彌勒信仰의 研究』, 同和出版公社, 31~32쪽.
110) 彌勒信仰에 대한 대표적인 연구성과는 다음과 같다.
　　八百谷孝保, 1937, 「新羅社會と淨土教」『史潮』 7-4 ; 趙愛姬, 1973, 「新羅
　　における彌勒信仰の研究」『新羅佛教研究』, 山喜房佛書林 ; 李基白, 1975,
　　「新羅 初期 佛教와 貴族勢力」『震檀學報』 40 ; 1986, 『新羅思想史研究』, 一
　　潮閣 ; 金三龍, 1983, 앞의 책 ; 金煐泰, 1987b, 「三國時代의 彌勒信仰」『韓
　　國彌勒思想研究』, 東國大 出版部 ; 金杜珍, 1987, 앞의 논문 ; 金惠婉, 1992,
　　『新羅時代 彌勒信仰의 研究』, 成均館大 博士學位論文 ; 張志勳, 1995, 『三
　　國時代 彌勒信仰 研究』, 高麗大 博士學位論文 ; 1997, 앞의 책.
111) 『三國遺事』 권3, 塔像4, 彌勒仙花・未尸郎・眞慈師. 李基白은 이것을 彌勒
　　菩薩半跏像일 것으로 추정하였다(李基白, 1975, 앞의 논문 ; 1986, 앞의 책, 84쪽).
112) 高翊晋, 1984, 「韓國 佛教思想의 전개」『한국의 사상』, 열음사, 13쪽.

다는 것을 의미하는 것이다.

미륵신앙이 본격적으로 이루어졌던 것은 진흥왕대부터라고 할 수 있는데, 이와 관련된 기록은 다음과 같다.

　　F-1. 王子 銅輪을 세워 王太子를 삼았다.[113]

　　　2. 3월에 王太子 銅輪이 죽었다.[114]

　　　3. 眞平王이 즉위하니 諱는 白淨이고, 眞興王의 太子 銅輪의 아들이다. 母는 金氏 萬呼(또는 萬內라고도 한다)夫人이니, 葛文王 立宗의 딸이며, 妃는 金氏 摩耶夫人이니, 葛文王 福勝의 딸이다.[115]

　　G-1. 眞智王이 즉위하니 諱는 舍輪(또는 金輪이라고도 한다)이고, 眞興王의 次子이다. 母는 思道夫人이고, 妃는 知道夫人이다. 太子가 일찍 죽었기 때문에 眞智가 즉위하였다.[116]

　　　2. 제25대 舍輪王의 諡號는 眞智大王으로 姓은 金氏이고, 王妃는 起烏公의 딸 知刀夫人이다. 大建 8년 丙申에 즉위하였다.[117]

　　위의 기록은 진흥왕 아들의 이름이 銅輪과 舍輪(또는 金輪)이라는 내용이다. 진흥왕은 아들의 이름을 동륜과 사륜(또는 금륜)이라고 지었는데, 이것은 轉輪聖王의 이름이다. 그리고 전륜성왕은 미륵신앙과 밀접한 관련을 맺고 있다. 따라서 진흥왕대에는 이미 미륵신앙이 전륜성왕과 관련된 이해와 함께 신앙의 대상으로 자리를 잡고 있었음을 알 수 있다. 이러한 이해를 바탕으로 진흥왕은 轉輪聖王思想에 입각한 理想國家를 건설하려고 하였다.[118]

　　진흥왕대의 미륵신앙과 관련된 또 다른 자료는 八關會에 대한 것인

---

113) 『三國史記』권4, 新羅本紀4 眞興王 27년.
114) 『三國史記』권4, 新羅本紀4 眞興王 33년 3월.
115) 『三國史記』권4, 新羅本紀4 眞平王 즉위년.
116) 위와 같음.
117) 『三國遺事』권1, 紀異1, 桃花女·鼻荊郎.
118) 金煐泰, 1967, 앞의 논문 ; 1987a, 앞의 책, 56쪽.

데, 이 기록은 다음과 같다.

> H-1. 10월 20일에 戰死한 士卒을 위하여 外寺에서 八關筵會를 열고, 7일만
> 에 罷하였다.[119]
>
> 2. (진흥왕) 12년 辛未에 왕이 居柒夫와 仇珍 大角湌·比台 角湌·眈知
> 迊湌·非西 迊湌·奴夫 波珍湌·西方夫 波珍湌·比次夫 大阿湌·
> 未珍夫 阿湌 등 8將軍에게 명하여 백제와 더불어 고구려를 침공하였
> 다. 백제인은 먼저 平壤을 격파하고, 거칠부 등은 乘勝하여 竹嶺 이북
> 高峴 이내의 10郡을 취하였다. 이때에 惠亮法師가 무리를 이끌고 路上
> 으로 나왔다. 거칠부가 말에서 내려 軍禮로 揖拜하고, 나아가 말하기를
> "옛날 遊學할 때에 法師의 은혜를 입어 性命을 보전하였는데, 지금 意
> 外에 서로 만나니 어떻게 報恩을 할지 모르겠습니다."라고 하니, (법사
> 가) 대답하기를 "지금 우리나라의 政事가 어지러워 멸망할 날이 얼마
> 남지 않았으니, 그대의 나라로 데려가기를 바란다."라고 하였다. 여기서
> 거칠부가 같이 수레를 타고 돌아와서 (진흥)왕에게 뵈니 (진흥)왕이 僧
> 統을 삼고, 처음으로 百座講會와 八關의 法을 設하였다.[120]

위의 기록은 진흥왕대에 처음으로 전사한 士卒을 위하여 팔관회를 개
최하였다는 내용이다.[121] 팔관회는 在家 信者가 하루 동안에 8戒를 지
키는 것을 말한다. 8계를 지킨다는 것은 兜率天으로의 왕생과 미륵이
하생할 때 彌勒佛에게 나아가기 위한 인연이 되는 것이다. 이러한 팔관
회가 設行되었다는 것은 진흥왕대에 이미 미륵신앙 전반에 대한 이해와
함께 국가적으로 미륵신앙을 장려하였음을 의미하는 것이다.[122]
이와 함께 신라에서 미륵신앙이 유행하였던 것은 왕권과 귀족세력과

---

119) 『三國史記』 권4, 新羅本紀4 眞興王 33년 10월.
120) 『三國史記』 권44, 列傳4 居柒夫.
121) 戰死한 士卒을 위해서 八關會를 개최하였지만, 이때에는 전사한 花郎과 郎徒
들도 포함되었을 가능성이 크다.
122) 金惠婉, 1992, 앞의 논문, 37쪽. 그러나 張志勳은 삼국시대 미륵신앙의 수용 계
층은 일반 백성이었을 가능성이 많으며, 밑에서부터 수용되어 위에까지 전파되
었다고 파악하였다(張志勳, 1995, 앞의 논문 ; 1997, 앞의 책, 53쪽).

의 관계 속에서 이해되고 있다. 즉 왕실이 전륜성왕 내지 釋迦佛로 상징
되었다면, 귀족은 彌勒으로 상징되었으며, 이것은 각각 國王과 花郎으
로 인식되었다.[123] 그리고 귀족들이 미륵신앙을 수용한 이유는 미륵이
인도의 婆羅門 출신으로 자신들과 비슷하다고 생각하였기 때문이었다.
따라서 불교가 귀족 중심으로 수용되는데 중요한 역할을 하였던 것이 바
로 미륵신앙이었고,[124] 이러한 영향으로 중고기에 미륵신앙이 유행하게
되었다.

2. 眞慈師와 未尸郎의 정치적 성격

신라에서는 진흥왕대부터 미륵신앙이 본격적으로 이루어졌지만, 기록
으로 전해지는 것은 진지왕대라고 할 수 있다. 진지왕대의 미륵신앙을
연구하는데 있어서 중요한 자료로 이용되고 있는 것은 『三國遺事』의
彌勒仙花 · 未尸郎 · 眞慈師에 대한 기록이다.

　　진지왕대에 와서 興輪寺에 중 眞慈(또는 貞慈라고도 한다)가 있어 항상
堂의 주인인 彌勒像 앞에 나가 發願하여 맹세하며 말하기를 "우리 大聖께서
는 花郎으로 化하시어 이 세상에 나타나 내가 항상 晬容을 가까이 뵙고 받들
어 시중을 들게 하십시오."라고 하였다. 그 정성스럽고 간절하게 기원하는 마
음이 날로 더욱 두터워지니, 어느 날 밤 꿈에 중 하나가 말하기를 "네가 熊川
水源寺에 가면 彌勒仙花를 볼 수 있을 것이다."라고 하였다. 진자는 꿈에서
깨자 놀라며 기뻐하여 그 절을 찾아 열흘 길을 가는데, 발자국마다 절을 하며
그 절에 이르렀다. 문밖에 탐스럽고 섬세하게 생긴 한 소년이 있다가 예쁜 눈
매와 입맵시로 맞이하여 작은 문으로 데리고 들어가 객실로 안내하니, 진자는
올라가면서도 揖하면서 말하기를 "그대는 평소에 나를 모르는데 어찌하여 이
렇듯 은근하게 대접하는가?"라고 하였다. 소년이 말하기를 "나도 또한 서울

---

123) 李基白, 1975, 앞의 논문 ; 1986, 앞의 책, 80~87쪽.
124) 金杜珍, 1987, 앞의 논문, 13~15쪽.

사람입니다. 스님이 먼 곳에서 오시는 것을 보고 위로하였을 뿐입니다."라고
하였다. 이윽고 소년은 문밖으로 나가더니 어디로 갔는지 알 수가 없었다. 진
자는 속으로 우연한 일이라 생각하고 조금도 이상하게 여기지 않았다. 다만
절의 중들에게 지난 밤의 꿈과 자기가 여기에 온 뜻만 이야기하고 또 이야기
하기를 "잠시 저 아랫자리에서 彌勒仙花를 기다리고자 하는데, 어떻겠소?"라
고 하였다. 절에 있는 중들은 그의 마음이 흔들리는 것을 알았지만 그의 근실
한 모습을 보고 말하기를 "여기서 남쪽으로 가면 千山이 있는데, 옛날부터
賢人과 哲人이 살고 있어서 冥感이 많다고 하오! 그곳으로 가보는 것이 좋을
것입니다."라고 하였다. 진자가 그 말을 따라 산 아래에 이르니, 山靈이 老人
으로 변하여 나와서 맞으며 말하기를 "여기에 무엇 하러 왔는가?"라고 하였
다. 진자가 대답하기를 "미륵선화를 보고자 합니다."라고 하였다. 노인이 또
말하기를 "지난번에 水源寺 문밖에서 이미 미륵선화를 봤는데, 다시 무엇을
구하는 것인가?"라고 하였다. 진자는 이 말을 듣고 놀라 이내 달려서 本寺로
돌아왔다. 그런지 한 달이 넘어 진지왕이 이 말을 듣고 진자를 불러서 그 까
닭을 묻고 말하기를 "그 소년이 스스로 서울 사람이라고 하였으니 聖人은 거
짓말을 하지 않는데, 왜 성안을 찾아보지 않았소?"라고 하였다. 진자는 (진지)
왕의 뜻을 받들어 무리들을 모아 두루 마을을 돌면서 찾으니, 단장을 갖추어
얼굴 모양이 수려한 한 소년이 靈妙寺 동북쪽 길가의 나무 밑에서 너울너울
춤추며 놀고 있었다. 진자는 그를 만나보자 놀라서 말하기를 "이분이 미륵선
화다."라 하고 나가서 묻기를 "郎의 집은 어디에 있으며, 姓은 누구신지 듣고
싶습니다."라고 하였다. 郎이 대답하기를 "내 이름은 未尸입니다. 어렸을 때
부모를 모두 잃어 姓이 무엇인지 모릅니다."라고 하였다. 진자는 그를 가마에
태워 들어가 (진지)왕에게 보였다. (진지)왕은 그를 존경하고 사랑하여 받들어
國仙을 삼았다. 그는 花郎徒 무리들을 서로 화목하게 하고, 禮儀와 風敎가
보통사람과 달랐다. 그는 風流를 세상에 빛내더니, 7년이 되자 갑자기 어디로
갔는지 알 수가 없었다. 진자는 몹시 슬퍼하고 그리워하였다. 未尸郎의 자비
스러운 혜택을 많이 입었고, 맑은 德化를 이어 스스로 뉘우치고 정성을 다하
여 道를 닦으니, 晩年에는 그 역시 어디에서 죽었는지 알 수가 없다. …125)

위의 기록은 진지왕대의 眞慈師와126) 未尸郎에127) 대한 내용이다.

---

125) 『三國遺事』 권3, 塔像4 彌勒仙花 · 未尸郎 · 眞慈師.
126) 강헌규는 '貞慈'가 '媒介於人者'를 의미하므로 '眞慈'보다는 '貞慈'가 옳다고
    하였지만(강헌규, 1994, 「삼국유사에 나타난 이른바 '未尸郎', '眞慈師'에 대하

이 기록은 신라에 불교가 공인된 이후 중고기의 불교신앙 중에서 특히 미륵신앙을 이해하는데 결정적인 자료로 이용되고 있을 뿐만 아니라 화랑도와 관련해서도 중요한 내용을 수록하고 있다. 따라서 이 기록을 자세하게 분석하면 미륵신앙과 화랑도와의 관련성을 좀 더 구체적으로 파악할 수 있을 것이다. 또한 이 기록은 진지왕대의 政局運營과 관련한 내용도 포함하고 있기 때문에 중고기의 政治史를 이해하는 데에도 중요한 자료로 이용되고 있다.[128]

1) 眞慈師에 대한 검토

(1) 眞慈師의 傳統信仰的인 성격

진지왕대 미륵신앙과 관련되어 『삼국유사』에 기록된 인물은 眞慈師(또는 貞慈)이다. 그는 興輪寺의 승려로 그곳에 모셔져 있는 彌勒을 받들었다.[129] 이것은 그가 미륵을 신앙의 대상으로 하고 있었음을 의미하

여－未尸郎이 아니라 末尸郎이다－」『公州大論文集』 32, 13쪽), '眞慈'로 통일하고자 한다.

127) 강헌규는 '未尸'는 '末尸'의 잘못으로 媒人・媒婆・仲介人・仲買人의 뜻이며, 末尸郎과 貞慈師가 '媒介於人者'인 동일인이라고 하였다(강헌규, 1994, 앞의 논문, 9쪽 및 12~14쪽).

128) 『三國遺事』 彌勒仙花・未尸郎・眞慈師에 대한 대표적인 연구성과는 다음과 같다.
金煐泰, 1966, 앞의 논문 ; 1987a, 앞의 책 : 金庠基, 1969,「花郎과 彌勒信仰에 대하여－神仙寺遺構의 調査를 기틀로－」『李弘稙博士回甲紀念韓國史學論叢』, 新丘文化社 ; 1974,『東方史論叢』, 서울大 出版部 : 金煐泰, 1970,「僧侶郎徒考」『佛敎學報』 7 ; 1987a, 앞의 책 : 李基白, 1975, 앞의 논문 ; 1986, 앞의 책 : 金惠婉, 1978,「新羅의 花郎과 彌勒信仰의 關係에 대한 硏究－半跏思惟像을 中心으로－」『成大史林』 3 : 金杜珍, 1987, 앞의 논문 : 金惠婉, 1992, 앞의 논문 : 河廷龍, 1993,「『三國遺事』彌勒仙花・未尸郎・眞慈師條 譯註」『普照思想』 9 : 張志勳, 1995, 앞의 논문 ; 1997, 앞의 책.

129) 李基白은 興輪寺는 彌勒을 모시고 있는 미륵의 道場이라고 하였다(李基白, 1954,「三國時代 佛敎 受容과 그 社會的 意義」『歷史學報』 6 ; 1986, 앞의 책, 16쪽 주 21) 참조). 이것은 興輪寺가 花郎과도 밀접한 관련을 맺고 있었음

는 것이다. 또한 그의 이름인 '眞慈'가 慈氏인 미륵과도 어떤 특별한 관계를 보여주므로[130] 진자사가 미륵을 신앙하고 있었다는 사실을 알 수 있다.

진자사에 대해서는 『삼국유사』에 기록되어 있는 것이 전부이기 때문에 그의 生沒年에 대해서는 자세히 알 수가 없다. 다만 진지왕대의 진자사는 壯年層이었을 것으로 생각된다.[131] 따라서 그는 적어도 법흥왕대에 태어났을 것으로 추정할 수 있다. 그리고 진자사는 未尸郞이 '忽亡所在'한 이후 얼마 안된 시기, 즉 진평왕 초기에 죽었을 것으로 생각된다. 이러한 추정이 어느 정도 타당하다면, 진자사는 법흥왕·진흥왕·진지왕·진평왕 등 중고기 전반의 4대에 걸친 삶을 살았다고 할 수 있다.

이와 같이 진자사는 신라에 불교가 공인되었던 법흥왕대와 그것이 발전을 거듭하였던 진흥왕대에 生長하면서 당시 불교의 경향을 직접 체험하였고, 그 과정에서 미륵을 신앙의 대상으로 하였던 것이 아닌가 생각된다.

진자사는 미륵을 신앙의 대상으로 하였던 승려였지만, 그는 傳統信仰(土着信仰)의 성격도 가지고 있었던 것으로 추정된다. 그가 彌勒仙花를 찾는 과정에서 老人으로 변하여 나타나는 山靈도 山岳神으로서 神仙으로 파악할 수 있기 때문이다.[132] 진자사의 이러한 성격은 未尸郞과의 관계를 통해서 보다 분명하게 이해할 수 있다.

진자사뿐만 아니라 미륵을 신앙의 대상으로 하였던 승려들은 대체로

을 의미하는 것이다.

130) 金杜珍, 1987, 앞의 논문, 17쪽.

131) 『三國遺事』의 기록을 자세히 음미하면, 진지왕대의 진자사는 이미 어느 정도의 연령이 있었던 것으로 보여신다. 金煐泰도 진자사가 '나이가 지긋한 一位의 大師'라고 하였다(金煐泰, 1970, 앞의 논문 ; 1987a, 앞의 책, 92쪽).

132) 金杜珍, 앞의 논문, 1987, 22쪽. 길기태도 웅진지역의 미륵신앙에서도 토착적인 성격을 찾을 수 있다고 하였다(길기태, 2006, 「百濟 泗沘時代의 彌勒信仰」『百濟 硏究』 43 ; 2006, 『백제 사비시대의 불교신앙 연구』, 서경문화사, 130~131쪽).

전통신앙(토착신앙)에서의 神仙에 대한 祭祀를 수행하고 있었으며, 巫
覡의 전통을 계승한 祭司長의 성격이었을 것이다.[133] 결국 이러한 성격
이 역시 전통신앙의 전통을 계승하고 있는 화랑도와[134] 연결됨으로써
미륵을 신앙의 대상으로 하였던 승려들이 화랑도와도 깊은 관련을 맺을
수 있었을 것이다.

　일반적으로 전통신앙(토착신앙)은 神秘的이고 呪術的인 것을 특징으
로 하고 있다. 신라에 전래되고 공인되던 시기의 불교도 이와 비슷한 성
격을 가지고 있었다. 이것은 외래종교인 불교가 신라에 수용되면서 전통
신앙과 융합하는 과정에서 발생한 현상으로 巫佛習合 또는 巫佛融合이
라고 할 수 있다. 이 시기의 불교가 전통신앙과 같은 신비적이고 주술적
인 성격을 특징으로 하였다면, 이것은 일종의 密敎的인 성격으로 이해
할 수 있을 것이다.[135] 따라서 신라에 전래되었던 불교는 呪術的인 경
향이 강한 밀교적 성격을 갖고 있었을 가능성이 높았던 것으로 추측된
다.[136] 그러므로 신라에 밀교가 전래된 시기도 좀 더 올려볼 수 있지 않

133) 金杜珍, 1987, 앞의 논문, 22~24쪽.
134) 李基東, 1976, 「新羅 花郎徒의 起源에 대한 一考察」『歷史學報』69 ; 1984,
　　앞의 책, 316~318쪽 : 姜英卿, 1991, 「新羅 眞平王代 花郎國仙의 設置」『雪
　　岡林采源博士華甲紀念史學論叢』, 492쪽.
135) 洪潤植은 密敎가 在來 土俗信仰의 불교적 전개라는 의미를 지닌다고 하였다
　　(洪潤植, 1984, 「新羅 皇龍寺 經營의 文化的 意味-百濟 彌勒寺經營과의 比
　　較論的 考察-」『馬韓·百濟文化』7, 234쪽).
136) 일반적으로 신라에 密敎가 전래된 것은 문무왕대 明朗에 의한 것으로 이해되고
　　있다. 그러나 진평왕대에 이미 三岐山을 중심으로 밀교가 대두한 것으로 보거
　　나(金在庚, 1978, 「新羅의 密敎 受容과 그 性格」『大丘史學』14, 4쪽), 阿道
　　가 宮中에 들어가 초기 밀교 경전에 관계하는 의례를 소개하였던 것으로도 파
　　악하였다(권영택, 1999, 「新羅 佛敎受容에서의 密敎의 역할」『石堂論叢』28,
　　46쪽).
　　신라의 밀교에 대한 대표적인 연구성과는 다음과 같다.
　　朴泰華, 1965, 「新羅時代의 密敎 傳來考」『趙明基博士華甲紀念佛敎史學論
　　叢』: 文明大, 1976, 「新羅 神印宗의 硏究」『震檀學報』41 : 金在庚, 1978,
　　앞의 논문 : 鄭泰爀, 1981, 「韓國佛敎의 密敎的 性格에 대한 考察」『佛敎學

을까 한다.

(2) 眞慈師와 花郎徒와의 관련

진자사는 '僧侶郎徒'로서[137] 화랑도와 깊은 관계를 맺고 있었다. 진자사는 이미 승려낭도였는데, 어떤 이유로 국선이 물러난 이후에 그 자리가 비게 되자 未尸郎을 맞이하였다고 한다.[138] 이 견해는 비록 구체적으로 설명하지는 않았지만, 화랑도의 조직과 관련하여 새로운 사실을 알 수 있게 하는 것이다.

郎徒들은 '黃卷'[139] 또는 '風流黃卷'으로[140] 불리는 일종의 名簿에 이름을 올리고 생활하였으며, 낭도로서의 기간이 끝나면 명부에서 이름을 삭제하였다. 그 이후에도 자신이 속한 門戶의 화랑과는 비록 主從관계적인 성격을 갖고 있지만, 평생을 두고 뜻을 같이하는 관계를 맺었던 것으로 이해된다.[141] 이것은 好世郎과 惠宿을[142] 비롯하여 金庾信과 조寧子[143]・裂起・仇近[144] 및 竹旨郎과 得烏[145] 등의 사례를 통해서

報』18 : 佛敎文化硏究院 編, 1986, 『韓國密敎思想硏究』, 東國大 出版部 : 권영택, 1999, 앞의 논문.
137) 金煐泰, 1966, 앞의 논문 ; 1987a, 앞의 책, 69쪽 ; 1970, 앞의 논문 ; 1987a, 앞의 책, 88쪽. 이와 달리 僧侶를 敎師로서 이해하기도 한다(李基白, 1954, 앞의 논문 ; 1986, 앞의 책, 45쪽 : 李基東, 1979, 「新羅 花郎徒의 社會學的 考察」『歷史學報』82 ; 1984, 앞의 책, 336~337쪽 : 朱甫暾, 1997, 「新羅 花郎徒 硏究의 現況과 課題」『啓明史學』8, 108~109쪽). 특히 朱甫暾은 花郎徒 조직에서의 僧侶의 역할을 일반적으로 이해하고 있는 敎師의 성격보다 더 강조하고 있다.
138) 金煐泰, 1970, 앞의 논문 ; 1987a, 앞의 책, 95쪽.
139) 『三國遺事』권4, 義解5 二惠同塵. '黃卷'의 黃은 皇帝와 老子를 가리키는 黃老라고 한다(鄭璟喜, 1990, 「三國時代 社會와 仙道」『韓國古代社會文化硏究』, 一志社, 239~240쪽).
140) 『三國遺事』권2, 紀異2 孝昭王代 竹旨郎.
141) 盧泰敦, 1978, 「羅代의 門客」『韓國史硏究』21・22, 5~6쪽.
142) 『三國遺事』권4, 義解5 二惠同塵.
143) 『三國史記』권41, 列傳1 金庾信 上 ; 同 권47, 列傳7, 조寧子.
144) 『三國史記』권42, 列傳2 金庾信 中 ; 同 권47, 列傳7, 裂起.
145) 『三國遺事』권2, 紀異2 孝昭王代 竹旨郎.

어느 정도 추측할 수 있다.

그러나 주목해야 할 것은 이러한 화랑과 낭도와의 관계가 항상 정형화된 것은 아니라는 사실이다. 다시 말하면 낭도들은 어떤 화랑의 문호에 소속이 되면 그 관계가 평생에 걸쳐서 유지되지만, 여러 가지 상황에 의하여 이러한 관계에 변화의 가능성을 항상 내포하고 있다는 것이다. 즉 낭도들은 특별한 상황에 처하게 되면 다른 화랑의 문호로 이동이 가능하였을 것으로 생각된다.

화랑이 죽거나 아니면 화랑으로서의 임기가 끝나면 그 화랑의 문호는 해체되고, 낭도들은 뿔뿔이 흩어졌을 것이다. 斯多含의 낭도들은 그가 죽은 이후에 이와 같은 상황에 처하게 되었을 것으로 추정되는데, 그들은 뿔뿔이 흩어지거나 아니면 다른 화랑의 문호로 이동하였을 것이다. 이러한 상황은 화랑의 경우에도 마찬가지였을 것이다. 비록 구체적인 기록이 없어서 자세한 내용은 알 수 없지만, 화랑이 전쟁에 참가하였을 때 낭도들의 많은 희생으로 그 구성원이 크게 감소하였을 경우에는 부족한 인원을 보충하기 위해서라도 낭도들을 새롭게 선발하거나 아니면 사다함의 낭도들과 같이 이미 뿔뿔이 흩어져 있던 다른 화랑의 낭도들을 영입하였을 것이다.

낭도들이 다른 화랑의 문호로 이동하였던 것은 자신이 소속된 문호의 화랑이 임기가 끝났을 때에도 가능하였을 것이다.[146] 이러한 경우에는 낭도들의 연령이 어리거나 또는 그 문호에 소속된 기간이 짧았을 때 그 가능성이 더 높았을 것이다. 뿐만 아니라 화랑의 지위와 명성이라든가 개인적인 역량의 차이에 의해서도 낭도들이 이동하였을 경우도 생각해 볼 수 있을 것이다.

---

146) 일반적으로 花郎은 15세에서 18세까지의 연령으로 구성되어 3년 정도의 수련기간을 거친 것으로 이해하고 있다(李基東, 1979, 앞의 논문 ; 1984, 앞의 책, 337~341쪽).

이와 같이 화랑도의 조직은 항상 정형화된 것이 아니라 특별한 경우에는 낭도들이 다른 화랑의 문호로 이동이 가능하였을 것으로 이해할 수 있다. 그러나 진자사는 미시랑이 '忽亡所在'한 이후에도 다른 화랑의 문호로 이동하지 않고 평생을 두고 미시랑과의 관계를 맺었던 것으로 보인다. 이것은 진자사가 미시랑이 '忽亡所在'한 이후에 '哀懷殆甚'하였다는 기록을 통해서도 어느 정도 알 수 있다.

승려낭도로서 화랑도와 깊은 관련을 맺고 있었던 진자사는 미륵이 화랑으로 化作하기를 기원하였고, 마침내 직접 彌勒仙花를 찾기 위해서 熊川의[147] 水源寺까지[148] 열흘이나 걸리는 먼길을 '一步一禮'하며 갔다.[149] 진자사가 이러한 고생을 마다하지 않은 것은 그만큼 미륵선화를 받들려는 의지가 강렬하였다는 것을 의미하는 것이다.[150] 그러나 이러한 노력에도 불구하고 미륵선화를 찾으려는 진자사의 노력은 끝내 실패

147) 金杜珍은 眞慈師가 熊川까지 갔던 것은 이 지역에서 彌勒信仰이 유행하고 있었던 점과 함께 백제 미륵신앙의 성격과 관련하여 파악하였다(金杜珍, 1987, 앞의 논문, 18쪽). 蔡印幻도 미륵신앙이 熊津에 가장 먼저 전래되어 이 지방을 근거지로 하여 삼국에 널리 유행한 것으로 보았다(蔡印幻, 1994, 「新羅初期 佛教의 思想과 文化」『佛教大學院論叢』 2, 26쪽).

148) 水源寺는 公州市 玉龍洞의 月城山에 있는 것으로 알려지고 있지만(百濟文化開發研究院, 1988,『忠南地域의 文化遺蹟』 2 - 公州郡篇 -, 298쪽), 李南奭은 公州市 金鶴洞寺址의 물안주지역으로 비정하였다(이남석, 2002, 「水源寺와 水源寺址」『湖西史學』 32, 21쪽). 한편 金杜珍은 수원사의 미륵신앙을 구함에 있어서 원류라는 의미를 내포한다고 하였다(金杜珍, 1994, 「百濟의 彌勒信仰과 戒律」『百濟佛教文化의 研究』, 忠南大 百濟研究所, 48쪽).

149) 黃壽永은 三國末에 미륵신앙이 공주지역을 중심으로 전래되어 이곳을 근거로 크게 유행한 것으로 파악하였는데(黃壽永, 1960, 「百濟半跏思惟石像小考」『歷史學報』 13, 21쪽), 대부분 이 견해를 따르고 있다(金三龍, 1983, 앞의 책, 115쪽). 그러나 金杜珍은 당시 한강 유역을 둘러싼 신라와 백제의 분쟁으로 眞慈師가 실재로 공주에 가지 못하였고, 진자사가 彌勒仙花를 구한 緣起說話는 공주지역이 미륵신앙의 상징적인 존재로 자리하였기 때문이라고 하였다.(金杜珍, 1994, 앞의 논문, 48쪽).

150) 金德原, 2002, 「眞智王의 卽位에 대한 再檢討」『白山學報』 63, 219쪽.

하였다.

미륵선화를 찾으려는 진자사의 노력은 이후 진지왕이 직접 이 문제에 관여하기에 이르렀다. 국왕이 직접 관여하였다면 그것은 국가적인 차원에서의 중요한 문제였음을 의미하는 것이다.[151] 진자사는 이러한 국가적인 중요한 문제를 진지왕의 도움으로 해결할 수 있는 계기를 마련하여 마침내 미륵선화인 미시랑을 찾을 수 있었고, 그를 정성껏 받들고 섬기면서[152] 많은 은택과 감화를 받았다.

(3) 眞慈師와 眞智王과의 관계

진자사는 미시랑을 진지왕에게 추천하여 國仙으로 삼게 하였다.[153] 즉 그는 미륵선화인 미시랑과 진지왕의 중계자 역할을 담당하였다. 진지왕이 미시랑을 국선으로 삼은 것은 인재를 선발하여 발탁함으로써 자신의 새로운 세력으로 흡수하고, 이를 정치세력화 하려는 의도에서 이루어진 것으로 생각된다.[154] 여기서 주목되는 것은 이러한 과정에서 불교가

---

151) 金德原, 2003b, 「新羅 眞智王代의 政局運營」『梨花史學硏究』30, 59쪽.

152) 金貞淑은 眞慈師가 未尸郎을 화랑으로 섬기게 되었을 때에도 승려였는지에 대해서 의문을 제기하였다(金貞淑, 1996, 「新羅 花郎의 생활사 연구-人材로의 登用을 중심으로-」『화랑문화의 신연구』, 문덕사, 472쪽). 그러나 진자사가 晚年까지 '精修爲道'하였다는『삼국유사』의 기록을 통해서 미시랑을 받들던 때에도 승려였을 것으로 생각된다.

153) 朱甫暾은 화랑도에 소속된 승려에 의해서 화랑도의 교육내용과 인재의 천거까지 이루어졌다고 하였다(朱甫暾, 1997, 앞의 논문, 109쪽). 이러한 견해는 진자사가 미시랑을 진지왕에게 추천하여 국선이 되게 하였다는 사실을 참조할 때 示唆하는 바가 크다.

154) 金德原, 2002, 앞의 논문, 219~220쪽. 朴淳敎도 진지왕이 진자사로 하여금 자신의 뜻에 맞는 사람을 물색하는 密命을 맡겼고, 미시랑은 진지왕의 감춰진 세력에서 선택된 충실한 심복이었으며, 진지왕은 이런 미시랑을 이용하여 화랑도를 통솔하게 하여 未曾有의 國仙制를 시행한 것으로 파악하였다(박순교, 2003, 「眞智王의 改革과 花郎徒의 動向」『淸溪史學』18, 37~38쪽). 이러한 견해 역시 진지왕이 인재를 선발하여 발탁함으로써 이들을 새로운 세력으로 흡수하고, 정치세력화 하려던 것으로 이해할 수 있을 것이다.

깊이 관련되어 있다는 사실이다. 즉 진지왕이 미시랑이라고 하는 새로운 인물을 발탁하는 모든 과정은 승려인 진자사를 중심으로 하여 이루어지고 있다. 이것은 곧 진지왕이 정국을 운영하는 과정에서 불교로부터 많은 도움을 받았음을 의미하는 것이다. 이러한 의미에서 진자사는 진지왕의 의도를 충실히 수행하였던 '親舍輪系'였을 것으로 추정할 수 있다.[155] 이렇게 생각할 때 미시랑이 '忽亡所在'한 이후에 진자사 역시 晚年에 '不知所終'하였다는 기록도 어느 정도 이해할 수 있을 것이다.

거리에서 미시랑을 찾는 과정을 살펴볼 때 진자사에게서 民衆指向的인 성격을 느낄 수 있다. 당시 신라는 한강유역을 차지한 이후에 고구려와 백제의 침략을 받고 있었다.[156] 이러한 상황에서 왕실에서는 일반 民의 중요성에 대해서 인식을 하게 되었다. 특히 새롭게 신라 영토로 편입된 지역의 服屬民에 대한 인식에도 변화를 가져왔을 것이다. 이와 같은 시대 상황의 변화가 진자사에게도 일정한 영향을 주었을 것이며, 그것이 또한 진지왕이 추진하려던 정책이었을 것이다. 미시랑을 찾는 과정에 진지왕이 관여하였다는 것은 바로 이러한 면을 보여 준다. 여기에서 진지사와 진지왕의 관계를 다시 한번 확인할 수 있다.

2) 未尸郎에 대한 檢討

(1) 未尸郎의 傳統信仰的인 성격

『삼국유사』의 기록에 의하면 未尸郎은 彌勒이 化作한 것이다.[157] 그러나 역사적인 존재로서의 미시랑은 진흥왕대에 태어난 것으로 생각된

---

155) 이러한 사실을 감안할 때 진자사가 '一步一拜'하였다는 기록을 이해할 수 있을 것이다. 이것은 진자사가 진지왕을 도와서 신라를 理想國土化 하려는 마음이 그만큼 강렬하였음을 의미하는 것이다.

156) 金德原, 2002, 앞의 논문, 224~226쪽.

157) 金庠基는 彌勒의 花郎化作 사상에서 彌勒仙花라는 특수 명칭까지 나타났다고 하였다(金庠基, 1969, 앞의 논문, 4쪽 ; 1974, 앞의 책, 57쪽).

다. 또한 미륵선화인 미시랑이 진지왕대에 國仙이 되었다가 7년 후에
'忽亡所在'하였기 때문에 적어도 미시랑은 진흥왕·진지왕·진평왕 등
중고기 전반의 3대에 걸친 삶을 살았다고 할 수 있다.

　미시랑이 진자사를 처음 만났을 때는 10대, 좀 더 정확히 말하면 15
세 정도였을 것이다.[158] 이때 그는 靈妙寺 동북쪽 길가의 路傍樹(見郎
[樹]·似如樹·印如樹) 밑에서 너울너울 춤추며 놀고 있었다.[159] 그런
데 진지왕대에는 아직 영묘사가 창건되기 이전이므로[160] 이곳은 前佛
時 七處伽藍의 하나인 沙川尾 지역이다.[161] 이곳은 삼한시대의 蘇塗로
불리던 지역으로 古代信仰의 神聖地域이었고,[162] 이러한 신성지역의
樹木은 전통신앙에서 祭儀가 행해지던 곳이었다.[163] 이와 같은 곳에서
미시랑이 춤추며 놀고 있었다는 것은 곧 수목 아래에서 벌어지고 있던
巫祭를 표현한 것이며,[164] 미시랑은 그것을 담당하였던 司祭의 기능을
지니고 있었던 것으로 생각된다.[165] 즉 미시랑은 神仙과 祭司長을 媒介

---

158) 張志勳은 童子의 모습은 불교가 수용되기 이전부터 神話的 전통에서 비롯된
　　것으로 샤머니즘 체계 속에서 이해되는 것이라고 하였다(張志勳, 1995, 앞의 논
　　문 ; 1997, 앞의 책, 79쪽 및 221쪽).
159) 이 표현에 대한 여러 견해는 河廷龍, 1993, 앞의 논문, 193쪽 주 117) 참조.
160) 靈廟寺가 창건된 것은 선덕왕 4년(635)이다(『三國史記』권5, 新羅本紀5 善德
　　王 4년).
161) 『三國遺事』권3, 興法3 阿道基羅.
162) 李基白, 1954, 앞의 논문 ; 1986, 앞의 책, 29쪽.
163) 金杜珍은 似如樹는 彌勒의 下生과 깊이 연관되어 있으며, 未尸郎이 樹下에서
　　발견된 것은 赫居世나 閼智가 樹林 또는 枝下에서 출현하는 것과 동일하다고
　　하였다. 그리고 似如樹는 土着信仰의 祭儀가 행해지던 樹林 곧 始林의 전통과
　　이어질 수 있다고 하였는데(金杜珍, 1987, 앞의 논문, 22~23쪽), 示唆하는 바
　　가 크다. 三品彰英도 樹林은 祖靈의 誕生地로 파악하였고(三品彰英, 1973, 「古
　　代朝鮮における王者出現の神話と儀禮について」 『古代祭政と穀靈信仰』,
　　544~545쪽), 張志勳도 彌勒仙花에 등장하는 나무는 시베리아 샤머니즘의 宇
　　宙論에서 중요한 비중을 차지하는 世界樹(宇宙樹)의 모티브라고 하였다(張志
　　勳, 1995, 앞의 논문 ; 1997, 앞의 책, 221쪽).
164) 姜英卿, 1989, 앞의 논문, 22~23쪽.

하는 역할을 담당하거나166) 또는 토착의 신선신앙과 불교의 미륵신앙을
매개하는 역할을 하였다.167)

　이러한 사실은 미시랑의 이름을 통해서도 확인할 수 있다. '미시'는
'미리' 또는 '미르'로 발음되는데, '미리'는 龍의 우리나라 고유어이
다.168) 용은 불교 전래 이전의 신라 固有神으로서도 중요시되었는데, 용
의 출현은 神意의 표현이었다.169) 따라서 미시랑은 재래의 龍神思想의
반영물로170) 용과 관련된 傳統信仰(土着信仰)이 불교를 매개로 하
여171) 왕권에 수용되는 모습을 보여주는 것이라고 할 수 있다. 다시 말
하면 전통신앙 중심의 귀족세력이172) 왕권과 연결된 화랑으로 변화하여
가는 모습을 보여주는 것이다. 결국 미시랑이 전통신앙의 전통을 계승하
고 있는 국선(화랑)이 될 수 있었던 것과 역시 전통신앙의 성격을 가지고
있었던 진자사와 연결될 수 있었던 것은 이러한 성격이 있었기 때문에
가능하였다.

　진자사는 진지왕의 도움으로 미시랑을 만나게 되었는데, 그는 어렸을
때 부모를 모두 잃어 자신의 姓이 무엇인지도 모르고 있었다. 이러한 미
시랑을 단순히 天涯孤兒로 궁벽한 산골에 은거하던 미천하고 불우한 모
습으로 이해할 수도 있을 것이다.173) 그러나 이것은 전통신앙과 불교의
관계를 나타내는 것으로 보여진다. 즉 미시랑이 어렸을 때 부모를 모두

---

165) 姜英卿, 1991, 앞의 논문, 492쪽.
166) 金杜珍, 1987, 앞의 논문, 23쪽.
167) 姜英卿, 1991, 앞의 논문, 494쪽.
168) 梁柱東, 1954, 『古歌研究』, 博文出版社, 94～97쪽.
169) 井上秀雄, 1978, 『古代朝鮮史序說－王者と宗教－』, 東出版, 62쪽.
170) 張志勳, 1995, 앞의 논문 ; 1997, 앞의 책, 230쪽. 龍과 관련된 신앙에 대해서는
　　權相老, 1963, 「韓國古代信仰의 一臠－미리(龍)信仰과 彌勒信仰에 對하여－」
　　『佛敎學報』 1 참조.
171) 金杜珍, 1987, 앞의 논문, 19～23쪽.
172) 金杜珍, 1987, 앞의 논문, 30쪽.
173) 박순교, 2003, 앞의 논문, 37쪽.

잃어 자신의 성도 모르고 있었다는 것은 당시의 전통신앙이 불교에 융합
되면서 세력을 상실하여 가던 상황을 표현한 것으로 생각된다. 다시 말
하면 전통신앙의 성격을 가지고 있었던 미시랑이 진자사와 연결되어 불
교의 미륵으로 변화되는 것은 결국 전통신앙이 불교에 융합되어 가는 모
습을 나타내는 것이라고 할 수 있다.[174]

(2) 未尸郎과 眞智王과의 관계

미시랑은 진자사의 천거로 진지왕에 의해서 國仙이 되었다. 그리고
진지왕의 뜻에 부응이라도 하듯이 국선으로서 '其和睦子弟 禮義風敎
不類於常 風流耀世'하였다. 이 기록은 진지왕이 미시랑을 국선으로 임
명한 이유를 가장 확실하게 보여주는 것이다. 즉 진지왕은 왕권을 강화
하기 위해서 미시랑이라는 인재를 새롭게 등용하였던 것이다.

미시랑이 언제 국선이 되었는지는 기록이 없어서 자세히 알 수가 없
다. 그러나 미시랑이 진지왕이 즉위한 직후에 국선이 되었다고 하더라도
7년이라고 하면 진지왕이 폐위되고 진평왕이 즉위하던 초기에 해당된
다. 그렇다면 미시랑은 진지왕이 폐위되고 진평왕이 즉위하는 과정을 직
접 목격하였을 것이다. 따라서 진지왕에 의해서 국선이 되어 진지왕의
뜻에 부응하였던 미시랑이 진평왕 초기에 특별한 이유도 없이 '忽亡所
在'하였다면, 그 이유는 진평왕의 정치에 불만을 가졌기 때문이었을 것
이다.[175] 즉 미시랑은 자신을 국선으로 삼았던 진지왕을 폐위시키고 즉
위한 진평왕을 중심으로 하는 '銅輪系'와 정치적으로 일정한 거리를 두

---

174) 金福順은 불교 공인 이후 화랑은 巫・佛이 함께 하였던 단체였지만, 진평왕대
     鼻荊의 무리 중에 吉達이 興輪寺의 南門인 吉達門을 만든 이후에 무속이 점차
     불교에 예속되어 갔다고 하였다(金福順, 2002,「興輪寺와 七處伽藍」『新羅文
     化』20, 42쪽).

175) 金德原, 2003b, 앞의 논문, 60쪽. 金煐泰는 未尸郎이 7년 동안 國仙으로 있다
     가 갑자기 자취를 감춘 것은 世間의 인연을 끝내고 彌勒의 본래 위치로 되돌아
     간 것이라고 하였다(金煐泰, 1987b, 앞의 논문, 50쪽).

고 있다가 마침내 '忽亡所在'하였다고 생각된다.[176]

　미시랑이 '忽亡所在'한 시기를 좀 더 구체적으로 추정하면 두 가지의 가능성을 상정할 수 있다. 첫째는 미시랑이 진지왕의 즉위 초기에 국선으로 임명되었을 경우이다.[177] 앞에서 살펴본 바와 같이 미시랑이 진자사를 만난 것은 15세 정도로 추정할 수 있는데, 이 경우 미시랑은 진지왕의 재위기간에 국선으로서 3년 정도의 수련기간을 거쳤고, 진지왕이 폐위되기 직전에 官職에 진출하였을 것이다. 그러므로 7년 후에 '忽亡所在'하였다면 진평왕 3년(581) 무렵이 된다. 이때는 진평왕이 왕권을 강화하기 위한 방편으로 官制整備를 통한 政治改革을 실시하는[178] 첫해로서 位和府를 처음으로 설치하던 때이다.[179] 이때 미시랑이 '忽亡所在'하였다면, 그는 22세 정도로 추정할 수 있다.

　둘째는 진지왕의 폐위 직전에 국선으로 임명되었을 경우이다. 이 경우 미시랑은 진평왕의 즉위 초기에 국선으로서의 수련기간을 거쳤고, 역시 관직에 진출하였을 것이다. 그러므로 7년 후에 '忽亡所在'한 시기는

---

176) 이것은 진지왕대와 진평왕대의 불교사상의 변화와도 관련이 있을 것으로 생각된다. 이와 관련하여 진평왕대 이전에는 彌勒信仰이 유행하다가 이후에는 釋迦佛信仰이 유행하였다는 연구가 있는데, 示唆하는 바가 크다. 즉 미륵의 化身인 未尸郎이 미륵신앙이 쇠퇴하고 석가불신앙이 유행하자 '忽亡所在'한 것으로 생각되기 때문이다(李基白, 1975, 앞의 논문 ; 1986, 앞의 책 : 金杜珍, 1987, 앞의 논문 ; 1988, 앞의 논문).

177) 이와 관련하여 『三國遺事』彌勒仙花·未尸郎·眞慈師의 기록에는 『國史』를 인용하여 진지왕 大建 8년에 '始奉花郎'하였다고 기록되어 있다. 이 기록은 진지왕대의 화랑도의 변화와 관련하여 중요한 의미를 갖고 있다고 생각된다. 한편 朴淳敎도 이 기록에 주목하여 진지왕은 화랑도를 통제한 未曾有의 國仙制를 시행하여 花郎制의 근간을 뒤흔드는 개혁을 단행하였으며, 화랑제도 전반에 걸쳐서 維新이 있었다고 하였다(박순교, 2003, 앞의 논문, 38~39쪽). 그러나 三品彰英은 이 기록이 진지왕의 즉위년에도 해당되기 때문에 잘못 전해진 것이 아닌지 의심스럽다고 하였다(三品彰英, 1975, 『三國遺事考証』 下之一, 塙書房, 285쪽).

178) 金德原, 2003a, 앞의 논문, 64쪽.

179) 『三國史記』 권4, 新羅本紀4 眞平王 3년 봄 정월.

진평왕 6년(584)이 된다. 이때는 진평왕이 建福이라는 年號를 제정하고,[180] 親政을 실시하던 때이다.[181] 그리고 미시랑은 25세 정도로 추정할 수 있다.

이와 같은 두 가지의 가능성 중에서 필자는 첫 번째의 가능성을 택하고자 한다.[182] 그 이유는 미시랑을 국선으로 임명한 것은 역시 진지왕이 즉위 초기에 왕권을 강화하기 위한 방법으로 생각되기 때문이다. 그리고 진평왕의 즉위 초기인 9년(587)에 미시랑과 같은 화랑 출신으로 추정되는 大世와 仇柒이[183] 해외로 망명하는 사건이 발생하였는데, 이 사건 역시 진평왕의 정치에 불만을 품은 결과로 보이기 때문이다.[184]

3. 眞智王代 彌勒信仰의 정치적 의미

진지왕대에 미륵신앙이 유행한 것은 다음과 같은 몇 가지의 이유에서 찾을 수 있을 것이다. 당시의 신라는 스스로 轉輪聖王으로 자처한 진흥왕의 활발한 정복활동의 결과로 이전에 비하여 비약적인 영토의 확대를 이룩하게 되었다. 그리고 확대된 영토를 안전하게 보존해야만 하는 현실적인 문제가 대두하였다. 진지왕이 즉위하면서부터는 이에 대한 의지도 나타나게 되었지만,[185] 신라는 미륵신앙을 통하여 전륜성왕의 이념을

---

180) 『三國史記』 권4, 新羅本紀4, 眞平王 6년 봄 2월.
181) 李晶淑, 1995, 『新羅 眞平王代의 王權 硏究』, 梨花女大 博士學位論文, 41쪽.
182) 두 가지의 가능성 모두 未尸郎이 '忽亡所在'한 이유는 진지왕의 폐위 및 진평왕의 즉위라는 점과 그 과정에서 진평왕의 정치에 대한 불만을 가졌을 것이라는 공통점이 있다. 朴淳敎도 미시랑이 國仙으로 발탁된 것은 진지왕이 즉위한 지 얼마 지나지 않은 때라고 하였다(박순교, 2003, 앞의 논문, 38쪽).
183) 金煐泰, 1970, 앞의 논문 ; 1987a, 앞의 책, 91쪽 : 李基東, 1979, 앞의 논문 ; 1984, 앞의 책, 358쪽.
184) 金德原, 2003b, 앞의 논문, 70쪽.
185) 金德原, 1999, 앞의 논문, 243쪽.

확립하면서 理想國土를 건설하는[186] 것으로 이러한 문제를 해결하고자
하였을 것이다.

　진지왕대에 彌勒仙花의 기록이 전해지는 것은 결국 이러한 면에서
이해해야 한다. 즉 전륜성왕을 자처하였던 진흥왕을 계승하고, 자신도
역시 전륜성왕이었던 진지왕대에 미륵의 화신인 미륵선화가 출현하는
것은[187] 신라가 곧 樂土라는 의식을 가지게 되었음을 의미하는 것이
다.[188] 이러한 의식은 즉위 초기의 진지왕에게는 왕권을 강화하기 위해
서도 반드시 필요한 부분이었을 것이다.

　이와 함께 戒律主義를 강조함으로써[189] 왕권을 강화하기 위한 노력
도 이루어졌다. 진지왕에게 있어서 즉위 초기의 가장 중요한 과제는 역
시 왕권을 강화하는 문제였을 것이다. 그러한 면에서 彌勒戒法이 율령
제도와 함께 신분제도와도 깊은 관련을 맺고 있었음을 유의할 필요가 있
다.[190] 이러한 사실을 통해서 진지왕은 진흥왕이 추진하였던 정책을 착
실하게 계승하려고 하였음을 알 수 있다.[191]

---

186) 蔡印幻, 1977, 『新羅佛教戒律思想研究』, 國書刊行會, 246쪽.
187) 金惠婉은 轉輪聖王과 彌勒佛이 동시에 공존한다는 관념은 가장 이상적인 佛國
　　土의 실현이라고 하였다(金惠婉, 1992, 앞의 논문, 33쪽).
188) 화랑도는 평소에 '遊娛山水 無遠不至'를 하였기 때문에 地方民에게 신라가 樂
　　土라는 의식을 갖게 하는데 중요한 역할을 수행하였을 것이다. 어쩌면 화랑도의
　　'遊娛山水 無遠不至'라는 기능에는 미륵의 化身인 화랑을 중심으로 지방민에
　　게 미륵신앙을 포교하기 위한 목적도 포함되었을 것으로 생각된다.
189) 洪潤植, 1985, 「三國時代의 佛教受容과 社會發展의 諸問題」『馬韓·百濟文
　　化』8, 72쪽 ; 1988, 『韓國佛教史의 研究』, 教文社, 24쪽 : 張志勳, 1995, 앞의
　　논문 ; 1997, 앞의 책, 157쪽.
190) 洪潤植, 앞의 논문, 1984, 240쪽. 한편 百濟의 戒律主義와 관련하여 金三龍은
　　율령사회의 지향으로 파악하였고(金三龍, 1983, 앞의 책, 89쪽), 金杜珍은 국가
　　제세의 정비로 파악하였다(金杜珍, 1994, 앞의 논문, 61쪽).
191) 진지왕은 진흥왕대의 정치를 '繼承'하였지 '改革'하지 않았다고 생각된다. '개
　　혁'은 말 그대로 새롭게 뜯어고친다는 것이다. 즉 이전부터 실시되고 있는 제도
　　를 새롭게 바꾼다는 의미이다. 그리고 '개혁'은 일정한 시간이 지난 이후에 실시
　　하는 것이 일반적이다. 그러나 진지왕의 경우에는 재위 기간이 4년이었기 때문

또한 왕권과 귀족세력과의 조화 내지 타협이라는 측면도 작용하였을 것이다. 신라에 전래된 불교는 왕실을 중심으로 수용되었고, 귀족들은 전통신앙의 전통을 가지고 있었다. 그러나 미륵신앙이 전래되면서 귀족들도 미륵에 대해서 일종의 친근한 감정을 갖게 되었다.[192] 이러한 현상이 가능하였던 것은 미륵신앙이 귀족들의 현실과 정서를 어느 정도 충족시켜주었기 때문이었다. 이것은 자신의 즉위와 관련하여 '銅輪系'를 포함한 귀족과의 관계를 고려하면 진지왕에게는 더욱 중요한 문제로 작용하였을 것이다.

진지왕은 이러한 정책을 불교를 통해서 추진하려고 하였다. 이와 같은 사실은 진지왕 3년(578)에 건립된 것으로 보이는 戊戌塢作碑를 통해서 알 수 있다.[193] 무술오작비에는 진흥왕대에 설치된 중앙 僧官職의 하나인 都唯那가 阿尺干의 관등을 소유하고 지방에 파견된 사실이 기록되어 있다. 이것은 진흥왕대의 불교정책이 진지왕대에도 그대로 계승되었음을 의미하는 것이다.[194] 또한 진지왕은 진자사와 마찬가지로 무술오작비에 기록되어 있는 도유나의 승관직을 가지고 있던 寶藏과 慧藏과 같은 승려들을 새롭게 등용하였을 것이다. 그리고 이들을 중심으로 불교세력의 도움을 받으면서 왕권을 강화하는 정책을 추진하였을 것이다.

이와 같이 생각할 경우에 진지왕의 폐위에 대한 문제는 단순히 '政亂荒婬'만이[195] 아니라 여러 가지 정치적인 문제와 함께 불교와 전통사상

에 '개혁'을 실시하기에는 시간상으로 충분하지 못하였다. 또한 진지왕이 즉위한 이후에 바로 '개혁'을 실시하였다면, 이것은 前王인 진흥왕대의 정치를 부정하는 것을 의미한다. 따라서 진지왕대의 정치를 '개혁'이라고 파악한 朴淳敎의 견해는 지나치게 확대 해석한 것 같다(박순교, 2003, 앞의 논문).

192) 金杜珍, 1987, 앞의 논문, 13~15쪽.

193) 任昌淳, 1958, 「戊戌塢作碑小考」『史學硏究』1, 7쪽 : 韓國古代社會硏究所 編, 1992,『譯註 韓國古代金石文』Ⅱ, 駕洛國史蹟開發研究院, 99쪽 : 黃壽永 編, 1994,『韓國金石遺文』(제5판), 一志社, 42~43쪽.

194) 金德原, 1999, 앞의 논문, 244~245쪽.

내지는 불교사상의 차이 등과 같이 사상적인 면에서도 이해할 수 있을
것이다.

제3절 眞智王代의 政局運營

1. '政亂荒婬'의 의미

『三國遺事』의 桃花女・鼻荊郎 설화에 의하면 진지왕은 '政亂荒婬'
하여 폐위된 것으로 기록되어 있다. 따라서 진지왕대의 정국운영을 이해
하기 위해서는 도화녀・비형랑 설화를 중심으로 살펴보아야 하는데, 그
기록은 다음과 같다.

> I-1 제25대 舍輪王의 諡號는 眞智大王으로 姓은 金氏이다. 王妃는 起烏公
> 의 딸인 知刀夫人이다. 大建 8년 丙申에 王位에 올랐다. 나라를 다스린
> 지 4년에 정사가 어지럽고 음란하므로 國人이 폐위하였다.
> 이보다 먼저 沙梁部의 어떤 民家의 여자 하나가 얼굴이 곱고 아름다워
> 당시 사람들이 桃花娘이라 불렀다. (진지)왕이 이 소문을 듣고 궁중으로
> 불러들여 욕심을 채우고자 하니, 桃花女가 말하기를 "여자가 지키는 바
> 는 두 남편을 섬기지 못하는 것이니, 남편이 있음에도 다른 데로 가게
> 한다면, 이는 비록 萬乘의 위엄으로도 빼앗을 수 없는 것입니다"라고
> 하였다. (진지)왕이 이르기를 "너를 죽이겠다면 어떻게 하겠느냐?"고 하
> 니, 여자가 다시 말하기를 "차라리 거리에서 죽음을 당할지언정 먹은 마
> 음을 달리 할 수가 없습니다"라고 하였다. (진지)왕이 희롱하여 말하기
> 를 "남편이 없으면 가능하겠느냐?"고 하니, "되겠습니다"라고 하였다.
> (진지)왕이 (여자를) 돌려보내 주었다.
> 이 해에 (진지)왕은 폐위되고 崩하였다. 그 후 2년에 桃花娘의 남편도
> 또한 죽었다. 10일이 지난 어느 날 밤중에 갑자기 (신지)왕은 平常과 같

---

195)『三國遺事』권1, 紀異2 桃花女・鼻荊郎.

이 여인의 방에 들어와 말하기를 "네가 옛날에 허락하였으니, 이제 너의 남편이 없음으로 되겠느냐?"고 하였다. 여자가 경솔히 허락할 수 없어서 부모에게 얘기하였더니, 부모는 "君王의 敎를 어찌 피할 수 있겠느냐!"고 하면서 방으로 들여보냈다. (진지)왕이 7일 동안 머물렀는데, 항상 五色 구름이 집을 덮었고, 향기는 방안에 가득하였다. 7일 뒤에 (진지)왕이 갑자기 사라졌고, 그 여자는 이내 태기가 있었다. 만삭이 되어 해산하려고 할 때 천지가 진동하였는데, 사내아이를 낳으니 이름을 鼻荊이라 하였다.

2. 眞平大王이 그 이상한 소문을 듣고 鼻荊을 거두어 宮中에서 길렀다. 15세가 되어 執事를 시켰는데, 매일 밤만 되면 멀리 달아나 노는 지라, 王이 勇士 50명을 시켜 그를 지키게 하였다. (그는) 매번 月城을 넘어 서쪽의 荒川岸上(京城 서쪽에 있다)에 가서 귀신의 무리들을 이끌고 놀았다. 용사들이 숲 속에 엎드려 살펴보았는데, 귀신의 무리들이 여러 寺院에서 새벽을 알리는 종소리를 듣고 각자 흩어지니, 鼻荊郞도 역시 돌아왔다. 군사들이 이러한 사실을 아뢰니, (진지)왕이 비형을 불러 묻기를 "네가 귀신을 데리고 논다하니 정말이냐?"고 하니, 비형랑이 "네! 그렇습니다"라고 하였다. (진평)왕이 "그렇다면 네가 귀신의 무리들을 부려 神元寺 북쪽 개천(혹은 神衆寺라 하나 잘못이다. 또는 荒川 동쪽의 깊은 개천이라 한다)에 다리를 놓아라!"고 하였다. 비형이 朝勅을 받들어 귀신의 무리를 이끌고 돌을 갈아서 하룻밤 사이에 다리를 놓았다. 그러므로 鬼橋라고 이름하였다.

(진평)왕이 또 묻기를 "귀신의 무리 중에 인간으로 출현하여 朝政을 도울만한 자가 있느냐?"고 하자 말하기를 "吉達이 있는데, 가히 國政을 도울만 합니다"라고 하였다. (진평)왕이 "데려 오라!"고 하였다. 그 다음 날에 (그가) 비형과 같이 와서 뵈므로 執事 벼슬을 시켰더니, 과연 忠直하기가 둘도 없었다. 이때 角干 林宗이 아들이 없자 (진평)왕이 朝勅으로 (길달을) 아들로 삼게 하였다. 임종이 길달에게 命하여 興輪寺 남쪽의 樓門을 짓게 하였더니, 매일 밤 길달이 그 문 위에서 宿居함으로 吉達門이라 하였다. 하루는 길달이 여우로 변하여 도망가므로 비형이 鬼神을 시켜 그를 잡아 죽였다. 따라서 귀신의 무리들이 비형의 이름만 들어도 두려워하여 달아났다.

3. 당시 사람들이 글을 지어 말하였다.
  聖帝의 魂이 아들을 낳았으니, 鼻荊郞의 집이 바로 그곳일세,
  날고 뛰는 모든 귀신의 무리, 이곳에는 아예 머물지 말라.
  鄕俗에 이 글을 써 붙여 귀신을 물리친다.[196]

위의 기록은 『삼국유사』에 기록되어 있는 도화녀·비형랑 설화이
다.197) 이 설화는 크게 세 단락으로 구분할 수 있다. 즉 사료 I-1은 진지
왕과 관련된 도화녀에 대한 기록이고, 나머지 I-2와 I-3은 진평왕대의 비
형랑에 대한 것이다. 따라서 사료 I-2와 I-3은 진지왕이 폐위되고 진평왕
이 즉위한 이후의 기록이다.

먼저 위의 사료 I-1이 일어났던 시기는 진지왕 말년 즉 579년(진지왕
4)이었을 것으로 생각된다. 왜냐하면 이 해에 왕이 폐위되고 崩하였다고
기록되어 있기 때문이다. 다시 말하면 도화녀·비형랑 설화에서 도화녀
와 관련된 기록은 진지왕이 폐위되기 직전인 579년에 일어난 사건으로
이해된다. 이와 같이 진지왕이 폐위되기 직전의 사건이라고 하는 점에서
도화녀에 대한 기록은 진지왕대의 정국운영과 관련하여 중요한 사실을
내포하고 있을 것으로 추측할 수 있다.

대부분의 연구자들은 사료 I-1에 기록되어 있는 도화녀와의 관계를
토대로 진지왕에 대하여 부정적인 측면을 강조하고,198) 마침내 '政亂荒
婬'하여 폐위된 것으로 이해하려는 경향이 대부분이다.199) 그러나 위의
기록만 가지고 진지왕이 '정난황음'하였다고 하기에는 어딘지 모르게 부
족한 면이 있다고 생각된다. 왜냐하면 고구려와 백제뿐만 아니라 같은
신라에서도 진지왕의 경우와 같은 사건들이 있었는데, 그 사건들과는 일

---

196) 『三國遺事』 권1, 紀異1 桃花女·鼻荊郞.
197) 金杜珍, 1990, 앞의 논문 : 河廷龍 1993, 앞의 논문 : 李綏衡, 1995, 「'桃花女
　　鼻荊郞'條의 祭儀劇的 性格 試考」『韓國文學論叢』16 : 張長植, 1997, 「桃花
　　女 鼻荊郞 說話의 성립과 의미」『黃山李興鍾博士華甲紀念史學論叢』: 金洪
　　哲, 1998, 「桃花女 鼻荊郞 說話考」『敎育科學硏究』11-3 : 金基興, 1999, 앞의
　　논문.
198) 진지왕과 도화녀의 관계를 왕과 서민 부인과의 불륜으로 이해하는 것이 대표적
　　이다(張長植, 1997, 앞의 논문, 823쪽).
199) 文暻鉉, 1987, 「武烈王體制의 成立」『新羅社會의 新硏究』, 新羅文化宣揚會 :
　　朱甫暾, 1994, 「毗曇의 亂과 善德王代 政治運營」『李基白先生古稀紀念 韓
　　國史學論叢』上, 一潮閣 : 李晶淑, 1994b, 앞의 논문 ; 1995, 앞의 논문.

정한 차이를 발견할 수 있기 때문이다. 삼국시대에 이와 같은 사건에 대한 기록은 다음과 같다.

> J. 12년 11월에 郊豕가 놓여 달아났다. 맡은 관리가 그 뒤를 쫓아 酒桶村에 이르러 (돼지가) 이리저리 달아나 잡지 못할 때 나이 20세쯤 된 여자 한 사람이 곱고 어여쁜 얼굴로 웃으며 앞질러 잡으니 쫓아가던 자가 (비로소) 얻게 되었다. (산상)왕이 듣고 이상히 여겨 그 여자를 보려고 微行하여 밤에 그의 집에 가서 侍人을 시켜서 달래 보았다. 그 집에서는 (산상)왕이 오신 것을 알고 감히 거역치 못하였다. (산상)왕이 방으로 들어가 그 여자를 불러보고 상관하려 하자, 여자가 말하기를 "대왕의 명을 감히 어길 수는 없습니다만, 만일 상관하셔서 아이가 있게 되거든 저버리지 마시기를 바랍니다"라고 하므로 (산상)왕이 허락하였다. 丙夜에 이르러 왕이 일어나 還宮하였다.[200]

> K. 9월에 (소지)왕이 捺已郡에 行幸하였더니, 郡人 波路란 자의 딸이 있어 이름을 碧花라 하고, 나이는 16세로 참으로 國色이었다. 그 아비가 비단과 자수로 옷을 입히고 수레에 넣어 色絹으로 덮어 (소지)왕에게 바쳤다. (소지)왕은 이를 饋食으로 여기고 열어 보았더니 엄전한 어린 여자가 있었다. 괴이하게 여겨서 받지 않았다. 급기야 還宮한 뒤에 (소지)왕은 戀慕하기를 마지않아 再三 微行으로 그의 집에 가서 그 여자를 상관하고 돌아오는 길에 古陁郡을 거칠 때 어느 老嫗의 집에서 묵게 되었다. 그리하여 그에게 묻기를 "지금 사람들이 국왕을 어떤 임금으로 아느냐?"하자, 노구가 대답하기를 "사람들은 말하기를 (소지왕은) 聖人이라고 하나 나는 홀로 그를 의심한다. 왜 그러하냐 하면, 듣건대 (소지)왕이 捺已의 딸을 상관하여 여러 번 微服으로 왔다 하니, (이것은) 무릇 龍이 고기의 탈을 쓰고 고기잡이에게 매어 지내는 격이라 지금 (소지)왕이 萬乘의 位를 가지고도 自重치 않으니 이러고도 성인이라 하면 누가 성인이 아니랴!"하자 (소지)왕이 듣고 크게 부끄러이 여기어 곧 그 여자를 가만히 맞아다가 別室에 두고 아들 하나를 낳기까지 하였다.[201]

> L. 都彌는 百濟人이었다. 비록 벽촌의 小民이지만 자못 義理를 알며, 그 아내는 아름답고도 節行이 있어 당시 사람들의 칭찬을 받았다. 蓋婁王이 듣고 도미를 불러 말하기를 "무릇 婦人의 德은 貞潔이 제일이지만, 만일 어

200)『三國史記』권16, 高句麗本紀4 山上王 12년 11월.
201)『三國史記』권3, 新羅本紀3 照知麻立干 22년 9월.

둡고 사람이 없는 곳에서 좋은 말로 꾀면 마음을 움직이지 않을 사람이 드물 것이다"라고 하니, 대답하기를 "사람의 情은 헤아릴 수 없습니다. 그러나 臣의 아내 같은 사람은 죽더라도 마음을 고치지 않을 것입니다"라고 하였다. (개루)왕이 이를 시험하려고 일이 있다 하여 도미를 머물러 두고, 近臣 한사람에게 (개루)왕의 倚伏과 말·從者를 빌려주어 밤에 그 집에 가게 하였는데, 먼저 사람을 시켜 (개루)왕이 온다고 알렸다. (개루)왕이 와서 그 부인에게 이르기를 "내가 오래 전부터 너의 아름다움을 듣고 도미와 장기내기를 하여 이겼다. 내일은 너를 데려다 宮人을 삼을 것이니, 지금부터 네 몸은 나의 소유이다"고 하면서 亂行하려고 하였다. 부인이 말하기를 "국왕에겐 망령된 말이 없습니다. 내가 감히 순종하지 않겠습니까? 청컨대 대왕께서는 먼저 방으로 들어가소서. 내가 옷을 고쳐 입고 들어가겠습니다"라 하고 물러 나와 한 婢子를 단장시켜 들어가 수청을 들게 하였다. 후에 (개루)왕이 속은 것을 알고 크게 노하여 도미를 죄로 얽어 두 눈동자를 빼고 사람을 시켜 끌어내어 작은 배에 싣고 물위에 띄워보냈다. 그리고 그 부인을 끌어들여 강제로 상관하려고 하였는데, 부인이 "지금 남편을 잃어버렸으니 單獨一身으로 혼자 살아갈 수 없게 되었습니다. 더구나 大王을 모시게 되었으니 어찌 감히 어김이 있겠습니까? 그러나 지금은 月經으로 온 몸이 더러우니 다른 날 깨끗이 목욕하고 오겠습니다"라고 하니, (개루)왕이 믿고 허락하였다. 부인은 그만 도망하여 江 어귀에 이르렀다. …202)

위의 기록들은 고구려·백제·신라의 왕들과 女人들과의 관계를 기록한 것이다. 사료 J는 고구려의 山上王과 酒桶村의 后女에 대한 기록이고, 사료 K는 신라의 炤知王과 捺巳郡의 碧花에 대한 기록이며, 사료 L은 백제의 蓋鹵王과203) 都彌夫人에 대한 기록이다. 그러나 위의 기록들은 진지왕과 도화녀의 기록과는 일정한 차이를 보이고 있는데, 그것은 모든 왕들이 자신의 의지대로 행동하고 있다는 사실이다. 특히 사료 L에서와 같이 개로왕의 모습은 진지왕의 모습과는 여러 면에서 비교되는 것을 발견할 수 있다. 즉 개로왕은 자신의 뜻을 이루기 위하여 국왕의 지

---

202) 『三國史記』 권48, 列傳8 都彌.
203) 梁起錫, 1986, 앞의 논문, 4~5쪽.

위와 권력을 이용하여 도미에게 육체적인 고통을 주고 추방하였다. 그리
고 도미부인에게는 강제로 자신의 뜻을 이루려고 하였다. 이와 같은 개
로왕의 행동은 진지왕과는 큰 차이를 보이고 있다. 더욱이 개로왕은 말
년에 정치적으로도 失政을 거듭하여 고구려의 침략을 받았는데, 그 기
록은 다음과 같다.

> M. 이에 앞서 고구려 장수왕이 몰래 백제를 도모하려고 하여 諜者로 갈 수
> 있는 사람을 구하였다. 이때에 僧 道琳이 응모하여 말하기를 "愚僧이 아
> 직 道를 알지 못하였으므로 (돌이켜) 國恩에 보답하고자 생각합니다. 원
> 컨대 대왕은 臣을 어리석다 마시고 쓰시면 기필코 왕명을 욕되게 하지 않
> 겠습니다"라고 하였다. (장수)왕이 기뻐하여 비밀리에 보내어 백제를 속이
> 게 하였다. … 이로 인하여 倉廩이 비고 人民이 곤궁하니, 나라의 위태로
> 움이 累卵보다 더 하였다. 道琳이 도망해 돌아와서 이 사실을 아뢰자 장
> 수왕이 기뻐하여 (백제를 치려고) 곧 군사를 將帥에게 내 주었다.[204]

위의 기록은 고구려에서 보낸 諜者인 僧 道琳의 奸計로 개로왕이 말
년에 失政을 거듭하다가 마침내 나라가 '累卵'의 위태로움에 빠지게 되
었다는 내용이다.

개로왕은 사료 M의 기록과 같이 도림의 간계로 말미암아 '政亂'하였
고, 또 사료 L의 기록과 같이 도미부인에 대한 행동을 통해서 '荒婬'하
였다는 사실을 알 수 있다. 이러한 상황에서 백제는 고구려의 공격으로
말미암아 漢城이 함락되었으며, 개로왕 자신은 죽임을 당하였다. 따라서
사료 L과 M의 기록에 의한다면 '政亂荒婬'한 것은 오히려 개로왕이라
고 할 수 있다.

그러나 진지왕에 대한 기록은 개로왕의 기록과는 많은 차이점을 발견
할 수 있다. 즉 도화녀·비형랑 설화에 의하면 진지왕은 개로왕이 도미
부인에 대해 행동한 것과는 달리 도화녀를 돌려보냈을 뿐만 아니라 그녀

---

204)『三國史記』권25, 百濟本紀3 蓋鹵王 21년 9월.

의 남편에게도 아무런 危害를 가하지 않았다.[205] 진지왕은 무리한 행동보다는 언제인지는 알 수 없지만 자신의 뜻을 이룰 수 있을 것이라는 한가지 희망을 선택하였다. 그리고 후일을 기약하며 도화녀를 돌려보내고 있다.[206] 이러한 사실을 통해서 도화녀와 관련된 설화는 진지왕이 '정난황음'한 것이 아니라 오히려 진지왕이 명철한 지혜와 이성적인 사고로 현명하게 상황을 판단하여 결정하고 있음을 보여 주고 있다.[207] 그리고 이러한 사실은 당시 진지왕이 처한 정치적인 입장과도 관련되었을 것이다.

더욱이 진지왕이 '정난황음'하여 폐위되었음에도 불구하고 사료 I-1에서 도화녀의 부모는 '君王之敎'라고 표현하였고, I-3에서도 당시 사람들이 '聖帝'라고 하였다는 사실이 주목된다. 이것은 진지왕이 죽은 후에도 당시 사람들은 살아있을 때와 마찬가지로 생각하고 있었음을 의미하는 것이다. 따라서 도화녀 부모의 표현과 당시 사람들의 정서는 진지왕이 '정난황음'하여 폐위된 것이 아니었음을 보여 주는 또 하나의 자료가 될 것이다.

위에서 살펴본 바와 같이 진지왕이 '정난황음'을 하지 않았다면 도화녀·비형랑 설화는 언제, 누구에 의해, 어떻게 만들어진 것인가에 대하여 살펴보아야 할 것이다. 이와 관련하여 주목되는 것은 『삼국사기』와 『삼국유사』에 기록되어 있는 진지왕에 대한 기록이 서로 큰 차이를 보이고 있는 점이다. 『삼국유사』의 도화녀·비형랑 설화에는 진지왕이 '정난황음'하여 폐위되었다고 기록되어 있으나 『삼국사기』에는 '정난황

205) 金基興도 진지왕이 백제의 개로왕에 비해서 무도함이나 그 음란한 정도가 크지 않다고 하였다(金基興, 1999, 앞의 논문, 138쪽).

206) 김영하도 도화녀·비형랑 설화에서 진지왕이 평민과 상당히 친화적인 인물로 묘사된 것을 확인할 수 있다고 하였다(김영하, 2004, 「新羅 中代王權의 기반과 지향」 『韓國史學報』 16, 18쪽 ; 2007, 『新羅中代社會研究』, 일지사, 170쪽).

207) 金德原, 2002, 앞의 논문, 222쪽.

음'이라고 할 만한 기록이 없고,[208] 오히려 對百濟와의 전쟁과 築城에
대한 기록이 대부분을 차지하고 있다. 이러한 사실은 결국 『삼국사기』
와 『삼국유사』의 기록이 서로 계통을 달리하는 자료를 근거로 하였음을
의미하는 것이다.[209] 이때 간과할 수 없는 것은 도화녀・비형랑 설화의
기록 속에 은유적으로 함축되어 숨겨져 있는 의미일 것이다. 따라서 도
화녀에 대한 기록은 진지왕과 관련된 것이기 때문에 결국 진지왕과 관련
하여 파악하여야 할 것이다.

도화녀가 '沙梁部 庶女'라고 기록되어 있지만, 적어도 眞骨貴族이었
을 것으로 추정된다.[210] 그리고 도화녀는 비록 진지왕이 죽은 후에 꿈속
에서 관계하여 鼻荊을 낳았다고 기록되어 있지만, 이미 진지왕의 생전
에 일정한 관련을 맺고 있었을 것이다. 그런데 여기에서 도화녀가 진지
왕의 아들인 비형을 낳았고, 비형이 진지왕의 아들인 龍春이라고 한다
면,[211] 도화녀는 곧 진지왕의 妃인 知刀夫人(知道夫人)이라고 할 수 있
다.[212] 따라서 도화녀 설화의 주인공은 진지왕의 妃인 知刀夫人이라고
생각된다.

---

208) 姜鳳龍은 『삼국유사』에는 진지왕의 부정적 측면을 부각시켜 진지왕의 폐위를
정당화하려는 의도성이 엿보이고, 『삼국사기』에는 진지왕의 부정적 측면보다는
재위 기간 중의 대외적 업적을 중심으로 기술하였고, 폐위 사실에 대해서는 의
도적으로 언급하고 있지 않았다고 하였다(姜鳳龍, 1992, 「6~7世紀 新羅 政治
體制의 再編過程과 그 限界」『新羅文化』9, 137쪽). 한편 張長植은 『삼국사
기』에서 도화녀 사건을 다루지 않은 것은 金富軾의 親武烈系的 발상에서 기인
한 것으로 파악하였다(張長植, 1997, 앞의 논문, 834쪽).

209) 姜鳳龍은 『삼국사기』의 근거자료는 진지왕의 직계인 무열왕의 집권 이후에 쓰
여진 正史類에 의거하였고, 『삼국유사』는 진지왕의 폐위 사실이 무열왕 집권
후에 공식적으로는 부인되면서 설화적으로 윤색되어 野史의 형태로 전해진 것
을 채록하였을 것이라고 하였는데(姜鳳龍, 1992, 앞의 논문, 137쪽 주 25) 참
조), 示唆하는 바가 크다.

210) 金基興, 1999, 앞의 논문, 139~140쪽 ; 2000, 앞의 책, 281~283쪽.

211) 朴淳敎, 1999, 앞의 논문 : 金基興, 1999, 앞의 논문 ; 2000, 앞의 책.

212) 金德原, 2000, 앞의 논문, 153쪽.

이와 같이 도화녀는 진지왕의 妃인 知刀夫人으로 진지왕이 폐위되면
서 出宮당하였기 때문에 '沙梁部 庶女'라고 표현되었을 것이다.[213] 그
리고 진평왕은 즉위한 이후에 天賜玉帶 설화를 통하여 銅輪系의 神聖
性과 王統의 正統性을 확인시키고,[214] 폐위된 진지왕에 대해서는 '정난
황음'을 강조하면서 부정적인 모습을 부각시키려고 하였을 것이다.[215]
따라서 도화녀·비형랑 설화에서 적어도 도화녀와 관련된 내용은 진평
왕이 즉위한 이후에 동륜계에 의하여 만들어졌을 가능성이 크다고 할 수
있다. 이렇게 만들어진 이야기는 당시 신라인들에게 널리 알려지게 되었
고,[216] 설화로서 변화·발전하게 되었을 것이다. 그리고 비형인 용춘에
대한 이야기가 추가되면서 사륜계인 김춘추가 다시 왕위를 되찾은 무열
왕 이후에 도화녀·비형랑 설화가 만들어졌을 것이다.[217] 이러한 사실
을 알 수 있는 기록은 다음과 같다.

> 元年 4월에 왕의 父를 追封하여 文興大王이라 하고, 母를 文貞太后라
> 하고, 罪囚를 大赦하였다.[218]

---

213) 비록 후대의 기록이지만 景德王이 三毛夫人을 廢黜하고 '沙梁夫人'에 봉하였
   다는 사실은(『三國遺事』권2, 紀異2 景德王·忠談師·表訓大德) 示唆하는
   바가 크다.
214) 李晶淑은 天賜玉帶 설화는 진평왕이 자신의 정통성을 확보함과 동시에 왕위계
   승에 있어서 다시는 이전과 같은 전철을 되풀이 하지 않겠다는 결연한 의지가
   표출된 것이라고 하였으며(李晶淑, 1994b, 앞의 논문, 61쪽), 張長植은 '天賜玉
   帶'를 통해서 '政亂荒婬'하여 폐위된 진지왕과는 질적으로 다른 분위기를 연출
   하는 동시에 진지왕과의 정치적 단절을 꾀하는 노력의 일환이라고 하였다(張長
   植, 앞의 논문, 1997, 829쪽). 한편 全昌範은 진평왕의 '天賜玉帶'는 고대 중국
   에서 제작되어 도래하였으며, 隋 文帝가 하사한 것으로 추정하였다(全昌範,
   2000, 「眞平王 天賜玉帶의 再考察」 『東岳美術史學』 창간호, 193쪽 및 199쪽).
215) 姜鳳龍, 1992, 앞의 논문, 137쪽.
216) 張長植, 1997, 앞의 논문, 827쪽 : 金基興, 1999, 앞의 논문, 157쪽.
217) 張長植, 1997, 앞의 논문, 832쪽 : 金基興, 1999, 앞의 논문, 157쪽.
218) 『三國史記』권5, 新羅本紀5 太宗武烈王 원년 4월.

위의 기록은 김춘추가 무열왕으로 즉위한 이후에 그의 부모인 金龍
春과 天明夫人을 각각 文興大王과 文貞太后로 追封하였다는 것이다.
이것은 무열왕 즉위 이전에 왕의 父를 葛文王으로 책봉한[219] 사실과는
달리 大王으로 책봉함으로써 새롭게 변화된 모습을 보여주고 있다.[220]
이와 같이 무열왕은 즉위한 이후에 가장 먼저 자신의 家系에 대한 尊崇
을 하였고, 이러한 가계 존숭 작업의 하나로 도화녀·비형랑 설화도 체
계적으로 정리되었을 것으로 생각된다.

이상에서 살펴본 바와 같이 도화녀·비형랑 설화는 진지왕이 결코
'정난황음'을 하였던 것이 아니라 오히려 명철한 지혜와 이성적인 사고
로 현명하게 상황을 판단하여 결정하고 있었음을 보여주는 것이다. 그리
고 도화녀에 관련된 기록은 진지왕의 부정적인 모습을 부각시키기 위하
여 진평왕이 즉위한 이후에 동륜계에 의하여 만들어졌으며, 비형인 김용
춘에 대한 이야기가 추가되면서 무열왕이 즉위한 654년(무열왕 원년) 이
후에 도화녀·비형랑 설화로 정리되었을 것이다.

따라서 도화녀·비형랑 설화에서 적어도 도화녀에 대한 기록은 진지
왕대의 정국운영과 관련된 사실을 함축적으로 내포하고 있으며, '정난황
음'의 실질적인 의미도 진지왕의 개인적인 성품과 행동에 따른 失政의
결과가 아니었음을 알 수 있게 되었다. 즉 '정난황음'은 동륜계 세력의
위협에 대한 불안감을 나타낸 것으로 진지왕의 정치적인 위기의식과 함

---

219) 邊太燮, 1964,「廟制의 變遷을 통하여 본 新羅社會의 發展過程」『歷史教育』
    8, 71쪽 : 李基白, 1973,「新羅時代의 葛文王」『歷史學報』58 ; 1974, 앞의
    책, 23~25쪽.
220) 李基白은 大王으로 追封하는 것은 葛文王의 발전 형태로, 봉하기는 大王이라
    하고 부르기는 葛文王이라고 하여 같은 사실을 다르게 전한 것이라고 하였다
    (李基白, 1973, 앞의 논문 ; 1974, 앞의 책, 24~25쪽). 그러나 朴淳教는 김춘
    추·김유신 등이 진덕왕대에 정치적으로 부상하면서 김용춘을 갈문왕으로 추봉
    하였고, 이후 무열왕이 즉위하면서 새롭게 대왕으로 추봉한 것이라고 하였다(朴
    淳教, 1999, 앞의 논문, 248쪽 주 35) 참조).

께 당시의 정국 상황을 은유적으로 표현한 것이라고 생각된다.[221] 그러
므로 『삼국유사』 도화녀 · 비형랑 설화의 기록을 토대로 진지왕이 '정난
황음'을 하였고, 그 결과 폐위되었다고 이해하였던 기존의 견해들은 再
檢討해야 할 것이다.

2. 眞智王의 독자적인 政局運營

진지왕대의 정국운영은 진지왕의 즉위에 도움을 주었던 居柒夫를[222]
중심으로 하여 이루어진 것으로 이해하고 있다.[223] 그리고 여기에는 거
칠부와 함께 진지왕의 즉위에 도움을 주었을 것으로 보이는 加耶系의
金武力도 참여하였을 것으로 생각된다.[224] 왜냐하면 진평왕이 진지왕을
폐위시키고 즉위하였을 때에도 진평왕의 즉위에 도움을 주었던 세력들
에 의하여 정국이 운영되었기 때문이다.[225] 그러므로 먼저 거칠부와 김
무력을 비롯하여 진지왕의 즉위에 도움을 주었던 사륜계 세력들의 활동
을 살펴보는 것이 순서일 것이다.

居柒夫는 진흥왕대의 활발한 대외정복 활동에서 영토확장의 상징적
인 인물이었으며,[226] 또한 일찍부터 불교와 관련을 맺고 있었다.[227] 이

---

221) 姜鳳龍은 '政亂荒婬'은 진지왕이 폐위되는 다분히 명목적 이유에 불과한 것이
　　라고 하였으며(姜鳳龍, 1992, 앞의 논문, 137쪽), 朴淳敎도 '정난황음'이라는 추
　　상적인 표현은 진지왕이 축출되어야 하였던 失政이라기 보다는 오히려 진지왕
　　의 반대세력들이 진지왕을 축출하기 위하여 꾸민 정치적인 빌미인 것으로 파악
　　하였다(朴淳敎, 1999, 앞의 논문, 11쪽 주 10) 참조).
222) 申瀅植, 1977, 앞의 논문 ; 1984, 앞의 책, 113쪽.
223) 이것은 居柒夫가 上大等이 되어 軍國事務를 自任하였다는 기록을 통해서도 알
　　수 있다(『三國史記』 권44, 列傳4 居柒夫).
224) 선석열, 2001, 「신라사 속의 가야인들 ─ 金海金氏와 慶州金氏 ─」 『한국고대사
　　속의 가야』, 혜안, 535～536쪽.
225) 金杜珍, 1990, 앞의 논문, 26쪽 ; 李晶淑, 1995, 앞의 논문, 36쪽.
226) 金德原, 1999, 「新羅 中古期 舍輪系의 政治活動」 『白山學報』 52, 238쪽.

러한 거칠부는 확대된 신라의 영토를 보전하고, 진흥왕이 실시하였던 불교정책을 계승하기 위하여 진지왕의 즉위에 도움을 주었을 것으로 보인다. 그리고 진지왕이 즉위하자 上大等이 되어 軍國事務를 自任하며, 진지왕대의 정국운영을 주도하다가 78세로 죽었다.[228] 따라서 거칠부가 576년(진지왕 원년)에 상대등이 되었을 때에는 적어도 70세가 넘은 고령이었을 것이다. 그리고 거칠부가 78세로 죽었을 때가 언제인지는 확실하지 않지만, 579년(진지왕 4)이었을 것으로 보인다. 왜냐하면 진평왕 원년에 弩里夫가 상대등으로 임명되었기 때문이다.[229] 물론 노리부의 상대등 임명은 진평왕의 즉위에 따른 論功行賞의 성격도 작용하였을 것으로 생각할 수 있으나 상대등이었던 거칠부의 죽음과도 관련이 있었을 것이다. 이것은 거칠부가 78세의 나이로 '至老終於家'라는 기록이 마치 김유신이 79세의 나이로 '薨于私第之正寢'이라는 기록과[230] 큰 차이가 없기 때문이다. 즉 거칠부는 상대등으로 재임하다가 죽었을 것으로 생각된다.

한편 金武力은 신라가 한강유역으로 진출할 때 거칠부와 함께 중요한 역할을 수행하여 新州軍主가 되었으며, 管山城에서 백제의 聖王을 전사시켰다.[231] 이러한 군사적인 활약으로 迊湌까지 승진하여[232] 568년(진흥왕 29) 무렵에는 최고위층으로 부각되었으며,[233] 진흥왕의 巡狩

李逢春은 居柒夫가 승려가 된 것은 출가가 공식 허락된 진흥왕 5년(544)보다 이전인 지증왕대 말이나 법흥왕대 초로 추정하였다(李逢春, 2002, 「興輪寺와 異次頓의 순교」『新羅文化』20, 63쪽).

227) 朴成熙, 1999, 「古代 三國의 史書 편찬에 대한 재검토」『震檀學報』88, 35쪽.
228) 『三國史記』권44, 列傳4 居柒夫.
229) 『三國史記』권4, 新羅本紀4 眞平王 원년 8월.
230) 『三國史記』권43, 列傳3 金庾信 下.
231) 『三國史記』권4, 新羅本紀4 眞興王 14년 7월 ; 15년. 同 권26, 百濟本紀4 聖王 32년 7월.
232) 선석열, 2001, 앞의 논문, 534쪽.
233) 申瀅植, 1983, 앞의 논문 ; 1984, 앞의 책, 247~248쪽.

에도 隨駕하였다.[234] 당시 군사적으로 활발한 활동을 하였던 김무력은 역시 정치적·군사적으로 중요한 역할을 담당하고 있었던 거칠부와 자연스럽게 연계되었을 것이다. 따라서 진지왕이 즉위할 때에 김무력도 군사적인 기반을 토대로 거칠부와 행동을 같이하였으며, 이후 진지왕대의 정국운영에도 깊이 관여하였을 것이다. 그리고 이때에 형성된 진지왕과 김무력의 관계는 그들의 家門에도 커다란 영향을 끼치게 되어 이후 김용춘과 김서현, 김춘추와 김유신에게 연결되었을 것이다.[235] 이러한 김무력이 언제 죽었는지는 정확히 알 수 없지만, 적어도 진지왕이 폐위될 무렵에는 이미 죽었을 것으로 추정된다.[236]

이와 같이 당시의 정치적·군사적인 면에서 큰 활약을 하였고, 더욱이 자신의 정치적인 후원세력이었던 거칠부와 김무력의 죽음은 진지왕에게 커다란 위기의식을 갖게 하기에는 충분하였을 것이다. 이러한 상황에서 주목되는 것은 진지왕에게 왕위를 빼앗겼던 동륜계의 움직임이었다.

동륜계는 비록 왕위에 즉위하지는 못하였지만 그렇다고 완전히 몰락한 것은 아니었다. 왜냐하면 진지왕이 폐위되고 동륜계인 白淨이 진평왕으로 즉위하고 있기 때문이다. 즉 동륜계가 완전히 몰락하였다면 백정이 즉위하지 못하였을 것이다.[237] 이러한 사실은 동륜계가 진지왕대에도 무시하지 못할 정도의 세력을 형성하고 있었으며, 또한 상당한 위협세력으로서 존재하였음을 의미하는 것이다. 그리고 이들은 진지왕대의 國政에 참여하면서 政局의 변화에 대하여 계속해서 예의 주시하고 있었을 것이다.

---

234) 韓國古代史研究所 編, 1992, 『譯註 韓國古代金石文』 Ⅱ, 88쪽.
235) 선석열, 2001, 앞의 논문, 536~537쪽 및 544쪽.
236) 金武力의 연령에 대해서는 기록이 없어서 자세히 알 수 없다. 그러나 532년(법흥왕 19)에 金官加耶가 신라에 항복할 때에 김무력의 연령이 15세라고 하더라도 진지왕이 폐위될 무렵에는 적어도 62세 정도가 된다. 따라서 진지왕이 폐위될 무렵에는 이미 죽었을 것으로 생각된다.
237) 金德原, 1999, 앞의 논문, 254쪽.

이와 같이 진지왕의 말년에 자신의 정치적인 후원세력이었던 거칠부와 김무력의 죽음, 그리고 정치적으로 대립하고 있었던 동륜계 세력의 위협으로 인하여 진지왕은 즉위 이후에 가장 큰 정치적인 위기를 맞게 되었다. 이러한 상황에서 진지왕은 독자적으로 정국을 운영하려고 시도하였을 것으로 생각된다. 진지왕은 이미 즉위한 이후부터 대외적으로는 백제의 침입에 대해서 강력하게 대처하고, 대내적으로는 진흥왕의 불교정책을 계승하여 미륵신앙을 기반으로 王權強化를 추구하였다.[238] 또한 眞慈師와 未尸郞과 같은 인재의 선발을 통해서 새로운 세력과의 정치적인 결합을 추진하려는 정책을 실시함으로써 자신의 정치적인 입지를 강화시키려고 하였다.[239]

진지왕이 새로운 세력과의 정치적인 결합을 추진하려고 하였을 때 또 하나의 세력은 사료 I-1에 등장하는 沙梁部 세력이다. 진지왕은 사량부에서 상당한 세력을 형성하고 있었던[240] 도화녀 집단과의 정치적인 결합을 위해서 심혈을 기울였지만 여의치 못하였다. 이것은 진지왕이 폐위되고 어느 정도 시간이 지난 뒤에 도화녀가 진지왕의 뜻을 받아들였다는 기록을 통해서 알 수 있다. 그리고 비록 꿈속이지만 도화녀가 진지왕의 뜻을 받아들였다는 것은 두 세력이 정치적으로 결합하였다는 것을 표현한 것이다. 이러한 진지왕과 사량부의 정치적인 결합은 이후 진평왕대에 사륜계 세력의 형성과도 깊은 관련을 갖는 것이다.

이상에서 살펴본 바와 같이 진지왕대의 정국운영은 진지왕의 정치적인 후원세력이었던 거칠부와 김무력의 죽음과 이와 연관하여 항상 위협적인 세력으로 존재하고 있었던 동륜계의 동향과 관련되어 이루어졌다. 그 결과 독자적으로 정국을 운영하려던 진지왕은 진자사와 미시랑과 같

---

238) 金德原, 1999, 앞의 논문, 243∼245쪽.
239) 金德原, 2002, 앞의 논문, 49쪽.
240) 金杜珍, 1990, 앞의 논문, 23쪽 : 金基興, 1999, 앞의 논문, 139∼140쪽.

은 새로운 인재를 발탁하거나 또는 사량부의 도화녀 집단과 정치적인 결합을 통해서 불리하게 전개되고 있는 상황을 타개하려고 하였을 것이다. 그러나 이러한 진지왕의 정책은 결과적으로 실패로 끝났다. 對百濟 강경책은 진흥왕 후기부터 이어지기 시작한 대내적인 안정을 계속해서 유지하려는 眞骨貴族들의 반발을 불러왔을 것이며,[241] 이러한 반발은 결국 진지왕이 폐위되는 원인 중의 하나로 작용하였을 것이다. 또한 새로운 세력과의 정치적인 결합도 진지왕의 의도와 같이 이루어지지 못하여 정국은 불리하게 전개되었다.

3. 眞智王의 폐위

『삼국유사』 도화녀·비형랑 설화에는 진지왕이 재위 4년만에 '政亂荒婬'하여 國人에 의해서 폐위된 것으로 기록되어 있다. 따라서 『삼국유사』의 기록에 의하면 진지왕의 폐위는 그의 개인적인 성품과 행동에 따른 失政이 중요한 원인이었다고 할 수 있다. 그리고 이 기록을 바탕으로 진지왕의 폐위를 '정난황음'과 관련하여 인식하고 있는 것도 사실이다.[242] 그러나 앞에서 살펴본 바와 같이 진지왕은 결코 '정난황음'하지 않았음을 알 수 있었다. 그러므로 진지왕의 폐위에 대한 문제는 다른 시각으로 파악하여야 할 것이다.

진지왕의 폐위에 대해서는 대체로 王位繼承과 관련하여 설명하고 있다. 즉 진지왕이 太子 銅輪의 아들인 白淨을 배제시키고 부당하게 즉위하였기 때문에 國人들에 의해서 폐위되었다고 이해하는 것이다.[243] 그

---

241) 『삼국사기』에 의하면 백제와의 전쟁은 562년(진흥왕 23) 7월을 마지막으로 진흥왕대에는 보이지 않다가 진지왕이 즉위한 이후인 577년(진지왕 2) 10월에 다시 시작된다.
242) 文暻鉉, 1987, 앞의 논문 : 朱甫暾, 1994, 앞의 논문 : 李晶淑, 1994b, 앞의 논문 ; 1995, 앞의 논문.

러나 진지왕의 폐위는 역시 진지왕대의 정국운영과 밀접한 관련이 있었
을 것이나. 당시 정치적·군사적인 실권을 가지고 후원하였던 居柒夫와
金武力의 죽음으로 진지왕은 큰 정치적인 위기의식을 느꼈을 것이다.
그리고 이러한 상황에서 진지왕에게 왕위를 빼앗겼던 동륜계의 동향도
심상치 않게 전개되었을 것이다. 이와 같은 상황에서 주목되는 것은 진
지왕을 폐위시킨 것으로 기록되어 있는 '國人'에244) 대한 문제이다. '국
인'이 진지왕을 폐위시켰다면, 일단 '국인'은 진지왕을 반대하는 입장에
있었던 세력이었다고 할 수 있다.245)

　지금까지 대부분의 연구자들은 '국인'의 실체에 대해서 진지왕의 폐
위와 진평왕의 즉위에 관련시켜서 이해하였다. 그러나 이들 '국인'이 당
시 정치적·군사적으로 실권을 가지고 있었던 거칠부와 김무력이 죽은
이후에 진지왕을 폐위시켰다는 사실은 간과하여 왔다. 즉 '국인'으로 표
현된 세력이 거칠부와 김무력이 죽은 이후에 진지왕을 폐위시켰다면,246)

---

243) 三池賢一, 1966, 앞의 논문 ; 1974, 앞의 책, 208쪽 : 金瑛河, 1988, 앞의 논문,
　　13쪽 ; 2002, 앞의 책, 248쪽.
　　한편 李喜寬은 진지왕의 집권에 불만을 품고 있던 智證王系 家系의 성원들이
　　政變을 일으켜 진지왕을 살해한 후에 和白會議에서 폐위 절차를 밟았고, 따라
　　서 진지왕의 폐위는 그를 제거한 것을 追認한 것에 불과한 것이라고 하였다. 그
　　리고 화백회의의 절차를 거친 것은 자신들이 일으킨 정변의 정당성을 확보하기
　　위한 것이라고 하였다(李喜寬, 1990, 「新羅上代 智證王系의 王位繼承과 朴氏
　　王妃族」『東亞硏究』20, 102쪽).
244) 國人에 대한 연구성과는 朴淳敎, 1999, 앞의 논문, 11～14쪽 참조.
245) 朴淳敎는 진평왕의 즉위를 도운 세력뿐만 아니라 즉위 이후에 포섭된 세력 모두
　　를 '國人'이라고 파악하였다(박순교, 2003, 앞의 논문, 45쪽).
246) 權英五는 진지왕을 폐위시키던 귀족회의를 주재한 上大等이 진지왕을 폐위시
　　키고 자신이 즉위한 것이 아니라 진평왕을 추대하는 역할을 한 것으로 파악하였
　　다(權英五, 2003, 「신라 中古·中代期 상대등과 왕위계승」『역사와 경계』47,
　　31쪽). 그러나 진지왕대의 상대등은 居柒夫였으며, 그 후임으로는 진평왕이 즉
　　위한 이후에 弩里夫가 임명되고 있다. 따라서 진지왕을 폐위시키던 때의 귀족회
　　의는 상대등이 존재하지 않은 상태에서 '國人'의 결정으로만 이루어진 것이라고
　　할 수 있다. 만약 거칠부가 진지왕 말년에 죽지 않고 상대등으로써 진평왕을 추

진지왕뿐만 아니라 그를 정치적으로 후원하였던 사륜계 세력에 대해서
도 같은 입장을 취하고 있었을 것으로 추측할 수 있다.

거칠부는 奈勿王의 5代孫으로서 신라의 전통 眞骨貴族이었고,[247]
김무력도 진골귀족이었으나 멸망한 金官加耶의 후손이었기 때문에[248]
두 사람이 정치적으로 결합하기에는 현실적으로 여러 가지의 어려움이
있었을 것이다. 그럼에도 불구하고 서로 정치적으로 결합하여 진지왕의
즉위에 도움을 주었다는 사실은 '국인'의 실체를 규명하는 문제에도 많
은 시사를 주고 있다. 즉 '국인'이 신라의 전통 진골귀족으로서 왕권에
반대하기 위하여 진지왕을 폐위시킨 것이 아니라는 사실이다. 물론 진골
귀족으로서의 기득권을 유지하기 위해서 왕권과 대립하는 측면도 부정
할 수는 없다. 그러나 이들 '국인'은 거칠부와 김무력의 영향력에 의해
운영되었을 진지왕대의 정국에서 두 사람에 대한 불만도 가지고 있었을
것이다.[249] 그렇기 때문에 두 사람이 죽은 후에 바로 진지왕을 폐위시켰
을 가능성이 크다고 생각된다.

이와 같이 진지왕을 폐위시킨 '국인'은 거칠부와 같은 진골귀족이면
서도 서로 대립하는 세력이었다.[250] 그렇다면 이들 '국인'은 왕권을 약
화시키기 위한 목적이 아니라 사륜계와 동륜계 사이에서 발생한 왕위계
승과 관련하여 弩里夫를[251] 중심으로 하는 진평왕을 지지하는 동륜계

대하였다면, 그는 자신이 즉위시켰던 진지왕을 스스로 폐위시킨 것이 된다.
247) 『三國史記』 권44, 列傳4 居柒夫.
248) 『三國史記』 권4, 新羅本紀4 法興王 19년 ; 同 권41, 列傳1 金庾信 上.
249) 朴勇國은 진지왕을 폐위시킨 세력이 명목상의 이유에서라도 '政亂荒婬'의 한
    책임을 居柒夫에게 지웠을 것이라고 하였다(朴勇國, 2006, 앞의 논문, 10쪽).
250) 이와 같은 사실을 통해서도 居柒夫가 진지왕의 즉위에 관여하였던 이유는 왕권
    을 약화시키고, '汎奈勿王系의 貴族聯合體制'의 복귀를 추구하였기 때문이라
    고 파악한 金瑛河(金瑛河, 1988, 앞의 논문, 11~12쪽 ; 2002, 앞의 책, 249~
    250쪽)와 李晶淑(李晶淑, 1995, 앞의 논문, 42~43쪽)의 견해는 再檢討하여야
    할 것이다.
251) 李仁哲, 2003, 「新羅의 王權과 政治構造」 『新羅文化』 22, 28쪽.

세력이었을 것이다. 그러므로 진지왕의 폐위에 대한 문제는 진골귀족과
의 관계보다[252] 동륜계와의 대립이[253] 중요한 원인으로 작용하였을 것
이다.[254]

　이상에서 살펴본 바와 같이 진지왕의 폐위는 서로 대립하는 진골귀족
들 사이에서 동륜계와의 왕위계승에 대한 문제가 중요한 원인으로 작용
하였음을 알 수 있게 되었다. 더불어 도화녀・비형랑 설화에서의 '政亂
荒婬'이라는 기록이 진지왕이 폐위되는 직접적인 원인이 아니었다는 사
실도 확인할 수 있을 것이다. 따라서 이러한 사실을 제대로 인식해야 비
로소 『삼국사기』의 진지왕에 대한 기록과 『삼국유사』의 '聖帝'라는 기
록을 정확히 이해할 수 있을 것이다.

---

252) 三池賢一, 1966, 앞의 논문 ; 1974, 앞의 책 ; 1968, 「金春秋の王位繼承」『法
　　政史學』20 : 丁仲煥, 1984, 「金庚信(595～673)論」『高柄翊先生回甲紀念史
　　學論叢 歷史와 人間의 對應』, 한울 : 朴海鉉, 1988, 앞의 논문 : 金瑛河, 1988,
　　앞의 논문 ; 2002, 앞의 책 : 文暻鉉, 「弑王說과 善德女王」 1999, 『白山學報』
　　52 : 朴勇國, 2006, 앞의 논문.
253) 申瀅植, 1977, 앞의 논문 ; 1984, 앞의 책 : 朴南守, 1987, 「統一主導勢力의
　　形成과 政治改革」『統一期의 新羅社會 研究』, 東國大 新羅文化研究所 : 李
　　明植, 1989, 「新羅 中代王權의 專制化過程」『大丘史學』38 ; 1992, 『新羅政
　　治史研究』, 螢雪出版社 : 金杜珍, 1990, 앞의 논문 : 李昊榮, 1997, 앞의 책.
254) 朴勇國은 진지왕의 폐위와 銅輪系는 양자의 정치적 지향이 원래 같았기 때문에
　　전혀 관계가 없다고 하거나(朴勇國, 1996, 「新羅 中代 支配勢力의 形成過程
　　과 그 性格」『慶尙史學』12, 16쪽 주 51) 참조) 또는 갈등관계를 형성하고 있
　　지 않다고 하였다(朴勇國, 2005a, 「新羅 武烈王代 政治勢力의 構成과 變化」
　　『歷史敎育論集』35, 193～194쪽 ; 2005d, 「統一戰爭期 新羅 政治勢力의 構
　　成과 變化」, 慶北大 博士學位論文 참조). 이러한 朴勇國의 견해는 부자・형
　　제・친족간의 정치적인 갈등이 궁극적으로 王位(權)를 목적으로 하고 있다는
　　권력의 속성을 간과한 것으로 생각된다.

제 2 장

舍輪系의 성장과 金龍春의 활동

제1절 眞平王의 즉위와 政局動向

진지왕이 폐위된 이후에 太子 銅輪의 아들인 白淨이 진평왕으로 즉위하였다. 따라서 백정이 왕위에 즉위하지 못하였다고 하여 동륜계가 완전히 몰락한 것이 아니었다. 이것은 그가 진지왕이 폐위된 후에 진평왕으로 즉위하고 있는 사실을 통해서 알 수 있다. 마찬가지로 진지왕이 폐위되었다고 하여 舍輪系가 완전히 몰락한 것도 아니었다. 왜냐하면 진지왕의 아들인 金龍春이 진평왕대에 활동하고 있기 때문이다. 이것은 진지왕을 폐위시키고 진평왕이 즉위하였지만, 완전히 사륜계를 압도하지 못하였다는 것을 의미하는 것이다. 따라서 진평왕은 왕권을 강화하고 정국을 안정시키기 위해서 사륜계와 일정한 타협을 하였을 것으로 보인다. 이러한 사실은 桃花女・鼻荊郎 설화에서 진지왕의 아들이라는 鼻荊과의 관계를 통해서 어느 정도 알 수 있다. 비형은 곧 金龍春이라고 생각되기 때문이다.

진평왕(579~632)은 중고기에 가장 오랫동안 왕으로 재위하였다. 그리고 김용춘이 생존하였던 시기는 진평왕과 선덕왕(632~647)의 재위기간이었다. 김용춘은 두 왕대에 걸쳐서 정치적인 활동을 하였으며, 그 중에서도 진평왕대의 정치적인 활동이 가장 활발하였고, 또 중요한 역할을 담당하였던 시기였다. 이러한 사실은 그의 정치적인 역량이나 연령을 통해서도 추정이 가능하다. 따라서 김용춘은 진평왕대의 활동을 통해서 정치적인 입지를 강화해 나갔을 것으로 추정할 수 있다. 김용춘은 앞으로 다가올 聖骨 출신이 모두 사라지게 될 언젠가를 위해서 치밀하고 확실한 준비를 해 두어야 할 필요성을 인식하였을 것이다.

일반적으로 진평왕대는 官制整備를 기준으로 초기와 후기로 구분하고 있다. 『삼국사기』에는 진평왕 초기에 실시된 관제정비에 대하여 기록하고 있는데, 그 내용은 다음과 같다.

> A-1. 3년 정월에 位和府를 처음 두었는데, 지금의 吏部와 같은 것이다.[1]
>
> 2. 5년 정월에 船府署의 大監과 弟監 1인씩을 처음으로 두었다.[2]
>
> 3. 6년 3월에 調附令 1인을 두어 貢賦를 맡게 하고, 乘府令 1인을 두어 車乘을 맡게 하였다.[3]
>
> 4. 7년에 三宮에 각각 私臣을 두었다.[4]
>
> 5. 8년 정월에 禮部令 2인을 두었다.[5]
>
> 6. (稟主) 大舍는 2인으로 진평왕 11년에 두었다.[6]
>
> 7. 13년 2월에 領客府令 2인을 두었다.[7]

위의 기록은 『三國史記』 新羅本紀와 職官志에 기록되어 있는 581년(진평왕 3)부터 591년(진평왕 13) 사이에 실시되었던 官制整備에 대한 내용이다.

진평왕은 즉위 초기부터 왕권을 강화하기 위한 방편으로 정치개혁을 실시하였는데, 관제정비는 그 하나의 방법이었다. 그리고 이와 같은 관제정비에는 진평왕의 즉위에 도움을 주었던 측근세력들에 의해서 추진되었을 것이다. 또한 관제정비와 더불어 584년(진평왕 6)에 建福이라는 연호를 제정하고[8] 親政을 실시하였을 것이다.[9] 따라서 591년에는 진평

---

1) 『三國史記』 권4, 新羅本紀4 眞平王 3년 봄 정월.
2) 『三國史記』 권4, 新羅本紀4 眞平王 5년 봄 정월.
3) 『三國史記』 권4, 新羅本紀4 眞平王 6년 3월.
4) 『三國史記』 권39, 雜志8 職官 中.
5) 『三國史記』 권4, 新羅本紀4 眞平王 8년 정월.
6) 『三國史記』 권38, 雜志7 職官 上.
7) 『三國史記』 권4, 新羅本紀4 眞平王 13년 2월.
8) 『三國史記』 권4, 新羅本紀4 眞平王 6년 봄 2월.
9) 李晶淑도 眞平王이 改元한 이후에 親政을 실시하였다고 보았다(李晶淑, 1995, 『新羅 眞平王代의 王權 硏究』, 梨花女大 博士學位論文, 41쪽). 이것은 진흥왕이 18세에 開國이라는 연호를 사용하고 親政을 하였던 사실을 통해서도 알 수

왕 초기의 정치개혁은 마무리 되었다.

그러나 이러한 세력들이 진평왕에게 협조만 했으리라고는 생각되지 않는다. 그들을 포함하여 진지왕을 폐위시키고 진평왕을 즉위시킨 國人들은 왕권에 대해서 지지와 함께 견제를 하였을 것이기 때문이다.[10] 그리고 진평왕대 초기에는 이들 세력 이외에 왕위에서 폐위된 舍輪系의 세력도 보이고 있어 주목된다.

『三國遺事』桃花女·鼻荊郎 설화에는 진지왕의 아들인 鼻荊이 진평왕 초기에 활동하였던 사실을 기록하고 있다. 여기에서 비형이 태어나면서부터 진평왕에 의해서 '收養宮中'하였다는 것은 진평왕 초기부터 김용춘을 포함한 사륜계가 진평왕과 일정한 관련을 맺으면서 정치적으로 연결되었던 사실을 의미하는 것이다.

도화녀·비형랑 설화에 의하면 비형은 15세에 執事가 되었다. 집사는 대체로 궁내의 다양한 업무를 총괄하는 직책인데, 김용춘은 그 중에서도 특히 토목이나 건축분야에서 능력을 발휘한 것으로 보인다. 이것은 비형이 '鬼衆'을[11] 부려서 하룻밤 사이에 鬼橋를 건설하고, 그 휘하인

있다. 따라서 중고기에 있어서 연호 제정은 왕의 즉위와 동시에 이루어지는 것이 아니라 일정한 기간이 경과한 이후에 제정되는 것을 볼 수 있다. 이와 같은 사실을 감안하면 진지왕이 연호를 제정하지 못한 것은 왕권이 미약해서가 아니라(金瑛河, 1987,「新羅 中古期의 中國認識」『古代韓中關係史의 研究』, 三知院, 158쪽) 연호를 제정하기 이전에 폐위되었기 때문일 것이다. 또한 말년에 연호를 제정한 법흥왕과 김춘추와 김유신에 의해 정국이 운영되었던 진덕왕을 제외하면, 중고기에 있어서 연호의 제정은 친정의 실시를 의미하는 것이라고 할 수 있다.

한편 朱甫暾은 591년(진평왕 13)에 완성된 南山新城을 '新城'이라고 한 것은 진평왕대 진행된 개혁을 마무리하고 새로워진 지배체제의 면모를 과시하고 새로운 시대의 성립을 선포하는 즉 建福으로 출발된 진평왕적 체제 자체의 완성을 의미하는 정치적인 의도가 깃들어 있다고 하였다(朱甫暾, 1994,「南山新城의 築造와 南山新城碑－第9碑를 中心으로－」『新羅文化』10·11, 37~39쪽 ; 2002,『금석문과 신라사』, 지식산업사, 260~264쪽).

10) 朴海鉉, 1988,「新羅 眞平王代 政治勢力의 推移－王權强化와 관련하여－」『全南史學』2, 9쪽.

吉達이 吉達門을 건설하였다는 기록을 통해서도 알 수 있다.[12) 따라서 김용춘은 왕실이 관여하는 都城 내의 여러 토목과 건축사업을 주관하였으며, 이러한 그의 활동은 이후에 皇龍寺九層塔을 건립할 때 그 공사의 책임을 맡고 있는 것으로 이어졌을 것이다.[13)

그러나 김용춘이 줄곧 집사라는 직책을 가지고 진평왕 초기의 정치활동을 담당하였던 것은 아니었을 것이다.[14) 김용춘이 15세에 집사가 되었다는 것은 김용춘이 진평왕 초기에 활동하였던 사실을 집사라는 직책이 상징적으로 나타내 주는 것이라고 생각된다. 즉 처음에는 집사라는 직책에 있었지만, 시간이 지나면서 좀 더 높은 관등과 관직을 가지고 활동하였을 것으로 추정할 수 있다.

이렇듯 15세에 집사가 된 비형은 자신이 거느리는 '귀중' 가운데 왕을 보필한 만한 자로써 吉達을[15) 추천하고 있다. 비형이 진지왕의 아들

---

11) 徐永大는 '鬼衆'은 성년식 동안의 청소년을 상징하는 화랑이라고 하였고(徐永大, 1991,『韓國古代 神觀念의 社會的 意味』, 서울大 博士學位論文, 54~55쪽), 朴南守는 匠人이라고 하였다(朴南守, 1992,「新羅 上代 手工業과 匠人」『國史館論叢』39, 77쪽 ; 1996,『新羅手工業史』, 신서원, 276쪽). 한편 김영하는 토착신앙상의 존재인 피지배층의 민을 상징한다고 하였다(김영하, 2004,「新羅 中代 王權의 기반과 지향」『韓國史學報』16, 15쪽 ; 2007,『新羅中代社會硏究』, 일지사, 166~167쪽).

12) 朴淳敎는 金龍春이 鬼橋를 만든 것은 군사가 하천을 도하할 때 사용하는 임시용 浮橋를 만들었다는 의미이고, 吉達이 吉達門을 만든 것은 군사에서 중요시하는 정찰을 위한 조망이나 감시를 위한 망루를 세운 것을 의미한다고 하였다(朴淳敎, 2002,「皇龍寺九層塔의 歷史的 虛實」『悠山姜仁求敎授停年紀念 東北亞古文化論叢』, 民昌文化社, 585쪽).

13) 이러한 의미에서 金基興은 김용춘이 통일신라시대의 金大城에 버금가는 탁월한 건축가였을 것이라고 하였다(金基興, 1999,「桃花女·鼻荊郎 설화의 역사적 진실」『韓國史論』41·42, 151~153쪽 ; 2000,『천년의 왕국 신라』, 창작과비평사, 291~293쪽).

14) 金基興은 김용춘이 진평왕 초기부터 집사로서 宮 관리 업무를 맡았다가, 어느 단계에 3宮 중의 어느 궁의 私臣을 역임한 것이라고 파악하였다(金基興, 1999, 앞의 논문, 152쪽 ; 2000, 앞의 책, 292쪽).

이라는 사실을 감안할 때, 그가 거느리는 '鬼衆'은 곧 사륜계의 세력이
었음이 확실하다. 또한 비형이 그 사륜계의 세력 중에서 길달을 추천하
였다면 사륜계가 진평왕대 초기의 정치에 참여하였음을 알 수 있다.[16]
이러한 사실은 비형으로 상징되는 사륜계가 진평왕대 초기부터 정치에
깊이 관여하고 있었다는 사실을 의미하는 것이다.[17]

그런데 주목되는 것은 비형에 의해서 천거되어 '忠直無雙'하였던 길
달이 아무런 이유도 없이 도망하였고, 비형은 '귀중'을 시켜서 그를 처
단하고 있다는 사실이다. 진평왕은 角干 林宗이 아들이 없었기 때문에
길달을 아들로 삼게 하였다. 그리고 임종은 길달에게 명하여 興輪寺 남
쪽의 樓門을 짓게 하였더니, 길달은 매일 밤 그 문 위에서 '宿居'하였
다.[18] 이것은 진평왕의 측근세력이었을 것으로 보이는 임종이 진평왕의
명으로 사륜계인 길달을 아들로 삼았지만, 그를 인정하지 않았던 것이
아닌가 한다. 이런 이유 때문에 길달은 문 위에서 '숙거'하였을 것이다.
다시 말하면 사륜계는 진평왕의 측근세력들로부터 어느 정도 견제 내지
는 차별을 받았을 가능성이 있다는 것이다. 따라서 충직하였던 길달이
불만을 품고 도망하였으며, 비형은 결국 그를 죽인 것이다. 비형이 길달

---

15) 金杜珍은 吉達이 신라 土着的 전통을 지닌 인물이라 하였고(金杜珍, 1990, 「新
羅 眞平王代 初期의 政治改革 -『三國遺事』 所載 '桃花女・鼻荊郞'條의 分
析을 中心으로-」『震檀學報』69, 24~25쪽), 朴淳敎는 비형랑과 길달은 화랑
이라고 하였다(朴淳敎, 1999,『金春秋의 執權過程 硏究』, 慶北大 博士學位論
文, 137쪽).

16) 朱甫暾은 진평왕이 비형랑을 등용한 것은 양세력이 대립관계에 있는 것이 아니라
고 하였다(朱甫暾, 1994, 「毗曇의 亂과 善德王代 政治運營」『李基白先生古稀
紀念 韓國史學論叢』上, 一潮閣, 222쪽). 그러나 銅輪系가 聖骨意識을 성립시
킬 때 舍輪系를 배제하고 있는 사실에서 동륜계와 사륜계가 대립하고 있었음을
알 수 있다(李基東, 1972, 「新羅 奈勿王系의 血緣意識」『歷史學報』53・54 ;
1984,『新羅 骨品制社會와 花郞徒』, 一潮閣, 88쪽).

17) 金杜珍, 1990, 앞의 논문, 21쪽.

18) 朴淳敎는 吉達이 吉達門 위에서 철야를 한 것은 적의 동태를 감시하는데 게을리
하지 않은 것의 은유라고 하였다(朴淳敎, 2002, 앞의 논문, 585쪽).

을 죽인 것은 진평왕 초기에 사륜계 세력을 유지하기 위한 하나의 방법
으로 내부 결속을 강화하여 세력의 이탈을 막으려는 목적과 함께 내부로
부터의 도전과 반발을 차단하려는 의도가 포함되었을 것이다.

　이러한 사실은 사륜계 내부에서 분열이 일어났던 모습을 나타낸 것으
로 이해할 수 있을 것이다. 즉 비형이 진평왕에게 협조하는 것에 대해서
사륜계의 일부에서는 불만으로 생각하였는데, 진평왕 측근세력에게 견
제 내지는 차별을 받자 그 불만은 더욱 고조되었을 것이다. 길달이 갑자
기 도망하였다는 사실은 이러한 사륜계 일부의 불만의 표현이었다. 그러
나 사륜계 일부의 반발은 비형이 '귀중'을 시켜 길달을 죽이는 것에서
알 수 있듯이 비형에 의해 무마되었고, 계속하여 동륜계와의 관계가 유
지되었을 것이다. 더욱이 비형과 길달이 家臣集團의 私的인 主客關係
이고, 또한 길달의 무리들이 귀신과 같이 날래고 뛰어난 집단을 표현한
것이라면,[19] 그러한 길달의 무리를 거느리고 나중에는 길달까지 죽일
수 있는 비형의 존재는 더욱 강력하고 월등한 존재였음을 의미하는 것이
다. 이러한 사실은 '故其衆聞鼻荊之名 怖畏而走'라는[20] 기록을 통해서
도 확인할 수 있다. 그러므로 진평왕 초기에 비형을 중심으로 하는 일단
의 사륜계의 세력집단을 상정할 수 있고, 또한 그 집단의 세력이 상당한
정도였음을 알 수 있다.

　이와 같이 비형랑 설화는 비록 진지왕이 폐위되었지만 사륜계가 완전
히 몰락한 것이 아니었고, 진평왕 초기에도 건재하고 있었음을 전하고
있는 것이다.[21] 더욱이 진지왕이 폐위된 후 바로 죽은 것이 아니라 3년

---

19) 田美姬, 1993, 「新羅 眞平王代 家臣集團의 官僚化와 그 限界 -『三國史記』48
　　實兮・劍君傳에 보이는 舍人에 대한 검토를 中心으로 -」『國史館論叢』48,
　　205쪽. 한편 朴南守는 吉達을 角干 林宗의 嗣子로 삼게 한 것은 길달이 각간
　　임종의 家臣이 된 것으로 파악하였다(朴南守, 1992, 앞의 논문, 77~78쪽 ; 1996,
　　앞의 책, 277~278쪽).
20)『三國遺事』권1, 紀異1 桃花女・鼻荊郞.
21) 金杜珍, 1990b, 앞의 논문, 27쪽.

간 유폐되었다고 한다면,[22] 사륜계 세력의 존재를 더욱 확실하게 알 수
있을 것이다. 이러한 사실은 진평왕을 통해서도 확인할 수 있다. 진지왕
대에 동륜계가 몰락하였다면, 왕위를 되찾을 수 없었을 것이다.[23] 결국
김용춘은 이러한 세력을 기반으로 진평왕 초기의 정치에 참여하였고, 이
후에 內省私臣이 되어 정치적인 실력자로 등장할 수 있게 되었다. 따라
서 비형랑 기사를 주목하면 진평왕 초기의 관제정비는 비형으로 상징되
는 사륜계가 깊이 관여하였음을 알 수 있다.[24]

이렇게 사륜계가 진평왕 초기부터 정치에 참여하였던 것은 진평왕이
자신의 즉위에 도움을 주었던 세력에 대한 견제와 함께 폐위된 사륜계의
불만을 무마하던 정치적인 의도가 작용하였을 것이다. 이것은 진지왕이
폐위되었지만 사륜계의 세력이 무시하지 못할 정도로 상당하였음을 의
미하는 것이다.

그러나 비형랑이 같은 사륜계로 추정되는 길달을 제거하는 사실에서
알 수 있듯이 사륜계의 세력이 진평왕대의 정치에 참여하면서 어느 정도
흡수되는 모습을 볼 수 있다.[25] 이러한 사실은 비록 사륜계가 진평왕대
초기에도 상당한 세력을 유지하고 있었지만, 당시의 정치적 역학관계의
영향을 받을 수밖에 없었던 사륜계의 현실적인 한계라고 할 수 있을 것
이다.[26]

---

22) 李晶淑, 1994, 「眞平王의 即位를 전후한 政局動向」『釜山史學』27, 59쪽.
23) 이러한 사실은 진지왕대에도 銅輪系의 세력이 존재하였음을 의미하는 것이다. 이
　　와 관련하여 진지왕이 '政亂荒婬'하였다는 '政亂'을 진지왕의 정치적 문란이 아
　　니라 태자 동륜과 연결된 귀족들의 저항이 만들어낸 상황이라고 파악한 金基興
　　의 견해는 주목된다(金基興, 1999, 앞의 논문, 137쪽 ; 2000, 앞의 책, 280쪽).
24) 金德原, 1999, 「新羅 中古期 舍輪系의 政治活動」『白山學報』52, 251~254쪽.
25) 李昊榮은 진평왕대에 진지왕의 지지세력이 제거되거나 흡수되면서 왕권의 강화
　　를 위한 일련의 정책들이 수행되었다고 하였다(李昊榮, 1997, 『新羅三國統合과
　　麗・濟敗亡原因研究』, 書景文化社, 87쪽).
26) 이와 같은 한계를 극복하고 家門을 유지하기 위해서 비형이 길달을 제거하였을
　　가능성을 생각할 수 있다.

　　이와 같은 사륜계의 정치 참여에 대하여 진평왕을 추대한 세력들은 당연히 반발하였을 것이다. 이것은 다음의 기록을 통해서 어느 정도 알 수 있다.

　　　金后稷은 지증왕의 曾孫으로, 眞平大王을 섬겨 伊湌이 되고 兵部令에 轉任되었다. 대왕이 자못 사냥을 좋아하자 (김)후직이 諫하기를 "옛날의 임금은 반드시 하루에도 만가지 정사를 보살피되 깊이 생각하고 멀리 염려하며, 좌우에 있는 바른 선비들의 直諫을 받아들이면서 부지런하고 꾸준하여 감히 안일하고 방심하지 않은 까닭에 덕정이 순미하여 국가를 보전할 수가 있었습니다. (그런데) 지금 전하는 날마다 미치광이(狂夫)와 사냥꾼(獵師)으로 더불어 매와 개를 놓고 꿩과 토끼들을 쫓아 산야를 달리며 스스로 그치지 못합니다. 老子는 '말 달리며 날마다 사냥하는 것이 사람의 마음을 미치게 한다'고 하였고, 『書經』에는 '안으로 女色에 빠지거나 밖으로 사냥을 일삼는 것 중에서 하나만 있어도 혹 말하지 아니함이 없다'고 하였습니다. 이로써 보면 (사냥은) 안으로는 마음을 방탕하게 하고, 밖으로는 나라를 망하게 하는 것이니 반성하지 않을 수 없습니다. 전하께서는 유념하십시오!"라고 하였다. (진평)왕이 따르지 않자 또 간절히 諫하였으나 받아들이지 않았다.[27]

　　위의 기록은 진평왕 초기에[28] 兵部令에 임명되었던 金后稷의 諫言에 대한 내용이다. 그는 진평왕을 지지하여 그의 즉위에 도움을 주었고, 그 결과로 580년(진평왕 2)에 병부령으로 임명되었다. 이러한 그가 진평왕이 사냥하는 것에 대하여 간언하였으나 받아들여지지 않았다는 것이다.[29] 이러한 사실은 진평왕 초기에 김후직과 같은 측근 세력이 간언을

---

27) 『三國史記』 권45, 列傳5 金后稷.

28) 진평왕의 즉위에 도움을 주었던 弩里夫가 588년(진평왕 10)에 죽은 기록으로 미루어 金后稷도 노리부와 비슷한 연령이었을 것으로 추정된다. 그리고 그의 간언이 받아들여지지 않자 얼마 후에 죽었고, 또한 진평왕도 그의 간언을 받아들여 終身토록 사냥을 하지 않았다는 것을 통해서 진평왕 초기의 사실임을 알 수 있을 것이다.

29) 申瀅植은 김후직의 행위를 진평왕에 대해 충성을 바친 것이라고 하였고(申瀅植, 1974, 「新羅兵部令考」『歷史學報』61 ; 1984, 開題 「新羅의 國家的 成長과 兵

하여도 받아들일 수 없었던 당시의 상황을 보여 주는 것이다. 그리고 이
것은 김후직의 성격과 반대되는 일단의 세력들이 존재하고 있었음을 의
미하기도 한다.[30] 위의 기록에서는 이러한 세력들을 '狂夫'와 '獵師'로
표현하고 있다.[31]

　이와 같은 사실을 통해서도 진평왕 초기에는 진평왕을 지지하였던 세
력과 성격을 달리하는 또 다른 세력들이 존재하고 있었음을 알 수가 있
다. 이것은 진평왕 초기의 정치적 상황이 순탄하지 못하였음을 의미하는
것인데, 이와 관련하여 다음의 기록이 주목된다.

　　9년 7월에 大世와 仇柒이란 두 사람이 海外로 달아났다. 대세는 내물왕
　의 7世孫이고, 伊湌 冬臺의 아들이다. 資質이 준수하여 少時부터 方外의 뜻
　을 두어 交遊하는 淡水라는 중과 더불어 말하기를 이 (좁은) 신라의 산골 속
　에서 일생을 보내면 (저) 滄海의 큼과 山林의 넓음을 알지 못하는 池魚·籠
　鳥와 무엇이 다르랴! 내 장차 떼(배)를 타고 바다에 떠서 吳·越로 들어가 차
　츰차츰 스승을 찾아 道를 名山에 물으려 한다. (그래서) 만일 凡人을 면하여
　神仙을 배울 수 있다면 飄然히 바람을 타고 沉寥한 上空 밖으로 날아갈 터
　이니, 이야말로 天下의 奇遊요, 壯觀일 것이다. 그대가 능히 나의 뜻을 좇겠
　느냐?"하자 淡水는 즐겨하지 않았다. 대세는 그를 그만 두고 달리 벗을 구했
　는데, 마침 仇柒이라는 사람을 만났다. (사람됨이) 耿介하여 奇節이 있었다.
　드디어 그와 더불어 南山 절에 놀러 갔었다. 홀연히 風雨가 일어나 낙엽이
　마당의 괸 물 가운데 떴었다. 대세가 구칠에게 "내 그대와 함께 (멀리) 西遊
　할 뜻이 있으니 지금 각기 잎새 하나씩을 취하여 이를 (거짓) 배라고 하여,

　部令」『韓國古代史의 新研究』, 一潮閣, 156~159쪽), 金杜珍은 김후직의 忠諫
　은 비록 처음에 받아들여지지 않지만, 그가 죽고 난 이후에 수용되고 있음을 주목
　하고, 그의 간언 내지 정책이 왕정에 협조적인 것이었으며 왕실에 의해 거부된
　것이 아니라 적극적으로 수용되지 못한 것으로 보았다(金杜珍, 1990, 앞의 논문,
　27쪽).
30) 李晶淑은 김후직의 간언이 즉시 받아들여지지 못한 것은 정치적으로 민대되는 세
　력의 견제책 때문이라고 하였다(李晶淑, 1995, 앞의 논문, 38쪽).
31) 田美姬는 이들 狂夫와 獵師들을 진평왕의 家臣集團으로 보았다(田美姬, 1993,
　앞의 논문, 201~202쪽).

누가 먼저 가고 뒤에 갈 것을 (占치어) 보자!"라고 하였다. 조금 있더니 대세의 잎이 먼저 앞에 와 놓였다. 대세가 웃으며 "내가 먼저 갈 것이다"라고 하였다. 구칠이 怒하여 말하기를 "나도 또한 男兒이니 못할 것이 무엇이냐?"고 하였다. 대세가 (비로소) 그와 더불어 함 직함을 알고 가만히 자기의 뜻을 말하자, 구칠이 말하기를 "이야말로 나의 소원이다"하고, 드디어 서로 동무를 삼아 南海에서 배를 타고 떠난 후 간 곳을 알지 못하였다.[32]

위의 기록은 진평왕 초기에 있었던 대세와 구칠에 대한 내용이다. 伊湌의 관등을 가지고 있던 眞骨貴族의 아들인 대세마저 현실에 대한 절망감으로 해외로 떠났다는 것은 진평왕 초기의 정치 현실을 보여주고 있다. 일반적으로 대세와 구칠의 기록은 진평왕대에 진골귀족의 정치적인 소외 현상으로 보고 있다.[33] 그리고 대세를 眞智系[34] 또는 反眞平系로[35] 파악하는 견해를 참조하면, 진평왕 초기에 진평왕과 정치적인 노선을 달리하는 일단의 세력이 존재하고 있었음을 알 수 있다. 이와 같이 진평왕 초기에 활동하였던 인물들을 『삼국사기』에서 정리하면 다음의 <표 3>과 같다.

---

32) 『三國史記』 권4, 新羅本紀4 眞平王 9년 7월.

33) 대체적으로 大世와 仇柒의 기록은 眞骨貴族의 정치적인 소외로 파악하고 있다
申東河, 1979, 「新羅骨品制의 形成過程」 『韓國史論』 5, 38쪽 : 申瀅植, 1984,
「新羅骨品制의 一考察」 앞의 책, 一潮閣, 233쪽 : 金杜珍, 1988, 「新羅 眞平王
代의 釋迦佛信仰」 『韓國學論叢』 10, 35쪽 : 朴海鉉, 1988, 앞의 논문, 11쪽 :
金瑛河, 1988, 「新羅 中古期의 政治過程 試論－中代王權 成立의 理解를 위한
前提－」 『泰東古典研究』 4, 24쪽 ; 2002, 『韓國古代社會의 軍事와 政治』, 高
大 民族文化研究院, 258쪽.
그러나 李基白은 대세의 出國 동기는 西學熱을 암시하는 유력한 증거라고 하였
고(李基白, 1954, 「三國時代 佛敎受容과 그 社會的 意義」 『歷史學報』 6 ;
1986, 『新羅思想史研究』, 一潮閣, 42쪽), 李基東은 대세가 神仙道를 배우겠다
는 것으로 미루어 花郎이라고 하였다(李基東, 1979, 「新羅花郎徒의 社會學的
考察」 『歷史學報』 82 ; 1984, 앞의 책, 358쪽).

34) 李昊榮, 1997, 「對麗・濟相爭과 太宗武烈王權의 成立」 앞의 책, 85쪽.

35) 李明植, 1989, 「新羅 中代王權의 專制化過程」 『大丘史學』 38, 83쪽 ; 1992,
『新羅政治史研究』, 螢雪出版社, 114쪽.

〈표 3〉 진평왕대 초기의 인물 성향

성 명	연 도	관 등	관 직	활 동	성 향	비 고
福勝			葛文王	摩耶夫人의 父	銅輪系	
弩里夫	579년(진평왕 원년)	伊飡		上大等 임명	〃	(奴夫)
伯飯	〃			眞正葛文王 임명	〃	王弟
國飯	〃			眞安葛文王 임명	〃	〃
金后稷	580년(진평왕 2)	伊飡		兵部令 임명	〃	
和文	585년(진평왕 7)	大阿飡	私臣	大宮私臣	(〃)	
首肹夫	〃	阿飡	〃	梁宮私臣	〃	(肅訖宗)(首乙夫)
弩知	〃	伊飡	〃	沙梁宮私臣	〃	
冬臺	587년(진평왕 9)	伊飡			(舍輪系)	
大世	〃			海外 탈출	〃	
仇柒	〃			〃	〃	
淡水	〃					
首乙夫	588년(진평왕 10)	伊飡		上大等 임명	(銅輪系)	(肅訖宗)(首肹夫)
金舒玄	594년(진평왕 16)		太守	萬弩郡太守	加耶系	
肅訖宗	〃		葛文王	金舒玄과 결혼 반대	(銅輪系)	(首肹夫)(首乙夫)

( )는 추정임

<표 3>을 통해서 진평왕대 초기에는 진지왕을 폐위시키고 진평왕의 즉위에 협력하였던 동륜계의 인물들에 의해서 정국이 운영되었음을 확인할 수 있다. 즉 579년(진평왕 원년)에 上大等에 임명되었던 弩里夫와 580년에 兵部令으로 임명되었던 金后稷이 대표적이다. 그리고 노리부에 이어서 588년(진평왕 10)에 상대등에 임명된 首乙夫 역시 동륜계라고 할 수 있다. 이 외에도 585년에 三宮私臣에 임명되었던 和文·首肹夫·弩知 등도 동륜계였을 것으로 보인다. 특히 首肹夫는 상대등에 임명되었던 首乙夫와 立宗葛文王의 子이며, 진흥왕의 弟였던 肅訖宗과 동일인물로 추정되므로[36] 진평왕의 同母弟인 伯飯과 國飯을 포함하여

36) 李晶淑, 1999,「眞平王代의 王權强化와 帝釋信仰」『新羅文化』16, 10쪽. 首肹夫·首乙夫·肅訖宗이 동일인이라면, 숙흘종이 金舒玄과 萬明의 혼인에 반대

동륜계는 왕실을 중심으로 형성되었을 것으로 보인다.

한편 진평왕대 초기에 동륜계 중심으로 정국이 운영되었음에도 불구하고 사륜계로 추정되는 세력을 발견할 수 있는데, 大世의 父인 伊湌 冬臺이다. 이러한 사실은 동륜계가 진평왕대 초기의 정국을 주도적으로 운영하면서도 사륜계와 일정한 타협을 맺었던 것을 반증하는 것이다. 그러나 동대의 아들인 대세가 해외로 떠난 사실로 미루어 동륜계와 사륜계가 일정한 타협을 맺었으면서도 거기에는 일정한 한계가 있었던 것으로 추정된다. 이것은 마치 도화녀·비형랑 설화에서 같은 사륜계이면서도 비형과 길달의 정치적인 입장의 차이가 서로 달랐던 것과 비슷한 양상이었을 것이다.

이와 같이 진지왕이 폐위되었다고 하여 사륜계가 완전히 몰락한 것은 아니었다. 진평왕이 즉위한 이후에 사륜계는 김용춘을 중심으로 하여 세력을 유지하고 있었다. 그러나 사륜계는 진평왕대의 정국에 참여하면서 비형과 길달의 관계와 같이 내부의 분열과 또 대세와 같이 진평왕의 정국에서 소외되고 있었다.

이후에 김용춘에 대한 기록이 보이지 않다가 진평왕 후기인 622년(진평왕 44)에 內省私臣으로 임명되었다는 기록에서 다시 등장한다. 그렇다면 적어도 591년(진평왕 13) 이후부터 622년까지 약 30년 정도의 기간동안 김용춘은 어떠한 활동을 하였는지 살펴보아야 할 것이다.

기존의 견해는 김용춘이 天明과 혼인한 이후에도 별다른 정치적 활동을 하지 않았다고 한다.[37] 이러한 견해를 따른다면 김용춘은 622년에 伊湌이라는 고위 관등과 內省私臣의 관직을 가지고 갑자기 등장하게 되는 것이다. 그러나 김용춘이 진평왕 초기부터 정치적 활동을 하였고,

---

하였던 것은 加耶系가 신라 사회에서 차별을 받은 것이 아니라 王位繼承과 관련하여 舍輪系와 銅輪系의 정치적 성향의 차이에서 비롯된 것이라고 할 수 있다.

37) 金瑛河, 1988, 앞의 논문, 20쪽 ; 2002, 앞의 책, 255~256쪽 : 李晶淑, 1995, 앞의 논문, 97쪽 : 조범환, 2000, 『우리 역사의 여왕들』, 책세상, 22쪽.

또 천명부인과 혼인하여 진평왕의 사위가 되었음에도 불구하고 30여년
동안이나 아무런 활동을 하지 않았다는 것은 납득할 수가 없다. 오히려
진평왕 초기의 활동을 통하여 정치적인 역량을 쌓아갔고,[38] 그것을 기
반으로 천명과 혼인하였다고 이해하는 것이 자연스럽다.[39] 그리하여 진
평왕의 사위가 됨으로써 좀 더 확실하고 든든한 정치적 배경을 구축할
수 있었고, 이러한 배경을 바탕으로 이전보다 더욱 활발한 활동을 하였
을 것으로 생각된다.[40] 이와 관련된 기록은 다음과 같다.

> 兵部令은 1인으로, 법흥왕 3년에 처음으로 두고, 진흥왕 5년에 1인을 더
> 하였으며, 태종왕 6년에 또 1인을 더하였다. 官等은 大阿湌에서 太大角干까
> 지로 하였고, 또 宰相·私臣을 겸할 수 있었다.[41]

위의 기록은 『삼국사기』 직관지에 수록되어 있는 兵部令에 대한 내
용이다. 여기에서 병부령의 관등은 大阿湌에서 太大角干까지이며, 宰
相과 私臣을 겸할 수 있었음을 알 수 있다. 이것은 내성사신의 관등과
일치하고 있으며, 따라서 병부령이 내성사신을 겸직하였음을 알 수 있
다.[42] 결국 김용춘은 내성사신으로 임명되기 이전에 이미 병부령이었음
이 유력하다.[43] 그렇다면 김용춘이 병부령이 된 시기는 언제였는지 궁

---

38) 金基興도 김용춘이 진평왕 초기부터 정치적 활동을 하였다고 파악하였다. 그러나
　　内省私臣에 임명되기 전에는 私臣으로서 왕실과 관련된 활동만 한 것으로 이해
　　하고 있다(金基興, 1999, 앞의 논문, 152쪽 ; 2000, 앞의 책, 292쪽).
39) 金杜珍, 1990, 앞의 논문, 23쪽.
40) 金德原, 1999, 앞의 논문, 252쪽.
41) 『三國史記』 권38, 雜志7 職官 上.
42) 申瀅植, 1974, 앞의 논문 ; 1984, 앞의 책, 160쪽 : 李文基, 1984,「新羅時代의
　　兼職制」『大丘史學』26, 14～16쪽.
43) 朴淳敎는 김용춘이 内省私臣이었지만 軍權을 장악한 兵部令은 아니었다고 하
　　였으며(朴淳敎, 1999, 앞의 논문, 57쪽 주 112) 참조), 구효선도 이 견해를 따르고
　　있다(구효선, 2004,「6～8세기 신라 재상의 성격」『韓國史學報』16, 56쪽 주
　　36) 참조).

금하다. 물론 여기에 대한 자료는 없지만 당시의 정황을 통해서 어느 정
도 추정할 수 있을 것이다.

신라는 602년(진평왕 24) 이후에 고구려・백제와 치열한 전쟁을 수행
하고 있었다. 이러한 사실은 圓光法師가 乞師表를 짓는[44] 사실을 통해
서 당시의 위기상황을 알 수가 있다.[45] 隋에 대한 請兵은 이후에도 이어
져서 611년(진평왕 33)에 다시 出師를 청하여 결국 수 煬帝의 허락을 얻
게 되었고, 곧 이어 고구려를 침입하였다.[46] 이렇게 611년 무렵에 치열
하게 전개되었던 고구려・백와의 전쟁이라는 국가적인 위기상황에서 당
시 사륜계의 대표적인 존재였던 김용춘은 병부령으로 활동하면서 고구
려・백제와의 전쟁을 주도하였을 것이다.[47] 그리고 어쩌면 이때부터 金
舒玄으로 대표되는 加耶系와 군사적인 관계를 맺게 되었을 것이다.[48]

김용춘이 내성사신에 임명되기 이전에는 아무런 기록이 없었음에도
불구하고 내성사신으로 임명되었을 때 관등이 伊湌이었다는 사실은 그
이전부터 활동하고 있었음을 의미하는 것이다. 이와 관련된 기록은 다음
과 같다.

B-1. 51년 8월에 大將軍 (金)龍春・(金)舒玄과 副將軍 (金)庾信을 보내어

---

44) 『三國史記』 권4, 新羅本紀4 眞平王 30년.
45) 『三國史記』 列傳에 수록되어 있는 인물들 가운데 진평왕대에 고구려・백제와의
　　전쟁에서 전사한 사람들이 집중된 것에서도 당시 신라의 사정을 알 수 있을 것이
　　다. 姜鍾薰은 圓光의 乞師表 작성은 6세기 후반부터 고구려의 군사적 압박이 신
　　라에 강하게 미쳤음을 뜻하고, 이 과정에서 신라가 많은 영토를 도로 빼앗긴 가능
　　성을 상정하였다(姜鍾薰, 2004, 「7세기 삼국통일전쟁과 신라의 군사활동 - 660년
　　이전 對高句麗戰을 중심으로 -」 『新羅文化』 24, 226쪽).
46) 물론 신라의 請兵으로 隋가 고구려를 침입하였다는 의미는 아니다.
47) 金龍春의 군사적인 활동은 이미 花郞이었을 때부터의 경험이 토대가 되었으며,
　　이후 629년(진평왕 51)의 娘臂城 전투까지 이어졌을 것이다.
48) 이와 관련하여 金舒玄이 良州 總管이 되어 여러 번 백제와의 싸움에서 승리하였
　　다는 기록이 주목된다(『三國史記』 권43, 列傳3 金庾信傳 下 참조).

고구려의 娘臂城을 침공하였다. 고구려인이 성에서 나와 陣을 벌이니 軍勢가 매우 盛하였다. 我軍이 이를 바라보고 두려워하여 더욱 싸울 마음을 먹지 않자, (김)유신이 말하기를 "내 들으니 옷깃을 떨쳐야 옷이 반듯하고 벼리를 들어야 그물이 퍼진다 하니, 나야말로 벼리와 옷깃이다" 하고, 말에 올라앉아 칼을 빼어들고 적진으로 곧장 달려 세 번 들어갔다가 세 번 도로 나왔다. 들어갈 때마다 혹은 敵將을 베고 혹은 敵旗를 뺏어 오자, 모든 군사들이 乘勝하여 북을 치고 고함을 지르며 진격하여 5천여 급을 斬殺하자 그 城이 드디어 항복하였다.[49]

2. 建福 46년 己丑 8월에 왕이 伊湌 任永里, 波珍湌 (金)龍春·白龍, 蘇判 大因·(金)舒玄 등을 시켜 군사를 거느리고 고구려의 娘臂城을 공격하였다. 고구려의 군사들이 나와 逆擊하자 우리편이 불리하여 죽는 자가 많고, 사기가 꺾여 다시 싸울 마음이 없었다. (김)유신이 이때 中幢幢主로 있었는데, 아버지 앞에 나아가 투구를 벗고 말하기를 "(지금) 우리 군사가 패하였습니다. 내가 평생에 忠孝로써 기약하였으니, 싸움에 당하여 용맹하지 않을 수 없습니다. 들은즉 옷깃을 들면 갖옷이 바로 되고, 벼리를 당기면 그물이 펼쳐진다 하니, 내가 벼리와 옷깃이 되겠습니다" 하고 말에 올라 칼을 빼어들고 참호를 뛰어넘어 적진에 들락날락하면서 (적의) 목을 베고 그 머리를 들고 돌아왔다. 우리 군사들이 보고, 이기는 기세를 타서 奮擊하여 (적) 5천여 명을 죽이고 1천명을 사로잡자, 城中이 크게 두려워하여 감히 항거하지 못하고 모두 나와 항복하였다.[50]

위의 기록은 629년(진평왕 51)에 고구려의 娘臂城 전투에[51] 대한 내용이다. 여기서 주목되는 것은 사료 B-1에는 김용춘의 관등이 伊湌으로 되어 있는 반면에, B-2에는 波珍湌으로 기록되어 있다는 사실이다. 사료 B-2를 토대로 진평왕 51년까지 김용춘의 관등은 波珍湌이었기 때문에 내성사신으로 임명된 622년(진평왕 44)에도 파진찬이었다는 견해가 있

---

49) 『三國史記』 권4, 新羅本紀4 眞平王 51년 8월.
50) 『三國史記』 권41, 列傳1 金庾信 上.
51) 姜鍾薰은 娘臂城 전투는 백제를 상대로 한 것이었는데, 김유신의 무공에 관한 이야기가 전승되는 과정에서 후대에 고구려로 왜곡되었다고 하였다(姜鍾薰, 2004, 앞의 논문, 231~232쪽).

다.52) 그러나 위의 기록은 오히려 내성사신에 임명되기 이전의 김용춘의 활동 사실을 알려주고 있는 것이라고 생각된다. 즉 내성사신에 임명되기 이전에 김용춘이 파진찬으로 활동하였던 사실이 김유신 열전에 기록된 것으로 보인다. 왜냐하면 김용춘의 관등이 다르게 기록된 것은『삼국사기』신라본기와 김유신 열전이 서로 다른 자료를 인용하였기 때문일 것이다. 그리고 629년에는 이미 김용춘의 정치적 위상이 상당히 높았을 것인데, 오히려 金舒玄이 蘇判으로 기록되어 있어 그보다 관등이 낮았다고는 생각되지 않기 때문이다.53)

　그러면 김용춘이 波珍湌의 관등을 가지고 활동하던 시기는 언제였는지 궁금하다. 이와 관련하여 내성의 장관 직명이 私臣이라는 것이 주목된다. 私臣이 私大等으로 의역될 수 있으므로54) 사대등은 大等에서 분화된 직명이라고 할 수 있다.55) 따라서 사대등은 대등의 집단에서 취임하는 관직이었다.56) 그러므로 김용춘은 사대등 즉 사신에 임명되기 이전부터 대등으로 활동하였던 사실을 알 수 있다.

　이와 같이 김용춘이 진평왕 초기부터 정치적인 활동을 하여 대등이 되었다면, 파진찬이라는 김용춘의 관등은 어쩌면 병부령이 되기 이전에 대등으로 활동하던 시기의 관등이 아니었을까 생각된다. 이와 같은 견해가 어느 정도 타당하다면 김용춘은 파진찬의 관등을 가지고 대등으로 활

---

52) 朴海鉉, 1988, 앞의 논문, 13~14쪽.
53) 申瀅植은 진평왕 51년에 龍春이 병부령으로 大將軍이 되어 출정하였고(申瀅植, 1974, 앞의 논문 ; 1984, 앞의 책, 158쪽 주 29) 참조), 이러한 兵權을 기반으로 진평왕과 은연중 대립이 격화되었다고 하였다(申瀅植, 1977,「武烈王系의 成立과 活動」『韓國史論叢』2 ; 1984, 앞의 책, 114~115쪽).
54) 今西龍, 1933,「新羅眞興王巡狩管境碑考」『新羅史硏究』, 近澤書店, 477쪽.
55) 木村誠, 1976,「新羅郡縣制の確立過程と村主制」『朝鮮史硏究會論文集』13, 18쪽 ; 2004,『古代朝鮮の國家と社會』, 吉川弘文館, 53쪽.
56) 李文基, 1983,「新羅 中古의 國王近侍集團」『歷史敎育論集』5, 84쪽 : 李晶淑, 1986,「新羅 眞平王代의 政治的 性格－所謂 專制王權의 成立과 關聯하여－」『韓國史硏究』52, 19쪽.

동하다가 611년(진평왕 33) 무렵에 이찬이 되면서 병부령이 되었고, 622
년(진평왕 44)에는 내성사신을 겸하게 되었던 것이다.

결국 이러한 사실은 김용춘이 진평왕 초기부터 정치적으로 활동하였
기 때문에 兵部令과 內省私臣이 될 수 있었던 것을 의미하는 것이다.[57]
따라서 그 동안에 김용춘이 내성사신에 취임하기 이전의 기록이 없다는
사실을 가지고 天明夫人과 혼인한 이후에도 별다른 정치적 활동이 없었
다는 견해는[58] 재검토 되어야 할 것이다.

娘臂城 전투에서 주목되는 다른 하나는 사륜계와 긴밀하게 연결된
加耶系에 대한 문제이다. 가야계는 낭비성 전투에서의 활약으로 사륜계
와 더욱 긴밀한 유대를 맺으면서 중요한 세력으로 성장하게 되었다. 특
히 이 전투에서 큰 활약을 하였던 김유신은 이후 삼국을 통일하는 과정
에서도 중추적인 역할을 수행하여 신라의 군사적인 면을 대표하는 존재
로 인식되었다. 이러한 김유신의 활동과 관련해서도 그 동안에는 낭비성
전투 이전에는 아무런 활동을 하지 않았던 것으로 이해하였다. 그러나
기록을 통해서 적어도 김유신은 화랑이 되면서부터 활동하기 시작하였
음을 알 수 있다. 이와 관련된 기록은 다음과 같다.

C-1. 公의 나이 15세에 花郞이 되었는데, 당시 사람들이 洽然히 복종하였으

---

57) 한편 朴淳敎는 김용춘은 일찍부터 花郞으로 활약하였고, 또한 執事로서의 활동
    을 바탕으로 內省私臣에 임명되었다고 하여 내성사신에 임명되기 이전부터 활발
    하게 활동한 것으로 보았다. 그러나 이와 같은 활동에도 불구하고 김용춘이 진평
    왕대 후반의 정국을 주도할 만큼의 정치세력으로 부상하지 않았으며, 내성사신도
    왕에 의해 강제적으로 임명되는 관직이었을 것이라고 하였다. 또한 김용춘이 내
    성사신으로 임명된 것은 왕권에 위험스럽지 않은 존재였기 때문에 가능하였으며,
    이후 선덕왕이 즉위하는 과정에서도 결정적인 영향력을 행사하지 못하였다고 파
    악하였다(朴淳敎, 1999, 앞의 논문). 이러한 견해는 김용춘이 진평왕 초기부터 활
    동하였음을 인정하면서도 그의 역할이 크지 않았다고 이해한 것이다.
58) 金瑛河, 1988, 앞의 논문, 20쪽 ; 2002, 앞의 책, 255~256쪽 : 李晶淑, 1995,
    앞의 논문, 97쪽 : 조범환, 2000, 앞의 책, 22쪽.

며, (郎徒들을) 龍華香徒라고 일컬었다. 진평왕 建福 28년 辛未에 공의
나이 17세였는데, 고구려·백제·말갈이 국경을 침범하는 것을 보고 慷
慨하여 寇賊을 평정할 뜻을 품었다. (그래서) 혼자 中嶽 石窟에 들어가
齋戒하고 하늘에 고하여 맹세하기를 "적국이 無道하여 豺狼과 호랑이
가 되어 우리 강역을 침략하여 거의 평안한 해가 없습니다. 나는 한낱
미약한 신하로서 재주와 힘을 헤아리지 않고, 뜻을 禍亂掃淸에 두고 있
사오니 上天은 下監하시어 나에게 手段을 빌려주십시오"라고 하였다.
거기에 있은 지 4일에 문득 한 노인이 褐衣를 입고 와서 말하기를 "이
곳에는 毒蟲과 猛獸가 많아 무서운 곳인데, 貴少年이 여기에 와서 혼자
거처하니 어쩐 일인가?"라고 하였다. (김유신이) 대답하기를 "어른께서
는 어디서 오셨습니까? 尊名을 알려 주실 수 있겠습니까?"라고 하니, 노
인이 "나는 일정한 주소가 없이 인연을 따라 행동을 하는데, 이름은 難
勝이라고 한다"고 하였다. … 공이 눈물을 흘리며 간청하여 6~7차까지
마지않으니 그제야 노인은 "그대는 아직 어린데 삼국을 병합할 마음을
가졌으니 장한 일이 아닌가?"라 하고, 이에 秘法을 전하면서 "조심해서
함부로 전하지 말라! 만일 不義한 일에 쓴다면 도리어 재앙을 받을 것이
다"라고 하였다. …
建福 29년에 이웃의 賊兵이 점점 迫到하니, 공은 더욱 비장한 마음을
激動하여 혼자서 寶劍을 들고 咽薄山 깊은 골짜기 속으로 들어가서 향
을 피우며 하늘에 고하고 祈願하기를 마치 中嶽에서 맹세하듯이 빌었
더니, 天官神이 빛을 내리어 寶劍에 靈氣를 주었다. 3일 되는 밤에 虛
宿·角宿 두 별의 뻗친 빛이 환하게 내려 닿으니, 검이 動搖하는 것 같
았다.[59]

2. 나이 18세가 되는 壬申年에 劍術을 익혀서 國仙이 되었다. 이때 白石
   이란 자가 있었는데, 어디서 왔는지 알 수는 없었지만 여러 해 동안 郎
   徒들의 무리에 소속되어 있었다. 이때 (김)유신은 고구려와 백제 두 나
   라를 치려고 밤낮으로 깊이 의논하고 있었다. 백석이 그 계획을 알고
   (김)유신에게 말하기를 "내가 공과 함께 먼저 저들 적국에 가서 그들의
   실정을 정탐한 뒤에 일을 도모하는 것이 어떻겠습니까?"라고 하였다.
   (김)유신은 기뻐하여 친히 백석을 데리고 밤에 떠났다. … 공은 곧 백석
   을 죽이고 음식을 갖추어 三神에게 제사를 지내니, 모두 現身해서 제물
   을 흠향하였다.[60]

---

59) 『三國史記』 권41, 列傳1 金庾信 上.
60) 『三國遺事』 권1, 紀異1 金庾信.

위의 기록은 김유신이 娘臂城 전투에 참가하기 이전에 花郎으로 활동하였던 내용이다. 위의 기록에서 김유신은 이미 17~18세에 고구려와 백제의 침입으로 신라가 위기에 처하게 되자 삼국을 병합할 뜻을 가지고 수련을 하였다는 사실을 알 수 있다. 또한 당시의 사람들이 김유신의 郎徒들을 龍華香徒라고 불렀다는 사실은 그만큼 특별하게 여기고 많은 기대를 하고 있었음을 의미하는 것이다. 더욱이 C-2에서는 그러한 뜻을 실행에 옮기기 위해서 밤낮으로 깊이 의논하였고, 직접 적국에 가서 내부 실정을 정탐하려고까지 하였다. 이러한 김유신이 낭비성 전투에 참가하였던 629년(진평왕 51)까지 약 18년 동안에 아무런 활동을 하지 않았다고는 생각할 수 없다.

김유신이 17~18세가 되던 때는 611년(진평왕 33)과 612년이었다. 당시 신라는 고구려의 침입을 받아 어려운 상황에 직면하였고, 진평왕은 이러한 상황을 타개하기 위하여 608년(진평왕 30)에 圓光法師로 하여금 隋의 군사를 청하기 위하여 乞師表를 짓게 하였다.[61] 이러한 상황에서 화랑이었던 김유신이 아무런 활동을 하지 않았다는 것은 이해하기 어렵다. 이미 562년(진흥왕 23)에 加耶를 정복하는 과정에서 활약하였던 斯多含이나 또한 660년(무열왕 7)에 백제를 멸망시키는 과정에서 활약하였던 官昌 등은 모두 16세의 나이에 전쟁에 참가하였다. 그리고 화랑은 아니지만 『삼국사기』 열전에 수록되어 있는 貴山·箒項·讚德·奚論·訥催 등 같은 시기에 많은 사람들이 목숨을 걸고 싸웠던 기록과도 커다란 차이가 난다. 더욱이 김유신은 難勝으로부터 秘法을 전수 받았고, 또한 寶劍에 虛宿과 角宿의 靈氣까지 받았다. 이러한 정황으로 미루어 김유신은 화랑으로서 전쟁에 참가하는 등 여러 가지 활동을 하였을 것으로 생각하는 것이 자연스럽다.

김유신이 화랑으로서 활동을 하였음에도 불구하고 기록에 나타나지

---

61) 『三國史記』 권4, 新羅本紀4 眞平王 30년.

않았던 것은 그의 수행과정에서 알 수 있듯이 神異한 내용이 많았기 때
문이었을 것이다. 김유신에 대한 전기는 玄孫인 金長淸이 그의 『行錄』
10권을 지어 세상에 전하였는데, 여기에는 낭비성 전투 이전에 김유신이
화랑으로 활동하였던 것에 대해서 기록되어 있었을 것으로 추정된다. 그
런데 이 내용은 『삼국사기』의 撰者가 언급하였듯이 '頗多釀辭 故刪落
之 其可書者爲之傳'하였기[62] 때문에 기록으로 남기기에는 적절하지 못
하였을 것이다. 따라서 『삼국사기』에 김유신의 열전을 수록하면서 儒敎
的 合理主義 理念에 의해서 신이한 내용은 삭제하였을 것이다.

이와 같이 김유신은 629년(진평왕 51)에 낭비성 전투에 참가하기 이
전부터 화랑으로 활동하면서 군사적인 면에서 활약하였을 것이다. 그리
고 그러한 경험을 바탕으로 낭비성 전투에 참가하여 큰 활약을 하였고,
이후 군사적인 면을 대표하는 인물로 활동하면서 신라의 통일전쟁을 주
도하였다.

제2절 金龍春의 생애 복원

고대사의 대부분이 그러하듯이 김용춘에 대한 기록도 대단히 부족
하여 그의 생애 전반에 대한 것은 고사하고, 生沒年에 대해서도 정확
하게 알 수가 없다. 따라서 김용춘의 생애를 살펴보기 위해서는 그와
혈연관계에 있는 진흥왕과 진지왕 그리고 김춘추의 기록을 비교하며
서로 유기적으로 연결시켜야 할 것이다. 또한 이들의 연령을 추정하는
것도 하나의 방법이 될 수 있다. 왜냐하면 연령을 추정하는 방법론은
그 동안 선입견에 의해 간과되어 왔던 여러 가지 피상적인 문제들을
현실적이고 실질적으로 이해하는데 많은 도움을 줄 수 있을 것으로 생

---

62) 『三國史記』 권43, 列傳3 金庾信 下.

각되기 때문이다.

김용춘이 언제 태어났는가를 알기 위해서는 우선 그의 祖父인 진흥왕
과 父인 진지왕이 언제 태어났는지를 살펴보아야 할 것이다.[63] 왜냐하
면 그들의 연령 추정을 통해서 대강의 시기를 알 수 있기 때문이다. 먼
저 진흥왕의 출생에 대한 기록은 다음과 같다.

> D-1. 진흥왕이 즉위하니 諱는 彡麥宗(또는 深麥夫)이고, 그때 나이는 7세이
> 며, 법흥왕의 아우인 葛文王 立宗의 아들이다. 母夫人은 金氏, 법흥왕
> 의 딸이요, 妃는 朴氏 思道夫人이다. 왕이 幼少하므로 王太后가 攝政
> 하였다.[64]
>
> 2. 제24대 진흥왕은 왕위에 올랐을 때, 나이 15세이므로 太后가 攝政하였
> 다. 태후는 법흥왕의 딸로서 立宗葛文王의 妃였다.[65]

위의 기록은 진흥왕의 즉위에 대한 『삼국사기』와 『삼국유사』의 내용
이다. 진흥왕은 법흥왕의 조카로 父는 법흥왕의 동생인 立宗葛文王이
고, 母는 법흥왕의 딸인 只召夫人이다. 법흥왕이 후사가 없이 죽자 그의
뒤를 이어 왕위에 올랐다. 그런데 사료 D에 의하면 진흥왕이 즉위하였
을 때의 나이를 7세와 15세로 기록하고 있어서 시간적으로 약 8년의 차
이를 보이고 있다. 이러한 기록의 相異함으로 인하여 진흥왕이 즉위하
였을 때의 연령을 크게 7세설과 15세설로 나누어 파악하고 있다. 그러나
삼국시대에는 대체로 15세가 되면 成人으로 간주하였던 것으로 보인다.
이것은 15세 정도가 되면 남녀의 혼인이 가능하였고, 賦役에도 동원되
었으며, 또한 화랑이 되어 전쟁에도 참여하고 있는 사실을 통해서 어느
정도 확인할 수 있다. 따라서 신라에서도 15세 정도가 되면 성인으로서
사회적인 활동을 하였을 것으로 추정된다.

---

63) 진흥왕과 진지왕의 연령에 대한 것은 제1장 제1절 참조.
64) 『三國史記』권4, 新羅本紀4 眞興王 즉위년.
65) 『三國遺事』권1, 紀異1 眞興王.

이러한 사실을 통해서 진흥왕은 15세보다는 7세에 즉위한 것으로 이해 할 수 있다. 그렇다면 진흥왕은 534년(법흥왕 21)에 태어났으며, 7세인 540년에 즉위한 이후에 왕태후가 攝政하다가 18세인 551년(진흥왕 12)에 開國이라는 年號를 사용하며 親政을 실시하였음을 알 수 있다.

다음은 진지왕의 출생에 대한 문제이다. 진지왕이 태어난 시기도 기록이 없어서 알 수가 없다. 그러나 진지왕의 형인 銅輪의 기록을 통해서 어느 정도 추정할 수 있는데, 이와 관련된 기록은 다음과 같다.

E-1. 왕자 銅輪을 세워 王太子로 하였다.[66]

2. 3월 王太子 銅輪이 卒하였다.[67]

위의 기록은 진흥왕의 장남인 동륜이 太子가 되었다가 얼마 후에 죽었다는 내용이다. 위의 기록을 통해서는 동륜이 언제 태어났는지 알 수가 없다. 그러나 진흥왕이 18세가 되는 551년에 親政과 더불어 혼인하였다면, 장남인 동륜은 552년(진흥왕 13) 무렵에 태어났을 것으로 추정된다. 그리고 보통 형제의 나이를 2살 차이라고 한다면, 차남인 진지왕은 554년(진흥왕 15)년 무렵에 태어났을 것으로 보인다. 이와 같은 추정이 어느 정도 타당하다면 장남인 동륜은 15세가 되던 566년(진흥왕 27)에 태자가 되었고, 21세가 되던 572년(진흥왕 33)에 죽은 것이 된다. 그리고 진지왕은 형인 동륜이 태자가 되었을 때에는 13세였고, 동륜이 죽었을 때에는 19세 정도였을 것이다.

위에서 살펴본 바와 같이 진지왕은 554년(진흥왕 15) 무렵에 태어난 것으로 추정된다. 진지왕의 이름은 舍輪(金輪)으로 진흥왕의 次子이다. 그는 진흥왕의 長子이며, 자신의 형인 태자 동륜이 일찍 죽었기 때문

---

66) 『三國史記』 권4, 新羅本紀4 眞興王 27년 봄 2월.

67) 『三國史記』 권4, 新羅本紀4 眞興王 33년 3월.

에[68] 진흥왕의 뒤를 이어 즉위하였다.

이러한 진지왕이 재위 4년만에 '政亂荒婬'이라는 이유로 폐위되었고, 얼마 후에 죽었다. 따라서 진지왕의 아들인 김용춘은 진지왕이 죽기 전인 578년 이전에 출생하여야 한다. 진지왕의 후사에 대한 기록이 『삼국유사』에 수록되어 있는데, 그 기록은 다음과 같다.

제25대 舍輪王의 諡號는 眞智大王으로 姓은 金氏이다. 王妃는 起烏公의 딸인 知刀夫人이다. 大建 8년 丙申에 王位에 올랐다. 나라를 다스린 지 4년에 정사가 어지럽고 음란하므로 國人이 폐위하였다.

이보다 먼저 沙梁部의 어떤 民家의 여자 하나가 얼굴이 곱고 아름다워 당시 사람들이 桃花娘이라 불렀다. (진지)왕이 이 소문을 듣고 궁중으로 불러들여 욕심을 채우고자 하니, 桃花女가 말하기를 "여자가 지키는 바는 두 남편을 섬기지 못하는 것이니, 남편이 있음에도 다른 데로 가게 한다면, 이는 비록 萬乘의 위엄으로도 빼앗을 수 없는 것입니다"라고 하였다. (진지)왕이 이르기를 "너를 죽이겠다면 어떻게 하겠느냐?"고 하니, 여자가 다시 말하기를 "차라리 거리에서 죽음을 당할지언정 먹은 마음을 달리 할 수가 없습니다"라고 하였다. (진지)왕이 희롱하여 말하기를 "남편이 없으면 가능하겠느냐?"고 하니, "되겠습니다"라고 하였다. (진지)왕이 (여자를) 돌려보내 주었다.

이 해에 (진지)왕은 폐위되고 崩하였다. 그 후 2년에 桃花娘의 남편도 또한 죽었다. 10일이 지난 어느 날 밤중에 갑자기 (진지)왕은 平常과 같이 여인의 방에 들어와 말하기를 "네가 옛날에 허락하였으니, 이제 너의 남편이 없음으로 되겠느냐?"고 하였다. 여자가 경솔히 허락할 수 없어서 부모에게 얘기하였더니, 부모는 "君王의 敎를 어찌 피할 수 있겠느냐!"고 하면서 방으로 들여보냈다. (진지)왕이 7일 동안 머물렀는데, 항상 五色 구름이 집을 덮었고, 향기는 방안에 가득하였다. 7일 뒤에 (진지)왕이 갑자기 사라졌고, 그 여자는 이내 태기가 있었다. 만삭이 되어 해산하려고 할 때 천지가 진동하였는데, 사내아이를 낳으니 이름을 鼻荊이라 하였다.[69]

---

68) 『三國史記』권4, 新羅本紀4 眞興王 33년 3월 ; 同 권4, 新羅本紀4 眞智王 즉위년.

69) 『三國遺事』권1, 紀異1 桃花女·鼻荊郞.

위의 기록은 진지왕이 폐위되어 죽은 후 2년이 지난 뒤에 桃花女와의 사이에서 鼻荊이라는 아들이 태어났다는 내용이다.[70] 따라서 『삼국유사』의 기록에 의하면 비형은 진지왕이 죽은 후 2년이 지나서 태어났기 때문에 그가 태어난 것은 580년(진평왕 2)이 된다.

그동안 비형은 김용춘으로 상징되는 인물로 생각하였다.[71] 그러나 최근에는 좀 더 적극적으로 해석하여 비형이 곧 김용춘이라는 견해가 제기되었다.[72] 이에 따르면 비형 곧 김용춘은 진지왕이 폐위되어 죽은 후에 태어난 遺腹子라고 한다.[73] 그렇다면 비형 곧 김용춘이 태어난 시기는 579년(진평왕 즉위년)이 된다. 다만 비형이 곧 김용춘이라는 이 비형랑은 비형 즉 김용춘이 진지왕 사후에 출생한 사실을 전하는 것은 아니라고 생각된다.

그러면 진지왕의 아들인 김용춘은 언제 태어났는지 궁금하다. 진지왕이 554년(진흥왕 15)에 태어난 것으로 추정됨으로 김용춘은 늦어도 574년(진흥왕 35) 무렵에 태어났을 것으로 보인다. 진흥왕이 轉輪聖王을 자처하여 아들의 이름을 銅輪과 舍輪(金輪)으로 지었다면,[74] 비록 사륜은 차자이기지만 형인 동륜과 비슷한 대우를 받았을 것이다.[75] 따라서 진지왕의 형인 동륜이 15세에 태자가 되면서 혼인을 하였다면, 진지왕인 사륜도 15세가 되는 570년(진흥왕 31) 무렵에 혼인하였을 것이다.[76] 더

---

70) 鼻荊이 金龍春으로 상징되는 인물이거나 아니면 비형이 곧 김용춘이라면 진지왕의 아들은 한 명이 되지만, 비형과 김용춘이 별개의 인물이라면 진지왕의 아들은 비형과 김용춘 즉 2명이 된다.

71) 金杜珍, 1990, 앞의 논문, 22쪽 : 李昊榮, 1997, 앞의 책, 83쪽.

72) 朴淳敎, 1999, 앞의 논문 : 金基興, 1999, 앞의 논문 ; 2000, 앞의 책.
    筆者도 鼻荊郎이 곧 金龍春이라고 생각한다. 따라서 비형과 김용춘의 이름을 그 때의 상황에 따라 혼용하여 사용하였다.

73) 金基興, 1999, 앞의 논문, 141쪽 ; 2000, 앞의 책, 283쪽.

74) 朴淳敎, 1998, 「善德王代 政治運營과 毗曇의 亂－선덕 16년간의 對內外政을 중심으로－」 『淸溪史學』 14, 42쪽, 주 98) 참조.

75) 金德原, 2000, 「金龍春의 生涯와 活動」 『明知史論』 11·12, 151쪽.

구나 진지왕의 妃로 知刀夫人(知道夫人)이[77] 기록되어 있기 때문에 진지왕이 즉위하기 이전에 이미 혼인하였을 가능성은 더욱 커진다.[78] 결국 김용춘은 적어도 진지왕이 20세 전후가 되는 571년부터 574년 사이에 태어난 것으로 추정된다.

김용춘이 진지왕의 유복자로 태어났다면, 김용춘은 579년(진평왕 즉위년)에 태어난 것이 된다.[79] 그러나 이것은 진지왕의 형인 동륜과 비교하면 많은 차이가 난다. 왜냐하면 진지왕이 폐위되어 죽었을 때는 적어도 26세 정도였을 것으로 추정되기 때문이다.[80] 즉 동륜은 21세 정도에 죽었는데, 이때 이미 그에게는 白淨·伯飯·國飯 등 아들이 세 명이나 있었다. 그런데 진지왕은 26세 정도에 죽었을 때 유복자로 아들 한 명이 있었다는 것은 어딘지 모르게 동륜과 비교되는 면이 있다. 또한 김용춘의 아들인 김춘추가 태어난 시기를 기준으로 김용춘이 태어난 시기를 추정하는데,[81] 이것 역시 한계가 있다. 왜냐하면 김용춘은 진지왕과 같은

---

76) 舍輪이 15세 정도에 혼인하지 않았다면, 적어도 19세가 되던 572년(진흥왕 33) 무렵에는 혼인하였을 것으로 추정된다. 왜냐하면 이때에 형인 太子 銅輪이 죽었기 때문에 진흥왕은 나이 어린 손자인 白淨보다는 성인이 되어 어느 정도 정치적인 경륜을 가진 舍輪에게 기대하였을 것으로 생각되기 때문이다. 따라서 김용춘은 늦어도 574년 무렵에는 태어났을 것이다.

77) 『三國遺事』권1, 紀異1 桃花女·鼻荊郎 ; 『三國史記』권4, 新羅本紀4 眞智王 즉위년.

78) 金基興도 진지왕이 成年으로서 혼인한 상태에서 왕위에 올랐다고 하였다(金基興, 1999, 앞의 논문, 140쪽 ; 2000, 앞의 책, 282쪽). 진지왕이 성년으로서 혼인한 상태에서 왕위에 올랐다면 후사가 있었을 가능성이 있다. 이것은 그만큼 김용춘이 태어난 시기도 진지왕의 死後 즉 遺腹子가 아닐 가능성이 더 크다는 것을 의미한다. 따라서 김용춘이 태어난 시기는 조금 더 올라간다고 할 수 있다.

79) 金基興, 1999, 앞의 논문, 142쪽 ; 2000, 앞의 책, 289쪽. 김용춘이 태어난 시기에 대한 차이는 결국 당시의 상황을 중요하게 인식하느냐, 아니면 『삼국유사』의 기록을 우선으로 하느냐의 차이에서 비롯된다고 할 수 있다.

80) 진지왕은 554년(진흥왕 15) 무렵에 태어났을 것으로 보이기 때문에 진흥왕이 죽은 576년에는 23세 정도였을 것으로 추정된다. 따라서 진지왕이 재위 4년 만인 579년에는 적어도 26세 정도였을 것이다.

대우를 받지 못하였을 것으로 생각되기 때문이다. 즉 김춘추가 604년(진평왕 26)에 태어난 것은 김용춘이 적어도 603년 무렵에 혼인하였음을 알려준다. 아마도 폐위된 진지왕의 아들인 김용춘이 처한 당시의 상황이 진지왕보다는 일정한 한계가 있었을 것이다.

이와 같이 『삼국유사』의 도화녀·비형랑 설화는 비형 곧 김용춘이 진지왕의 유복자로 태어난 사실을 전하는 것이 아니다. 이 설화는 폐위된 진지왕의 후손인 김춘추가 왕위에 즉위한 후에 그러한 기반을 마련하였던 김용춘의 활동을 좀 더 극적으로 꾸며낸 것이 아닌가 한다.

이러한 사실은 김용춘의 母에 대해서 살펴보아도 알 수 있다. 진지왕의 妃로 知刀夫人(知道夫人)이 기록되어 있으므로 김용춘의 모가 지도부인임을 알 수 있다. 지도부인은 起烏公의 딸이며 朴氏라고 한다.[82] 일반적으로 왕비의 父는 葛文王의 칭호를 사용하고 있으나[83] 기오공은 갈문왕의 칭호를 사용하지 않고 있다. 그러나 그의 딸인 지도부인이 왕비가 될 정도의 신분이었다면, 기오공은 적어도 진골귀족이라고 할 수 있다.[84]

그런데 비형이 곧 김용춘이라고 한다면, 김용춘의 모는 비형의 모인 도화녀가 된다. 도화녀가 비록 '沙梁部 庶女'라고 기록되었지만 그녀는 적어도 진골귀족이었을 것으로 추정된다.[85] 따라서 비형의 모인 도화녀는 곧 김용춘의 모이며, 진지왕의 비인 지도부인이라고 할 수 있다.[86] 왜냐하면 도화녀가 '사량부 서녀'라고 기록되었고, 沙梁部는 梁部와 함

---

81) 金基興, 1999, 앞의 논문, 149쪽 주 22) 참조 ; 2000, 앞의 책, 289쪽.

82) 『三國遺事』 권1, 王曆1 眞智王.

83) 李基白, 1973, 「新羅時代의 葛文王」 『歷史學報』 58 ; 1974, 『新羅政治社會史研究』, 一潮閣, 10쪽.

84) 金基興, 1999, 앞의 논문, 138쪽 ; 2000, 앞의 책, 187쪽.

85) 金基興, 1999, 앞의 논문, 139~140쪽 ; 2000, 앞의 책, 281~283쪽.

86) 金基興은 桃花女와 知刀夫人(知道夫人)을 별개의 인물로 파악하였다(金基興, 1999, 앞의 논문, 140쪽 ; 2000, 앞의 책, 282~283쪽).

께 신라의 중요한 정치세력이었기 때문이다.

이와 같이 지도부인은 남편인 진지왕이 폐위되면서 出宮당하였기 때문에 '사량부 서녀'라고 표현되었을 것이다.[87] 따라서 김용춘을 비형이라 하고, 또 지도부인을 도화녀라고 표현하였던 것은 모두 진지왕의 폐위와 죽음이 원인으로 작용하였기 때문이었을 것이다. 그리하여 도화녀·비형랑 설화는 폐위된 진지왕의 후손들이 다시 왕위를 되찾은 후에 당시의 신라인들에 의해서 극적인 이야기로 꾸며져 설화로서 전해지게 되었다.

진지왕의 폐위와 죽음 이후 김용춘이 어떻게 성장하였는지에 관해서 어느 정도 알 수 있는 기록이 있어서 주목되는데, 그 기록은 다음과 같다.

眞平大王이 그 이상한 소문을 듣고 鼻荊을 거두어 宮中에서 길렀다. 15세가 되어 執事를 시켰는데, 매일 밤만 되면 멀리 달아나 노는 지라, 王이 勇士 50명을 시켜 그를 지키게 하였다. (그는) 매번 月城을 넘어 서쪽의 荒川岸上(京城 서쪽에 있다)에 가서 귀신의 무리들을 이끌고 놀았다. 용사들이 숲 속에 엎드려 살펴보았는데, 귀신의 무리들이 여러 寺院에서 새벽을 알리는 종소리를 듣고 각자 흩어지니, 鼻荊郞도 역시 돌아왔다. 군사들이 이러한 사실을 아뢰니, (진지)왕이 비형을 불러 묻기를 "네가 귀신을 데리고 논다하니 정말이냐?"고 하니, 비형랑이 "네! 그렇습니다"라고 하였다. (진평)왕이 "그렇다면 네가 귀신의 무리들을 부려 神元寺 북쪽 개천(혹은 神衆寺라 하나 잘못이다. 또는 荒川 동쪽의 깊은 개천이라 한다)에 다리를 놓아라!"고 하였다. 비형이 朝勅을 받들어 귀신의 무리를 이끌고 돌을 갈아서 하룻밤 사이에 다리를 놓았다. 그러므로 鬼橋라고 이름하였다.
   (진평)왕이 또 묻기를 "귀신의 무리 중에 인간으로 출현하여 朝政을 도울 만한 자가 있느냐?"고 하자 말하기를 "吉達이 있는데, 가히 國政을 도울만 합니다"라고 하였다. (진평)왕이 "데려 오라!"고 하였다. 그 다음날에 (그가) 비형과 같이 와서 뵈므로 執事 벼슬을 시켰더니, 과연 忠直하기가 둘도 없었

---

87) 이와 관련하여 비록 후대의 기록이지만, 景德王이 三毛夫人을 廢黜하고 '沙梁夫人'에 봉하였다는 사실은(『三國遺事』 권2, 紀異2 景德王·忠談師·表訓大德) 示唆하는 바가 크다.

다. 이때 角干 林宗이 아들이 없자 (진평)왕이 朝勅으로 (길달을) 아들로 삼
게 하였다. 임종이 길달에게 命하여 興輪寺 남쪽의 樓門을 짓게 하였더니,
매일 밤 길달이 그 문 위에서 宿居함으로 吉達門이라 하였다. 하루는 길달이
여우로 변하여 도망가므로 비형이 鬼神을 시켜 그를 잡아 죽였다. 따라서 귀
신의 무리들이 비형의 이름만 들어도 두려워하여 달아났다.[88]

위의 기록은 도화녀·비형랑 설화의 후반부의 내용이다. 이 기록에
의하면 비형이 태어난 후에 진평왕이 거두어 궁중에서 길렀다고 한다.
그러나 위의 기록처럼 비형이 태어나면서 바로 궁중으로 들어갔는지, 아
니면 어느 정도 시간이 지난 후인지는 정확하게 알 수가 없다.[89] 그러나
진지왕이 폐위되는 579년에 김용춘은 6세에서 9세 즉 10세 미만이었을
것으로 추정된다. 따라서 적어도 김용춘이 어린 나이에 궁중에서 자랐다
는 사실만은 확실하다고 할 수 있다.[90]

폐위된 前王의 아들로 궁중에서 자란 김용춘은 비교적 순탄하게 성장
하였을 것으로 보인다. 그것은 '鼻荊'이라는 상징적인 이름을 통해서도
알 수 있다. 즉 당시의 신라인들은 '聖帝'의 아들인 김용춘에 대해서 남
다른 관심과 애정을 가지고 있었기 때문에 여러 가지 의미를 함축하고
있는 '비형'이라는 이름으로도 불렀을 것이다.[91]

김용춘은 소년으로 성장하면서 화랑으로 활동한 것 같다.[92] 이것은
화랑이 되는 조건이 진골귀족으로서 美貌의 남성이 衆望으로 추대되었

---

88) 『三國遺事』권1, 紀異1 桃花女·鼻荊郎.
89) 金基興은 김용춘이 3년이 지난 이후에 宮中으로 들어갔다고 한다(金基興, 1999,
　　앞의 논문, 141쪽 ; 2000, 앞의 책, 283쪽).
90) 金基興은 진평왕이 비형을 거두어 궁중에서 길렀던 것은 실각한 왕의 가족에 대
　　한 너그러운 대우와 함께 양측의 至親으로서의 유대감이 있었기 때문이라고 하
　　였다(金基興, 1999, 앞의 논문, 146~147쪽 ; 2000, 앞의 책, 287쪽).
91) '鼻荊'이라는 이름이 뜻하는 의미에 대해서는 金基興, 1999, 앞의 논문, 142~
　　146쪽 ; 2000, 앞의 책, 284~286쪽 참조.
92) 朴淳敎, 1997, 「진덕왕대 정치개혁과 김춘추의 집권과정 I」 『淸溪史學』 13,
　　137쪽 : 金基興, 1999, 앞의 논문, 147~148쪽 ; 2000, 앞의 책, 287~288쪽.

다는[93] 사실에서 알 수 있다. 즉 김용춘은 이와 같은 조건을 모두 갖추고 있었다고 생각되기 때문이다. 이처럼 김용춘은 화랑으로 활동하면서 '鬼衆'들로 표현되는 자신의 무리인 사륜계를 결집시키면서 세력을 형성하였을 것이다. 김용춘은 화랑으로 활동하면서 진평왕대 초기부터 정치적으로 활동할 수 있는 기반을 마련하였을 것이다.

김용춘에 대한 기록은 皇龍寺九層塔을 건립할 때 그 공사책임을 맡고 있었다는 것을 끝으로 더 이상 기록에 나타나지 않는다. 황룡사구층탑은 643년(선덕왕 12) 당에서 귀국한 慈藏의 건의로 시작하여 645년(선덕왕 14)에 완공되었다.[94]

황룡사구층탑을 건립할 때 김용춘이 처음부터 책임을 맡아서 마무리까지 담당하여 완공하였다면, 김용춘은 약 72세에서 75세 정도가 되었을 것이다. 그리고 647년(선덕왕 16)에 毗曇의 亂이 발생하였을 때 그에 관한 기록이 나타나지 않는 것으로 미루어 난이 발생하기 전에 이미 죽었을 것으로 추정된다. 즉 김용춘은 황룡사구층탑이 완공된 645년에서 비담의 난이 발생한 647년 사이에 죽었을 것으로 생각된다.[95] 따라서 황룡사구층탑의 건립은 그의 마지막 활동이라고 할 수 있다.

지금까지 살펴본 바와 같이 김용춘은 571년(진흥왕 33)에서 574년(진흥왕 35) 무렵에 태어나서 적어도 645년(선덕왕 14)에서 647년(선덕왕 16) 사이에 죽었을 것으로 추정된다. 그렇다면 그가 죽었을 무렵의 나이는 약 72~77세 정도였을 것이다. 이러한 김용춘의 생애를 정리하면 다음의 <표 4>와 같다.

---

93) 李基東, 1979, 앞의 논문 ; 1984, 앞의 책, 335~336쪽.
94) 『三國遺事』 권3, 塔像4 皇龍寺九層塔
95) 朴淳敎는 선덕여왕이 죽은 후에 김용춘이 후계자로 거론되지 않은 것은 당시에 이미 죽었기 때문이라고 하였고(朴淳敎, 1998, 앞의 논문, 17쪽), 金基興은 선덕여왕 말년에서 진덕여왕 재위기간 중에 죽었다고 하였다(김기흥, 2000, 앞의 책, 297쪽).

〈표 4〉김용춘의 생애 복원

내　　용	연　　도	출생시기 571년	출생시기 574년	비　　고
眞智王 폐위	579년(진평왕 즉위)	9세	6세	진평왕 13세
天明과 혼인	603년(진평왕 25)	33세	30세	
兵部令 임명	611년(진평왕 33)	41세	38세	
內省私臣 임명	622년(진평왕 44)	52세	49세	김춘추 19세
娘臂城 전투	629년(진평왕 51)	59세	56세	김춘추 26세, 김유신 35세
州郡巡撫	635년(선덕왕 4)	65세	62세	
大耶城 함락	642년(선덕왕 11)	72세	69세	김춘추 39세, 김유신 48세
皇龍寺九層塔 완공	645년(선덕왕 14)	75세	72세	
毗曇의 亂	647년(선덕왕 16)	77세	74세	김춘추 44세, 김유신 53세

　　김용춘은 폐위된 진지왕의 아들로 태어나 진평왕과 선덕왕대를 거치면서 빼앗긴 왕위를 회복할 수 있는 기반을 마련하였고, 이러한 기반을 아들인 김춘추에게 물려주는 것을 자신의 임무로 생각하였을 것이다. 그렇게 하기 위해서 그는 자신의 모든 능력을 동원하여 현실상황에서 시의 적절하게 변화·대응하였을 것이다. 이러한 김용춘의 역할을 바탕으로 마침내 그의 아들인 김춘추가 무열왕으로 즉위함으로써 中代 武烈王權을 성립하게 되었다. 따라서 김용춘은 중대 무열왕권을 성립하는데 커다란 역할을 수행하였다.

제3절 內省의 설치와 金龍春의 정치적 활동

1. 內省의 설치

　　진평왕대의 관제정비는 초기인 591년(진평왕 13)까지 집중적으로 실시된 이후 후기인 621년(진평왕 43)에 다시 실시되고 있다. 따라서 약 30여 년의 공백기간을 보이고 있다. 이러한 시간상의 큰 격차는 진평왕 대 당시의 정치적 상황을 반영하는 것이라고 할 수 있다.

김용춘이 다시 기록에 등장하는 것은 바로 진평왕대 후기에 관제를 정비하던 622년(진평왕 44)이다. 이때 진평왕은 內省을 설치하고, 그 장관인 內省私臣에 김용춘을 임명하였다. 이것은 내성의 설치가 단순한 관제정비의 성격이 아니라 진평왕대 후기의 정치적 상황과 밀접하게 연관되어 있었던 사실을 말해 준다. 그리고 김용춘의 정치적 활동은 내성 사신으로 임명된 진평왕 후기에 가장 활발하였고, 또한 왕위계승과 관련하여 중요한 역할을 하였다고 할 수 있다. 이것은 그만큼 김용춘의 비중과 역할이 컸음을 의미하는 것이다. 진평왕 후기에 실시된 관제정비에 대한 기록은 다음과 같다.

F-1. 領客府는 본래의 명칭이 倭典이었는데, 진평왕 43년에 領客典으로 고쳤다.[96)]

　2. 44년 2월에 伊湌 龍樹로 內省의 私臣을 삼았다. 처음 (진평)왕 즉위 7년에는 大宮·梁宮·沙梁宮 세 곳에 각각 私臣을 두었는데, 이때에 이르러 內省에 私臣 1인을 두어 三宮을 兼掌케 하였다.[97)]

　3. 45년 정월에 兵部 大監 2인을 두었다.[98)]

　4. 46년 정월에 侍衛府에 大監 6인과 賞賜署에 大正 1인과 大道署에 大正 1인을 두었다.[99)]

　5. 兵部 … 弟監은 2인이었는데, 진평왕 51년에 설치하였다.[100)]

　6. 執事省의 본래 이름은 稟主였다. … 大舍는 2인으로 진평왕 51년에 설치하였다.[101)]

---

96) 『三國史記』권38, 雜志7 職官 上.
97) 『三國史記』권4, 新羅本紀4 眞平王 44년 2월.
98) 『三國史記』권4, 新羅本紀4 眞平王 45년 봄 정월.
99) 『三國史記』권4, 新羅本紀4 眞平王 46년 봄 정월.
100) 『三國史記』권38, 雜志7 職官 上.

위의 기록은 진평왕 후기인 621년(진평왕 42)부터 629년(진평왕 51) 사이에 실시하였던 官制整備에 대한 내용이다. 진평왕대 관제정비는 각 종 官府가 다양하게 설치되어 일종의 分業體制를 형성하고,[102] 실무를 담당하는 하급관직이 설치되어 관원의 조직화 경향이 뚜렷하게 나타난 점이라고 할 수 있다. 그리고 이것은 7세기 후반의 官府體系에 직결되 고 있다.[103] 이러한 관제정비를 토대로 진평왕은 왕권강화정책을 추진 하였는데, 때문에 진평왕대 관제정비는 일찍부터 많은 관심을 가지고 연 구가 진행되어 왔다.[104]

진평왕 후기의 관제정비는 왕의 近侍機構로서의 內省의 설치와[105] 함께 왕의 무력적 기반으로서의 侍衛府 개편이 중심이 되었다.[106] 이와 같은 진평왕대 후기의 관제정비 중에서 가장 중요한 것은 內省의 설치 라고 할 수 있다. 내성에 대한 기록은 다음과 같다.

G-1. 진평왕 7년에 三宮에 각각 私臣을 두니, 大宮에는 和文 大阿飡이요, 梁宮에는 首肹夫 阿飡이며, 沙梁宮에는 弩知 伊飡이었다. (진평왕) 44

---

101) 위와 같음.

102) 木村誠, 1976,「6世紀新羅における骨品制の成立」『歷史學研究』428, 22~ 26쪽 ; 2004, 앞의 책, 193~196쪽.

103) 三池賢一, 1975,「新羅官制と社會身分」『日本史研究』150·151, 83~85쪽.

104) 李基白, 1964,「稟主考」『李相佰博士回甲紀念論叢』; 1974, 앞의 책 : 三池 賢一, 1971·1972,「新羅內廷官制考」上·下『朝鮮學報』61·62 ; 1975, 앞의 논문 : 木村誠, 1976, 앞의 논문 ; 2004, 앞의 책 : 李基, 1983, 앞의 논문 : 李晶淑, 1986, 앞의 논문 : 金瑛河, 1988, 앞의 논문 ; 2002, 앞의 책 : 金杜珍, 1988, 앞의 논문 ; 1990, 앞의 논문.

105) 李文基는 진평왕대 진행된 國王近侍集團의 변화들 중에서 근시집단의 현저한 확장을 지적하였고(李文基, 1983, 앞의 논문, 80쪽), 田美姬는 국왕의 家臣集團 을 관료화시키는 것이라고 하였다(田美姬, 1993, 앞의 논문, 213쪽).

106) 李文基는 진평왕대 侍衛府의 개편을 각종 군사조직이 진골귀족에게 장악되어 있던 한계를 극복하려는 데에 있었던 것이라고 하였다(李文基, 1986,「新羅 侍 衛府의 成立과 性格」『歷史教育論集』9, 33쪽 ; 1997,『新羅兵制史研究』, 一 潮閣, 157~158쪽).

년에 이르러 1員으로 三宮을 兼掌케 하였는데, 官等은 衿荷에서 太大
角干까지로 하여 적당한 사람이 있으면 임명하고 또한 年限도 없었
다.107)

2. 44년 2월에 伊湌 龍樹로 內省의 私臣을 삼았다. 처음 (진평)왕 즉위 7
년에 大宮·梁宮·沙梁宮 세 곳에 각각 私臣을 두었는데, 이때에 이르
러 內省에 私臣 1인을 두어 三宮을 兼掌케 하였다.108)

위의 기록은 622년(진평왕 44)에 설치된 內省에 대한 내용이다. 내성
은 內廷의 庶政을 총괄하고 近侍集團을 통솔하는 官府이다.109) 『삼국
사기』에 의하면 내성은 2차례의 정비과정을 거쳐서 성립하였음을 알 수
있다. 즉 585년(진평왕 7)에 大宮·梁宮·沙梁宮 등 三宮에 私臣을 두
었다가 622년(진평왕 44)에 三宮私臣이 분장하던 업무를 통합하여 내성
을 설치하고 1인의 사신을 두었던 것이다.

그런데 여기서 주목되는 것은 처음 설치한 내성의 장관인 內省私臣
에 伊湌 龍春(樹)이110) 임명되고 있다는 사실이다. 김용춘은 진지왕의
아들로 사륜계이다. 이런 성격의 김용춘이 내정을 총괄하는 내성사신으
로 등장하고 있다는 사실은 아무래도 당시의 정치상황과 관련이 있을 것
으로 생각된다. 따라서 내성을 설치하였던 이유와 그에 따른 정치적인
의미를 어떻게 이해해야 할 것인가에 대한 문제를 살펴보아야 할 것이
다. 이것은 내성의 설치가 단순한 관제정비의 성격이 아니라 진평왕대
후기의 정치상황과 밀접하게 관련되었을 것이기 때문이다.

내성이 설치된 622년(진평왕 44)은 진평왕의 집권 후기가 된다. 그리
고 13세 정도에 즉위한 것으로 추정되는 진평왕은 이때 56세 정도가 되

---

107) 『三國史記』권39, 雜志8 職官 中.
108) 『三國史記』권4, 新羅本紀4 眞平王 44년 2월.
109) 三池賢一, 1975, 앞의 논문, 83~85쪽.
110) 朴海鉉은 龍春이 波珍湌으로서 內省私臣에 임명되었다고 하였다(朴海鉉,
1988, 앞의 논문, 13~14쪽).

었을 것이다.[111] 그런데 진평왕대 후기는 이미 無子에 대한 문제가 현실
적으로 대두하기 시작하였고, 따라서 진평왕은 아들을 얻기 위하여 많은
노력을 하였을 것이다.[112] 이러한 의미에서 『삼국유사』에 보이는 僧滿
夫人 孫氏를[113] 주목할 필요가 있다.

　진평왕이 朴氏를 왕비로 하였던 것에서 탈피하여 牟梁部의 孫氏를 後
妃로 맞이한 것은 몇 가지 가능성을 고려하였을 것이다. 즉 진평왕이 이
전까지 박씨를 왕비족으로 하였던 전통에서 벗어나면서까지 손씨를 후비
로 맞이하였던 것은 모량부와의 연대를 통하여 중고 왕실을 제어하고[114]
왕권을 강화하기 위해서였을 것이다.[115] 이와 함께 다음 왕위를 계승할
수 있는 후계자에 대한 문제도 염두해 두었을 것이다. 따라서 진평왕이
모량부의 손씨를 후비로 맞이하였던 이유는 왕권을 강화하고, 아들을 얻
기 위한 목적이었을 것이다.[116] 이것은 비록 中代의 기록이긴 하지만 無
子를 이유로 왕비를 廢黜하고 후비를 맞이하고 있는 사실에서 어느 정도

---

111) 銅輪이 566년(진흥왕 27)에 태자가 되면서 혼인하였다면, 진평왕은 적어도 567
　　년에 태어난 것으로 추정된다. 그리고 父인 동륜이 죽은 572년(진흥왕 33)에는
　　6세였고, 왕으로 즉위한 579년에는 13세 정도였을 것이다. 따라서 622년(진평왕
　　44)에는 56세 정도가 되었을 것으로 추정된다.
112) 朴海鉉, 1988, 앞의 논문, 19~20쪽.
113) 『三國遺事』권1, 王曆1 眞平王.
114) 金杜珍, 1990, 앞의 논문, 20쪽 주 6) 및 24쪽.
115) 진평왕이 모량부 세력과 연대하여 왕권을 강화하려고 하였던 것은 역으로 진평
　　왕대에 사륜계를 포함한 여러 정치세력들의 영향력이 그만큼 컸다는 것을 의미
　　한다. 한편 朴海鉉은 孫氏 王妃가 등장하였던 것은 金氏 왕비가 사망하였거나
　　다른 정치적인 요인으로 廢黜되었을 가능성이 있다고 하였다(朴海鉉, 1988, 앞
　　의 논문, 18쪽).
116) 金哲埈은 김용춘의 어머니인 天明夫人은 선덕여왕의 이복동생으로 僧滿夫人
　　인 孫氏의 딸이라고 하였고(金哲埈, 1952, 「新羅上代社會의 Dual Organization」
　　下 『歷史學報』2 ; 1990, 『韓國古代社會硏究』, 서울大 出版部, 155쪽), 金基
　　興도 天明은 孫氏夫人의 딸이며, 德曼보다 먼저 출생하였을 가능성이 있다고
　　하였다(김기흥, 2000, 앞의 책, 209쪽). 그렇다면 승만부인 손씨와의 혼인이 비
　　교적 일찍 이루어졌다는 의미가 된다.

그 실정을 알 수 있을 것이다.[117] 그러나 이러한 목적을 가지고 추진하였
던 모량부와의 관계도 변화가 있었는데, 그 기록은 다음과 같다.

제32대 효소왕대에 竹曼郞의 무리 가운데에 得烏(혹은 得谷이라고도 한
다) 級干이 있어서 風流黃卷에 이름을 올려놓고 날마다 출근하고 있었는데,
어느 땐가 10일이 넘도록 보이지 않았다. 죽만랑은 그의 어머니를 불러서 "그
대의 아들이 어디 있는가?"라고 물으니, (득오의) 어머니는 "幢典 牟梁部의
益宣阿干이 내 아들을 富山城 倉職으로 보냈으므로 빨리 달려가느라고 미
처 죽만랑에게 인사도 하지 못했습니다"라고 하였다. 죽만랑이 말하기를 "그
대의 아들이 만일 사사로운 일로 간 것이라면 찾아볼 필요가 없겠지만, 이제
公事로 갔다니 마땅히 가서 대접해야겠소!"라고 하였다. 이에 舌餠 한 그릇
과 술 한 병을 가지고, 左人(우리말에 皆叱知라는 것이니, 이것은 奴僕을 말
한다)을 거느리고 찾아가니, 郞의 무리 137명도 威儀를 갖추고 따라갔다. …
조정의 花主가 이 말을 듣고 使者를 보내서 익선을 잡아다가 그 더럽고 추한
것을 씻어주려 하니, 익선은 도망하여 숨어버렸다. 이에 그의 맏아들을 잡아
갔다. 때는 仲冬의 몹시 추운 날인데, 城안에 있는 연못에서 목욕을 시키니
얼어붙어 죽었다. 효소왕이 그 말을 듣고 명령하여 牟梁里 사람으로 벼슬에
오른 자는 모두 쫓아내어 다시는 관청에 붙이지 못하게 하고, 僧衣를 입지
못하게 하였으며, 만일 僧侶가 된 자라도 종을 치고 북을 울리는 절에는 들어
가지 못하게 하였다. 勅史가 侃珍의 자손을 올려서 秤定戶孫을 삼아 남달리
표창하였다. 이때 圓測法師는 海東의 高僧이었지만, 모량리 사람이기 때문
에 僧職을 주지 않았다.[118]

위의 기록은 僧滿夫人 孫氏와 같은 部인 모량부 소속의 益宣에 대한
내용이다. 이 사건은 효소왕대로 되어 있지만, 일반적으로 진평왕대의
사실로 이해하고 있다.[119] 진평왕은 자신의 후비인 승만부인 손씨가 모

---

117)『三國史記』권8, 新羅本紀8 神文王 즉위년 ; 同 권8, 新羅本紀8 聖德王 19년
    3월 ;『三國遺事』권2, 紀異2 景德王・忠談師・表訓大德.
118)『三國遺事』권2, 紀異2 孝昭王代 竹旨郞.
119)『三國遺事』竹旨郞의 연대에 대해서는 효소왕대로 보는 견해(李弘稙, 1971,「三
    國遺事 竹旨郞條 雜考」『韓國古代史의 硏究』, 新丘文化社, 525쪽)와 진평왕
    대로 보는 견해(三品彰英, 1943,『新羅花郞の硏究』, 平凡社, 64~65쪽 ; 金哲

량부 출신이었음에도 불구하고, 모량부에 대해서 철저한 탄압을 가하였
다. 이러한 사실은 그 동안 진평왕과 모량부 사이에 유지되어 왔던 연대
에 변화가 일어났음을 시사해 준다.

위에서 살펴본 바와 같이 진평왕은 중고왕실을 제어하여 왕권을 강화
하고, 아들을 얻기 위하여 모량부 세력과 연합을 시도하면서 승만부인
손씨를 후비로 맞이하였다. 모량부도 진평왕과의 연대를 통해서 왕실에
협조하며 세력을 유지하려고 하였을 것이다. 그러나 진평왕은 자신의 후
계자로 德曼을 내정하기 위해서 모량부가 아닌 사륜계와 정치적인 타협
을 맺으면서 내성을 설치하는 등의 관제정비를 추진하였고, 모량부는 이
러한 진평왕의 정책에 불만을 가지고 있었을 것이다. 이러한 상황에서
익선의 사건이 발생함으로써 진평왕은 모량부에 대해서 가혹한 탄압을
가하였을 것으로 보인다. 따라서 모량부에 대한 탄압도 선덕왕의 왕위계
승과 관련되었음을 알 수 있다.

결국 진평왕의 집권 후기에 대립적인 관계에 있던 사륜계의 김용춘을
중용하면서까지 내성을 설치하였던 이유는 왕권강화라는 측면도 있겠지
만, 그것보다는 왕위계승에 대한 문제가 더욱 크게 작용하였을 것으로
생각된다.

이와 같이 진평왕 후기에 왕위를 계승할 아들이 없었다는 사실은 진
평왕에게 있어서 가장 큰 정치적인 딜레마로 작용하였을 것이다. 진평왕
은 관제정비를 통해서 왕권을 강화시키고 궁극적으로는 이것을 토대로
자신의 딸인 덕만을 후계자로 선정하고자 하였을 것이다. 진평왕 후기의
관제정비는 덕만의 왕위계승을 위한 사전 준비작업의 성격을 가지고 있
었다.

埈, 1962,「新羅 貴族勢力의 基盤」『人文科學』7 ; 1990,『韓國古代社會研
究』, 서울大 出版部, 331~334쪽 ; 李鍾旭, 1986,「三國遺事 竹旨郎條에 대
한 一考察」『韓國傳統文化研究』2, 208~209쪽)로 구분된다.

진평왕의 이러한 의도는 당시에는 어쩌면 무모하고 위험한 모험일지
도 모른다. 그것은 여자로서 왕으로 즉위한 전례가 없었으므로 반대세력
들의 많은 반발이 예상되었기 때문이다. 이런 모험을 감행하면서까지 덕
만에게 왕위를 물려주려는 진평왕의 의도를 어떻게 이해해야 할까? 아
마도 왕위를 물려주려는 진평왕과 이것을 계승하려는 덕만 자신도 여자
가 왕으로 즉위한 이후에 발생하게 될 상황에 대해서는 어느 정도 예상
하였을 것이다. 이러한 예상에 대한 해결방법으로 진평왕은 사륜계인 김
용춘과 정치적 타협을 하지 않았을까 한다. 김용춘도 당시의 정국동향을
예의 주시하고 있었으며, 또한 '知幾其神多'와[120] 같은 능력으로 당시
의 정치적 상황에 시의 적절하게 대처하였을 것이다.

김용춘은 폐위된 진지왕의 아들이기도 했지만, 진평왕의 딸인 天明
과 혼인하였으므로 진평왕의 女壻이기도 하였다. 그러나 지금까지는 김
용춘의 신분 문제 즉 그가 왜 진골이 되었는가 하는 점에 치중하여 신
분에 대한 문제에만 관심을 가졌고, 진평왕의 사위라는 점은 거의 간과
되어 왔다. 그러나 신라사에서 사위를 통해 왕위가 다른 집단으로 넘어
가는 것을 보면[121] 당시 김용춘의 정치적 위상을 어느 정도 알 수 있을
것이다.

한발 더 나아가 생각한다면 진평왕의 사위로서 차기 왕위계승 후보자
중의 하나였던 김용춘은[122] 진평왕과의 정치적 타협을 통해서 덕만에게
왕위를 양보하고, 정치적 후원자로 남아 정국운영을 주도한 것이 아닐까
한다. 김용춘이 이러한 결정을 한 이유는 '聖骨男盡'한 상황에서 앞으로

---

120) 韓國古代史研究所 編, 1992, 『譯註 韓國古代金石文』 II, 138~140쪽. 김용
  춘의 '知幾其神多'는 선덕여왕의 '知幾三事'와 같은 의미라고 할 수 있을 것이
  다. '知幾其神多'에 대해서는 金基興, 1999, 앞의 논문, 154쪽 ; 2000, 앞의 책,
  294쪽 참조.
121) 鄭容淑, 1994a, 「신라의 女王들」 『韓國史市民講座』 15, 一潮閣, 42쪽.
122) 金基興, 1999, 앞의 논문, 149쪽 ; 2000, 앞의 책, 289쪽.

예상되는 聖骨의 자연적인 소멸로 '聖骨女盡'도 가능하다는 당시의 현
실적인 상황을 어느 정도 참작하였을 것이다. 즉 성골 출신으로는 덕만
과 勝曼이라는 2명의 여자만 존재하였고, 또 이들의 연령도 이미 적지
않았음을 인식하였을 것으로 생각할 수 있기 때문이다. 이러한 결정은
또한 자신의 후손들에게 빼앗겼던 왕위를 되찾을 수 있도록 확고한 기반
을 마련하려는 의도가 작용하였을 것이다.[123] 그 결과 내성을 설치하였
고, 그 장관인 사신에 김용춘이 임명된 것이 아닌가 생각된다.[124]

  따라서 진평왕이 내성을 설치한 목적은 왕실의 업무를 수행하는 내성
의 성격상 왕권의 강화를 도모하고,[125] 無子에 따른 불안한 왕위계승의
문제를 사륜계인 김용춘과 타협함으로써 왕위계승에 있어서 든든한 지
지세력을 확보하려는 두 가지의 정치적인 목적이 동시에 포함되었을 것
이다. 결국 내성의 설치는 진평왕이 그의 사후를 대비하기 위하여 설치
한 것이라고 할 수 있다.

  또한 내성이 김용춘을 염두에 두고 설치한 것으로 보인다는 점도 이
러한 사실을 뒷받침하고 있다. 이것은 내성사신에 임명될 수 있는 규정
이 다른 관직에 비해서 자의적이고, 파격적이라고까지 할 수 있기 때문
이다. 곧 사료 G-1에서와 같이 내성사신에 임명될 수 있었던 조건은 衿
荷에서 太大角干까지로 규정이 되어 있어 관등에서는 다른 관직과 별
다른 차이를 보이지 않는다. 그러나 주목되는 것은 다른 官府의 長이
2인 이상의 복수인데[126] 비하여 내성사신은 1인이라는 점과[127] 그 재임

---

123) 김기홍, 2000, 앞의 책, 290쪽.
124) 김용춘이 진평왕 후기에 內省私臣에 임명된 사실을 진평왕과 정치적으로 타협
    한 결과로 파악하는 것은 대체로 연구자들의 일치된 견해를 보이고 있다.
125) 李文基, 1983, 앞의 논문, 84~87쪽 : 田美姬, 1993, 앞의 논문, 213쪽.
126) 李基白, 1964,「新羅 執事部의 成立」『震檀學報』25·6·7 ; 1974, 앞의 책,
    155쪽.
127) 李文基는 내성사신이 1인이라는 사실은 내성에 귀족세력의 침투를 배제하기 위
    한 조치라고 하였고(李文基, 1983, 앞의 논문, 84쪽), 文暻鉉은 김용춘의 놀라

기간의 年限이 없다는 사실이다. 특히 '惟其人卽授之'라는 규정은 임명하는 사람의 자의적이고 주관적인 관점이 다분히 작용할 수 있는 대목이라고 생각된다.[128] 즉 내성사신은 적임자가 없으면 임명되지 않는[129] 비상설직이었지만,[130] 역으로 한번 임명되면 終身토록 그 직을 유지할 수 있다는 의미도 된다. 더욱이 내성사신은 병부령이 겸직할 수 있었기 때문에 이미 병부령이었던 김용춘이 임명되는 것도 이러한 측면에서 생각할 수 있을 것이다.[131]

결국 내성사신은 왕위계승 문제를 사륜계와 정치적인 타협으로 해결하기 위한 목적으로 진평왕이 김용춘을 위해서 '爲人設官'한 것이었다. 내성사신에 정치적으로 대립적인 관계였던 사륜계의 김용춘이 임명되고 있다는 사실은 당시 진평왕이 덕만의 왕위계승을 위해 얼마나 노력하였는지를 보여 주는 하나의 방증이 될 것이다. 하지만 이러한 사실은 당시 진평왕의 정치적인 한계로 작용하였을 것이다.[132]

이와 관련하여 주목되는 사실은 588년(진평왕 10) 12월에 伊湌 首乙夫를 上大等에 임명한[133] 이후 632년(선덕왕 원년) 2월에 大臣 乙祭가 '攝持國政'하기까지[134] 상대등의 임명에 대한 기록이 없다는 사실이

운 부상을 의미한다고 하였다(文暻鉉, 1987,「武烈王體制의 成立」『新羅社會의 新硏究』, 新羅文化宣揚會, 101～102쪽).

128) 李文基는 其人을 국왕의 近親이라고 하였다(李文基, 1983, 앞의 논문, 86쪽).
129) 田美姬, 1993, 앞의 논문, 214쪽.
130) 李基白, 1993,「新羅 專制政治의 成立」『韓國史 轉換期의 문제들』, 지식산업사, 50쪽.
131) 李文基, 1984, 앞의 논문, 16쪽 : 李仁哲, 1993,「新羅 內廷官府의 組織과 運營」『新羅政治制度史研究』, 一志社, 56쪽. 특히 李仁哲은 內省私臣이 兵部令을 겸할 경우에는 그 실권이 왕권을 능가할 수 있었을 것이라고 하였는데, 示唆하는 바가 크다.
132) 金德原, 1999, 앞의 논문, 266쪽.
133)『三國史記』권4, 新羅本紀4 眞平王 10년 12월.
134)『三國史記』권5, 新羅本紀5 善德王 원년 2월. 일반적으로 大臣 乙祭가 '攝持國政'한 것을 上大等에 취임한 것으로 이해하고 있다(李基白, 1962,「上大等

다.135) 이것은 물론 기록이 누락된 것으로 볼 수도 있지만, 이 당시 정치적 상황이 그대로 반영된 것이 아닐까 한다. 즉 진평왕 초기인 588년 이후부터는 진평왕이 親政을 통하여 정국을 주도하다가, 후기에는 왕위계승 문제로 김용춘과 타협함으로써 김용춘이 정국을 주도한 결과로 이해된다. 이것은 진평왕 후기에 활동하였던 인물들을 살펴보면 더욱 확실하게 알 수 있을 것이다. 『삼국사기』에서 진평왕 후기에 활동하였던 인물들을 정리하면 다음의 <표 5>와 같다.

<표 5>를 통해서 알 수 있듯이 622년(진평왕 44)에 내성을 설치한 이후부터는 동륜계보다는 사륜계의 비중이 많음을 확인할 수 있다. 이러한 사실은 결국 사륜계인 김용춘이 내성사신에 임명된 이후에 진평왕대 후기의 정국을 주도적으로 이끌었음을 의미하는 것이다. 특히 629년(진평왕 51)의 娘臂城 전투에서 승리한 이후부터 加耶系인 金舒玄과의 긴밀한 유대를 통해서 군사적인 면에서도 확실하게 우위를 유지하였다. 그리고 이러한 기반을 바탕으로 631년(진평왕 53)에 伊湌 柒宿의 모반사건을 진압할 수가 있었다.

지금까지 살펴본 바와 같이 김용춘이 내성사신에 임명되었다는 사실은 622년(진평왕 44) 이전에도 사륜계가 정치적인 활동을 하고 있었음을 의미하는 것이다. 왜냐하면 사륜계가 진지왕의 폐위로 정치권에서 소외되어 갈등집단화 하였다면,136) 김용춘의 내성사신 임명이 전격적으로 이루어진 것으로 보일 만큼 기록되지는 않았을 것이기 때문이다. 따라서 김용춘은 내성사신에 임명되기 이전부터 활동을 하였으며, 내성사신에

考」『歷史學報』19 ; 1974, 앞의 책, 129쪽, 주 56) 참조).
135) 李基白은 진평왕이 54년간 재위한 것을 근거로 하여 首乙夫도 44년 동안 上大等에 在職한 것으로 파악하였다(李基白, 1962, 앞의 논문 ; 1974, 앞의 책, 129쪽, 주 55) 참조). 그러나 진평왕은 13세 무렵에 즉위하였기 때문에 54년 동안 재위할 수 있었지만, 수을부는 진평왕보다 나이가 많았을 것으로 추정된다. 따라서 수을부 이후에 상대등이 임명되지 않았을 가능성이 크다.
136) 金瑛河, 1988, 앞의 논문, 20쪽 ; 2002, 앞의 책, 255~256쪽.

임명된 이후에는 진평왕대 후기의 정국운영에서 중요한 역할을 수행하였음을 알 수 있다.

〈표 5〉 진평왕대 후기의 인물 성향

성 명	연 도	관 등	관 직	활 동	성 향	비 고
讚德	611년(진평왕 33)		縣令	椵岑城 전투	(銅輪系)	
日夫	614년(진평왕 36)	一吉飡	軍主	一善州 軍主		
奚論	618년(진평왕 40)	大奈麻	幢主	椵岑城 전투		
邊品	〃		軍主	〃		都督
龍樹(春)	622년(진평왕 44)	伊飡		內省私臣 임명	舍輪系	
	629년(진평왕 51)	波珍飡	大將軍	娘臂城 전투		
訥催	624년(진평왕 46)	級飡		烽岑城 전투		
東所	626년(진평왕 48)		城主	主在城 전투		
劍君	628년(진평왕 50)		舍人	近侍 활동		
任永里	629년(진평왕 51)	伊飡		娘臂城 전투	(舍輪系)	
白龍	〃	波珍飡		〃	〃	
大因	〃	蘇判		〃	〃	
金舒玄	〃	〃	大將軍	〃	加耶系	
金庾信	〃		副將軍	〃	〃	幢主
柒宿	631년(진평왕 53)	伊飡		謀叛		
石品	〃	阿飡				
昔諦		奈麻			加耶系	强首의 父
談捺		奈麻				元曉의 父
聚福		奈麻				驟徒의 父
都非		大奈麻				訥催의 父
達福		迊飡			(舍輪系)	金歆運의 父
尊臺		阿飡				匹夫의 父
純德		大舍				實兮의 父
實兮			上舍人	近侍 활동		
珍提			下舍人	〃	(銅輪系)	
仇文		大舍				劍君의 父
大日		伊飡				近郎의 父
近郎			花郎			

( )는 추정임

2. 柒宿의 謀叛事件 진압

김용춘은 兵部令과 內省私臣을 기반으로 하여 진평왕대 후기의 官
制整備를 실시하고 정국을 주도해 나갔다. 이것은 김용춘이 내성사신이
된 이후에 관제정비가 집중적으로 이루어지고 있다는 사실과 고구려와
의 娘臂城 전투 기록을 통해서 알 수 있다.

김용춘은 611년(진평왕 33) 무렵에 병부령이 되면서 加耶系의 金舒
玄과 정치적으로 연결되어 있었다. 곧 낭비성 전투 이전에 두 家門이
혼인을 통하여 그 결속을 더욱 공고히 하였다.[137] 이러한 사륜계와 가야
계의 정치적인 결합을 상징적으로 보여주는 것이 바로 629년(진평왕 51)
의 낭비성 전투였다. 그리고 이 전투의 승리는 兵權을 바탕으로 하였던
두 가문에 의해 새로운 시대의 기반을 확고히 정착시키는 계기가 되었
다.[138] 그러므로 진평왕 후기의 관제정비는 김용춘을 비롯한 사륜계가
주도하였고,[139] 따라서 내성의 설치는 분명히 신라 정치사에서 중요한
사실이라고 할 수 있다.[140]

이와 같이 사륜계의 대두는 이들과 정치적인 성격을 달리하는 진골귀

---

137) 文武王陵碑에 의하면 文武王(法敏)은 재위 21년인 681년에 56세로 薨한 것으
로 기록되어 있으므로 이를 토대로 하면 그는 626년(진평왕 48) 무렵에 출생한
것이 된다. 따라서 金春秋와 文姬가 혼인한 것은 김춘추의 나이가 적어도 22세
정도인 625년(진평왕 47)이 되는 셈이다. 김춘추가 혼인한 시기에 대해서는 黃
善榮, 1985,「新羅 武烈王家와 金庾信家의 嫡庶問題」『釜山史學』9, 5쪽 :
文暻鉉, 1987, 앞의 논문, 98~99쪽 참조.
138) 이러한 의미에서 사륜계와 가야계의 연합세력을 新貴族으로, 이들을 제외한 기
존의 진골귀족세력을 舊貴族으로 분류할 수 있을 것이다(申瀅植, 1977, 앞의
논문 ; 1984, 앞의 책, 115쪽 : 朴南守, 1987,「統一主導勢力의 形成과 政治改
革」『統一期의 新羅社會 研究』, 東國大 新羅文化研究所, 111쪽).
139) 金杜珍, 1988, 앞의 논문, 36쪽.
140) 李晶淑은 내성사신의 설치는 신라정치사에서 시대를 劃하는 중요한 사실이라고
하였다(李晶淑, 1986, 앞의 논문, 21쪽).

족들의 반발을 불러일으키게 되었는데, 이와 관련된 기록은 다음과 같다.

> 5월에 伊湌 柒宿이 阿湌 石品과 함께 반란을 꾀하였다. (진평)왕이 이를
> 알고 柒宿을 잡아 東市에서 목을 베고 아울러 九族을 멸하였다. 阿湌 石品
> 은 도망하여 백제의 국경까지 갔다가 妻子를 보고 싶은 생각에 낮에는 숨어
> 있고 밤에는 걸어 叢山에까지 돌아와, 나무꾼을 만나 옷을 벗어 헤어진 나무
> 꾼의 옷으로 갈아입고 나무를 지고 몰래 집에 이르렀다가 잡혀 처형되었
> 다.[141]

위의 기록은 진평왕 말년에 伊湌 柒宿의 모반사건에 대한 내용이다.
특히 이 사건은 진평왕이 죽기 불과 몇 달 전에 일어났다는 사실이 주목
된다. 즉 칠숙의 모반사건은 진평왕의 죽음이 예상되는 가운데 발생하였
기 때문에 진평왕의 신변과도 밀접한 관련이 있었을 것이다. 이와 같은
시기에 모반사건이 발생하였다는 것은 결국 그 원인이 왕위계승과 밀접
한 관련이 있었을 것이며, 이 왕위계승에 대한 불만이 칠숙의 모반사건
으로 나타나게 되었던 것으로 보인다.

칠숙의 모반사건의 원인에 대해서는 많은 연구가 있어 왔다.[142] 대체

---

141) 『三國史記』 권4, 新羅本紀4, 眞平王 53년 5월.
142) 柒宿과 石品의 謀叛사건의 원인에 대한 연구는 다음과 같다. 먼저 李基東은 上
　　大等 毗曇의 반란과 함께 氏族의 집단주의 이념과 王者支配意識의 갈등으로
　　보았으며(李基東, 1972, 앞의 논문 ; 1984, 앞의 책, 83쪽), 丁仲煥은 왕위계승
　　문제를 중심으로 王權과 和白權의 대립으로 보았다(丁仲煥, 1977, 「毗曇・廉
　　宗亂의 原因考－新羅政治社會의 轉換期에 관한 一試考－」 『東亞論叢』 14,
　　10쪽). 李鍾旭은 선덕여왕 말년에 진덕여왕의 경우와 같이 진평왕 말년에 선덕
　　여왕을 후계자로 정한 것에 대한 지배계급의 반발로 보았으며(李鍾旭, 1980, 「新
　　羅中古時代의 聖骨」 『震檀學報』 50, 20쪽 ; 1999, 『新羅 骨品制 研究』, 一潮
　　閣, 175쪽), 申瀅植은 龍春과 舒玄으로 대표되는 신흥계와 타협한 왕실에 대한
　　불만으로 파악하였다(申瀅植, 1983, 「金庾信家門의 成立과 活動」 『梨花史學
　　研究』 13・14 ; 1984, 앞의 책, 249쪽). 金瑛河는 新貴族勢力을 제거하고 진평
　　왕 이후의 왕위추대권을 확보함으로써 汎奈勿王系 貴族中心의 연합정치를 구
　　현하는 것으로 보았고(金瑛河, 1988, 앞의 논문, 24~25쪽 ; 2002, 앞의 책, 258~

로 진평왕 후기의 사륜계에 대한 불만과[143] 더욱이 그들에 의해 여자인 덕만이 왕위계승자로 결정된 것에[144] 대한 구귀족세력의 반발로 이해하면 무리가 없다.[145] 다시 말하면 칠숙의 모반사건은 진평왕 후기에 '聖骨男盡'한 상황에서 왕위계승 문제와 관련한 신·구귀족세력의 갈등에서 발생하였던 것으로 생각된다. 이러한 칠숙의 모반사건은 사전에 발각되어 실패하였고, 그 결과 '夷九族'하게 되었다. 신라사에서 '夷九族'한 경우가 처음이었다는 사실을 통해서도 이 사건이 얼마나 중대한 사건이었는지를 알 수 있고, 역으로 진평왕의 왕위계승에 대한 확고한 의지를 엿 볼 수 있다.[146] 그리고 선덕왕대 발생하였던 비담의 난을 김유신으로 대표되는 신귀족세력이 진압하였듯이 칠숙의 모반사건은 김용춘과 김서현으로 대표되는 신귀족세력이 진압하였을 것이다.[147]

柒宿의 모반사건은 선덕왕 말년에 일어났던 毗曇의 난과 그 軌를 같이 하는 것으로 평가된다.[148] 따라서 칠숙의 모반사건은 비담의 난과 연

259쪽), 金杜珍은 舍輪系가 득세해 가는 당시의 정세에 대한 불만으로 보았다 (金杜珍, 1988, 앞의 논문, 37쪽).

143) 金杜珍, 1988, 앞의 논문, 37쪽.

144) 李晶淑은 선덕여왕이 왕위계승권자로 정해진 것은 621년(진평왕 43)이었고, 柒宿의 모반은 선덕여왕을 後嗣로 내정한 사실이 중요한 원인이라고 하였다(李晶淑, 1999, 「眞平王 末期의 政局과 善德王의 卽位」『白山學報』 52, 218~223쪽).

145) 朱甫暾, 1994, 앞의 논문, 210쪽 주 6) 참조.

146) 朱甫暾, 1984, 「新羅時代의 連坐制」『大丘史學』 25, 26쪽 : 안지원, 1997, 「신라 眞平王代 帝釋信仰과 왕권」『歷史敎育』 63, 93쪽.

147) 金德原, 1992, 「新羅 眞平王代 政治改革 小考」『明知史論』 4, 44쪽. 姜聲媛도 왕권에 도전하는 세력에 대하여 철저한 응징을 가한 것은 신흥세력의 입장이 반영된 것이라고 하였다(姜聲媛, 1983, 「新羅時代 叛逆의 歷史的 性格-『三國史記』를 중심으로-」『韓國史硏究』 43, 28~29쪽). 한편 金杜珍은 柒宿의 모반사건이 김춘추나 김유신에 의해서 진압된 것으로 보았다(金杜珍, 1988, 앞의 논문, 37쪽). 하지만 629년(진평왕 51)에 大將軍으로서 娘臂城 전투에 참전하였던 당시 김용춘의 정치력으로 보아 柒宿의 모반사건은 김용춘과 김서현에 의해 진압되었다고 파악하는 것이 타당할 것이다.

148) 金瑛河, 1988, 앞의 논문, 31쪽 ; 2002, 앞의 책, 265쪽.

결해서 파악해야 더욱 정확한 사실을 알 수 있을 것이다. 이와 관련하여 두 사건이 모두 진평왕과 선덕왕의 말년에 일어났고 공교롭게도 난이 진압된 후에 모두 '女王'이 즉위하고 있다는 사실이 주목된다. 이것은 결국 두 여왕이 즉위하기 직전에 왕위계승자로 결정되었음을 강하게 암시해 준다. 즉 진평왕 후기에 덕만이 후계자로 결정되었고, 선덕왕 후기에 역시 승만이 후계자로 결정되었을 것이다.[149] 이러한 사실은 일찍부터 여자를 후계자로 결정하였을 때 발생할 수 있는 반발을 최소화하기 위한 방법이었을 것이다. 결국 두 여왕의 즉위와 관련하여 구귀족세력의 반발이 있었고, 그것은 바로 진평왕 말년의 칠숙의 모반사건과 선덕왕 말년의 비담의 난으로 나타났던 것이다.

지금까지 살펴본 바와 같이 김용춘은 加耶系의 金舒玄과 결합한 이후에 신귀족세력을 형성하고 구귀족세력의 도전을 무력으로 진압하면서 정치적인 주도권을 장악하게 되었다. 이러한 상황에서 김용춘은 이후에 김춘추와 김유신이 활동할 수 있는 후견 내지는 정신적 지주역할을 담당하였다.[150]

---

149) 李鍾旭, 1980, 앞의 논문, 20쪽 ; 2002, 앞의 책, 175쪽 : 朱甫暾, 1994, 앞의 논문, 214쪽.
150) 金瑛河, 1988, 앞의 논문, 25쪽 ; 2002, 앞의 책, 261쪽.

제3장

舍輪系의 정국주도와 金春秋의 外交活動

제1절 善德王의 즉위와 政局動向

선덕왕은 632년에 신라 최초의 女王으로 즉위하였지만 그 과정에서 여러 가지 어려움이 있었다. 우선 그 당시까지 여자로서 왕으로 즉위한 전례가 없었기 때문에 선덕왕의 즉위 자체부터가 문제점으로 부각되었을 것이다. 그러나 선덕왕은 이런 문제점들을 극복하면서 즉위하였는데, 이와 관련된 기록은 다음과 같다.

> A-1. 선덕왕이 즉위하니, 諱는 德曼이고, 진평왕의 長女이다. 母는 金氏 摩耶夫人이다. 德曼의 性이 寬仁하고 明敏하였으며, (진평)왕이 돌아가고 아들이 없으므로 國人이 德曼을 세워 聖祖皇姑란 號를 올렸다.[1]
>
> 2. 제27대 善德女王의 이름은 德曼이다. 父는 진평왕이고, 母는 摩耶夫人 金氏이다. 聖骨의 남자가 없기 때문에 女王이 즉위하였다. 왕의 남편은 飮葛文王이다. 仁平 甲午年에 즉위하였다. 治世는 14년이다.[2]
>
> 3. 제27대 德曼(曼은 萬이라고도 한다)의 謚號는 善德女大王이다. 姓은 金氏이고, 父는 진평왕이다. 貞觀 6년 壬辰에 즉위하여 나라를 다스린 지 16년 동안에 미리 안 일이 세 가지가 있었다.[3]

위의 기록은 선덕왕의 즉위와 관련된 내용이다. 선덕왕은 '寬仁明敏'하고 '聖骨男盡'하였기 때문에 '國人'의 추대를 받아서 즉위한 것으로 기록되어 있다. 그런데 여기서 주목되는 것은 선덕왕이 즉위할 때에 추대하였다는 '국인'이다. 왜냐하면 진지왕이 폐위될 때의 '국인'과 선덕왕이 즉위할 때의 '국인'은 확실히 그 성격이 다르다고 보여지기 때문이다. 따라서 진지왕과 선덕왕대의 '국인'을 일괄적으로 같은 세력으로 규정할

---

1) 『三國史記』 권5, 新羅本紀5 善德王 즉위년.
2) 『三國遺事』 권1, 王曆1 善德女王.
3) 『三國遺事』 권1, 紀異1 善德王知幾三事.

수는 없을 것이다.4)

진평왕은 재위기간 동안에 제도를 정비하는 등의 여러 가지 정책을 실시하면서 長女인 德曼의 즉위를 위하여 노력하였다. 그리고 이러한 노력의 일환으로 內省을 설치하고, 金龍春을 內省私臣으로 임명하여5) 舍輪系의 도움을 받았다. 그러나 이와 같은 진평왕의 노력에도 불구하고 선덕왕의 즉위에는 진골귀족의 거센 반발을 받았는데, 그 대표적인 것이 진평왕이 죽기 직전에 일어났던 伊飡 柒宿의 모반사건이다.6) 이 사건은 비록 사전에 발각되어 金龍春과 金舒玄 등에게 진압되었지만,7) 진평왕의 죽음이 예상되는 시기에 발생하였다는 점에서 문제의 심각성을 짐작할 수 있을 것이다.

칠숙의 모반사건을 진압한 이후에 당시의 정치적인 분위기는8) 그 사건을 진압한 세력, 즉 사륜계인 김용춘과 가야계인 김서현의 정치적 위상이 증가되었을 것이다.9) 그러므로 선덕왕이 즉위하는 과정에서도 두 세력들의 영향력이 크게 작용하였고, 결국 그 영향력에 의해서 선덕왕의 즉위가 가능하였을 것이다. 따라서 선덕왕이 즉위한 이후의 정국운영도 이들의 주도로 이루어졌을 가능성이 크다.

따라서 진지왕의 폐위를 결정하고 진평왕을 추대한 '국인'이 진평왕

---

4) 朴淳敎, 1999, 『金春秋의 執權過程 硏究』, 慶北大 博士學位論文, 87쪽 : 조범환, 2000, 『우리 역사의 여왕들』, 책세상, 20쪽.
5) 『三國史記』 권4, 新羅本紀4 眞平王 44년 2월.
6) 『三國史記』 권4, 新羅本紀4 眞平王 53년 5월.
7) 金德原, 1992, 「新羅 眞平王代 政治改革 小考」 『明知史論』 4, 44쪽.
8) 鄭容淑, 1994a, 「新羅의 女王들」 『韓國史市民講座』 15, 一潮閣, 45쪽 ; 1994b, 「新羅 善德王代의 정국동향과 毗曇의 亂」 『李基白先生古稀紀念 韓國史學論叢』 上, 一潮閣, 243쪽.
9) 대부분의 연구자들은 선덕왕이 즉위하는 과정에서 사륜계와 가야계 세력의 도움을 받았을 것으로 이해하고 있으면서도 두 세력의 대표적인 존재는 김춘추와 김유신으로 보고 있다. 그러나 선덕왕이 즉위할 무렵에는 연령과 경력 등으로 미루어 김용춘과 김서현이 두 세력의 대표적인 존재로서 활동하고 있었을 것이다.

초기에 上大等과 兵部令에 임명된 弩里夫와 金后稷이었다면,[10] 선덕
왕을 추대한 '국인'은 칠숙의 모반사건을 진압한 김용춘과 김서현 등의
세력이었을 것이다.[11] 弩里夫와 김후직이 진평왕 초기의 정국을 주도하
였다면, 마찬가지로 김용춘과 김서현이 선덕왕 초기의 정국을 주도하였
을 것이다. 또한 노리부와 김후직이 진평왕이 즉위하는데 중요한 역할을
담당하였던 동륜계였다면, 김용춘과 김서현은 분명히 사륜계였다. 이러
한 사실을 통해서도 각 시기의 '국인'은 당시의 정국동향과 관련하여 그
성격을 달리 하였음을 확인할 수 있다.

김용춘과 김서현이 선덕왕의 즉위에 중요한 역할을 수행할 수 있었던
것은 진평왕 후기부터 선덕왕의 즉위에 대비하여 꾸준한 준비를 하였기
때문이었다. 그것은 바로 진평왕 후기에 실시한 官制整備와 對唐外交
의 추진이다.

진평왕은 621년(진평왕 43)부터 다시 관제를 정비하기 시작하였으며,
처음으로 領客典을 설치하였다. 영객전은 원래 倭典이었는데,[12] 이때에
영객전으로 이름을 바꾸면서 새롭게 설치하였다.[13] 이 영객전의 설치는
대당외교와 관련된 것으로 보인다.[14] 그러나 신라에서는 唐이 등장하기

---

10) 朴海鉉, 1988, 「新羅 眞平王代 政治勢力의 推移－王權强化와 관련하여－」『全
南史學』 2, 3쪽.

11) 朴淳敎는 선덕왕을 추대한 '國人'에 김춘추의 집안도 한 부분을 차지하고 있었
지만, 김용춘이 선덕으로 내정되어 있는 후계구도에 결정적인 지지나 반대를 보
일 만큼의 정치적인 영향력을 가지지 못했던 것으로 보았다(朴淳敎, 1999, 앞의
논문, 88쪽). 그러나 김용춘은 진평왕대에 內省私臣으로 임명되면서 이미 선덕
의 후계구도를 위하여 진평왕과 정치적인 타협을 하였고, 또 柒宿의 모반사건을
진압한 후의 정치적인 위상의 증가 등으로 정국운영에서 중요한 역할을 담당하
였다.

12) 『三國史記』 권38, 雜志7 職官 上.

13) 朴勇國, 2003, 「新羅 眞平王 末期 倭典에서 領客典 改編과 對外關係」『慶尙
史學』 19.

14) 李晶淑, 1993, 「新羅 眞平王代의 對中交涉」『釜山女大史學』 10·11 ; 1995, 『新
羅 眞平王代의 王權 研究』, 梨花女大 博士學位論文, 121쪽.

이전에도 중국과의 외교관계를 맺고 있었는데, 그 기록은 다음과 같다.

> B-1. 왕위가 대대로 전하여져 30世인 眞平(王)에 이르렀는데, 隋 開皇 14년
>   에 遣使하여 方物을 바쳤다. 文帝는 眞平(王)을 上開府 樂浪郡公 新
>   羅王에 拜授하였다.15)
>
>   2. 왕위가 金眞平에 이른 開皇 14년에 遣使하여 方物을 바쳤다. (唐)高祖
>   는 眞平(王)을 上開府 樂浪郡公 新羅王으로 삼았다.16)
>
>   3. 隋主가 詔書로 (진평)왕을 봉하여 上開府 樂浪郡公 新羅王이라고 하였
>   다.17)

위의 기록은 당이 등장하기 이전에 중국과의 외교관계에 대한 내용이
다. 신라는 당이 등장하기 이전인 진평왕대에 이미 隋와 외교관계를 통
해서 册封을 받고 있었으며, 이것은 당이 등장한 이후에도 계속되었다.
신라와 당과의 공식적인 외교관계는 621년부터 시작되었는데,18) 이와
관련된 기록은 다음과 같다.

> C-1. 43년 7월에 (진평)왕이 大唐에 使臣을 보내어 方物을 朝貢하니, (唐) 高
>   祖가 친히 (遠路에 온 使臣을) 위로하여 묻고, 通直散騎常侍 庾文素를
>   보내어 來聘할 때 詔書와 그림병풍과 비단 3백필을 (신라왕에게) 주었
>   다.19)
>
>   2. 武德 4년에 使臣을 보내어 朝貢을 바쳤다. (唐)高祖는 친히 노고를 致
>   賀하고, 通直散騎侍郞 庾文素를 使臣으로 보내어 璽書 및 그림병풍과
>   비단 3백단을 하사하였다. 이로부터 朝貢이 끊이지 않았다.20)
>
>   3. 武德 4년에 (新羅)王 眞平이 使者를 보내어 入朝하니, 高祖는 通直散

---

15) 『北史』 권94, 列傳82 新羅.
16) 『隋書』 권81, 列傳46 東夷 新羅.
17) 『三國史記』 권4, 新羅本紀4 眞平王 16년.
18) 柳永哲, 1989, 「新羅 中代 王權의 性格－太宗武烈王을 中心으로－」 『嶠南史
   學』 4, 10쪽.
19) 『三國史記』 권4, 新羅本紀4 眞平王 43년 7월.
20) 『舊唐書』 권199 上, 列傳149 上 東夷 新羅.

騎侍郎 庾文素에게 조서하여 符節을 가지고 가서 답을 전하게 하였다.[21]

4. (武德 4년) 이 달에 신라와 고구려 및 西域의 22국이 모두 使臣을 파견하여 朝貢하였다.[22]

위의 기록은 621년(진평왕 43)에 신라가 당에 사신을 파견한 내용이다. 신라가 당에 사신을 파견한 것은 이때가 처음이다.[23] 따라서 같은 해에 설치된 영객전은 바로 신라가 본격적으로 당과의 교섭을 추진하기 위한 관부로 이해된다. 이와 같이 외교를 전담하는 관부를 설치하고, 이것을 중심으로 대당외교를 추진하였던 것은 진평왕이 선덕왕의 즉위를 준비하기 위한 과정의 일환이었던 것으로 보인다.[24] 또한 대당외교를 통해서 선덕왕의 존재를 당에게 알리려고 하였던 것이 중요한 목적이었을 것이다. 이러한 사실은 당에서 사신으로 파견되었던 通直散騎常侍 庾文素가 신라의 국내 상황을 확인하고 돌아가서 당 高祖에게 보고하였을 가능성이 크다는 점을 생각할 때 더욱 확실하다고 할 수 있다.

진평왕은 대당외교를 통해서 선덕왕의 존재를 당에 알리는 한편 국내 정치와 관련된 부분에서도 선덕왕의 즉위에 대비하여 준비한 것 같다. 이와 관련된 기록은 다음과 같다.

D-1. 前王 때에 唐에서 얻어온 牧丹 꽃의 그림과 種子를 德曼에게 보였더니, 덕만이 말하기를 "꽃은 아름다우나 향기가 없을 것이다"라고 하였다. 진평(왕)이 웃으며 말하기를 "네가 어떻게 아느냐?"고 하자, (덕만이

---

21) 『新唐書』 권225, 列傳145 東夷 新羅.
22) 『册府元龜』 권970, 外臣部 朝貢3.
23) 權悳永, 1997, 『古代韓中外交史』, 一潮閣, 20쪽.
24) 金基興은 진평왕 43년에 唐에 朝貢을 바친 것은 신라가 고구려와 백제의 군사적 위협을 물리칠 방편으로 중국의 중재와 압력을 이용하기 위하여 외교에 적극 힘을 기울인 것이라고 하였다(김기흥, 2000, 『천년의 왕국 신라』, 창작과비평사, 219쪽).

말하기를) "이 꽃은 매우 곱기는 하지만 그림에 蜂蝶이 없으니, 이것은 반드시 향기가 없는 꽃입니다"라고 하였다. 그 種子를 심어 보니 과연 그 말과 같았다. 그의 先見이 이러하였다.25)

2. 첫째는 唐 太宗이 붉은빛, 자줏빛, 흰빛의 세 가지 빛으로 그린 牧丹과 그 씨 3升을 보내온 일이 있었다. (선덕)왕은 그림의 꽃을 보고 말하기를 "이 꽃은 필경 향기가 없을 것이다"라고 하였다. 그리고는 씨를 뜰에 심도록 하였다. 꽃이 피어 떨어질 때까지 과연 (선덕)왕의 말과 같았다.26)

3. … 어느 날 선덕왕이 南山에 거둥한 틈을 타서 (金)庾信은 마당 가운데 나무를 쌓아놓고 불을 질렀다. 연기가 일어나자 (선덕)왕이 바라보고 "무슨 연기냐?"고 물으니, 좌우에서 아뢰기를 "(김)유신이 누이동생을 불태워 죽이는 것인가 봅니다"라고 하였다. (선덕)왕이 그 까닭을 물으니, 그 누이동생이 남편도 없이 임신한 때문이라고 하였다. (선덕)왕이 "그게 누구의 소행이냐?"라고 물었다. 이때 春秋公은 (선덕)왕을 모시고 앞에 있다가 얼굴빛이 몹시 변하였다. (선덕)왕이 말하기를 "그것은 네가 한 짓이니 빨리 가서 구하도록 하라!"고 하였다. 춘추공은 명령을 받고 말을 달려 王命을 전하여 죽이지 못하게 하고, 그 후에 버젓이 婚禮를 이루었다. …27)

위의 사료 D-1과 2는 선덕왕의 知幾三事와 관련된 것이고, D-3은 金春秋와 文姬와의 혼인과 관련된 기록이다. 이를 통해서 선덕왕이 즉위하기 이전부터 진평왕의 측근에서 일정한 역할을 수행하고 있었을 가능성을 확인할 수 있다.28)

사료 D-1과 2의 모란꽃에 관한 내용은 선덕왕이 즉위하기 이전과 이

---

25) 『三國史記』 권5, 新羅本紀5 善德王 즉위년.
26) 『三國遺事』 권1, 紀異1 善德王知幾三事.
27) 『三國遺事』 권1, 紀異1 太宗春秋公.
28) 朴淳敎는 善德이 621년이나 623년을 즈음하여 대리청정을 맡으며, 사실상 진평왕에 버금가는 존재, 즉 副王的인 위상이었을 것으로 이해하였고(朴淳敎, 1999, 앞의 논문, 69쪽 및 주 148) 참조), 조범환은 626년부터 왕위계승을 위한 측근세력을 형성하는데 본격적으로 돌입하였을 것이라고 하였다(조범환, 2000, 앞의 책, 27쪽). 김기흥도 진평왕이 선덕을 후계자로 인정한 이후에는 정치적인 훈련을 시켰을 것이라고 하였다(김기흥, 2000, 앞의 책, 228쪽).

후의 일로 기록되어 있어서 약간의 차이를 보이고 있다. 그러나 이러한
차이에도 불구하고 두 기록은 모두 선덕왕의 豫知에 관한 것이라는 공
통점이 있다.[29] 그런데 D-1에서 주목되는 것은 이 기록을 통해서 이전
과는 다른 모습을 발견할 수 있다는 점이다. 즉 이전에는 왕의 후계자인
태자의 역할이나 활동에 대한 기록이 보이지 않는데 반해 여기에서는 선
덕왕의 활동이 부각되어 있다는 사실이다. 이러한 사실을 통해서 선덕왕
이 즉위하기 이전에 이미 일정한 기간 동안의 준비과정을 거쳤음을 확인
할 수 있다.

선덕왕이 즉위 이전의 준비과정에 대한 기록은 D-3에서도 확인할 수
있다. 이 기록은 김춘추와 문희의 혼인에 대한 것이다. 비록 선덕왕이
즉위한 이후의 사실로 기록되어 있지만, 김춘추의 장남인 法敏이 626년
(진평왕 48)에 출생하였으므로 문희와의 혼인은 적어도 625년 무렵으로
추정된다.[30] 따라서 사료 D-3도 선덕왕이 즉위하기 이전의 활동을 알
수 있는 자료로 활용이 가능하다.

이와 같이 진평왕은 덕만이 즉위하기 이전부터 관제를 정비하고, 외

29) 모란꽃과 관련해서는 善德女王을 옹립한 國人측이 즉위의 정당성을 내세우는 하
나의 방편으로 보거나(辛鍾遠, 1996,「『三國遺事』善德王知幾三事의 몇 가지 問
題」『新羅와 狼山』, 新羅文化宣揚會, 44~45쪽 ; 2004,『삼국유사 새로 읽기 1』
-기이편-, 일지사, 119~120쪽), 唐 太宗이 신라 왕실에 걸맞은 富貴를 상징
하는 의미에서 모란꽃 그림을 보낸 것이라고 이해하기도 한다(李晶淑, 1999,「眞
平王 末期의 政局과 善德王의 卽位」『白山學報』52, 219쪽 주 9) 참조). 한편
唐에 대한 事大主義와 慕華思想에서 당 황제의 豫知를 신성화시키는 것이라고
도 하며(文暻鉉, 1999,「弑王說과 善德女王」『白山學報』52, 284쪽), 善德은
唐 高祖가 보낸 牧丹과 같은 일을 알아 맞춘 明敏함을 보였고, 이것이 즉위 명분
으로 작용하였다고 한다(朴淳敎, 1999, 앞의 논문, 69쪽). 또한 모란꽃에 관한 것
은 선덕여왕이 정보를 장악한 설과이니, 이것은 곧 왕위를 계승하기 위한 사전
교육과 무관하지 않다고 하였다(조범환, 2000, 앞의 책, 25쪽).
30) 黃善榮, 1985,「新羅 武烈王家와 金庾信家의 嫡庶問題」『釜山史學』9, 5쪽 :
文暻鉉, 1987,「武烈王體制의 成立」『新羅社會의 新研究』, 新羅文化宣揚會,
98~99쪽.

교활동을 추진하면서 덕만의 존재를 당에게 알리는 한편 비교적 일찍부터 정치적인 부분에서도 일정한 역할을 수행하게 함으로써 후계자로서의 자질을 갖출 수 있도록 준비하였다. 또한 그러한 과정의 일환으로 '知幾三事'와 같이 덕만의 '寬仁明敏'한 자질을 부각시키거나[31] 종교적인 능력을 강조하였다.[32] 이러한 진평왕의 노력으로 덕만이 후계자로서의 지위를 유지할 수 있었지만, 거기에는 일정한 한계가 있었다. 사실 '지기삼사'를 부각시키고 종교적인 능력을 강조한다는 것이 역설적으로 덕만이 즉위하는데 많은 비판과 반대가 있었음을 의미하며, 따라서 즉위의 정당화를 위한 노력이 필요하였음을 반증하는 것이라고 할 수 있다.

진평왕이 죽은 이후에 선덕왕은 '聖骨男盡'의 이유로 즉위하였다. 이러한 선덕왕의 즉위에는 당시의 정치적 상황이 반영된 결과로 이해하고 있다. 즉 선덕왕이 즉위할 수 있었던 것은 진평왕의 왕권강화의 결과와[33] 함께 선덕왕을 지지하는 新貴族勢力과 반대하는 舊貴族勢力 사

---

31) 선덕왕의 知幾三事에 대한 연구는 다음과 같다.
    姜英卿, 1990,「新羅 善德王의 '知幾三事'에 대한 一考察」『원우논총』8 : 姜在哲, 1991, 「'善德女王知幾三事'條 說話의 硏究」『東洋學』21 : 辛鍾遠, 1996, 앞의 논문 ; 앞의 책 : 姜在哲, 2000,「善德王知幾三事條 說話의 歷史的 理解」『耳勤崔來沃敎授華甲紀念論文集 說話와 歷史』, 集文堂.
32) 선덕왕의 종교적인 능력은 巫俗信仰과 佛敎에 대해서 강조하고 있다.
    申瀅植, 1971,「新羅王位繼承考」『柳洪烈博士華甲紀念論叢』, 82쪽 : 文暻鉉, 1976,「新羅의 骨制」『大丘史學』11 ; 1983,『新羅史硏究』, 慶北大 出版部, 191쪽 : 李光奎, 1977,『韓國家族의 史的硏究』, 一志社, 27∼28쪽 : 井上秀雄, 1978,『古代朝鮮史序說-王者と宗敎-』, 東出版, 39∼40쪽 : 姜英卿, 1990, 앞의 논문, 193∼194쪽 : 姜在哲, 1991, 앞의 논문, 91∼93쪽 : 南東信, 1992, 「慈藏의 佛敎思想과 佛敎治國策」『韓國史硏究』76, 29∼30쪽 : 鄭容淑, 1994b, 앞의 논문, 259쪽 : 辛鍾遠, 1996, 앞의 논문, 56∼59쪽 ; 2004, 앞의 책, 133∼137쪽 : 안지원, 1997, 「신라 眞平王代 帝釋信仰과 왕권」『歷史敎育』63, 94쪽 : 朴淳敎, 1999, 앞의 논문, 80∼81쪽 주 2) 참조 : 김기흥, 2000, 앞의 책, 258쪽.
33) 鄭容淑, 1994a, 앞의 논문, 45쪽 : 朱甫暾, 1994,「毗曇의 亂과 善德王代 政治運營」『李基白先生古稀紀念 韓國史學論叢』上, 一潮閣, 217쪽 : 李晶淑,

이에 일정한 정치적인 타협의 결과라고 한다.[34] 여기서 주목되는 것은 '성골남진'을 이유로 내세워서 선덕왕을 즉위시킨 세력에 대한 문제이다. 당시의 정국은 진평왕이 죽기 직전에 발생하였던 柒宿의 모반사건을 진압한 김용춘과 김서현을 중심으로 하는 신귀족세력이 영향력을 행사하고 있었을 것이다. 그렇다면 '성골남진'을 이유로 선덕왕을 즉위시킨 세력은 신귀족세력이라고 할 수 있다.[35] 또 신귀족세력에 의해서 내세워진 '성골남진'의 이유가 반영이 되어 선덕왕이 즉위하였다면,[36] 결국 신귀족세력들의 영향력이 다른 세력들보다 우위에 있었음을 나타내는 것이라고 할 수 있다.

선덕왕이 즉위한 이후의 초기의 정국은 신귀족세력의 우위에 의해서 유지되었을 것이며, 신귀족세력은 사륜계인 김용춘과 가야계인 김서현이 그 중심세력을 형성하였을 것이다. 따라서 사륜계가 선덕왕이 즉위한 이후의 정국을 주도적으로 운영하였을 것으로 생각된다.

그러나 사륜계와는 달리 동륜계는 진평왕이 죽은 이후에 비록 선덕왕

1999, 앞의 논문, 226~227쪽. 한편 조경철은 불교의 '여인성불론'의 깨달음이 선덕왕 즉위에 중요한 역할을 하였다고 보았다(조경철, 2007, 「신라의 여왕과 여인성불론」『제50회 전국역사학대회 발표요지』, 136쪽).

34) 申瀅植, 1977, 「武烈王系의 成立과 活動」『韓國史論叢』2 ; 1984, 『韓國古代史의 新研究』, 一潮閣, 115쪽 ; 1983, 「金庾信家門의 成立과 活動」『梨花史學研究』13·14 ; 1984, 앞의 책, 249~250쪽 : 朴南守, 1987, 「統一主導勢力의 形成과 政治改革」『統一期의 新羅社會 研究』, 東國大 新羅文化研究所, 112쪽 : 金瑛河, 1988, 「新羅 中古期 政治過程 試論－中代王權 成立의 理解를 위한 前提－」『泰東古典研究』4, 25쪽 ; 2002, 『韓國古代社會의 軍事와 政治』, 高大 民族文化研究院, 259~260쪽 : 朱甫暾, 1993, 「金春秋의 外交活動과 新羅內政」『韓國學論集』20, 25쪽 ; 1994, 앞의 논문, 220~224쪽 : 朴勇國, 1996, 「新羅 中代 支配勢力의 形成過程과 그 性格」『慶尙史學』12, 7~8쪽.

35) 朱甫暾은 '聖骨男盡'을 김춘추와 김유신 세력이 주장한 것이라고 하였으나(朱甫暾, 1994, 앞의 논문, 224쪽), 김용춘과 김서현에 의해서 제기되었을 것이다.

36) 사륜계의 김용춘이 중심이 된 신귀족세력이 '聖骨男盡'을 주장하였다면, 결국 김용춘 자신은 聖骨이 아니라는 것을 스스로 인정하였다는 의미가 된다. 이와 같이 해석하는 것도 骨品制를 이해하는 하나의 단서가 될 수 있다.

이 즉위하였지만, 이제 그 명맥을 유지하는 것도 현실적으로 어려웠을 것으로 추측된다. 진평왕의 同母弟인 伯飯과 國飯도 선덕왕이 즉위할 무렵에는 고령이거나 이미 죽었을 것으로[37] 보인다. 때문에 실질적으로 동륜계는 선덕왕과 사촌인 勝曼만이 남게 되었다. 이러한 상황에서 선덕왕은 자연히 사륜계와의 협조를 통해서 그들의 도움으로 정국을 유지하려고 하였을 것이다.[38]

이와 관련하여 선덕왕 초기에 '攝持國政'을 하였다는 大臣 乙祭를[39] 주목할 필요가 있다. 을제가 수행하였던 '총지국정'의 내용에 대해서는 여러 가지의 견해가 있다.[40] 이러한 견해의 차이에 따라서 을제의 성격

---

37) 조범환, 2000, 앞의 책, 16쪽 : 朴勇國, 2000, 「善德王代 初의 政治的 實狀」『慶北史學』23, 261쪽.

38) 申瀅植은 선덕왕은 자신의 독자적인 세력 없이 龍春과 舒玄으로 대표되는 신귀족과의 균형 속에서 왕권을 유지한 것이라고 하였으며(申瀅植, 1983, 앞의 논문 ; 1984, 앞의 책, 249~250쪽), 朴南守는 선덕왕대의 정치는 舊貴族보다 龍春과 舒玄으로 대표되는 양가문의 영향력에 의하여 좌우되었다고 하였다(朴南守, 1987, 앞의 논문, 112쪽). 金瑛河는 선덕왕은 이미 성장해버린 귀족세력과 여성이라는 자기 한계 때문에 왕권강화를 위한 아무런 조치도 취하지 못하고, 진평왕 말엽의 정치체제를 유지하는 권력구조의 이중성을 노정하였다고 하였으며(金瑛河, 1988, 앞의 논문, 25쪽 ; 2002, 앞의 책, 260쪽), 朱甫暾은 선덕왕은 사실상 實權이 전혀 없는 존재였다고 하였다(朱甫暾, 1994, 앞의 논문, 231쪽). 또한 朴淳敎는 선덕왕이 강력한 정치적 리더십을 발휘하지 못했을 것이라고 하였고(朴淳敎, 1999, 앞의 논문, 100쪽), 朴勇國도 선덕왕이 즉위 직후 사실상 王者로서의 정치 지배력을 확보하지 못하였다고 보았다(朴勇國, 2000, 앞의 논문, 263쪽).

39) 朴南守는 飮葛文王의 '飮'을 '飯'의 刊誤로 본 武田幸男의 견해(武田幸男, 1975, 「新羅骨品制의 再檢討」『東洋文化研究所紀要』67, 196쪽)를 수용하여 이것을 불교식 이름으로 보고, 大臣 乙祭와 上大等 閼川은 각각 고유식 이름과 한자식 이름의 어느 하나에 해당하는 것으로 보아 세 사람을 동일 인물로 추정하였다(朴南守, 1992, 「新羅 和白會議의 機能과 性格」『水邨朴永錫教授華甲紀念 韓國史學論叢』上, 229쪽).

40) 乙祭의 정치적인 성격에 대해서는 크게 세 가지로 구분할 수 있다. 곧 乙祭가 선덕왕의 후견인으로써 정치를 보좌하는 역할을 담당하였을 것으로 파악하거나(李明植, 1990, 「新羅 中古期의 王權强化過程」『歷史教育論集』13·14, 327쪽 ; 1992, 『新羅政治史研究』, 螢雪出版社, 106~107쪽 : 高慶錫, 1994, 「毗曇의 亂

도 달라질 수 있다.

을제가 선덕왕이 즉위한 직후에 '총지국정'을 한 것으로 보아 그도 선덕왕의 즉위와 관련되었을 것으로 생각된다. 즉 선덕왕은 즉위하기 이전부터 반대세력들에 의하여 많은 불만과 함께 비판을 받았는데, 이러한 상황은 선덕왕이 즉위한 이후에도 계속되었을 것으로 보여진다.[41] 진평왕은 선덕왕의 즉위를 준비하는 과정에서 이와 같은 상황을 어느 정도 예상하였을 것이고, 자연 여기에 대한 대비책도 마련하였을 것이다. 그 대비책이 바로 을제로 하여금 선덕왕이 즉위한 이후에 '총지국정'을 함으로써 일정한 역할을 수행하도록 하는 것이다. 따라서 을제는 선덕왕의 측근세력이었다고 판단된다.

그런데 당시의 정국은 사륜계의 김용춘을 중심으로 한 신귀족세력들이 주도하면서 운영되고 있었는데, 신귀족세력과 을제와의 관계에 대해서 주목할 필요가 있다. 사륜계가 중심이 되어 정국이 운영된 상황에서 을제가 '총지국정'을 하였다면 어떠한 관계이든지 서로 연관을 맺고 있었을 것으로 생각되기 때문이다.

김용춘은 內省私臣에 임명되면서 진평왕과 정치적인 타협을 맺으며 진평왕대 후기의 정국에서 새롭게 등장하였다. 김용춘이 이렇게 등장할 수 있었던 것은 물론 진평왕과의 타협의 결과이기도 하지만, 그 타협이

의 성격 문제」『韓國古代史論叢』7, 265쪽 : 李晶淑, 1999, 앞의 논문, 223쪽 : 朴淳敎, 1999, 앞의 논문, 233쪽 : 조범환, 2000, 앞의 책, 30쪽), 을제가 上大等인 舊貴族勢力이었다고 하는 견해가 있다(李基白, 1962, 「上大等考」『歷史學報』19 ; 1974, 『新羅政治社會史研究』, 一潮閣, 129쪽 주 56) 참조 : 田鳳德, 1968, 「新羅 最高官職 上大等論」『韓國法制史研究』, 서울大 出版部, 323쪽 : 金瑛河, 1988, 앞의 논문, 26∼27쪽 ; 앞의 책, 260∼261쪽 : 朴海鉉, 1988, 앞의 논문, 20쪽 : 朴勇國, 2000, 앞의 논문, 267쪽). 한편 을제가 실질적으로 일정기간 왕권을 계승하였을 것으로 보기도 한다(辛鍾遠, 1996, 앞의 논문, 65쪽 ; 2004, 앞의 책, 144쪽).

41) 鄭容淑, 1994a, 앞의 논문, 59쪽.

이루어질 수 있었던 것은 역시 사륜계의 세력이 무시하지 못할 정도로
존재하고 있었기 때문일 것이다. 그리고 진평왕이 사륜계와의 타협을 시
도하였다는 것도 이러한 사륜계의 세력을 어느 정도 인정하였던 결과라
고 추측할 수 있다. 또한 진평왕이 사륜계와 타협을 하였던 이유는 자신
의 후계에 대한 문제, 즉 선덕왕의 즉위와 관련하여 사륜계인 김용춘의
도움을 필요로 하였기 때문이었을 것이다.

결국 김용춘이 진평왕과 타협한 이후에 선덕왕의 즉위에 협조를 하였
다면, 역시 선덕왕의 즉위 이후에 '총지국정'을 담당하며 선덕왕을 보좌
하였던 을제와도 같은 목적을 추구하는 관계였을 것이다. 따라서 선덕왕
의 즉위 초기에 '총지국정'을 하였던 을제는 김용춘과 친밀한 관계를 맺
으면서 선덕왕의 즉위에 협력하였던 親舍輪系였을 것으로 생각된다.[42]

을제의 후임으로 上大等으로 임명된 伊湌 水品에 대해서도 주목해
야 할 필요가 있다. 수품은 635년(선덕왕 4) 10월에 龍樹(春)와 함께 州
郡을 巡撫하고,[43] 이듬해 정월에 상대등에 임명되었다.[44] 지방 순무는
왕의 고유한 통치권의 하나이다.[45] 따라서 김용춘이 순무를 대행하였다
면 선덕왕대에 그가 상당한 정치적 활동을 수행하고 있었음을 알 수 있
다.[46] 이러한 김용춘이 수품과 함께 활동하였으므로 수품도 김용춘과
밀접한 관계를 형성하고 있었을 것이다. 결국 수품이 상대등에 임명되었
다는 사실로써 수품도 김용춘과 같이 선덕왕의 즉위에 협력하였던 친사
륜계라고 할 수 있을 것이다.[47]

---

42) 金德原, 1999,「新羅 中古期 舍輪系의 政治活動」『白山學報』 52, 272쪽.
43) 『三國史記』 권5, 新羅本紀5 善德王 4년 10월.
44) 『三國史記』 권5, 新羅本紀5 善德王 5년 정월.
45) 金瑛河, 1979,「新羅時代 巡狩의 性格」『民族文化研究』 14 ; 申瀅植, 1981,
　　「巡幸을 通하여 본 三國時代의 王」『韓國學報』 25 ; 1984, 改題「三國時代
　　王의 性格과 地位」앞의 책.
46) 金瑛河, 1987,「新羅 中古期의 中國認識」『古代韓中關係史의 研究』, 三知院,
　　160쪽 주 13) 참조.

한편 구귀족세력이라고 하여 반드시 왕권에 반대하였거나 신귀족세력과 대립한 것이 아니었다. 구귀족세력 역시 정국의 동향에 따라서 정치적 성격을 달리하며 다양한 정치세력으로 분화되었을 것이다. 이렇게 다양하게 분화된 정치세력들 중에서 선덕왕 초기의 정국은 사륜계인 김용춘과 가야계인 김서현이 중심이 되어 친사륜계 세력을 형성하면서 운영되었다. 이러한 현상은 적어도 백제에 침공으로 大耶城이 함락되기 이전까지 유지되었을 것이다.

이러한 사실은 선덕왕이 즉위한 이후에 활동하였던 인물들을 통해서 확인할 수 있다. 선덕왕대에 활동하였던 인물들은 大耶城이 함락되는 시기를 기준으로 하여 크게 구분할 수 있는데,[48] 『삼국사기』에 수록되어 있는 인물을 정리하면 다음의 <표 6>과 같다.

<표 6> 선덕왕대 초기의 인물 성향

성 명	연 도	관 등	관 직	활 동	성 향	비 고
乙祭	632년(선덕왕 원년)		大臣	摠持國政	(舍輪系)	(飮葛文王) (閼川)
水品	635년(선덕왕 4)	伊湌		州郡巡撫	〃	
	636년(선덕왕 5)	〃		上大等 임명		
龍樹(春)	635년(선덕왕 4)	〃		州郡巡撫	舍輪系	
閼川	636년(선덕왕 5)		將軍	玉門谷 전투	(舍輪系)	
	637년(선덕왕 6)			大將軍 임명		
	638년(선덕왕 7)		大將軍	七重城 전투		
思眞	637년(선덕왕 6)	伊湌		舒弗邯 임명		
眞珠	638년(선덕왕 8)	沙湌		北小京 경영		

( )는 추정임

<표 6>을 통해서 알 수 있는 것은 631년(진평왕 53)에 발생하였던 柒宿의 모반사건을 사륜계가 진압한 이후에 동륜계로 추정되는 인물들

---

47) 金德原, 1999, 앞의 논문, 272쪽.
48) 朴淳敎도 大耶城이 함락되기 이전을 선덕왕대 전반으로 규정하였다(朴淳敎, 1999, 앞의 논문, 90쪽).

을 찾아볼 수 없다는 사실이다. 이것은 진평왕이 죽고 선덕왕이 즉위하면
서 사륜계가 당시 정국의 주도권을 장악하였던 사실을 보여준다. 이와 같
이 선덕왕대 초기 정국을 사륜계가 장악함으로써 이것을 배경으로 하여
김춘추와 김유신이 선덕왕대에 활동을 할 수 있었으며, 이후 군사적인 기
반을 바탕으로 새로운 시대를 준비할 토대를 마련하게 되었다.

지금까지 살펴본 바와 같이 사륜계는 선덕왕이 즉위한 이후의 정국을
주도적으로 운영하였다. 이것은 김용춘이 내성사신으로 임명되면서부터
침체에 빠졌던 사륜계가 다시 활동을 시작하였던 결과였다. 김용춘은 김
서현과 함께 칠숙의 모반사건을 진압한 이후에 정치적인 위상을 중대시
키면서 신귀족세력으로 성장하였다. 그리고 이러한 정치적인 기반을 바
탕으로 김춘추와 김유신의 배후세력으로서 이들이 선덕왕과 진덕왕대에
활동할 수 있는 여건을 마련하였다.

제2절 백제의 침공과 大耶城의 함락

1. 백제의 침공

선덕왕이 즉위하면서 정국의 주도권을 장악한 사륜계는 당시 신라에
위협을 가하던 백제의 침공으로부터 벗어나기 위하여 무력기반을 확충
하면서 세력을 강화해 나갔다. 그것은 백제와의 국경을 접하고 있는 전
략적 요충지인 大耶城을 중심으로 이루어졌다.

일반적으로 7세기 중엽은 동아시아에서 격동의 시대로 이해하고 있
다. 이 시기는 고구려·백제·신라 삼국이 치열한 전쟁을 치르며 서로
대립하던 시기이다. 그 중에서도 특히 642년은 삼국에서 각각 정치적으
로 중요한 사건들이 발생하였다는 공통점이 있다. 고구려에서는 淵蓋蘇

文이 榮留王을 포함하여 100여 명의[49] 귀족을 죽이는 政變을 일으키고 새롭게 寶藏王을 즉위시키며 정권을 장악하였다.[50] 백제에서도 義慈王이 왕권을 강화하기 위해서 왕족과 귀족 40여 명을 섬으로 추방하는 사건이 일어났다.[51] 또한 신라에서는 서쪽 국경의 중요한 전략적 요충지인 大耶城을 포함한 40여 성이 백제에게 함락되는 국가적인 위기를 맞게 되었다.[52]

이와 같이 642년에 발생한 사건들은 각각의 개별적인 것이 아니라 이후에 삼국이 서로 관련을 맺게되는 하나의 큰 사건으로 이어졌다.[53] 특히 대야성이 함락된 이후에는 더 이상 삼국의 문제로 끝나는 것이 아니라 이후 唐과 倭라는 주변 세력이 함께 관련된 동아시아의 국제적인 문제로 확대되고 발전되었다.[54]

---

49) 『三國史記』에는 100여 명으로 기록되어 있으나 『日本書紀』에는 180여 명으로 기록되어 있다.

50) 『三國史記』 권20, 高句麗本紀8 榮留王 25년 겨울 10월 ; 同 권49, 列傳9 蓋蘇文 ; 『日本書紀』 권24, 皇極紀 원년 가을 9월.

51) 『日本書紀』 권24, 皇極紀 원년 봄 정월 및 2월.

52) 『三國史記』 권5, 新羅本紀5 善德王 11년 8월 ; 同 권28, 百濟本紀6 義慈王 2년 8월 ; 同 권41, 列傳1 金庾信 上.

53) 鈴木靖民은 7세기 중엽인 642년에 삼국에서 공통적으로 발생하였던 일련의 정치적인 사건들을 중국의 隋·唐이라는 統一王朝의 등장과 관련하여 파악하였다(鈴木靖民, 1992, 「七世紀東アジアの爭亂と變革」 『新版 古代の日本』 2 ; 1993, 「7世紀 中葉 百濟의 政變과 東아시아」 『百濟史의 比較研究』, 忠南大 百濟研究所). 한편 金瑛河는 7세기 중엽의 거의 같은 시기에 삼국의 내부에서 일어난 新進貴族勢力의 부상은 대외적으로 강경책을 예고하는 정치현상이라고 하였다(金瑛河, 1999, 「新羅의 百濟統合戰爭과 體制變化」 『韓國古代史研究』 16, 112쪽 ; 2007, 『新羅中代社會研究』, 일지사, 130쪽).

54) 金德原, 2005, 「新羅 善德王代 大耶城 함락의 의미」 『東峰申千湜教授停年記念史學論叢』 참조. 鄭孝雲도 이 사건 이후에 동아시아 諸國의 대외관계 구조 즉 신라·당 그리고 백제·고구려·왜의 상반되는 두 세력권을 배태시키는 계기가 되었다고 하였다(鄭孝雲, 1990, 「七世紀代의 韓日關係의 研究-白江口戰에의 倭軍派遣 動機를 중심으로-」 上 『考古歷史學志』 4·5, 144쪽 ; 1995, 『古代韓日政治交涉史研究』, 學研文化社, 61쪽).

7세기 중엽에 동아시아가 격동의 시대로 접어들었던 원인을 제공한 것은 백제였다. 백제는 554년에 신라를 공격하다가 管山城 전투에서 聖王이 전사하면서 국가적 위기를 맞이하였다.[55] 이 때문에 威德王이 즉위한 초기에는 왕권이 약화되고 귀족들의 세력이 강화되었다.[56] 이러한 상황에서도 위덕왕은 재위 10년까지 대외적으로 對新羅 공략에 치중하였으나[57] 이후 소강 소강 국면으로 접어들었다. 이에 위덕왕은 대내적으로 왕권을 강화하기 위한 기반 마련에 주력하였다.[58]

이후 惠王과 法王을 거치면서 비교적 지지기반이 약한 武王이 즉위하였다.[59] 그러나 무왕대에도 이전과 마찬가지로 신라에 대한 파상적인 공격을 전개하였는데, 그 기록은 다음과 같다.

E-1. 가을 8월에 백제가 阿莫城을 공격해 왔으므로 왕이 장수와 군사로 하여금 맞서 싸우게 하여 크게 쳐부수었으나 貴山과 箒項이 전사하였다.[60]

---

55) 『三國史記』 권4, 新羅本紀4 眞興王 15년 ; 同 권26, 百濟本紀4 聖王 32년 7월 ; 同 권41, 列傳1 金庾信 上.

56) 盧重國, 1988, 『百濟政治史硏究』, 一潮閣, 176~183쪽 : 金周成, 1990, 『百濟 泗沘時代 政治史硏究』, 全南大 博士學位論文, 64~72쪽.

57) 金德原, 2002, 「眞智王의 卽位에 대한 再檢討」 『白山學報』 63, 225쪽.

58) 일반적으로 威德王代는 왕권보다 귀족들을 중심으로 정국이 운영된 것으로 이해하고 있다(盧重國, 1988, 앞의 책, 176~183쪽 : 金周成, 1990, 앞의 논문, 64~72쪽). 그러나 위덕왕은 꾸준히 자신의 지배력과 권위를 강화하여 '耆老'세력들 중심의 정국운영을 극복하고 어느 정도 국왕중심의 정치운영을 지향하였다는 견해가 제기되었다(梁起錫, 1990, 「百濟 威德王代 王權의 存在形態와 性格」 『百濟硏究』 21).
특히 扶餘 陵山里 寺院의 창건과 관련하여 위덕왕대의 왕권이 강화되는 과정을 고찰한 견해들이 발표되어 주목된다.
金壽泰, 1998, 「百濟 威德王代 扶餘 陵山里 寺院의 創建」 『百濟文化』 27 : 金相鉉, 1999, 「百濟 威德王代의 父王을 위한 追福과 夢殿觀音」 『韓國古代史硏究』 15 : 김수태, 2004, 「百濟 威德王의 정치와 외교」 『韓國人物史硏究』 2.

59) 盧重國, 1988, 앞의 책, 192~197쪽.

60) 『三國史記』 권4, 新羅本紀4 眞平王 24년 가을 8월.

2. 3년 가을 8월에 군사를 내어 신라의 阿莫山城(또는 母山城이라고도 함)
을 포위하였다. 신라 진평왕이 精騎 수 천을 보내어 막아 싸우니, 우리
군사가 이로움을 잃고 돌아왔다. 신라가 小陀·畏石·泉山·甕岑의 4
성을 쌓고 우리 國境을 침범하여 오므로 (무)왕이 怒하여 佐平 解讎로
하여금 步騎 4만을 거느리고 그 4성을 공격하게 하였다. … 武殷의 아
들 貴山이 크게 소리치기를 "내가 일찍이 스승에게 가르침을 받기를
'軍士는 전쟁에서 물러서지 않는다.'라고 하였는데, 어찌 감히 도망쳐 물
러가 스승의 가르침을 저버리랴!"하고 말을 아버지에게 주고, 少將 箒項
과 함께 창을 휘두르며 힘껏 싸우다가 죽었다. 나머지 군사가 이를 보고
더욱 분발하니, 我軍이 패하고 解讎가 겨우 면하여 單騎로 돌아왔다.61)

3. 진평왕 建福 19년 壬戌 8월에 백제가 크게 군사를 일으켜서 阿莫(또는
暮라고도 함)城을 포위하니, (진평)왕이 將軍 波珍干 乾品·武梨屈·
伊梨伐, 級干 武殷·比梨耶 등으로 하여금 군사를 거느리고 막게 하였
는데, 貴山과 箒項도 함께 少監職으로 전선에 나갔다. … 귀산이 큰 소
리로 외치기를 "내가 일찍이 스승에게 들으니 '선비는 전쟁에 있어 물러
서지 않는다.'라고 하였다. 어찌 감히 달아날까 보냐!"하며 적 수십 명을
擊殺하고, 자기 말로 아버지를 태워 보낸 다음 추항과 함께 창을 휘두르
며 힘껏 싸우니, 諸軍이 (이것을) 보고 奮擊하였다. 적의 넘어진 시체가
들판에 가득하여 한 필의 말, 한 채의 수레도 돌아간 것이 없었다. 귀산
등도 온 몸을 칼에 맞아 中路에서 죽었다.62)

4. (6년) 8월에 신라가 동쪽 國境을 침범하였다.63)

5. (12년) 10월에 신라의 椵岑城을 포위하여 城主 讚德을 죽이고, 그 성을
함락하였다.64)

6. 奚論은 牟梁人이다. 그의 아버지 讚德은 용감한 뜻과 영특한 절개가 있
어 한때 이름이 높았다. 建福 27년 庚午에 眞平大王이 찬덕을 선발하여
椵岑城 縣令을 삼았다. 이듬해 辛未 10월에 백제가 크게 군사를 일으켜
서 椵岑城을 침공하기를 백여 일이나 되었다. 진평왕이 장수들에게 명
하여 上州·下州·新州의 군사를 거느리고 구원케 하여 백제인과 싸우
다가 이기지 못하고 돌아왔다. … (이듬해) 정월이 되어 사람들이 이미
지칠 대로 지치고 성은 장차 함락 당하려고 하여 형세기 회복할 수 없게

61) 『三國史記』 권27, 百濟本紀5 武王 3년 8월.
62) 『三國史記』 권45, 列傳5 貴山.
63) 『三國史記』 권27, 百濟本紀5 武王 6년 8월.
64) 『三國史記』 권27, 百濟本紀5 武王 12년 10월.

끔 되었다. 찬덕은 이에 하늘을 우러러 크게 외치기를 "우리 임금이 나에게 한 성을 맡겼는데, 능히 보전하지 못하고 적에 패하게 되었다. 죽어서라도 큰 惡鬼가 되어 백제인들을 모두 물어 죽이고 이 성을 수복하겠다."라 하고 드디어 팔을 휘두르고 눈을 부릅뜨고 달려나가다가 부딪쳐 죽이니, 이에 성은 함락되고 군사들은 모두 항복하였다.[65]

7. 17년 10월에 達率 苩奇에게 명하여 군사 8천 명을 거느리고 신라의 母山城을 공격하였다.[66]

8. 19년에 신라의 將軍 邊品 등이 와서 椵岑城을 쳐서 회복하였는데, (이때) 奚論이 전사하였다.[67]

9. 奚論은 20여 세에 아버지의 戰功으로 大奈麻가 되었다. 建福 35년 戊寅에 (진평)왕이 해론을 명하여 金山幢主로 삼아 漢山州都督 邊品과 함께 군사를 일으켜서 椵岑城을 襲取하였는데, 백제에서 이를 듣고 군사를 일으켜서 오니, 해론 등이 반격하여 서로 싸우게 되었다. 이때 해론이 여러 장수들에게 이르기를 "전에 우리 아버지가 여기서 세상을 떠났는데, 나도 지금 백제인과 여기서 싸우게 되었으니, 이것은 나의 죽는 날이다."라 하고 드디어 칼을 가지고 적진으로 달려가 여러 사람을 죽이고 자신도 죽었다. (진평)왕이 듣고 눈물을 흘리며 그 가족들을 후하게 贈恤하였다. 당시 사람으로 애도하지 않는 사람이 없었고, 그를 위하여 長歌를 지어 弔慰하기로 하였다.[68]

10. 24년 가을에 군사를 보내어 신라의 勒弩縣을 침공하였다.[69]

11. (25년) 10월에 신라의 速含·櫻岑·歧岑·烽岑·旗懸·冗柵 등 6성을 쳐서 빼앗았다.[70]

12. 訥催는 沙梁人으로 大奈麻 都非의 아들이다. 진평왕 建福 41년 甲申 10월에 백제가 크게 군사를 일으켜서 來侵하였는데, 군사를 나누어 速含·櫻岑·妓岑·烽岑·旗懸·冗柵 등 6성을 포위하고 공격하니, (진평)왕이 上州·下州와 貴幢·法幢·誓幢 5軍을 명하여 구원하게 하였다. (5군이) 이미 도착하여 백제의 군사가 진영을 갖춘 것이 당당함을 보고 그 銳鋒을 당해낼 수 없을 것 같아 머뭇거리며 진격하지 못하였다.

---

65) 『三國史記』 권47, 列傳7 奚論.
66) 『三國史記』 권27, 百濟本紀5 武王 17년 10월.
67) 『三國史記』 권27, 百濟本紀5 武王 19년.
68) 『三國史記』 권47, 列傳7 奚論.
69) 『三國史記』 권27, 百濟本紀5 武王 24년.
70) 『三國史記』 권27, 百濟本紀5 武王 25년 10월.

어느 사람이 주장하기를 "대왕께서 5군을 여러 장군에게 맡겼으니, 국가의 존망이 이 한 싸움에 달렸다. 兵家의 말에 '승리가 판단되면 진격하고, 어려울 것 같으면 후퇴하라.'고 하였는데, 지금 强敵이 앞에 있으니 계략을 쓰지 않고 직진하였다가 만일 뜻대로 되지 않으면 후회하여도 소용이 없다."라고 하였다. … 71)

13. (27년) 8월에 군사를 보내어 신라의 王在城을 쳐서 城主 東所를 잡아죽였다.72)

14. 28년 7월에 왕이 將軍 沙乞에게 명하여 신라 西邊의 두 성을 함락케 하고, 남녀 3백여 명을 사로잡았다. (무)왕이 신라가 빼앗은 토지를 회복하려 하여 크게 군사를 일으켜서 熊津에 주둔하였다. 신라의 진평왕이 이를 듣고 唐에 使臣을 보내어 위급함을 알리니, (무)왕이 듣고 그만두었다.73)

15. 29년 2월에 군사를 보내어 신라의 椵峰城을 쳤으나 이기지 못하고 돌아왔다.74)

위의 기록은 무왕이 즉위한 이후부터 신라의 진평왕이 재위하던 기간 동안에 일어났던 전쟁에 대한 내용이다. 기록을 통해서 무왕은 즉위 초기부터 약 30년 동안 모두 10차례에 걸쳐서 신라와 전쟁을 수행하여 평균 3년에 한 번 싸웠음을 알 수 있다. 특히 무왕 24년 이후부터는 26년을 제외하고 매년 신라와 전쟁을 벌이고 있다.75) 이와 같이 무왕대에 적극적으로 신라를 침략한 것은 당시 통일왕조로 등장한 중국의 隋·唐과의 관계도 일정하게 작용하였을 것으로 생각된다.76)

---

71) 『三國史記』 권47, 列傳7 訥催.
72) 『三國史記』 권27, 百濟本紀5 武王 27년 8월.
73) 『三國史記』 권27, 百濟本紀5 武王 28년 7월.
74) 『三國史記』 권27, 百濟本紀5 武王 29년 2월.
75) 강봉원은 武王代에 발생한 신라와의 전쟁이 백제로서는 국가의 사활이 걸려있는 아주 중요한 것이라고 하였다(강봉원, 2002, 「백제 무왕과 '서동'의 관계 재검토 −신라와 백제의 정치·군사적 관계를 중심으로−」 『白山學報』 63, 146쪽).
76) 정동준은 백제 武王代의 對隋外交가 고구려의 관심을 한강유역에서 멀어지게 함으로써 신라와의 전쟁에 집중할 수 있었다고 하였다(정동준, 2002, 「7세기 전반 백제의 대외관계」 『역사와 현실』 46, 40∼41쪽). 한편 金壽泰는 무왕대에 隋에

그런데 위의 기록에서 주목되는 것은 611년(무왕 12)을 기준으로 그 결과가 서로 반대되는 모습을 보인다는 사실이다. 즉 위의 사료 E-1·2·3 에 기록된 602년(무왕 3)의 阿莫城 전투는 무왕이 즉위한 이후에 처음 으로 보이는 신라와의 전쟁 기록이다. 그런데 백제는 이 전투에서 554년 의 管山城 전투에서 입었던 피해를 능가할 만큼의 참패를 당하였다. 아 마도 아막성 전투는 즉위 초기에 왕권의 기반이 취약하였던 무왕의 주도 로 이루어졌다기보다는 오히려 귀족들의 의지가 반영된 것으로 보인 다.77) 그리고 아막성 전투에서의 참패로 귀족세력의 권력이 약화되었고, 이후 무왕에 의한 왕권강화가 이루어지게 되었을 것이다.78) 따라서 아 막성 전투는 무왕이 왕권을 강화해 나가는 과정에서 중요한 분기점이 되 는 사건이라고 할 수 있다.

602년의 아막성 전투 이후에는 백제가 신라와의 전투에서 우세한 모 습을 보이고 있다.79) 특히 위의 사료 E-11·12에 기록된 624년(무왕 25) 의 速含 등 6城 전투의 결과는 무왕대 최대의 성과였다.80) 이러한 과정 을 거치면서 무왕은 왕권강화를 위한 작업을 착실하게 수행할 수 있었 다.81)

이어 唐과도 軍事同盟의 관계를 체결하고자 하였으며, 對新羅 공격에 대하여 당 의 묵인 내지는 협조를 얻으려고 하였던 것으로 파악하였다(金壽泰, 1991,「百濟 의 滅亡과 唐」『百濟研究』22, 155~157쪽).

77) 김병남, 2004,「百濟 武王代 阿莫城 전투 과정과 그 결과」『全南史學』22, 113쪽.

78) 金周成, 1993,「백제 무왕의 사찰건립과 권력강화」『韓國古代史研究』6, 275쪽 : 박민경, 2000,「武王·義慈王代 政局運營의 研究」『韓國古代史研究』20, 575쪽.

79) 金周成, 1993, 앞의 논문, 276쪽.

80) 정동준, 2002, 앞의 논문, 53쪽. 김병남은 무왕이 624년(무왕 25) 이후에 오늘날의 雲峰 지역에서 南江을 따라 晋州까지 진출하여 신라의 西邊을 괴롭혔다고 하였 다(김병남, 2004, 앞의 논문, 118~119쪽).

81) 武王代에 관한 대표적인 연구성과는 다음과 같다.
盧重國, 1986,「『三國遺事』武王條의 再檢討-泗沘時代後期 百濟支配體制 와 관련하여-」『韓國傳統文化研究』2 : 金周成, 1992, 앞의 논문 : 兪元載, 1996,「百濟 武王의 益山經營」『百濟文化』25 : 金周成, 1998,「百濟 武王의

백제의 적극적인 침공은 당시 신라의 진평왕에게는 정치적으로 상당한 부담으로 작용하였을 것이다. 따라서 백제의 침공에 대해서 신라에서는 많은 피해를 입으면서도 적극적으로 방어하였다. 이것은 貴山·箒項·讚德·奚論·訥催 등 『삼국사기』列傳에 수록된 인물들이 대부분 진평왕대 백제와의 전쟁에서 활약하였던 기록을 통해서도 당시 신라가 백제의 침공에 적극적으로 대처하였던 사정을 알 수 있다. 이러한 사실은 백제의 침공이 그만큼 신라에게 국가적으로 위기의식을 갖게 하기에 충분하였음을 의미하는 것이다.[82]

신라에 대한 백제의 침공은 선덕왕이 즉위한 이후에도 계속되었는데, 그 기록은 다음과 같다.

F-1. (33년) 7월에 군사를 일으켜서 신라를 공격하였으나 이롭지 못하였다.[83]

2. 34년 8월에 將帥를 보내어 신라의 西谷城을 쳐서 13일 만에 함락하였다.[84]

3. (37년) 5월에 (무)왕은 將軍 于召에게 명하여 甲士 5백 명을 이끌고 가서 신라의 獨山城을 侵襲하였다. 우소가 玉門谷에 이르자 해가 지므로 안장을 풀고 군사를 쉬게 하였는데, 신라의 將軍 閼川이 군사를 이끌고 엄습해 와서 무찔렀다. 우소는 큰 돌 위에 올라가서 활을 당겨 拒戰하다가 화살이 다하여 사로잡혔다.[85]

治績」『百濟文化』27 : 金壽泰, 1999,「百濟 武王代의 政治勢力」『馬韓·百濟文化』14 : 盧重國, 1999,「百濟 武王과 知命法師」『韓國史研究』107 : 박민경, 2000, 앞의 논문 : 김병남, 2002,「百濟 武王代의 領域 확대와 그 의의」『韓國上古史學報』38 : 강봉원, 2002, 앞의 논문.

82) 金德原, 2003a,『新羅 中古期 舍輪系의 政治活動 硏究』, 明知大 博士學位論文, 115쪽. 한편 신라와 백제 사이에 군사적 충돌과 정치적 긴장관계가 형성되었다고 하더라도 신라의 皇龍寺九層塔을 건립하기 위해서 백제가 阿非知를 비롯한 기술자를 파견하는 문화적인 접촉이나 또는 武王과 善花公主의 결혼 등과 같은 우호관계를 맺기도 하였다(盧重國, 2000,「新羅와 百濟의 交涉과 交流－6·7세기를 중심으로－」『新羅文化』17·18, 145～147쪽 및 157쪽).

83) 『三國史記』권27, 百濟本紀5 武王 33년 7월.

84) 『三國史記』권27, 百濟本紀5 武王 34년 8월.

4. 둘째는 靈廟寺 玉門池에 겨울인데도 개구리들이 많이 모여들어 3~4일 동안 울어댄 일이 있었다. 나라 사람들이 괴상히 여겨 (선덕)왕에게 물었다. 그러자 (선덕)왕은 급히 角干 閼川과 弼呑 등에게 명하여 精兵 2천 명을 뽑아 가지고 속히 서쪽 교외로 가서 女根谷이 어딘지 찾아가면 반드시 賊兵이 있을 것이니 엄습해서 모두 죽이라고 하였다. 두 角干이 명을 받고 각각 군사 1천 명을 거느리고 서쪽 교외에 가서 물었다. 富山 아래에 과연 女根谷이 있고, 백제 군사 5백 명이 와서 거기에 숨어 있었으므로 이들을 모두 죽여버렸다. 백제 將軍 亏召가 남산 고개의 바위 위에 숨어 있었으므로 포위하고 활로 쏘아 죽였다. 또 뒤에 군사 1천 3백 명이 따라오고 있었는데, 이를 쳐서 한 사람도 남기지 않고 모두 죽였다.[86]

5. (2년) 7월에 (의자)왕이 친히 군사를 이끌고 신라를 쳐서 獼猴 등 40여 성을 함락시켰다.[87]

6. (2년) 8월에 將軍 允忠을 보내어 군사 1만 명을 거느리고 신라의 大耶城을 쳤다. 城主 品釋이 妻子와 함께 나와 항복하자 윤충이 모두 죽이고, 그 머리를 베어 王都에 전하였다. (또) 남녀 1천여 명을 사로잡아 나라 서쪽의 州縣에 나누어 살게 하고, 군사를 머물러 그 성을 지키게 하였다.[88]

7. 이 달에 백제 將軍 允忠이 군사를 거느리고 와서 大耶城을 攻拔하니, 都督 伊湌 品釋과 舍知 竹竹·龍石 등이 전사하였다.[89]

8. 善德大王 11년 壬寅에 백제가 大梁州를 함락하였을 때 春秋公의 딸 古陀炤娘이 남편 品釋을 따라 죽었다.[90]

9. 竹竹은 大耶州 사람이다. 아버지 郝熱은 撰干으로 있었는데, 선덕왕대에 舍知가 되어 大耶城 都督 金品釋의 幢下에서 보좌하였다. 同王 11년 壬寅 8월에 백제의 將軍 允忠이 군사를 거느리고 와서 그 城을 공격하였다. … 죽죽이 남은 군사를 수습하여 성문을 닫고 앞장서서 막았는데, 舍知 龍石이 죽죽에게 이르기를 "지금 전세가 이렇게 되었으니, 반드시 보전할 수 없을 것이다. 살아서 항복하였다가 후일을 도모함만 같지 못하다."라고 하니, (죽죽이) 대답하기를 "그대 말이 당연하나 우리

---

85) 『三國史記』 권27, 百濟本紀5 武王 37년 5월.
86) 『三國遺事』 권1, 紀異1 善德王知幾三事.
87) 『三國史記』 권28, 百濟本紀6 義慈王 2년 7월.
88) 『三國史記』 권28, 百濟本紀6 義慈王 2년 8월.
89) 『三國史記』 권5, 新羅本紀5 善德王 11년 8월.
90) 『三國史記』 권41, 列傳1 金庾信 上.

아버지가 나를 죽죽이라고 이름지어 준 것은 나로 하여금 歲寒에도 (松柏처럼) 퇴색하지 않고, 꺾어도 굴하지 않게 함이다. 어찌 죽음을 겁내어 살아서 항복할 것인가?"라 하고 힘써 싸우다가 성이 함락하게 되자 용석과 함께 죽었다.[91]

10. (3년) 11월에 (의자)왕이 고구려와 和親하고 신라의 黨項城을 취하여 入朝의 길을 막으려고 군사를 일으켜서 공격하였다. 新羅王 德曼이 唐에 사신을 보내어 군사를 청하니, (의자)왕이 듣고 군사를 罷하였다.[92]

11. (4년) 9월에 신라 將軍 庾信이 군사를 거느리고 침공하여 7城을 취하였다.[93]

12. 5년 5월에 (의자)왕은 (唐) 太宗이 고구려를 親征하는 동시에 신라의 군사를 징발한다는 말을 듣고 그 틈을 타서 신라의 7성을 襲取하니, 신라에서는 將軍 (金)庾信을 보내어 來侵하였다.[94]

13. 素那(또는 金川이라고도 함)는 白城郡 陀山人이다. 그의 아버지는 沈那(또는 煌川이라고도 함)인데, 힘이 남보다 세고 몸이 가볍고 또 재빨랐다. 陀山의 경계는 백제와 交錯하였기 때문에 서로 侵寇하여 공격이 없는 날이 없었다. 침나나 출전할 때마다 향하는 곳에 굳센 적진이 없었다. 仁平年間에 白城郡에서 군사를 출동하여 백제의 邊邑을 抄擊하니, 백제에서도 精兵을 내어 급히 치므로 우리편 군사들이 어지럽게 퇴각하였다. 그러나 침나는 혼자 서서 칼을 빼들고 성난 눈으로 크게 꾸짖으며 수십 여 명을 베어 죽이니, 적이 두려워 감히 당하지 못하고 드디어 군사를 이끌고 달아났다. 백제인이 침나를 지목하여 "신라의 飛將이다."라 하고, 이어 서로 말하기를 "침나가 아직도 살아 있으니, 白城에 가까이 하지 말라!"고 하였다.[95]

위의 기록은 신라 선덕왕대에 일어났던 백제의 침공과 관련된 내용이다. 신라는 진평왕대에 이어 선덕왕대에도 계속해서 백제의 침공을 받았다. 백제는 무왕을 이어 즉위한 의자왕의 對新羅 강경책을 기반으로 매

---

91) 『三國史記』 권47, 列傳7 竹竹.
92) 『三國史記』 권27, 百濟本紀6 義慈王 3년 11월.
93) 『三國史記』 권27, 百濟本紀6 義慈王 4년 9월.
94) 『三國史記』 권27, 百濟本紀6 義慈王 5년 5월.
95) 『三國史記』 권47, 列傳7 素那.

년 신라를 침략하여 大耶城을 비롯한 신라의 國西 40여 성을 탈취하는 성과를 거두었다.

신라에 대한 의자왕의 대신라 강경책은 이미 무왕 말년부터 시작되었을 것으로 생각된다. 왜냐하면 무왕은 同王 35년에 王興寺가 준공된 이후에는 이전과는 다른 모습을 보이고 있기 때문이다. 즉 무왕은 이때부터 太子인 義慈에게 정국운영을 맡기고 정치일선에서 물러났을 것으로 생각된다.96) 따라서 무왕 35년 이후의 신라에 대한 정책은 태자인 의자를 중심으로 이루어졌으며, 그 결과가 무왕 37년의 玉門谷 전투로 나타났을 것이다. 백제는 이 전투에서 신라에게 패하였지만, 신라의 영토 내에 깊숙이 침입하였던 것은 태자인 의자가 정국을 운영하는데 있어서 대신라 강경책의 실험적인 성격을 띠었을 것으로 생각된다. 그리고 무왕대의 이러한 경험이 이후 642년(의자왕 2)에 신라를 親征할 수 있는 토대가 되었고, 마침내 大耶城을 함락시키는 결과로 이어졌을 것이다.

2. 大耶城 함락의 의미

백제는 무왕대에 대신라 강경책을 실시하여 적극적으로 침공정책을 추진하였는데, 이러한 정책은 의자왕대에도 계속해서 이어졌다. 그런데 백제는 의자왕이 즉위한 이후에 정치적으로 안정된 상황은 아니었던 것 같다. 이러한 사실은 의자왕이 즉위한 초기에 발생하였던 政變을 통해서 알 수 있는데, 이와 관련된 기록은 다음과 같다.

---

96) 朴淳敎, 1999, 앞의 논문, 113쪽. 한편 金壽泰는 무왕이 왕권강화를 통하여 왕위의 長子相續을 확실히 하였다고 파악하였다(金壽泰, 1992a, 「百濟 義慈王代의 政治變動」『韓國古代史硏究』5, 61쪽). 太子 義慈는 이러한 기반을 바탕으로 對新羅 강경책을 추진하였을 것이다.

금년 정월에 국왕의 어머니가 죽었고, 또 아우 왕자의 아들 翹岐와 누이동생 4명, 內佐平 岐味, 그리고 이름 높은 사람 40여 명이 섬으로 추방되었다.[97]

위의 기록은 642년(의자왕 2)에 백제에서 발생하였던 정변에 대한 내용이다.[98] 의자왕은 즉위 초기에 발생하였던 정변을 통해서 귀족세력들을 제거하며 왕권을 강화하였으며,[99] 이러한 왕권강화를 바탕으로 신라에 대한 침공의 고삐를 늦추지 않았다. 즉 의자왕은 즉위 2년부터 매년 신라에 대해서 적극적인 침공을 시도하였는데, 특히 642년(의자왕 2) 7월에는 직접 親征을 실시하여 신라의 獼猴城 등 40여 성을 함락시키며,[100] 이전보다 신라에 대한 침공을 더 적극적으로 감행하고 있다.[101]

---

97) 『日本書紀』 권24, 皇極紀 元年 2월.
98) 李道學은 의자왕대의 정변이 일반적으로 알려진 것과 같이 642년이 아니라 655년(의자왕 15)에 발생하였으며, 孝와 隆의 외가세력 사이의 갈등에서 孝의 외가세력이 의자왕을 끼고 단행한 정변이라고 하였다(李道學, 1997, 「『日本書紀』의 百濟 義慈王代 政變記事의 檢討」 『韓國古代社會의 地方支配』, 신서원, 413~414쪽 ; 2004, 「百濟 義慈王代의 政變 變動에 대한 檢討」 『東國史學』 40, 96쪽). 양종국도 이 견해를 수용하고 있다(양종국, 2002, 「7세기 중엽 義慈王의 政治와 동아시아 국제관계의 변화-義慈王에 대한 재평가(1)-」 『百濟文化』 31, 212쪽 ; 2004, 『백제 멸망의 진실』, 주류성, 64쪽).
99) 義慈王代에 관한 대표적인 연구성과는 다음과 같다.
梁起錫, 1982, 「百濟 義慈王代의 政治的 變革」 『湖西史學』 10 : 盧重國, 1988, 「武王 및 義慈王代의 政治改革」, 앞의 책 : 金周成, 1988, 「義慈王代 政治勢力의 動向과 百濟滅亡」 『百濟研究』 19 : 金壽泰, 1992a, 앞의 논문 ; 1992b, 「百濟 義慈王代의 太子冊封」 『百濟研究』 23 : 李道學, 1997, 앞의 논문 : 金壽泰, 1998, 「百濟 義慈王代 王族의 動向」 『百濟研究』 28 : 박민경, 2000, 앞의 논문 : 양종국, 2002, 앞의 논문 : 문안식, 2004, 「의자왕 전반기의 신라 공격과 영토확장」 『慶州史學』 23 : 李道學, 2004, 앞의 논문.
100) 『三國史記』 권5, 新羅本紀5 善德王 11년 가을 7월 ; 同 권28, 百濟本紀6 義慈王 2년 7월.
101) 金壽泰, 1991, 「百濟의 滅亡과 唐」 『百濟研究』 22, 159쪽 : 정동준, 2002, 「7세기 전반 백제의 대외관계」 『역사와 현실』 46, 60쪽. 한편 鄭孝雲은 의자왕이 국내의 모순을 수습하고 권력의 집중을 꾀하기 위한 의도에서 대외적 전쟁을 일으켰다고 하였으며(鄭孝雲, 1995, 앞의 책, 67쪽), 박민경도 의자왕의 '親率'은

이러한 사실에서 대신라 강경책은 의자왕의 정책 가운데 가장 중요한 것 중의 하나였음을 알 수 있다.[102]

백제의 침공 가운데에서 신라에게 가장 큰 타격을 준 것은 바로 大耶城의 함락이었다. 대야성은 신라의 서쪽 변경을 방어하는데 중요한 전략적 요충지인데,[103] 이곳이 함락됨으로써 신라는 王都 慶州의 안전마저 위협 당할 수 있는 국가적인 위기상황을 맞게 되었다. 이러한 전략적 요충지인 대야성의 都督은 伊湌 金品釋이었다. 그는 당시 신라에서 신귀족세력을 대표하며 실질적인 세력을 형성하고 있었던 김춘추의 사위였는데, 대야성이 함락될 때 자신의 妻子와 함께 백제의 군사들에게 죽임을 당하였다.

그런데 신라의 전략적 요충지인 대야성이 함락된 것은 도독인 김품석의 失政에서 비롯되었다. 이와 관련된 기록은 다음과 같다.

> 이보다 앞서 都督 品釋이 幕客인 黔日의 부인이 美色이 있음을 보고 빼앗은 일이 있었다. 검일이 이를 恨되이 여기고 있었는데, 이때에 (적에게) 內應하여 倉庫에 불을 질렀다. 이 까닭에 성 안이 흉흉하고 두려워하여 능히 지키지 못할 것 같았다. 품석의 보좌관인 阿湌 西川(또는 沙湌 祗之那라고도 함)이 성에 올라가 (백제의 將軍) 允忠에게 이르기를 "장군이 나를 죽이지 않는다면 성을 들어 항복하기를 청한다."라고 하니, 윤충이 "만일 그렇게 한다면, 公과 더불어 같이 좋아하지 않을 경우 저 白日을 두고 맹세하겠다."라고 하였다. (여기서) 서천이 품석과 여러 將士들을 권하여 성 밖으로 나가려 하였는데, 竹竹이 중지시키며 말하기를 "백제는 反覆하는 나라이므로 믿을

政變으로 발생한 백제사회내의 경직된 국면을 왕의 '친솔'이라는 대외전쟁을 통하여 해결하려는 의도라고 하였다(박민경, 2000, 앞의 논문, 585쪽). 한편 임기환은 백제가 지속적으로 신라에 대한 공세를 강화한 것이 의자왕권 강화의 대외적 배경이라고 하였다(임기환, 2000, 「신라 삼국통합의 배경과 통합정책」『한신인문학연구』1, 4쪽).

102) 金壽泰, 1992a, 앞의 논문, 65쪽 : 박민경, 2000, 앞의 논문, 588쪽.

103) 大耶城은 육십령과 팔령치를 통과하여 소백산맥을 넘어온 백제군을 방어하면서 경남 서부지역을 통괄하는 거점이었다(문안식, 2004, 앞의 논문, 9쪽).

수 없다. 允忠의 말이 달콤한 것은 반드시 우리를 꾀려 함일 것이다. 만일 성
에서 나간다면 반드시 적에게 사로잡힐 것이니, 굴복해서 살기를 구하는 것은
호랑이처럼 싸우다가 죽는 것만 못하다.”라고 하였다. 그러나 품석이 듣지 않
고 성문을 여니 군사들이 먼저 나갔다. 백제에서는 伏兵을 일으켜서 모두 죽
였다. 품석도 장차 나가려 하다가 군사들이 죽었다는 말을 듣고, 먼저 妻子를
죽이고 목을 찔러 自殺하였다.104)

위의 기록은 앞의 사료 F-6∼9의 기록과 함께 백제의 침입으로 대야
성이 함락되는 원인과 그 과정에 대한 내용이다. 이와 같이 대야성의 함
락이 여러 곳에 기록되었다는 것은 그만큼 이 사건이 갖는 중요성이 크
다는 것을 의미한다.

위의 기록에 의하면 대야성이 함락된 직접적인 원인은 都督인 金品
釋이 자신의 幕客인 黔日의 부인을 강제로 빼앗은 결과 그것에 불만을
품은 검일이 백제가 침공하자 신라를 배반하고 백제와 내통하여 창고에
불을 질렀기 때문이다. 그로 인해 성 안은 혼란에 빠지게 되었고, 김품석
이 백제에게 항복을 함으로써 마침내 대야성은 함락되었다. 김품석의 막
객인 검일은 大耶州의 토착세력가로 그 지방에서 독자적인 영향력을 행
사할 수 있는 신분이었을 것으로 생각된다.105) 따라서 김품석은 검일과
같은 지방세력의 도움을 받아야 함에도 불구하고 자신의 행위로 인하여
오히려 그들의 불만을 사게 되었을 것이다.106) 또한 싸우지도 않고 항복

---

104) 『三國史記』 권47, 列傳7 竹竹.
105) 盧泰敦은 金黔日은 品釋의 幕下에서 김품석과의 개인적인 관계에 의해서 私的
    으로 歸屬하여 보좌하고 있었던 것이라 하였고(盧泰敦, 1978,「羅代의 門客」
    『韓國史硏究』21·22, 15쪽), 李成市는 黔日·竹竹·龍石이 大耶地域의 토착
    세력기인 豪族이라고 하였다(李成市, 1979,「新羅六停の再檢討」『朝鮮學報』
    92, 35∼36쪽). 또한 盧鏞弼도 죽죽·용석은 干位를 받을 수 있을 만큼 大耶州
    의 토착세력으로서 김품석의 대야주 경영에 요긴하여 州治所에 거주하였던 존
    재였으며(盧鏞弼, 1996, 『新羅眞興王巡狩碑硏究』, 一潮閣, 178쪽 주 35) 참
    조), 검일은 대야주에서 독자적으로 영향력을 행사할 수 있는 토착세력가라고
    하였다(盧鏞弼, 1996, 위의 책, 193쪽 주 64) 참조).

하려는 김품석의 결정은 竹竹·龍石과 같이 끝까지 싸우려고 하는 이
들에게도 역시 불만의 대상이 되었을 것이다. 이와 같이 김품석은 국가
적으로 중요한 전략적 요충지의 책임을 맡은 관리로서 그 의무를 제대로
수행하지 못하였고, 또한 자신의 직책을 이용하여 개인적인 욕심을 채우
려고 하였기 때문에 결국 대야성의 함락이라는 결과로 이어지게 되었다.
　대야성의 함락으로 무엇보다 중요하게 대두하였던 문제는 김품석의 행
동과 관련한 것이었다. 김품석은 백제가 대야성을 침공하자 제대로 싸워
보지도 않고 항복을 결정하였다. 이러한 행동은 당시의 시대적인 상황과
대조적인 모습을 보이고 있다. 진평왕대 이후 신라는 花郎徒의 世俗五戒
중에서 臨戰無退의 정신으로 많은 사람들이 전쟁에서 물러서지 않고 싸
우다가 목숨을 잃었다. 특히 貴山·箒項107)·讚德108)·奚論109)·訥
催110) 등과 같이 백제와의 전쟁에서 용감히 싸우다가 목숨을 잃은 사람
들의 영웅적인 행동은 널리 알려지면서 그 당시 사회적인 귀감으로서의
역할을 하였을 것이다.111) 이러한 상황에서 김품석이 취한 행동은 시대
적인 조류에 역행하는 것이었다. 더구나 그는 신귀족세력을 대표하는 정
치적 실력자인 김춘추의 사위였다. 때문에 그의 행동은 김춘추에게도 많

---

106) 사료에는 黔日만 기록되어 있지만, 毛尺도 都督인 金品釋에게 불만을 품고 검
　　일과 행동을 같이 하였던 세력이었을 것으로 생각된다(『三國史記』 권5, 新羅本
　　紀5 太宗武烈王 7년 8월 2일 : 『三國遺事』 권3, 興法3 原宗興法 厭髑滅身).
　　朱甫暾도 모척을 대야성 지방에 근거를 갖고 있던 재지세력이라고 하였다(朱甫
　　暾, 1993, 앞의 논문, 27쪽 주 15) 참조).
107) 『三國史記』 권4, 新羅本紀4 眞平王 24년 가을 8월 ; 同 권27, 百濟本紀5 武
　　王 3년 8월 ; 同 권45, 列傳5 貴山.
108) 『三國史記』 권27, 百濟本紀5 武王 12년 10월 ; 同 권47, 列傳7 奚論.
109) 『三國史記』 권27, 百濟本紀5 武王 19년 ; 同 권47, 列傳7 奚論.
110) 『三國史記』 권47, 列傳7 訥催.
111) 金歆運이 '時徒衆言及某戰死 留名至今 歆運慨然流涕 有激勵忠齊之貌'라고
　　하였다는 기록을 통해서 당시 이러한 상황을 추정할 수 있을 것이다(『三國史記』
　　권47, 列傳7 金歆運).

은 부담을 주었을 것으로 생각된다.[112] 이와 관련된 기록은 다음과 같다.

처음 大耶에서 패할 때에 都督 品釋의 부인도 죽었는데, 그녀는 (金)春秋
의 딸이었다. (김)춘추가 (그 죽음을) 듣고 기둥에 의지해 서서 종일토록 눈을
깜짝이지 않고, 사람이나 물건이 그 앞을 지나도 알지 못하더니, 얼마 후에
말하기를 "슬프다. 大丈夫가 (되어) 어찌 백제를 滅하지 못하랴!"하고, 곧 (선
덕)왕에게 나아가 말하기를 "臣이 고구려에 奉使하여 그 군사를 청하여 백제
에 대한 원수를 갚고 싶습니다."라고 하니, (선덕)왕이 허락하였다.[113]

위의 기록은 김춘추가 大耶城이 함락되고 자신의 딸이 죽었다는 사
실을 알고 난 이후의 행동에 대한 내용이다. 김춘추가 대야성이 함락되
었다는 사실을 알고 난 이후의 행동은 자신의 딸과 사위의 죽음에 대한
슬픔일 수도 있을 것이다.[114] 거기에 더하여 대야성이 함락됨으로써 앞
으로 전개될 대내외적인 정치적 변화와 함께 그 과정에서 보여준 사위
김품석의 행동으로 말미암아 자신에게까지 끼치게 될 파급에 대한 대책
을 마련하기 위해서 고뇌하는 모습이라고 생각된다. 즉 대야성의 함락으
로 진평왕대 이후부터 그 동안 착실하게 쌓아온 사륜계의 정치적인 기반
이 큰 타격을 받을 수 있었기 때문에 그 해결책을 마련하려는 노력이었
다고 할 수 있을 것이다.[115] 그리고 그 해결책의 결과는 이후 김춘추의
본격적인 外交活動으로 나타나게 되었다.

또한 대야성은 김춘추와 김유신을 비롯한 신귀족세력의 인적·물적
인 토대를 형성하는 기반으로 그들의 세력을 유지하는 배경이었다.[116]

---

112) 朱甫暾, 1993, 앞의 논문, 27쪽 : 朴淳敎, 1999, 앞의 논문, 118쪽.
113) 『三國史記』 권5, 新羅本紀5 善德王 11년.
114) 申瀅植, 1977, 「武烈王系의 成立과 活動」 『韓國學論叢』 2 ; 1984, 『韓國古代
史의 新研究』, 一潮閣, 115쪽.
115) 金德原, 2002, 앞의 논문, 120쪽. 아마도 이때 김춘추는 삼국통일을 위한 구체적
이고 장기적인 계획을 수립하였을 것으로 생각된다(金德原, 2005, 앞의 논문,
189쪽 주 61) 참조).

대야성은 그만큼 국가적인 면에서 뿐만 아니라 신귀족세력에게도 중요
한 지역이었기 때문에 김춘추의 사위인 김품석으로 하여금 이곳을 지키
도록 했던 것이다. 그러나 김품석이 김춘추의 기대에 부응하지 못하고
대야성을 상실함으로써 신귀족세력은 군사적인 면과 함께 사회적·경제
적으로도 상당한 타격과 손실을 입게 되었을 것이다.[117] 이러한 사실은
대야성의 함락과 관련하여『삼국사기』에 수록된 인물들을 통해서도 어
느 정도 알 수 있다. 이것을 정리하면 다음의 <표 7>과 같다.

〈표 7〉 대야성 관련 인물 성향

성 명	연　　도	관 등	관 직	활　　동	성 향	비　고
金品釋	642년(선덕왕 11)	伊湌	都 督	大耶城都督	舍輪系	金春秋의 婿
竹竹	〃	舍知		大耶城 전투	(舍輪系)	
龍石	〃	〃			〃	
郝熱	〃	〃		大耶城都督 보좌	〃	竹竹의 父
西川	〃	阿湌		〃	〃	
祗之那	〃	沙湌		〃	〃	
黔日	〃	舍 知		大耶城都督 幕客	〃	新羅 謀叛

( )는 추정임

<표 7>에서 알 수 있는 것은 대야성의 도독인 김품석을 비롯한 모든
인물들이 사륜계로 추정할 수 있다는 사실이다. 이들은 대부분이 그 지
방의 토착세력가들로서 대야성이 함락될 때 운명을 같이하였다. 따라서
사륜계의 입장에서는 백제와 국경을 접하고 있는 군사적인 요충지인 대
야성을 상실하였을 뿐만 아니라 자신의 지지세력이었던 사람들이 많이

---

116) 三池賢一, 1968,「金春秋小傳」1『駒澤史學』15, 50~51쪽 ; 1969,「金春秋
　　小傳」2『駒澤史學』16, 56쪽 : 申瀅植, 1983, 앞의 논문 ; 1984, 앞의 책, 252
　　쪽 : 金瑛河, 1988, 앞의 논문, 27쪽 ; 2002, 앞의 책, 261~262쪽 : 任慶彬,
　　1993,「新羅 眞德女王代의 政治改革－武烈王의 卽位와 관련하여－」『北岳
　　史論』3, 87쪽 및 주 75) 참조 : 朴淳敎, 1999, 앞의 논문, 61쪽 주 123) 참조.
117) 朴勇國, 1996, 앞의 논문, 33쪽.

죽거나 또는 배반함으로써 그 지역에서의 인적·물적인 상실을 초래하게 되었다. 그리고 이러한 사실은 사륜계에게 상당한 정치적인 타격을 주었을 것이다.

대야성의 함락에 따른 결과는 신라의 국가적인 위기와 함께 삼국의 관계에도 새로운 변화를 초래하였다. 백제는 무왕대까지 지속되었던 고구려와의 대립관계를 청산하고, 의자왕이 즉위한 이후에는 새롭게 和親을 맺으면서[118] 신라에 대한 침공을 강화하였다. 즉 백제는 고구려와 연합하여 신라가 唐과의 직접적인 교류가 가능한 黨項城을 공격하려는 상황에까지 이르게 되었는데, 이와 관련된 기록은 다음과 같다.

G-1. 8월에 또 (백제가) 고구려와 함께 모의하여 黨項城을 빼앗아 唐과 통하는 길을 끊으려 하였으므로 사신을 보내 (당) 太宗에게 위급함을 알렸다.[119]

2. 가을 9월에 신라가 사신을 당에 보내 "백제가 우리나라의 40여 성을 공격하여 빼앗고, 다시 고구려와 군사를 연합하여 入朝하는 길을 끊으려 합니다."라 하고, 군사를 보내 구원해 주기를 청하였다.[120]

3. 겨울 11월에 (의자)왕은 고구려와 和親하고 신라의 黨項城을 빼앗아 (당에) 조공하는 길을 막고자 하였다. 마침내 군대를 발동하여 공격하니, 신라왕 德曼이 당에 사신을 보내 구원을 요청하였다. (의자)왕이 이를 듣고 군대를 철수하였다.[121]

4. 마침 그때 신라(인)이 당에 들어가서 아뢰기를 "백제가 공격하여 40여 성을 빼앗아 갔고, 다시 고구려와 군대를 합쳐 入朝하는 길을 막으려 하므로 소국이 어쩔 수 없이 군대를 출병시켰으니, 엎드려 빌건대 당의 군

---

118) 金壽泰는 연개소문이 김춘추를 만난 이후에 백제와 고구려가 서로 연결되었다고 하였다(김수태, 2004,「삼국의 외교적 협력과 경쟁-7세기 신라와 백제의 외교전을 중심으로-」『新羅文化』24, 32쪽). 한편 정동준은 백제와 고구려의 연합은 652~654년 중이라고 하였다(정동준, 2006,「7세기 중반 백제의 대외정책」『역사와 현실』61, 135쪽).

119) 『三國史記』권5, 新羅本紀5 善德王 11년 8월.

120) 『三國史記』권21, 高句麗本紀9 寶藏王 2년 9월.

121) 『三國史記』권28, 百濟本紀6 義慈王 3년 11월.

사의 구원을 바랍니다."라고 하였다.[122]

위의 기록은 백제와 고구려가 연합하여 唐과 직접 교류할 수 있는 黨
項城을 공격하려고 하자 신라가 당에 사신을 보내어 위급함을 알리고
구원을 청하였다는 내용이다.[123] 위의 기록을 부정하는 견해도 있지
만,[124] 확실히 대야성의 함락 이후에 백제와 고구려는 서로 연합하여 신
라를 공격하였을 가능성이 컸을 것으로 생각된다. 그리고 그 지역이 신
라가 당과 직접 교류할 수 있는 당항성이었다는 사실은 결국 백제와 고
구려가 海路를 차단하여[125] 신라를 국제적으로 고립시키려 했던 것으로
추정된다.[126]

---

122) 『三國史記』 권49, 列傳9 蓋蘇文.

123) 權悳永은 新羅本紀의 기록은 『舊唐書』 百濟傳의 貞觀 16년조의 일괄기사를
옮기는 과정에서 생긴 杜撰이기 때문에 『資治通鑑』의 기사에 따라 선덕왕 12
년에 수록되어야 한다고 하였다(權悳永, 1997, 앞의 책, 23쪽). 따라서 이것은
642년에는 고구려가 백제와 동맹 관계에 있지 않았음을 의미하기 때문에 김춘
추가 고구려에 갈 수 있었던 것으로 이해한다(鄭孝雲, 1995, 앞의 책, 67쪽 : 최
현화, 2004, 앞의 논문, 37쪽).

124) 李昊榮은 백제와 고구려의 連和說은 신라의 위급함을 과장하여 唐의 군사적인
도움을 받기 위한 목적으로 허위사실을 전하였던 것이라 하였다(李昊榮, 1982,
「麗·濟 連和說의 檢討」 『慶熙史學』 9·10 ; 1997, 『新羅三國統合과 麗·濟
敗亡原因研究』, 書景文化社, 367~369쪽). 이후 대부분의 연구자들이 백제와
고구려의 連和說은 신라의 과장으로 이해하고 있다(朱甫暾, 1993, 앞의 논문,
30~31쪽 : 朴勇國, 1996, 앞의 논문, 9쪽 주 25) 참조 : 이기동, 2004, 「隋·唐
의 帝國主義와 新羅 外交의 妙諦－高句麗는 왜 멸망했는가?－」 『新羅文化』
24, 19쪽). 그러나 당시 삼국의 급박하였던 정세를 고려하면 설득력이 약하다고
생각된다.

125) 장학근, 2002, 『삼국통일의 군사전략』, 국방부 군사편찬연구소, 95쪽.

126) 金壽泰는 신라에 대한 보다 효율적이고 집중적인 공격을 위해서는 對唐交通路
의 차단이 우선적으로 고려되었다고 하였다(金壽泰, 1991, 앞의 논문, 159쪽).
박민경도 黨項城 공격은 신라의 대당교통로 차단을 통한 신라의 고립과 한반도
남부에서의 우위를 점하려고 하였던 義慈王의 의지표출이라고 하였다(박민경,
2000, 앞의 논문, 585쪽).

김춘추는 대야성의 함락으로 신라의 국가적인 위기와 그에 따른 자신
의 실추된 정치적인 기반을 만회하고, 계속되는 백제의 침공에 적극적으
로 대처하기 위하여 과감한 정책의 변화를 추구하였다. 그것은 중국에
使臣을 파견하여 국내 문제를 해결하였던 방법과는 달리 자신이 직접
외교활동의 전면에 나서는 것이었다. 그리고 이러한 정책의 변화는 단순
히 隋·唐과 같은 중국에게 의존하였던 이전까지의 소극적이고 수동적
인 외교가 아니라 自國의 위기를 스스로 해결하려는 적극적이고 능동적
인 외교로의 전환을 의미하는 것이다.[127]

이와 같이 신라는 대야성이 함락된 이후에 金春秋가 본격적인 외교
활동을 전개하면서 이른바 '統一戰爭'을[128] 추진하게 되었다. 즉 대야
성이 함락되면서부터 김춘추가 본격적으로 외교활동을 전개하여 648년
(진덕왕 2)에 신라와 당 사이에 羅唐同盟이 체결되어 이른바 '統一戰爭
期(642~676)'가[129] 시작되었고, 그 결과 백제와 고구려를 멸망시킴으

---

127) 金德原, 2003a, 앞의 논문, 123쪽. 한편 金壽泰는 백제의 외교정책의 변화로 신
   라가 당과 더욱 긴밀한 관계를 맺게 하는 중요한 전기를 제공하게 되었다고 하
   였다(金壽泰, 1991, 앞의 논문, 163쪽).
128) 신라의 三國統一戰爭과 의의에 대한 연구는 다음과 같다.
   李昊榮, 1981,「新羅 三國統一에 관한 再檢討」『史學志』15 : 李明植, 1984,
   「新羅 文武王의 民族統一偉業」『大丘史學』25 ; 2003,『新羅政治變遷史研
   究』, 螢雪出版社 : 邊太燮, 1985,「三國統一의 民族史的 意味-'一統三韓'
   意識과 관련하여-」『新羅文化』2 : 金相鉉, 1987,「新羅 三國統一의 歷史的
   意義」『統一期의 新羅社會研究』, 東國大 新羅文化研究所 ; 1999,『신라의 사
   상과 문화』, 一志社 : 申瀅植, 1988,「三國統一의 歷史的 性格」『韓國史研究』
   61·62 ; 1990,『統一新羅史研究』, 三知院 : 邊太燮, 1989,「三國의 鼎立과 新
   羅統一의 민족사적 의미」『韓國史市民講座』5, 一潮閣 : 강봉룡, 2007,「신라
   의 삼국통일과 ㄱ 해양사적 의의」『해양사와 해양문화』, 경인문화사.
129) 필자는 백제의 침입으로 대야성이 함락된 642년부터 羅唐戰爭을 거치면서 신라
   에 의해서 唐軍이 축출된 676년까지를 이른바 '統一戰爭期(642~676)'로 설정
   하고자 한다(金德原, 2005, 앞의 논문, 180쪽). 한편 崔珉熙는 '儀鳳四年皆土'
   銘文 기와의 출토를 토대로 '통일신라'는 679년부터라고 하였고(崔珉熙, 2002,
   「'儀鳳四年皆土' 글씨기와를 통해 본 新羅의 統一意識과 統一紀年」『慶州史

로써 마침내 신라에 의해서 삼국통일이 이루어졌다. 그러나 나당동맹은 곧 羅唐戰爭으로[130] 변화하면서 676년(문무왕 16)에 신라가 唐軍을 축출하는 결과로 일단락 되었다.

신라가 언제부터 삼국을 통일하려는 마음을 가졌었는지는 자세히 알 수가 없다. 그러나 적어도 大耶城의 함락이라는 국가적인 위기를 겪은 이후에 백제를 멸망시키겠다는 의지를 품게 된 것은 확실하다고 할 수 있으며, 이후 약 35년 동안의 '統一戰爭'으로 이어졌다. 그러므로 대야성의 함락은 신라가 삼국통일을 이룩하는데 있어서 중요한 계기가 되었던 사건이었다. 또한 대야성이 함락된 이후에 삼국의 문제는 더 이상 삼국의 문제로 끝나는 것이 아니라 이제는 唐과 倭라는 주변 세력이 함께 관련된 동아시아의 국제적인 문제로 확대되고 발전되었다. 대야성 함락

學』21), 朴勇國은 진평왕 말부터 신문왕 즉위 직후까지로 설정하였다(朴勇國, 2005b, 「7世紀 後半 百濟戰役期 新羅 政治勢力의 變化」『大丘史學』81, 1쪽 주 1) 참조 ; 2005d, 『統一戰爭期 新羅 政治勢力의 構成과 變化』, 慶北大 博士學位論文 참조).

130) 羅唐戰爭에 대한 대표적인 연구성과는 다음과 같다.
池內宏, 1930, 「高句麗滅亡後의 遺民의 叛亂과 唐과 新羅와의 關係」『滿鮮地理歷史研究報告』12 ; 1934, 「百濟滅亡後의 動亂及び 唐・羅・日三國의 關係」『滿鮮地理歷史研究報告』14 ; 1960, 『滿鮮史研究』上世篇 第2冊 재수록 : 古畑徹, 1983, 「7世紀末から8世紀初にかけての新羅・唐關係」『朝鮮學報』107 : 閔德植, 1989, 「羅・唐戰爭에 관한 考察－買肖城 전투를 중심으로－」『史學研究』40 : 布山和男, 1996, 「新羅文武王五年의 會盟에みる新羅・唐關係」『駿台史學』96 : 盧泰敦, 1997, 「對唐戰爭期(669~676) 新羅의 對外關係와 軍事活動」『軍史』34 : 梁炳龍, 1997, 「羅唐戰爭의 進行過程에 보이는 高句麗 遺民의 對唐戰爭」『史叢』46 : 金榮官, 1999, 「羅唐聯合軍의 百濟侵攻戰略과 百濟의 防禦戰略」『Strategy21』Vol.2 No.2 : 徐仁漢, 1999, 『羅唐戰爭史』, 國防軍史研究所 : 徐榮敎, 2001, 『羅唐戰爭史 研究－國際政勢의 變化와 羅唐戰爭의 推移－』, 東國大 博士學位論文 ; 2006, 『羅唐戰爭史研究』, 아세아연구소 : 최현화, 2006, 「7세기 중엽 당의 한반도 지배전략」『역사와 현실』61 : 노태돈, 2006, 「나・당전쟁과 나・일관계」『전쟁과 동북아의 국제질서』, 일조각.

의 역사적인 의미가 바로 여기에 있다.

제3절 金春秋의 對高句麗·對倭外交

1. 對高句麗外交의 전개

642년(선덕왕 11) 8월에 大耶城이 함락된 이후 김춘추는 백제에 대한 보복을 하기 위하여 같은 해 겨울에 고구려를 상대로 외교활동을 전개하였는데, 그 기록은 다음과 같다.

H-1. 겨울에 (선덕)왕이 장차 백제를 쳐서 大耶城에서의 싸움을 보복하려고 하여 伊湌 金春秋를 고구려에 보내 군사를 청하였다. … 고구려왕 高臧은 평소 김춘추의 명성을 들었던지라 군사의 호위를 엄중히 한 다음에 그를 만나 보았다. 김춘추가 말하기를 "지금 백제는 무도하여 긴 뱀과 큰 돼지가 되어 우리 강토를 침범하므로 저희 나라 임금이 大國의 군사를 얻어 그 치욕을 씻고자 합니다. 그래서 신하인 저로 하여금 대왕께 명을 전하도록 하였습니다."라고 하였다. 고구려왕이 말하기를 "竹嶺은 본시 우리 땅이니, 그대가 만약 죽령 서북의 땅을 돌려준다면 군사를 내보낼 수 있다."고 하였다. 김춘추가 대답하기를 "신은 임금의 명을 받들어 군대를 청하는데, 대왕께서는 어려운 처지를 구원하여 이웃과 친선하는 데는 뜻이 없고, 단지 사신을 위협하여 땅을 돌려 줄 것을 요구하십니다. 신은 죽을지언정 다른 것은 알지 못합니다."라고 하였다. 고장이 그 말의 불손함에 화가 나서 그를 별관에 가두었다. 김춘추가 몰래 사람을 시켜 본국의 (선덕)왕에게 알리니, (선덕)왕이 大將軍 金庾信에게 명하여 결사대 1만 명을 거느리고 나아가게 하였다. 김유신이 행군하여 漢江을 넘어 고구려 남쪽 경계에 늘어가니, 고구려왕이 이를 듣고 김춘추를 놓아 돌려보냈다.[131]

2. 신라가 백제를 정벌할 것을 꾀하여 金春秋를 보내 군사를 요청하였으나

---

131) 『三國史記』 권5, 新羅本紀5 善德王 11년.

따르지 않았다.132)

3. 善德大王 11년 壬寅에 백제가 大梁州를 격파하였 때 春秋公의 딸 古
   陀炤娘이 남편 品釋을 따라 죽었다. 김춘추가 이를 한으로 여겨 고구려
   에 請兵하여 백제의 원한을 갚으려 하니, (선덕)왕이 허락하였다. (춘추
   가) 장차 떠나려 할 때 (金)庾信에게 말하기를 "나는 公과 한 몸이고, 나
   라의 팔다리이다. 지금 내가 만약 저 곳에 들어가 해를 당하면, 공은 무
   심할 수 있겠는가?"라고 하니, 유신이 말하기를 "공이 만일 가서 돌아오
   지 않는다면 나의 말발굽이 반드시 고구려·백제 두 임금의 뜰을 짓밟
   을 것이다. 진실로 그렇게 못한다면 장차 무슨 면목으로 나라 사람을 대
   할 것인가?"라고 하였다. 김춘추가 감격하고 기뻐하여 공과 더불어 손가
   락을 깨물어 피를 마시며 맹세하여 말하기를 "내가 날짜로 계산하여 보
   건대 60일이면 돌아올 것이다. 만약 이 기일이 지나도 돌아오지 않으면
   다시 만나볼 기약이 없을 것이다"라 하고 서로 작별하였다. …133)

위의 기록은 대야성이 함락된 이후 김춘추가 군사를 요청하기 위하여
고구려에 사신으로 파견되는 내용이다. 이 기록은 그 동안 김춘추의 외
교활동을 고찰하는데 중요한 자료로 이용되었지만, 김춘추에 대한 여러
가지 문제를 해결하기 위해서도 필요한 자료라고 할 수 있다.

먼저 고구려에 대한 외교활동을 전개하기 이전의 김춘추의 정치적인
활동에 관한 문제이다. 김춘추의 정치적인 활동에 대한 기록은 대야성이
함락된 이후에 처음으로 나타나는데, 그것이 바로 대고구려외교이다. 지
금까지는 고구려에 대한 외교활동을 하기 이전의 기록이 없다는 이유로
김춘추가 아무런 정치적인 활동도 하지 않은 것으로 이해하는 듯하였다.
그렇다면 김춘추가 대야성이 함락되기 이전에는 아무런 활동을 하지 못
하다가 대야성이 함락된 이후에 伊湌이라는 관등으로 갑자기 등장하여
고구려에 대한 외교활동을 수행하였다는 것이 된다. 그러나 김춘추는 대
야성이 함락되기 이전에도 중앙정계에서 활동하였을 것으로 생각된다.

---

132) 『三國史記』 권21, 高句麗本紀9 寶藏王 원년.
133) 『三國史記』 권41, 列傳1 金庾信 上.

왜냐하면 고구려에 대한 외교활동을 수행할 때의 김춘추의 연령과 관등
에서 이와 같은 가능성을 확인할 수 있기 때문이다.

김춘추는 604년(진평왕 26)에 출생하였으므로 642년 당시의 연령은
39세였고, 관등은 이찬이었다. 그런데 김춘추가 아무런 활동을 하지 않았
다고 한다면 그는 이때에 처음으로 관리가 되면서 이찬의 관등을 소유한
것이 된다. 그러나 아무리 고구려에 대한 외교활동이 위험하고 중요한 현
안이었다고 하더라도 처음 관리가 된 자가 이찬이라는 고위 관등을 소유
하였다는 것은 납득하기 어렵다. 더욱이 그가 당시 사륜계로서 신귀족세
력의 대표적 존재인 김용춘의 아들이었다는 점을 감안하면 김춘추는 비
교적 일찍부터 김용춘의 후원에 힘입어 정치일선에서 활동하였다고 이해
하는 편이 타당하다.[134] 이와 관련하여 다음 기록이 주목된다.

> … 어느 날 선덕왕이 南山에 거둥한 틈을 타서 (金)庾信은 마당 가운데
> 나무를 쌓아놓고 불을 질렀다. 연기가 일어나자 (선덕)왕이 바라보고 "무슨
> 연기냐?"고 물으니, 좌우에서 아뢰기를 "유신이 누이동생을 불태워 죽이는 것
> 인가 봅니다"라고 하였다. (선덕)왕이 그 까닭을 물으니, 그 누이동생이 남편
> 도 없이 임신한 때문이라고 하였다. (선덕)왕이 "그게 누구의 소행이냐?"라고
> 물었다. 이때 春秋公은 (선덕)왕을 모시고 앞에 있다가 얼굴빛이 몹시 변했
> 다. (선덕)왕이 말하기를 "그것은 네가 한 짓이니 빨리 가서 구하도록 하라!"
> 고 하였다. 春秋公은 명령을 받고 말을 달려 王命을 전하여 죽이지 못하게
> 하고, 그 후에 버젓이 婚禮를 이루었다. …[135]

위의 기록은 김춘추가 문희와 혼인하는 과정에 대한 내용이다. 위의
기록에서 '時公昵侍在前 顔色大變'이라는 기록을 통하여 김춘추가 선
덕왕의 측근에서 활동하고 있었음을 확인할 수 있다. 이 기록은 선덕왕
과 관련되어 있지만,[136] 김춘추의 장남인 法敏이 626년(진평왕 48)에 출

---

134) 金德原, 2000, 「金龍春의 生涯와 活動」『明知史論』11·12, 177쪽 및 주 163)
     참조.
135) 『三國遺事』권1, 紀異1 太宗春秋公.

생하였으므로 문희와의 혼인은 적어도 625년 무렵으로 추정할 수 있다. 따라서 위의 기록은 선덕이 사륜계의 도움을 받아 왕위계승을 위한 준비를 하고 있었던 진평왕 후기의 사실을 반영하고 있다. 또한 김춘추가 646년(선덕왕 15)에 倭에 사신으로 파견되었을 때 大阿湌의 관등이었다는 기록을 통해서도 그가 비교적 일찍부터 정치적인 활동을 하였음을 알 수 있다. 김춘추는 적어도 20세를 전후한 진평왕 후기부터 이미 관리로서 정치적인 활동을 하였을 것으로 생각된다.

이와 같이 김춘추가 일찍부터 정치적인 활동을 할 수 있었던 데에는 그의 父인 김용춘이 622년(진평왕 44)에 內省私臣으로 임명된 이후에 사륜계의 세력이 강화되어 정국을 주도하였기 때문에 가능하였을 것이다. 결국 김춘추의 정치적인 활동이 기록에 나타나지 않았던 것은 父인 김용춘이 사륜계의 대표적인 존재로 활동하였던 것에 따른 결과로 이해된다. 즉 김용춘은 진평왕대에 내성사신에 임명된[137] 이후에 고구려의 娘臂城을 공취하였고,[138] 伊湌 柒宿의 모반사건을 진압하였으며,[139]

---

136) 金春秋와 文姬의 혼인에 대한 기록이 선덕왕대로 되어 있으나(『三國遺事』권1, 紀異1 太宗 春秋公), 法敏의 출생연대를 토대로 이 기록은 선덕왕이 즉위하기 이전의 사실로 보고 있다(末松保和, 1954,「新羅三代考」『新羅史の諸問題』, 東洋文庫, 14쪽 : 黃善榮, 1985, 앞의 논문, 5쪽 : 文暻鉉, 1987, 앞의 논문, 98~99쪽). 이와 관련하여 朴淳敎는 선덕왕이 김춘추에게 문희를 구하도록 하였던 것은 우연이 아닐 가능성을 지적하고, 이 두 家門의 결합을 위해 선덕여왕과 모종의 타협을 하였던 것으로 이해하였다(朴淳敎, 1999, 앞의 논문, 73쪽). 조범환도 선덕여왕이 626년(진평왕 48) 이후부터 왕위계승을 위해서 김춘추와 김유신의 집안을 연결시켜 측근세력으로 삼았다고 하였고(조범환, 2000, 앞의 책, 27쪽), 李明植은 김춘추의 혼인은 후일 眞智王系(龍春勢力)가 선덕왕의 즉위에 협력한 공으로 비로소 추인된 것이라고 하였다(李明植, 1989, 앞의 논문, 88쪽 ; 앞의 책, 1992, 120쪽). 이러한 견해들은 결국 김춘추가 642년 이전부터 정치적인 활동을 하였음을 의미하는 것이다. 그러나 김춘추가 본격적으로 외교활동을 전개하는 것은 대야성이 함락된 이후인 642년(선덕왕 11)이다. 이때에 김춘추는 39세로서 어느 정도 정치적인 경륜을 갖추고 있었을 것으로 생각된다.

137) 『三國史記』권4, 新羅本紀4 眞平王 44년 2월.

선덕왕대에는 伊湌 水品과 함께 州郡을 巡撫하는 등의 활동을 하고 있
었다.[140] 이러한 김용춘의 정치적인 활동으로 말미암아 상대적으로 젊
은 김춘추의 정치적인 활동이 미비하였거나 아니면 그들에 가려서 묻혀
버렸던 것이 아닐까 생각된다. 따라서 김춘추에 대한 기록이 없는 것은
그가 아무런 정치적인 활동을 하지 않았던 것이 아니라 기록이 누락되었
기 때문이라고 할 수 있다. 그리고 일찍부터 정치적인 활동을 한 경험을
바탕으로 신라의 위기를 타개하려는 목적을 위하여 고구려에 대한 외교
활동을 전개할 수 있었을 것이다.

다음으로 김춘추가 고구려를 선택하여 외교활동을 전개하였던 이유
와 목적에 대한 문제이다. 고구려는 김춘추가 외교활동을 추진하기 이전
인 638년(선덕왕 7)에 신라의 七重城을 침략하였다.[141] 따라서 신라의
입장에서 보면 고구려는 백제와 같은 敵國이었다. 그런데 김춘추는 대
야성을 함락시켜 국가적인 위기상황을 초래한 백제를 보복하기 위하여
적국인 고구려를 상대로 외교활동을 전개하였다.[142] 이것은 고구려의
침략을 중국의 隋·唐 세력을 이용하여 해결하려고 하였던 이전의 진평
왕대와 비교할 때 큰 변화라고 할 수 있다.[143] 이러한 김춘추의 행동을

---

138) 『三國史記』 권4, 新羅本紀4 眞平王 51년 8월 및 同 권41, 列傳1, 金庾信 上.
139) 金德原, 1992, 앞의 논문, 44쪽.
140) 『三國史記』 권5, 新羅本紀5 善德王 4년 10월.
141) 『三國史記』 권5, 新羅本紀5 善德王 7년 겨울 10월 ; 同 권20, 高句麗本紀8
    榮留王 21년 겨울 10월.
142) 李丙燾는 김춘추가 고구려에 간 것을 상식에 벗어난 이례적인 행동이라고 하였
    으며(李丙燾, 1959,『韓國史』-古代篇-, 乙酉文化社, 503쪽), 丁仲煥은 김춘
    추가 가망이 없는 고구려에의 請兵을 시도한 것은 삼국 문제를 삼국 간에 해결
    하려는 시도였다고 하였다(丁仲煥, 1984,「金庾信(595~673)論」『高柄翊先生
    回甲紀念史學論叢 歷史와 人間의 對應』, 한울, 45쪽). 한편 朴淳敎는 김춘추
    가 고구려에 간 것은 약화된 대내적인 입지를 만회하기 위해서 스스로 자청하였
    거나 위험스러운 고구려행을 거부한 귀족들의 추천에 의한 것이라고 하였다(박
    순교, 1999, 앞의 논문, 127쪽).
143) 金德原, 2003a, 앞의 논문, 123쪽.

이해하기 위해서는 당시 고구려의 국내정세를 살펴보아야 하는데, 이와
관련된 기록은 다음과 같다.

I-1. 겨울 10월에 蓋蘇文이 왕을 죽였다.[144]

2. 蓋蘇文(또는 蓋金이라고도 한다)의 姓은 淵氏인데, 스스로 말하기를 물
속에서 태어났다고 하여 대중을 현혹시켰다. 생김새가 씩씩하고 뛰어났
으며, 의지와 기개가 커서 작은 것에 얽매이지 않았다. 그 아버지는 東
部大人(東部 또는 西部라고도 하였다) 大對盧로 죽으니, 개소문이 마
땅히 계승하여야 하였으나 國人들이 그의 성격이 잔인하고 포악하다고
하여 미워하였으므로 그 자리에 오를 수 없었다. 소문이 머리를 숙이고
뭇 사람에게 사죄하여 그 직을 임시로 맡기를 청하고 만약 옳지 못함이
생기면 비록 버려져도 후회하지 않을 것이라 하니, 뭇 사람이 불쌍히 여
겨 드디어 관직의 계승을 허락하였다. 그러나 흉악하고 잔인함이 이루
말할 수 없을 정도여서 여러 대인이 (영류)왕과 더불어 그를 죽이기로
몰래 의논하였는데, 그 일이 누설되었다. 소문이 자기 部의 군사를 모두
소집하여 장차 閱兵할 것처럼 하여 술과 음식을 성의 남쪽에 성대히 차
려놓고 여러 대신을 불러 함께 보자고 하였다. 손들이 이르자 모두 죽이
니, 무릇 그 수가 100여 명에 달하였다. 이어서 궁궐로 달려 들어가 (영
류)왕을 죽여 여러 토막으로 잘라 도랑에 버리고 (영류)왕의 동생의 아
들 臧을 왕으로 세우고 스스로 莫離支가 되었다. 그 관직은 唐의 兵部
尙書 겸 中書令의 관직과 같았다. …[145]

3. (2월) 丁未日에 여러 大夫를 難波郡에 보내 高句麗國에서 올린 금·은
등과 아울러 그 헌상한 물건을 점검하게 하였다. 使臣은 헌상하는 것을
끝마치고, "지난해 6월에 弟王子가 薨하였습니다. 秋 9월에 大臣 伊梨
柯須彌가 大王을 弑하고, 아울러 伊梨渠世斯 등 180여 명을 죽였습니
다. 그리고 弟王子의 아들을 왕으로 하였습니다. 同族인 都須流金流를
大臣으로 하였습니다"라고 하였다.[146]

위의 기록은 642년 10월 고구려에서 일어난 淵蓋蘇文의 政變으로 榮

---

144) 『三國史記』 권20, 高句麗本紀8 榮留王 25년 10월.
145) 『三國史記』 권49, 列傳9 蓋蘇文.
146) 『日本書紀』 권24, 皇極天皇 원년 2월 丁未.

留王이 弒害되고 새롭게 寶藏王이 즉위하였다는 내용이다. 정변이 성공한 이후 연개소문은 스스로 莫離支가 되어 권력을 장악하고, 對唐 강경책을 실시하여 자신의 독재체제를 구축하였다.[147] 이러한 상황에서 김춘추는 '請兵'외교를 추진하기 위하여 고구려를 방문하였다.

당시 고구려는 대외적으로 언제 있을지 모르는 당의 침략에 대비하고 있었으며, 대내적으로는 연개소문에 의한 정변이 발생하여 정국이 혼란스러웠다. 이러한 상황에서 김춘추의 대고구려외교는 단순히 '請兵'을 하기 위한 것은 아니었을 것이다. 왜냐하면 김춘추의 외교활동이 당시 동아시아 국제관계의 연장으로서의 성격을 지니는 것이었기 때문이다. 따라서 김춘추의 고구려에 대한 외교활동은 대내외적인 여러 가지 목적을 가지고 수행하였을 것으로 생각된다.[148]

김춘추가 고구려에 대한 외교활동을 수행하기 직전에 신라는 백제의 침공으로 대야성이 함락되는 등 국가적인 위기상황을 맞고 있었다. 그리고 대야성이 함락되는 과정에서 김춘추의 사위인 金品釋이 백제에게 항복함으로써 그의 행동이 김춘추에게도 정치적으로 많은 부담을 주었다. 특히 김춘추는 女主인 선덕왕을 지지하는 신귀족세력의 대표적인 존재였기 때문에 선덕왕의 통치에 불만을 품고 있던 구귀족세력과의 관계에서는 이러한 부담이 더욱 크게 작용하였을 것이다. 따라서 김춘추가 실패할 확률이 높고 위험부담이 큰 고구려에 대한 외교활동을 추진한 것은 대내적으로 불리하게 전개되고 있는 정국상황을 타개하기 위한 自救策으로 생각할 수 있다.[149]

---

147) 임기환은 연개소문의 대당정책은 국가의 생존전략보다는 자신의 정권유지에 목표를 두어 선개된 것으로 파악하였으나(임기환, 2000, 앞의 논문, 3쪽 ; 2006, 「7세기 동북아시아 국제질서의 변동과 전쟁」『전쟁과 동북아의 국제질서』, 일조각, 79쪽).

148) 朱甫暾은 김춘추는 대외적인 백제의 위협과 대내적인 지배체제의 문제 해결을 외교에서 찾았다고 하였는데(朱甫暾, 1993, 앞의 논문, 22쪽), 시사하는 바가 크다.

149) 朴勇國, 1996, 앞의 논문, 33~34쪽 : 朴淳敎, 1999, 앞의 논문, 118~120쪽.

이와 함께 당시 고구려의 국내 정세에 대한 관심도 작용하였을 것이다. 대야성이 함락된 이후 김춘추가 앞으로의 정국운영에 대한 대책을 마련하기 위해 고심하고 있을 때 고구려에서 연개소문의 정변이 발생하였다. 이 사건은 대야성의 함락으로 정치적으로 어려운 상황에 처해 있던 김춘추에게는 위기를 벗어나는 돌파구와도 같은 역할을 하였을 것이다. 고구려에서 새로운 정권이 수립되자 김춘추는 고구려 국내 정세의 동향에 대하여 예의 주시하였을 것으로 생각된다. 그리하여 고구려의 국내 정세의 동향을 파악하고,[150] 거기에 따라 향후 정국운영에 대처하고자 하였을 것이다. 그러기 위해서는 사신을 파견하는 것보다 자신이 직접 가서 고구려 국내 정세의 동향을 신속하게 파악하는 것이 가장 확실하고 효과적인 방법이라고 생각하였을 것이다.[151]

연개소문의 정변이 발생한 당시에 고구려는 대외적으로 긴장국면에 있었던 당과의 관계가 현실적으로 중요한 현안 문제였다. 고구려는 631년(영류왕 14)에 千里長城을 修築하며 당의 침입에 대비하였는데, 이것은 630년 당이 突厥을 평정한 것과 관련된 것이다.[152] 그 후에 당은 계속해서 635년 吐谷渾과 640년 高昌國을 차례로 정복함으로써 西域을 평정하였다. 이러한 상황에서 당과 대결할 수 있는 세력은 오직 고구려뿐이었다. 따라서 고구려에서는 언제인지는 모르지만 당과의 전쟁을 피

한편 李昊榮은 김춘추가 고구려에 원병외교로 나선 것은 신·구세력 간의 합의 사항을 그가 실천한 것이라고 하였다(李昊榮, 1981, 앞의 논문, 11쪽). 한편 徐榮敎는 고구려에 대한 외교는 請兵의 주체가 국왕이므로 국가적인 차원에서 이루어진 것이라 하였고(徐榮敎, 2000, 앞의 논문, 110쪽 및 주 394) 참조), 최현화도 고구려 청병의 주체가 선덕왕으로 기록되어 있는 것은 이것이 국가적인 차원에서 이루어졌음을 보여주는 것이라고 하였다(최현화, 2004, 앞의 논문, 35쪽).

150) 三池賢一, 1968, 앞의 논문, 54쪽 : 徐榮洙, 1987, 앞의 논문, 260~261쪽 : 朴淳敎, 1999, 앞의 논문, 122쪽 : 徐仁漢, 1999, 앞의 책, 31~32쪽.

151) 김춘추가 고구려에 간 것은 10월이었는데, 이 시기는 연개소문이 정변을 성공한 바로 직후였을 것이다. 이러한 사실을 통해서 그의 목적을 알 수 있다.

152) 余昊奎, 2000,「高句麗 千里長城의 經路와 築城背景」『國史館論叢』91.

할 수 없는 것으로 간주하였을 것이다.[153] 더욱이 연개소문은 천리장성의 축조를 감독하였기 때문에 이러한 당의 동향을 누구보다도 자세하게 파악하고 있었을 것이며,[154] 따라서 당에 대한 대비책을 일찍부터 마련하였을 것이다. 이와 같은 사실은 결국 연개소문이 대당 강경책을 추진하였던 배경이 되었을 것으로 생각된다.[155]

이와 같이 김춘추가 대고구려외교를 전개한 것은 연개소문이 정변으로 권력을 장악하고 새로운 정권을 수립한 정황과 또한 당과의 전운이 감돌고 있던[156] 고구려 국내 정세의 동향을 파악하려는 목적을 가지고 있었다.

김춘추가 대고구려외교를 전개하였던 또 다른 이유는 고구려와 새로운 관계를 추구하기 위해서였을 것으로 추정된다. 즉 그는 고구려의 국내외 정세 동향과 관련하여 이전과는 다른 관계를 새롭게 모색하려고 한 데서도 찾을 수 있다. 김춘추는 연개소문이 대당 강경책을 추진하고 있었던 것과 이러한 정책을 추진하기 위해서는 백제와의 관계보다 당의 동향에 관심을 집중해야만 하는 것도 사전에 미리 알고 있었을 것이다. 그에 비해서 신라는 고구려보다 백제와의 관계를 더 심각하게 생각하고 있었으며, 백제의 동향에 관심을 집중하고자 하였다. 그러기 위해서는 고구려의 정책을 정확히 파악할 필요가 있었으며, 특히 연개소문이 등장한 이후의 새로운 정권에서 추진하고 있는 정책에 대해서는 더욱 그러하였을 것이다. 따라서 김춘추는 이와 같은 두 나라의 정책을 바탕으로 고구려와의 협상을 진행하려고 하였을 것이다.

---

153) 徐榮敎, 2000, 앞의 논문, 109쪽.
154) 盧泰敦, 1989, 「淵蓋蘇文과 金庾信」『韓國史市民講座』5, 一潮閣, 17쪽.
155) 盧泰敦은 淵蓋蘇文이 政變 이후에 민심을 집결하고 권력을 안정시키기 위해서 대외적으로 강경책을 구사해 큰 성과를 얻거나 인접국과의 사이에 긴장을 고조시키는 것이 필요하다고 판단하였을 것이라고 하였다(노태돈, 2002, 앞의 논문, 17쪽).
156) 徐榮敎, 2000, 앞의 논문, 110~111쪽.

김춘추는 연개소문과의 협상에서 각각 자국의 현안 문제를 해결하는 방안으로 휴전이나[157] 중립,[158] 또는 상호불가침과 같은 평화안을 제의하고자 하였을 것이다. 이것은 백제와의 관계에서 고구려의 세력을 이탈시켜 백제를 고립시키고,[159] 이후 백제와 관련된 문제를 적극적으로 해결하려는 목적이었을 것이다. 이 과정에서 김춘추는 '請兵'이라는 가능성이 희박한 것보다는 '請和'라고 할 수 있는 보다 현실적인 방법을 선택하였을 것이라고 생각된다.

그런데 김춘추의 대고구려외교는 보장왕이 竹嶺 이북의 영토를 반환하라는 요구로[160] 어려운 난관에 부딪치게 되었다.[161] 보장왕의 요구는 김춘추가 당시 신귀족세력의 대표적인 존재였다고 하지만, 본국과 아무런 협의 없이 독단적으로 결정할 수 있는 문제가 아니었다. 결국 김춘추가 보장왕의 요구를 거절한 결과 협상은 실패하였고,[162] 자신은 감금 상

---

157) 盧泰敦, 1989, 앞의 논문, 29쪽.

158) 徐榮洙, 1987, 앞의 논문, 260쪽.

159) 朴南守는 신라는 숙적이었던 고구려를 麗濟동맹에서 이탈시켜서 신라와 羅麗연합군을 형성하여 백제를 공격하려는 방책이었다고 하였다(朴南守, 1987, 「統一主導勢力의 形成과 政治改革」 『統一期의 新羅社會 研究』, 東國大 新羅文化研究所, 108쪽).

160) 기록에는 보장왕으로 되어 있지만 보장왕은 연개소문에 의해 옹립되었고, 또한 당시 실제적인 권력은 연개소문이 장악하고 있었기 때문에 보장왕이 한 요구는 연개소문의 뜻이 반영되었을 것이므로 곧 연개소문이 요구한 것이라고 생각된다(盧泰敦, 1989, 앞의 논문, 29쪽 : 朴淳敎, 1999, 앞의 논문, 132쪽 주 146) 참조). 한편 盧泰敦은 김춘추와 연개소문은 당시 고구려가 처한 상황이 6세기 중반과 비슷하다는 점에서 회담 타결의 가능성을 찾았기 때문에 한강유역의 반환을 요구한 것이라고 하였다(盧泰敦, 2002, 앞의 논문, 16쪽).

161) 三池賢一은 고구려가 신라와 연합할 뜻이 없었기 때문에 무리한 요구를 제시한 것이라 하였고(三池賢一, 1968, 앞의 논문, 53쪽), 文暻鉉은 고구려가 김춘추의 정탐을 두려워하여 麻木峴(竹嶺)의 반환을 요구하면서 억류한 것이라고 하였다(文暻鉉, 1981, 「三國統一과 新金氏家門－金庾信 祖孫 四代의 貢獻－」 『軍史』 2, 36쪽).

162) 임기환은 고구려가 한반도내에서의 동맹관계에 대해서는 소극적이었는데, 이것은 과거 고구려 세력권에 대한 복고적 집착 때문이라고 하였다(임기환, 2000, 앞

태에 놓이게 되었다.[163] 그러나 김춘추는 先道解에게 들은 이야기를 토
대로 기지를 발휘하여 위기를 극복하고 무사히 신라로 귀환하였다. 이
과정에서 김유신의 군사적인 도움이 있었음은 물론이다.[164]

김춘추가 고구려에 갔다 아무런 성과 없이 돌아왔으므로 대고구려외
교를 실패한 것으로 이해하고 있다.[165] 그러나 김춘추의 대고구려외교
가 완전히 실패한 것은 아니었다. 왜냐하면 고구려에 머무는 동안에 자
신이 목적으로 하였던 고구려 국내 정세의 동향을 파악할 수 있었기 때
문이다. 비록 김춘추는 협상이 실패한 이후에 감금 상태에 있었지만, 그
이전까지는 고구려의 정세를 파악하는 것이 어느 정도 가능하였을 것이
다. 뿐만 아니라 그와 함께 왔던 수행원들에[166] 의해서도 이러한 활동은
이루어졌을 것이다. 더욱이 김춘추는 고구려에 탈출할 수 있도록 방법을
알려준 선도해와 같이 고구려의 귀족들과도 일정한 교분을 맺고 있었으
며, 이와 같은 교분을 통해서도 고구려의 국내 정세에 대한 정보를 수집
할 수 있었을 것이다.

다만 김춘추는 백제와 대립하고 있던 상황에서 고구려를 배제시키려
던 의도는 결과적으로 실패하였다. 그것은 고구려가 당시 긴장상태에 있
었던 당과의 관계에서 백제가 신라보다는 군사적으로 우위에 있다는 인
식을 가지고 백제를 염두에 두었기 때문이었을 것이다.[167] 특히 백제는

의 논문, 7쪽 ; 2006, 앞의 논문, 87쪽).

163) 梁起錫은 고구려가 영토반환을 얻어내려는 목적에서 김춘추를 일시적으로 억류
시켜 人質的인 효과를 노렸을 것이라고 하였다(梁起錫, 1981, 「三國時代 人質
의 性格에 대하여」, 『史學志』 15, 57쪽).

164) 『三國史記』 권41, 列傳1 金庾信 上.

165) 기존의 연구에서는 보장왕이 요구한 竹嶺 이북의 영도에 대한 반환을 거부하여
김춘추가 감금 상태에 놓이게 되었고, 또 그를 구하기 위하여 김유신이 결사대
를 조직하여 고구려를 침공함으로써 신라로 귀환하였기 때문에 김춘추의 대고
구려외교는 대부분 실패한 것으로 이해하고 있다.

166) 朴淳敎, 1999, 앞의 논문, 124~125쪽.

167) 鄭孝雲, 1995, 앞의 책, 67쪽.

신라가 고구려를 침공하는 것을 저지해 주는 역할을 담당하고 있었기 때문에[168] 고구려로서는 신라와의 관계를 새롭게 하는 것은 현실적으로 어려웠을 것이다.[169] 결국 김춘추는 고구려 국내 정세의 동향에 대한 파악에는 성공하였지만, 고구려 세력을 배제시키는 것은 실패하였다. 따라서 김춘추의 대고구려외교는 완전히 실패한 것이 아니라 두 가지 목적 중에서 적어도 한 가지 목적은 이루었기 때문에 절반의 성공을 거두었다고 생각된다. 더욱이 김춘추는 고구려가 백제와 마찬가지로 신라에 위기를 줄 수 있는 적국이라는 인식을 확실하게 갖게 되었을 것이다. 그리고 이러한 인식은 고구려 국내 정세의 동향 파악에 대한 결과와 함께 이후 진덕왕대의 對唐外交에 있어서 중요한 역할을 하였을 것이다.

2. 對倭外交의 전개

대고구려외교에서 절반의 성공을 거두었던 김춘추는 신라로 귀환한 이후에도 자신이 직접 파악한 고구려 국내의 정세 동향을 바탕으로 백제의 침공에 대처하기 위한 정책을 계속 추진하였을 것이다. 물론 김춘추가 귀환한 이후의 행적에 대한 기록은 없지만, 김춘추가 고구려에서 귀환하고 얼마 후에 당에서 慈藏이 귀국한[170] 사실에서 당시 상황을 어느 정도 알 수 있을 것이다.

신라는 김춘추가 귀환한 후인 643년(선덕왕 12) 정월에 당에 사신을 파견하여 方物을 전하였는데,[171] 자장은 이때 파견되었던 사신과 함께

---

168) 徐榮敎, 2000, 앞의 논문, 111쪽 주 395) 참조.
169) 盧泰敦은 김춘추의 제의를 거부한 연개소문의 판단은 이후 고구려의 멸망으로 이어지는 결과를 초래한 치명적인 오산이었다고 하였다(盧泰敦, 1989, 앞의 논문, 31쪽).
170) 『三國史記』 권5, 新羅本紀5 善德王 12년 3월.
171) 『三國史記』 권5, 新羅本紀5 善德王 12년 정월.

귀국한 것으로 보인다. 즉 자장의 귀국은 선덕왕이 당 태종에게 요청하
여[172] 이루어졌기 때문에 김춘추의 귀환과 비슷한 시기에 귀국한 것은
우연이라기보다는[173] 계획적으로 추진되었던 과정의 일부분이었을 것
이다. 그리고 자장의 귀국이 선덕왕의 요청으로 이루어진 것으로 기록되
어 있지만, 사실은 김춘추의 건의에 의한 것이라고 생각된다.

 김춘추는 당과 대립하고 있던 고구려 국내의 정세 동향을 자신이 직
접 살펴보고 왔기 때문에 고구려를 정벌하기 위해서 준비하고 있는 당의
동향에도 많은 관심을 가지고 있었을 것이다. 따라서 당에 체류하고 있
던 자장을 귀국시켜서 그의 자문을 받고,[174] 고구려에 대한 당의 정책을
비롯하여 여러 가지 국제정세의 흐름과 변화에 대하여 함께 협의하였을
가능성이 크다. 그리고 이러한 협의의 결과로 皇龍寺九層塔을 건립하여
女主로서의 한계를 극복하고 왕실의 권위를 회복하며, 아울러 주변 국
가의 침략을 방어함으로써 국력의 신장을 꾀하고자 하였을 것이다.[175]

 이러한 상황에서 김춘추의 대고구려외교 이후에 삼국의 관계에도 새
로운 변화가 일어났다. 백제는 무왕대까지 지속되었던 고구려와의 대립
관계를 청산하고, 의자왕이 즉위한 이후에는 새롭게 和親을 맺으면

---

172) 『三國遺事』 권4, 義解5 慈藏定律.

173) 任慶彬, 1993, 앞의 논문, 92쪽.

174) 金相鉉, 1992, 「黃龍史九層塔考」 『中齋張忠植博士華甲紀念論叢』－歷史學
    篇－ ; 1999, 改題 「皇龍寺九層塔의 건립」 『신라의 사상과 문화』, 一志社, 198
    쪽 : 김기홍, 2000, 『천년의 왕국 신라』, 창작과비평사, 244~245쪽.

175) 李基白, 1986, 「皇龍寺와 그 創建」 『新羅思想史研究』, 一潮閣, 72쪽 : 南東
    信, 1992, 앞의 논문, 32쪽 : 金相鉉, 1980, 「新羅 三寶의 成立과 그 意義」 『東
    國史學』 14 ; 1999, 改題 「新羅三寶의 불교사상적 의미」 앞의 책, 66－67쪽 ;
    1992, 앞의논문 ; 앞의 책, 193쪽 : 文暻鉉, 1999, 「弑王說과 善德女王」 『白山
    學報』 52, 303쪽 : 김기홍, 2000, 앞의 책, 246쪽.
    그러나 朴淳敎는 皇龍寺九層塔의 건립은 당에서 귀국한 慈藏은 자신이 가지
    고 온 佛舍利의 擧國的인 奉安을 통해서 자신의 영향력을 강화하려는 의도라
    고 하였다(朴淳敎, 1999, 앞의 논문, 150쪽).

서176) 신라에 대한 침략을 강화하였다. 즉 643년(선덕왕 12)에 백제는 고구려와 연합하여 신라가 당과 직접적인 교류가 가능한 黨項城을 공격하려는 상황에까지 이르게 되었다.

이러한 위기를 벗어나기 위해서 신라는 같은 해 9월에 당에 사신을 파견하여 고구려와 백제의 침략으로부터 구원을 받으려고 하였으나 오히려 당 태종으로부터 '女主不能善理'가 포함된 3가지 계책의177) 선택을 강요당하였다.178) 당시 당의 목적은 고구려를 정벌하는데 있었기 때문에 백제에 대해서는 큰 관심을 갖고 있지 않았다.

당 태종에 의한 '여주불능선리'의 이야기가 전해지면서 신라에서는 상당한 파문이 있었을 것이다. 특히 女主인 선덕왕을 지지하고 있었던 김춘추를 비롯한 신귀족세력에게는 여주 폐위를 언급한 당 태종의 인식은 상당한 정치적인 부담으로 작용하였을 것이다. 그리하여 신귀족세력은 당 태종이 고구려를 정벌할 때 군사를 원조함으로써 당과의 관계를 회복하고자 하였다. 그러나 신귀족세력이 선택하였던 방법은 오히려 더 큰 위기상황을 초래하였는데, 그 기록은 다음과 같다.

---

176) 朴勇國, 1996, 앞의 논문, 9쪽 주 25) 참조 : 문안식, 2004, 앞의 논문, 14~15쪽 : 김수태, 2004, 「삼국의 외교적 협력과 경쟁－7세기 신라와 백제의 외교전을 중심으로－」 『新羅文化』 24, 32쪽.

177) 武田幸男은 『册府元龜』에 의하여 4가지 계책이라고 하였다(武田幸男, 1985, 「新羅'毗曇の亂'の一視覺」 『三上次男博士喜壽紀念論文集』, 平凡社, 235쪽 주 2) 참조).

178) 『三國史記』 권5, 新羅本紀5 善德王 12년 9월. 朱甫暾은 당 태종이 3가지 안을 제시한 것은 신라를 고구려 원정에 끌어들이려는 책략이라 하였고(朱甫暾, 1993, 앞의 논문, 32쪽), 鄭容淑은 신라의 국익을 앞세운 선택적 자주외교 노선이 당 태종의 불만이었고 이것이 '女主無威'의 문제로 나타나게 되었다고 하였다(鄭容淑, 1994b, 앞의 논문, 262쪽). 한편 鄭孝雲은 당 태종의 본심에 의한 것이 아니라 당이 출병하였을 때 唐軍의 안전을 어떻게 확보할 수 있을 것인가에 대한 신라측의 대책을 완곡하게 질문한 것이라고 하였다(鄭孝雲, 1995, 앞의 책, 70쪽).

J-1. 여름 5월에 (당) 太宗이 친히 고구려를 정벌하였으므로 왕이 군사 3만 명을 내어 그를 도왔다. 백제가 그 빈틈을 타서 나라 서쪽의 7성을 쳐서 빼앗았다.[179)

　2. 여름 5월에 (선덕)왕은 (당) 太宗이 친히 고구려를 정벌하면서 신라에서 군사를 징발한다는 소식을 듣고 그 틈을 타서 신라의 7성을 습격하여 빼앗았다. 신라는 (김)유신을 보내 쳐들어 왔다.[180)

　위의 기록은 당이 고구려를 정벌할 때 신라가 군사 원조를 한 틈을 이용하여 백제에서 신라의 서쪽 변경 7성을 빼앗았다는 내용이다. 신라에서는 당의 고구려 遠征이 성공할 것으로 예상하고 군사를 원조하였는데, 오히려 고구려에게 패배함으로써 원정이 실패하였을 뿐만 아니라 그 사이에 백제에게 서쪽 변경의 7성마저 빼앗기고 말았다.[181) 그리하여 신라는 642년(선덕왕 11) 이후 다시 한번 위기를 맞게 되었다. 또한 신귀족세력도 당의 고구려 원정의 실패로 구귀족세력에게 책임을 추궁 당하면서 정치적으로 어려운 상황에 처하게 되었을 것이며, 자연적으로 구귀족세력의 정치적 영향력이 커지게 되었을 것이다. 이러한 결과는 구귀족세력인 毗曇이 上大等으로 임명된 사실을 통해서도 알 수 있다.[182)

　이와 같이 김춘추는 백제의 계속되는 침략으로 자신의 정치적 입지가 크게 위축되자 백제에 대해서도 이전과는 다른 인식을 하게 되었을 것이다. 즉 이전에는 소극적으로 백제의 침공을 방어하고 저지하는데 치중하였으나 이때부터 완전히 멸망시키려는 적극적인 방법을 선택하였을 것으로 생각된다.[183) 왜냐하면 위축된 자신의 정치적 입지를 회복하고 앞

---

179)『三國史記』권5, 新羅本紀5 善德王 14년 여름 5월. 한편『舊唐書』新羅傳에는 5만 명으로 기록되어 있다.
180)『三國史記』권28, 百濟本紀6 義慈王 5년 여름 5월.
181) 朴淳敎는 백제의 공격이 예견되는 상황에서 고구려의 파병을 결행한 것은 김춘추가 행한 일단의 정치적 모험이며, 동시에 면밀한 정치적 계산이 짙게 깔린 것이라고 하였다(朴淳敎, 1999, 앞의 논문, 161쪽).
182)『三國史記』권5, 新羅本紀5 善德王 14년 11월.

으로의 집권을 위해서는 백제에 대한 근본적인 대책이 반드시 필요하였으며, 그러한 대책은 백제를 완전히 멸망시키는 것이 가장 확실한 방법이기 때문이다. 그러기 위해서는 좀 더 적극적인 활동이 필요하였으며, 그것은 對倭外交로 나타나게 되었다.

645년(선덕왕 14)에 당의 고구려 원정에 군사를 원조하였다가 오히려 백제의 침략을 받고, 그 결과로 비담이 상대등에 임명됨으로써 다시 정치적인 위기를 맞이한 김춘추가 선택한 방법은 對倭外交였다. 김춘추의 대왜외교에 대한 기록은 『日本書紀』에 수록되어 있는데, 이와 관련된 기록은 다음과 같다.

> K-1. 9월에 小德 高向博士 黑麻呂를 신라에 보내 質을 바치게 하였다. 드디어 任那의 調를 그만두었다(黑麻呂의 다른 이름은 玄理이다).[184]
>
> 2. 이 해에 신라가 上臣 大阿湌 김춘추 등을 보내고 博士 小德 高向黑麻呂와 小山中 中臣連押熊을 보내와서 공작 한 쌍과 앵무 한 쌍을 바쳤다. 그리고 (김)춘추를 質로 삼았다. (김)춘추는 용모가 아름답고 담소를 잘하였다.[185]

위의 기록은 김춘추가 왜의 사신 高向黑麻呂와 함께 人質로[186] 왜에

---

183) 朱甫暾은 김춘추가 처음에 고구려에 청병을 하러 갔던 단계에서는 그 목적이 소극적인 백제 저지책에 머물렀으나 적어도 김춘추가 入唐하여 당과 密約을 맺은 이후부터는 백제를 멸망시키려는 全面戰을 계획하고 있었다고 하였고(朱甫暾, 1993, 앞의 논문, 48쪽 주 65) 참조), 李基東도 김춘추가 당에 입당하기 전까지 그의 노력은 고구려와 백제의 침략으로부터 조국을 지켜야겠다는 것 뿐이었으나 당과의 군사동맹을 계기로 삼국통일의 전망을 갖게 되었다고 하였다(이기동, 2004, 앞의 논문, 20쪽).

184) 『日本書紀』 권25, 孝德天皇 2년 9월.

185) 『日本書紀』 권25, 孝德天皇 3년 是歲.

186) 延敏洙는 『日本書紀』에 보이는 김춘추의 人質觀은 新羅史에서 차지하는 그의 위치와 일본과의 인연에서 비롯된 것으로, 그를 인질로 자리매김함으로써 일본 천황의 신라왕에 대한 우월적 지위를 확보하는 역사성을 갖게 되기 때문이라고 하였다(延敏洙, 2004, 「7世紀 東아시아 情勢와 倭國의 對韓政策」『新羅文化』

갔다는 내용이다. 김춘추의 渡倭에 대해서는 비교적 일찍부터 관심을
가지고 연구가 이루어졌으며, 그 결과는 크게 긍정론과 부정론으로 구분
할 수 있다.[187]

일반적으로 김춘추가 왜에 사신으로 파견되었던 이유는 군사적인 원
조를 받기 위한 것으로 이해하고 있다.[188] 물론 이와 같은 점도 상당한
작용을 하였겠지만, 보다 근본적인 목적은 당시 김춘추가 추구하였던 외
교정책과 관련하여 살펴보아야 할 것이다. 김춘추의 외교정책은 대고구
려외교 이후에 백제의 침략을 방어하는 소극적인 방법에서 탈피하여 백
제를 멸망시키려는 적극적인 방법으로 변화하였다. 이러한 외교정책의
변화는 대왜외교에 그대로 반영되었을 것으로 생각된다.

전통적으로 왜는 백제와 친선관계를 유지하고 있었다. 그러나 김춘추

24, 50~51쪽). 이러한 견해를 참조하면 김춘추는 인질이 아니라 일종의 '特使'
성격으로 왜에 갔을 것으로 생각된다.

187) 金春秋의 對倭外交에 대해서는 김춘추가 倭에 使臣으로 파견되었다는 『日本
書紀』의 기록을 인정하는 긍정론(盧啓鉉, 1964, 「新羅의 統一外交政策 硏究」
『大韓國際法學會論叢』9-1 : 申瀅植, 1977, 앞의 논문 ; 1984, 앞의 책 : 金鉉
球, 1983, 「日唐關係의 成立과 羅日同盟-『日本書紀』'金春秋의 渡日' 記事
를 中心으로-」『金俊燁教授華甲紀念 中國學論叢』: 武田幸男, 1985, 앞의
논문 : 盧泰敦, 1989, 앞의 논문 : 朱甫暾, 1993, 앞의 논문 : 鄭孝雲, 1995,
앞의 책 : 朴淳教, 1999, 앞의 논문 ; 金德原, 2002a, 앞의 논문 : 연민수, 2003,
『古代韓日交流史』, 혜안 : 김선숙, 2004, 「羅唐戰爭 前後 新羅・日本間 外交
關係의 推移와 그 背景」『日本學』23 ; 2007, 『新羅 中代 對日外交史 硏究』,
韓國學中央硏究院 博士學位論文)과 이것을 부정하는 부정론(三池賢一, 1966,
「『日本書紀』'金春秋의 來朝記事'について」『駒澤史學』13 ; 1974, 『古代の
日本と朝鮮』, 學生社 : 三池賢一, 1969, 「金春秋小傳」2『駒澤史學』16 : 梁
起錫, 1981, 앞의 논문 : 權悳永, 1995, 「三國史記 新羅本紀 遣唐使 記事의
몇 가지 問題」『三國史記의 原典檢討』, 韓國精神文化硏究院 ; 1997, 앞의
책)으로 구분할 수 있다.

188) 金鉉球, 1983, 앞의 논문, 567쪽 : 朱甫暾, 1993, 앞의 논문, 43쪽 : 金相鉉,
1995, 「慈藏의 政治外交的 役割」『佛敎文化硏究』4 ; 1999, 앞의 책, 36쪽 :
朴淳教, 1999, 앞의 논문, 171쪽.

가 도왜하기 직전에 왜에서는 그 동안 親百濟정책을 추진하였던 蘇我
氏가 숙청을 당하고, 中大兄이 정권을 장악하는 大化改新(645)이 발생
하였다.[189] 그리고 中大兄皇子와 高向黑麻呂를 비롯한 대화개신의 주
도세력은 친백제정책 대신에 새롭게 親新羅정책을 추진하였다.[190] 왜에
서 이러한 변화가 발생하였을 때 김춘추가 도왜하였다는 사실은 그의 목
적을 어느 정도 추측할 수 있게 한다. 즉 김춘추는 백제를 멸망시키기
위하여 백제와 친선관계를 유지하고 있었던 주변국의 정세를 예의 주시
하고 있었을 것이다. 이러한 때에 왜에서 대화개신이 발생하였고, 김춘
추는 政變 이후의 왜의 변화에 대해서 관심을 가졌을 것이다. 그리하여
김춘추는 고구려의 경우와 같이 자신이 직접 왜에 가서 정변 이후에 변
화된 정세를 살펴보고자 하였을 것이다.

이와 관련하여『文館詞林』에 수록된「貞觀年中撫慰新羅王詔一首」
의 기록이 주목된다.[191] 이 기록은 645년에 당 태종이 고구려를 원정할
때 신라에게 병력 파견을 요청하는 것이 중요한 내용이다. 신라는 당 태
종의 요청에 호응하여 3만(또는 5만)의 군사를 파견하였으나 그 와중에
백제의 침입으로 서쪽 변경의 7성을 빼앗기는 위기를 맞게 되었다.[192]

---

189)『日本書紀』권24, 皇極天皇 4년 6월 戊申.
190)『日本書紀』권25, 孝德天皇 2년 9월. 延敏洙는 高向黑麻呂가 신라에 사신으
　　로 파견된 목적은 改新政權의 정통성을 알리고 신라에 대한 우호적 입장을 전
　　하려는 의지의 표현과 함께 632년 이래 단절되어 있던 왜왕권의 대당 통교를
　　신라의 중개에 의해 타개하려던 것이라고 하였다(延敏洙, 1997,「改新政權의
　　성립과 동아시아 외교－을사의 정변에서 백촌강전투까지－」『日本歷史研究』
　　6 ; 1998,『고대한일관계사』, 혜안, 474쪽). 한편 文暻鉉은 高向玄理는 김춘추
　　를 일본에 모셔가서 친신라 정권의 탄생을 축하하고 격려하기 위한 것이라 하였
　　고(文暻鉉, 1999, 앞의 논문, 301쪽), 김선숙은 신라조정으로부터 慶祝使의 파견
　　을 요청하기 위한 것이라고 하였는데(김선숙, 2004, 앞의 논문, 210~211쪽 ;
　　2007, 앞의 논문, 14쪽) 지나치게 확대 해석한 것으로 생각된다.
191) 이에 대해서는 朱甫暾, 1992,「『文館詞林』에 보이는 韓國古代史 관련 外交文
　　書」『慶北史學』 15 ; 2002,『금석문과 신라사』, 지식산업사 참조.
192)『三國史記』권5, 新羅本紀5 善德王 14년 여름 5월 ; 同 권28, 百濟本紀6 義

그러나 결과적으로 신라가 당의 병력 파견 요청에 응한 것은 이후 당이 신라를 연합세력으로 선택하는데 중요한 영향을 미치게 되었다.[193] 이러한 당의 변화는 당시 구귀족세력에게 병력 파견에 대한 책임을 추궁당하며 정치적으로 어려운 상황에 처하였던 김춘추를 포함한 신귀족세력에게도 전화위복의 계기가 되었을 것으로 생각된다.

이와 같은 상황에서 왜에서 친신라정책을 바탕으로 새로운 관계 변화를 요구하는 사신이 도착한 것 역시 김춘추에게는 위기를 벗어나는 또 하나의 돌파구와도 같은 역할을 하였을 것이다. 여기서 주목되는 것은 이러한 긴박한 시기에『삼국사기』에는 646년(선덕왕 15)의 기록이 누락되었다는 사실이다.[194] 즉 645년 11월에 毗曇이 上大等으로 임명된 기록 이후에 646년의 기록이 누락되고, 바로 647년 정월에 상대등 비담이 廉宗과 같이 '女主不能善理'를 이유로 난을 일으킨 기록으로 이어지고 있다. 다시 말하면 누락된 646년을 기준으로 645년의 마지막 기록과 647년의 처음 기록이 우연하게도 모두 상대등 비담과 관련된 것이다. 따라서 누락된 646년의 기록은 아마도 신귀족세력과 구귀족세력이 정국운영과 관련하여 치열하게 대립하고 있었던 상황이 중요한 내용이었을 것으로 생각된다. 그리고 646년의 대립의 결과는 647년 정월에 비담의 난으로 나타나게 되었을 것이다.[195]

慈王 5년 여름 5월.

193) 朱甫暾, 1992, 앞의 논문, 163쪽 ; 2002, 앞의 책, 372쪽.

194) 金德原, 2003a, 앞의 논문, 148쪽 주 36) 참조.

195) 당시 정국은 신귀족세력과 구귀족세력이 대립하면서 왕위계승을 비롯하여 외교정책이 중요한 현안이었을 것이다. 이런 면에서 毗曇의 亂의 원인에 대해서는 여러 가지로 수문해서 살펴보아야 할 것이나. 이와 관련된 연구는 朴淳敎, 1998, 「善德王代 政治運營과 毗曇의 亂 1-선덕 16년간의 對內外政을 중심으로-」『淸溪史學』14 참조. 한편 金炳坤은 중고기 지배 집단에 대한 연구가 일반적으로 갈등과 대립적인 시각에서 이루어졌기 때문에 새롭게 이해할 필요가 있다고 하였다(金炳坤, 2004,「新羅 中古期 支配 集團의 政治 過程에 대한 새로운 이해」Ⅰ『史學研究』76 참조).

그러나 한편으로 김춘추는 대고구려외교의 경험을 통해서 왜에 대해서 큰 기대를 하지는 않았을 것으로 생각된다.[196] 비록 왜는 대화개신 이후에 새롭게 신라와의 관계를 추진하였지만, 친백제 성향이 뿌리 깊게 남아있었기 때문이다.[197] 따라서 김춘추가 도왜한 가장 큰 목적은 고구려의 경우와 마찬가지로 정변 이후에 변화된 왜의 정세를 직접 파악하기 위한 것으로 생각된다. 그리고 왜의 변화에 따라서 김춘추는 자신이 구상하고 있었던 외교정책을 추진하려고 하였을 것이다.

김춘추가 왜에 대해서 추진하였던 외교정책은 백제와 오랫동안 친선관계를 유지하고 있었던 왜와의 외교관계의 변화를 통해서 백제를 국제적으로 고립시키려는 것에 있었을 것이다.[198] 여기에는 당과의 관계도

---

196) 徐仁漢은 김춘추가 고구려의 정세를 정탐하고 돌아온 후에 647년에는 일본을 방문하여 수개월간 체류하면서 군사동맹을 체결하고 귀국하는 외교성과를 거두었다고 하였다(徐仁漢, 1999, 앞의 책, 31~32쪽).

197) 이러한 사실은 백제가 나·당연합군에게 멸망한 후에 왜에서 백제의 復興運動을 지원하기 위하여 군사를 파견한 사실을 통해서 어느 정도 이해할 수 있을 것이다. 延敏洙는 백제는 왕족을 장기간 일본에 체재시키면서 왜조정 내의 친백제파의 형성을 꾀하는 '王族外交'를 전개하였는데, 당시 왜에는 豊璋이 왜왕권의 측근에서 정치적 자문 역할을 하였던 것으로 파악하였다(延敏洙, 1997, 「百濟의 對倭外交와 王族」『百濟研究』 27 ; 1998, 앞의 책, 458쪽).

198) 金鉉球는 김춘추가 신라-당-일본을 잇는 동맹관계를 성립시키려 하였다고 파악하였으며(金鉉球, 1983, 앞의 논문, 564쪽 ; 1989, 「古代 韓(新羅)·日關係의 一考察-大化改新과 新羅·日本·唐 三國간의 협력체제 성립을 中心으로-」『大東文化研究』 23, 315쪽), 朱甫暾은 일본과의 군사적인 협조 문제를 통해 뿌리 깊은 백제와 일본의 관계를 견제하려는 것이라고 하였다(朱甫暾, 1993, 앞의 논문, 43쪽). 朴海鉉도 당시 신라는 백제와 가까이 지내던 일본을 당과 연결시킴으로써 당-신라-일본으로 이어지는 외교관계를 구축하여 백제를 견제하려고 했을 것이라고 하였다(朴海鉉, 1996, 「新羅 中代의 성립과 神文王의 王權 强化」『湖南文化研究』 24, 6쪽 ; 2003, 『신라중대정치사연구』, 국학자료원, 23쪽). 한편 徐仁漢은 신라의 외교는 백제와의 관계를 염두에 두고 추진되었으며, 632년(선덕왕 1)에 일본에 대해서도 적극적으로 전개되었는데, 이것은 국제사회에서 백제를 고립시키려는 신라의 장기적인 외교전략의 일환이라고 하였다(徐仁漢, 1999, 앞의 책, 30쪽).

포함되었음은 물론이다. 이와 같이 김춘추는 백제의 고립화정책을 추진
함으로써 고구려와 왜에게 군사적인 도움을 받지 못하는 백제를 상대로
전쟁에 전념하려던 것이 아닌가 한다. 따라서 김춘추는 백제를 멸망시키
기 위한 계획을 이미 세웠으며, 그의 대왜외교는 이러한 계획을 실현하
기 위한 과정의 하나로 왜에 대한 사전 정지작업이었다고 할 수 있다.
그리고 이것이야 말로 백제를 멸망시키는 확실한 방법이라고 생각하였
을 것이다.

김춘추의 대왜외교의 또 하나의 목적은 왜의 국내 정세 동향을 파악
하는 것과 함께 女主 통치에 대한 문제도 관련되었을 것으로 생각된
다.[199] 이미 왜에서는 신라의 선덕왕 이전에 이미 여주가 즉위하고 있었
으며,[200] 이러한 사실은 양국의 외교 관계를 통해서 신라에서도 이미 알
고 있었을 것이다.[201] 그리고 여주의 즉위는 신라에서도 선덕왕이 즉위
할 때에 하나의 논리로서 작용하였을 개연성도 있었을 것이다.[202] 따라
서 김춘추는 여주가 통치하는 왜의 정치상황을 직접 살펴봄으로써 신라
의 상황과 비교해 보려고 하였을 것이다. 더욱이 당시 신라에서는 당 태
종에 의한 '女主不能善理'라는 문제와 관련하여 정치적으로 신귀족세
력과 구귀족세력이 대립하는 상황이었다. 이러한 국내의 정치상황을 해
결하고, 이미 여주가 존재하였던 왜의 정세를 파악하여 앞으로 신라에서

---

199) 朱甫暾도 김춘추의 또 다른 渡日 목적은 여왕의 讓位를 비롯한 일본의 제반
　　　정치 동향을 파악하는 것이라고 하였다(朱甫暾, 1993, 앞의 논문, 44쪽).
200) 당시 왜에서는 이미 2명의 女王이 재위하고 있었다. 推古天皇은 592년(진평왕
　　　14)에 즉위하여 628년(진평왕 50)까지 재위하였으며, 皇極天皇은 642년(선덕왕
　　　11)부터 645년(선덕왕 14)년까지 재위하였다.
201) 당시 신라에서는 왜에 여왕이 즉위하고 있었다는 사실을 외교 관계를 통해서 이
　　　미 알고 있었을 것이다. 그러나 왜의 여왕이 국왕으로서 정상적인 통치행위를
　　　하지 못하고 있었던 사실도 알고 있었을 것으로 생각된다.
202) 朱甫暾, 1994, 앞의 논문, 217~219쪽 : 李晶淑, 1999, 앞의 논문, 228~229쪽 :
　　　조범환, 2000, 앞의 책, 21쪽.

도 선덕왕에 이어 다시 여주가 등장하게 될 상황에 대처하려고 하였을 것이다. 또한 곧 다가올 聖骨 출신의 여성마저 존재하지 않게 될 상황을 대비하는 방법으로도 염두에 두었을 것으로 생각된다. 왜냐하면 이것은 김춘추 자신을 포함한 신귀족세력들이 구귀족세력과의 관계에서 지속적으로 세력을 유지하는 것과도 관련된 중요한 문제이기 때문이다.

3. 善德王代 金春秋 外交活動의 성격

642년(선덕왕 11)에 大耶城이 함락된 이후 김춘추는 신라의 국가적인 위기상황을 극복하기 위하여 활발한 외교활동을 전개하였다. 김춘추의 외교활동은 크게 선덕왕대의 對高句麗外交와 對倭外交, 그리고 진덕왕대의 對唐外交로 구분할 수 있다.

선덕왕대 실시하였던 김춘추의 외교활동은 당시 신라의 政局動向과 밀접한 관련을 맺으며 이루어졌다. 따라서 선덕왕대 김춘추의 외교활동을 이해하기 위해서는 대외적인 면과 대내적인 면을 연결하여 함께 이해해야만 보다 정확하게 파악할 수 있을 것이다. 그러한 의미에서 선덕왕대의 대고구려외교와 대왜외교를 진덕왕대의 대당외교와 구분해서 살펴볼 필요가 있다. 선덕왕대에 실시하였던 김춘추의 대고구려외교와 대왜외교는 다음과 같은 특징을 가지고 있다.

첫째, 선덕왕대 김춘추의 대고구려외교와 대왜외교는 당시 정국을 타개하기 위한 방법으로 실시한 것이었다. 당시 신귀족세력과 구귀족세력으로 대립하고 있던 상황에서 642년의 大耶城 함락은 신귀족세력에게 정치적인 면뿐만 아니라 사회경제적으로도 상당한 타격과 손실을 주었다. 특히 대야성의 都督이면서 김춘추의 사위인 金品釋이 백제에게 항복한 것은 그를 포함한 신귀족세력에게 정치적으로 큰 부담으로 작용하였다. 또한 女主인 선덕왕의 통치에 불만을 품고 있던 구귀족세력과의 관계에서 이러한 부담은 더욱 크게 작용하였다. 그러므로 김춘추는 불리하게 전개되고 있는 상황을 타개하기 위해서 대고구려외교를 전개하였던 것이다.

대왜외교 역시 마찬가지이다. 645년(선덕왕 14)에 당 태종의 고구려 원정에 신라는 3만(또는 5만)의 군사를 파견하였으나 당은 고구려에게 패배함으로써 원정에 실패하였고, 백제는 이러한 틈을 이용하여 신라 서쪽 변경의 7성을 빼앗았다. 신라는 당에 군사 원조를 하였음에도 불구하고 오히려 642년 이후에 또 다시 국가적인 위기를 맞게 되었고, 신귀족세력도 구귀족세력에게 당에 군사 원조를 한 것에 책임을 추궁 당하며 정치적으로 어려운 상황에 처하게 되었다. 이러한 상황에서 김춘추는 다시 한번 대왜외교를 전개함으로써 불리하게 전개되고 있는 상황을 타개하려고 하였다.

둘째, 선덕왕대 김춘추의 대고구려외교와 대왜외교 활동은 일종의 '特使' 성격이었다.[203] 이것은 당시 고구려와 왜에서 政變이 발생하였던 사정과도 밀접하게 관련된 것이다. 신라는 당에 매년 정례적으로 사신을 파견하면서 정상적으로 외교관계를 유지하였지만, 고구려와 왜는 적국으로 인식하였기 때문에 지속적인 외교관계가 이루어지지 않았다. 따라서 김춘추가 고구려와 왜에 사신으로 갔던 것은 정례적인 것이 아니라 이례적으로 이것은 매우 특별한 경우에 해당한다. 그리고 이것은 정변 이후 두 나라의 국내 정세 동향을 자신이 직접 확인하기 위한 목적에서 이루어진 것으로 생각된다 이러한 '특사'로서의 성격은 진덕왕대의 대당외교에서도 그대로 이어진다.

셋째, 선덕왕대 김춘추의 대고구려외교와 대왜외교 활동은 '請和'외

교라고 할 수 있다. 지금까지의 연구는 대부분이 고구려와 왜에 대한 김춘추의 외교활동은 군사 원조를 위한 '請兵'외교로 파악하였다. 물론 김춘추가 고구려·왜와의 외교활동에서 군사적인 문제도 중요하게 생각하였을 것이다. 그러나 신라가 고구려나 왜와 우호적인 관계를 유지하고 있지 않은 상태에서 군사를 요청하는 일은 현실적으로 지극히 어려운 문제였다. 이러한 사실을 직접 외교활동을 수행하던 김춘추 역시 모를리 없었을 것이다. 그럼에도 불구하고 김춘추가 고구려와 왜를 방문하였던 것은 군사적인 '請兵' 문제보다도 다른 목적이 있었을 것으로 생각되는데, 그것은 공통적으로 政變을 겪은 이후 변화된 두 나라의 국내 정세 동향을 직접 파악하기 위한 것이었다.

물론 김춘추로서도 고구려와 왜의 국내 정세의 변화에 따라 군사 원조의 요청 여부를 결정하려고 하였을 것이다. 즉 두 나라의 국내 상황이 자신의 의도와 같은 방향으로 변화하였다면, 군사원조를 요청하고, 그렇지 않으면 하지 않았으리라고 보인다. 다시 말하면 김춘추의 두 나라에 대한 군사 원조의 요청은 유동적이었을 것으로 생각된다. 그런 의미에서 고구려와 왜에 대한 김춘추의 외교활동은 '請兵'외교라기보다는 평화안을 제안한 일종의 '請和'외교의 성격을 갖는 것이라고 할 수 있다. 그리고 이러한 김춘추의 외교활동은 물론 백제와의 관계에서 비롯된 것이었고, 그 최후의 목적은 백제를 멸망시키려는 것이었다.

이와 같이 선덕왕대 김춘추의 대고구려외교와 대왜외교는 정국을 타개하기 위한 방법으로 실시하였고, 따라서 그것은 일종의 '特使'의 자격으로 '請和'외교를 추진하였던 것으로 이해할 수 있다. 그리고 이것은 '특사'의 성격을 제외하면 진덕왕대의 대당외교와는 뚜렷한 차이라고 할 수 있다. 따라서 김춘추의 외교활동을 선덕왕대와 진덕왕대로 구분하는 것은 바로 이러한 차이에서 가능할 것이다.

제4장

舍輪系의 집권과 武烈王의 改革政治

제1절 武烈王의 즉위 배경

1. 毗曇의 亂 진압과 眞德王의 즉위

642년(선덕왕 11) 8월에 大耶城이 함락된 이후 신라에서는 김춘추를 고구려에 파견하여 '請和'를 목적으로 하는 외교를 추진하였으나 政變 이후의 고구려 국내 사정을 파악하는 절반의 성공을 거두고 실질적인 목적은 이루지 못하였다. 이와 같은 상황에서 643년 3월에 唐에서 佛法을 구하던 慈藏이 귀국하였다. 그런데 자장의 귀국이 김춘추가 고구려에서 귀환한 얼마 후에 이루어지고 있다는 사실이 주목된다.[1] 이러한 시기에 자장이 귀국한 것은 김춘추의 요청에 의해서 이루어진 것으로 보이는데, 이와 관련된 기록은 다음과 같다.

A-1. 3월에 唐에 건너가 佛法을 구하던 高僧 慈藏이 돌아왔다.[2]

　2. 貞觀 17년 癸卯에 신라 선덕왕이 表文을 올려 慈藏을 돌려보내 주기를 청하니, (당)太宗이 이를 허락하고, 그를 宮中으로 불러들여 비단 1領과 雜綵 5백端을 하사하였으며, 또 東宮도 비단 2백端을 내려주고, 그 밖에 禮物로 준 물건도 많았다. 자장은 본국에 아직 佛經과 佛像이 구비되지 못하였으므로 大藏經 1部와 여러 가지 幡幢・花蓋 등 福利가 될 만한 것을 청해서 모두 싣고 돌아왔다. 그가 본국에 돌아오자 온 나라가 그를 환영하고, (선덕)왕은 그를 芬皇寺(唐傳에서는 王芬寺라고 하였다)에 있게 하니, 물건과 侍衛는 조밀하고도 넉넉하였다.[3]

위의 기록은 자장의 귀국과 관련된 내용이다. 자장은 당 태종에게 환

---

1) 任慶彬, 1993, 「新羅 眞德女王代의 政治改革－武烈王의 卽位와 관련하여－」 『北岳史論』 3, 92쪽.

2) 『三國史記』 권5, 新羅本紀5 善德王 12년 3월.

3) 『三國遺事』 권4, 義解5 慈藏定律.

대를 받으면서 당에서 불법을 구하였다. 그리고 자장이 귀국할 때에도 당 태종뿐만 아니라 東宮까지도 많은 물건을 주었다는 기록을 통해서 당의 황실과 돈독한 유대를 맺고 있었음을 알 수 있다. 백제의 침입으로 국가적 위기를 맞은 신라에서는 당의 도움을 필요로 하였고, 이러한 상황에서 당 태종의 신임을 받고 있는 자장의 존재가 더욱 절실하였을 것이다. 당시 자장은 어느 누구보다도 당의 사정에 대해서 가장 정확하게 파악하고 있었을 것이며,[4] 신라에서는 이와 같은 자장과 당 황실과의 관계를 주목하였을 것이다. 따라서 김춘추는 자장의 중요성을 인식하고, 선덕왕에게 자장의 귀국을 요청하였을 것이다.

자장은 본국으로 귀국한 이후에 자신이 당에서 경험한 것을 바탕으로 신라의 정치와 외교 부분에서 중요한 역할을 담당하게 되었다. 특히 자장은 대당외교에서 중요한 자문을 하였는데, 당과 고구려와의 관계를 비롯한 국제정세와 당의 정치 상황이나 태종의 정치노선 등에 관해서[5] 김춘추와 많은 의견을 교환하였을 것이다.[6] 그리고 김춘추가 고구려에 머물면서 파악하였던 내부사정과 자장이 경험한 당의 상황에 대한 정보가 신라의 외교정책에 반영되었을 것이며, 그 결과는 당에 사신을 파견하는 것으로 나타났다. 이와 관련된 기록은 다음과 같다.

---

4) 朴淳敎, 1999, 『金春秋의 執權過程 硏究』, 慶北大 博士學位論文, 135쪽.
5) 金相鉉, 1995, 「慈藏의 政治外交的 役割」『佛敎文化硏究』4, 44~45쪽 ; 1999, 『신라의 사상과 문화』, 一志社, 39~40쪽.
6) 650년을 전후하여 김춘추·김유신 등이 추진한 정치·외교적 배후에 brain-trust 로서 慈藏의 역할의 컸다는 李成市의 견해는 주목된다(李成市, 1985, 「新羅僧 慈藏의 政治·外交上의 役割」『日本史學會八十三會大會發表要旨』; 辛鍾遠, 1992, 「慈藏과 中古時代 社會의 思想的 課題」『新羅初期佛敎史硏究』, 民族社, 265쪽 주 58) 재인용). 한편 金杜珍은 慈藏이 선덕왕대에 왕실과 緣故되어 있었지만 사륜계와의 접촉을 애써 거절하지 않았으며, 또한 漢化政策을 표방하는 김춘추 일파의 개혁 방향을 외면하지 않았다고 하였다(金杜珍, 1989, 「慈藏의 文殊信仰과 戒律」『韓國學論叢』12, 12~13쪽).

9월에 唐에 使臣을 보내어 (唐帝에게) 말하기를 "고구려와 백제가 우리나라를 侵壓하여 (우리는) 여러 번 수십 성의 攻襲을 받았으며, 양국은 군사를 연합하여 기어코 우리나라를 취하려 하여 지금 이 9월에 대대적으로 擧兵을 하려는 모양이니, (그것을 보면) 우리의 社稷은 필연코 보전할 수 없을 것이며, 陪臣을 보내어 大國에 歸依하여 偏師를 빌어 구원을 받으려 하는 것입니다"라고 하였다.[7]

위의 기록은 신라에서 당에 사신을 파견하여 고구려와 백제의 침입으로부터 구원을 요청하였다는 내용이다. 그런데 주목되는 것은 자장이 당에서 귀국하는 해에 사신이 파견되고 있다는 사실이다. 이것은 자장이 귀국한 이후 그의 활동을 반영하는 것으로서 이때 파견되었던 사신은 자장의 외교적인 자문을 받아서 이루어졌던 것으로 보인다. 그러나 당에서는 고구려에 대한 문제에 더 비중을 두고 있었기 때문에 신라의 요청을 거절하였다. 이러한 사실은 다음의 기록을 통해서 알 수 있다.

… 唐帝가 말하기를 "내가 邊兵을 보내어 契丹과 靺鞨을 거느리고 곧 遼東으로 쳐들어가면, 그대 나라는 자연 풀려 1년 동안의 (적의) 攻圍를 늦출 수 있을 것이나 이후에 적이 우리 군사가 계속 이르지 않음을 알면 도리어 侵侮를 마음대로 하여 (그때는) 4국이 함께 소란할 터이니 그대 나라에게는 미안한 일이나 이것이 첫째 방책이 되겠고, 내가 또 그대에게 수천의 朱袍와 丹幟를 주어 2국의 군사가 이를 때에 그것을 세워 벌여 놓으면 그들이 보고 중국 군사로 여겨 반드시 달아나고 말 터이니 이것이 둘째의 방책이며, 백제는 바다의 險함을 믿고 機械를 修繕하지 않고 남녀들이 뒤섞여서 서로 宴會만 하니, 내가 수백 척의 배에 甲卒을 싣고 고요히 바다에 떠서 그 땅을 곧 엄습하고 싶으나 그대 나라는 婦人을 임금으로 삼아 鄰國의 업신여김을 받으니, (이는) 임금을 잃고 적을 받아들이는 격이라 해마다 편안할 때가 없다. 내가 친족의 한 사람을 보내어 그대 나라의 임금을 삼되, 자연 혼자서 갈 수는 없으므로 마땅히 군사를 보내어 보호케 하고, 그대 나라가 안정함을 기다려 그대의 自守에 맡기려 하니, 이것이 셋째 방책이다. 그대는 잘 생각해 보아라! 어느 편을 따르려 하느냐?"라고 하였다. 사신이 다만 "예!"라고 할 뿐이

---

7) 『三國史記』 권5, 新羅本紀5 善德王 12년 9월.

고, 별로 대답한 말이 없었다. 唐帝는 그가 용렬하여 乞師 急告의 才가 아님을 탄식하였다.[8]

위의 기록은 당에 구원을 요청하기 위해 파견되었던 신라의 사신에게 당 태종이 제시한 해결책에 대한 내용이다. 당 태종은 신라의 구원 요청에 대하여 3가지 해결책을 제시하였지만, 현실적으로는 모두 불가능한 것이었다. 당 태종이 현실적으로 불가능한 해결책을 제시한 것은 신라의 당과 고구려에 대한 등거리 외교의 불만 때문이었을 것이다.[9] 고구려 원정을 준비하고 있던 당으로서는 신라가 고구려와 외교관계를 맺으려는 것에 대해서 탐탁하게 여기지 않았을 것이다. 그러한 때에 신라에서 구원을 요청하여 왔기 때문에 당 태종은 평소 신라에 대해서 가지고 있던 생각을 표현하였을 것이다.[10]

당 태종의 의사가 알려졌을 때에 신라에서는 상당한 충격을 받았던 것 같다. 더욱이 자장으로부터 외교적인 자문을 받고 파견된 사신이 아무런 성과도 거두지 못하였을 뿐만 아니라 오히려 당 태종으로부터 선덕왕의 퇴진에 대한 의사가 전달되었기 때문에 그 충격은 대단하였을 것이다. 더욱이 이듬해부터 백제의 침공이 재개되면서 신라는 백제의 침공을 방어하는데 전념하게 되었다.[11]

이러한 상황에서 선덕왕은 불교를 숭상하는 정책을 추진함으로써 대내적으로는 자신의 입지를 강화시키고, 대외적으로는 백제의 침공과 당

---

8) 위와 같음.
9) 鄭容淑, 1994b, 「新羅 善德王代의 정국동향과 毗曇의 亂」『李基白先生古稀紀念 韓國史學論叢』上, 一潮閣, 262쪽.
10) 이와 관련하여 唐 太宗이 당과 고구려 사이에서 표류하는 신라의 대외노선을 겨냥한 직접적인 불만이나 경고의 증표였다고 파악한 朴淳敎의 지적이 참고된다 (朴淳敎, 1999, 앞의 논문, 141쪽).
11) 당시 백제의 침공에 대한 신라의 대응은『삼국사기』에 기록되어 있는 김유신의 활동을 통해서 어느 정도 알 수 있을 것이다.

의 퇴진 압력으로부터 벗어나고자 하였다. 선덕왕이 불교를 숭상하였다
는 것은 40여 개에 달하는 사찰을 창건한[12] 사실을 통해서 알 수 있다.

선덕왕의 불교를 숭상하는 정책은 皇龍寺九層塔을 건립한 것이 대표
적이라고 할 수 있다. 황룡사구층탑을 건립한 목적은 대야성의 함락 이
후에 신라의 국가적 위기를 극복하고,[13] 그로 말미암아 실추된 왕실과
女主의 권위를 회복하며, 아울러 왕권의 강화와 국력의 신장을 추구하
기 위한 방안으로 이루어진 것이다.[14] 황룡사구층탑의 건립에는 자장이
큰 역할을 담당하였다.

자장은 菩薩戒를 설파하여 국가적인 위기 상황에서 일반인들을 전쟁
에 참여시키는 계기를 마련하였으며,[15] 佛國土說을 내세워 국가를 수호
하려는 정치적인 면을 강조하였다.[16] 그리고 대내외적으로 실추된 여주
의 권위를 회복하려는 의도에서 황룡사구층탑의 건립을 추진하였다.[17]

여기서 주목되는 것은 자장의 건의로 추진되었던 황룡사구층탑의 건
립에 사륜계인 金龍春이 책임을 맡고 있다는 사실이다. 김용춘은 황룡

---

12) 李仁哲, 1999, 「新羅上代의 佛寺造營과 그 社會·經濟的 基盤」『白山學報』
   52 : 진성규·이인철, 2003, 『신라의 불교사원』, 백산자료원.
13) 朴南守, 1987, 「統一主導勢力의 形成과 政治改革」『統一期의 新羅社會 研究』,
   東國大 新羅文化研究所.
14) 李基白, 1978, 「皇龍寺와 그 創建」『新羅時代 國家佛教와 儒教』, 韓國研究院 ;
   1986, 『新羅思想史研究』, 一潮閣 : 金相鉉, 1992, 「皇龍寺九層塔考」『中齋張
   忠植博士華甲紀念論叢』-歷史學篇- ; 1999, 앞의 책 : 南東信, 1992, 「慈藏의
   佛敎思想과 佛敎治國策」『韓國史研究』76 : 文暻鉉, 1999, 「弑王說과 善德女
   王」『白山學報』52 : 김기흥, 2000, 『천년의 왕국 신라』, 창작과비평사.
15) 金英美, 1992, 「慈藏의 佛國土思想」『韓國史市民講座』10, 一潮閣, 9쪽 : 조범
   환, 2000, 『우리 역사의 여왕들』, 책세상, 51쪽.
16) 辛鍾遠, 1992, 앞의 책, 2/1쪽.
17) 辛鍾遠은 황룡사구층탑의 건립을 安弘이 처음 주장한 것으로 파악하였다(辛鍾
   遠, 1992, 「安弘과 新羅佛國土說」, 앞의 책, 244쪽). 한편 朴淳敎는 慈藏이 황
   룡사구층탑을 건립하려고 하였던 것은 唐에서 가져온 佛舍利의 거국적인 봉안을
   통해서 자신의 영향력을 강화하려는 의도라고 하였다(朴淳敎, 1999, 앞의 논문,
   150쪽).

사구층탑을 건립할 때에 책임자가 되어 2백여 명의 匠人을 거느리고 공사를 담당하였다. 황룡사구층탑이 대야성 함락 이듬해에 건립이 시작되고,[18] 공사의 책임자가 김용춘이었다는 사실은 결국 황룡사구층탑이 사륜계의 주도로 이루어졌다는 것을 의미하며,[19] 건립을 건의하였던 자장과도 정치적으로 협력관계를 유지하였던 사실을 방증하는 것이다.[20]

자장과 사륜계 특히 김춘추와의 관계는 서로 대립과 경쟁을 하였던 것으로 이해하기도 하지만,[21] 두 사람은 협조체제를 구축하며 선덕왕을 지지하는 세력이었을 것으로 보인다.[22] 황룡사구층탑의 건립을 김용춘이 담당하였다는 것은 이러한 관계를 상징적으로 보여주는 것이라고 할 수 있다.

그러나 황룡사구층탑의 건립은 선덕왕이 의도하였던 것과는 달리 오히려 역효과를 가져와 구귀족세력의 반발을 야기시켰는데, 上大等인 伊飡 毗曇의 亂이 그것이다. 비담과 염종의 난에 대한 기록은 다음과 같다.

> B-1. 16년 정월에 毗曇과 廉宗 등이 (서로 말하기를) "女主는 정치를 잘하지 못한다"라 하고, 이내 謀反하여 군사를 일으키다가 이기지 못하였다. 8일에 (선덕)왕이 돌아가니, 諡를 善德이라 하고, 狼山에 장사하였다.[23]
>
> 2. 원년 정월 17일에 毗曇을 誅하니, 그에 連坐하여 죽은 자가 30명이었다.[24]
>
> 3. 16년 丁未는 선덕왕 末年이고, 진덕왕 元年이었다. 大臣 毗曇과 廉宗이 "女主는 政事를 잘하지 못한다"라 하고, 군사를 일으켜 廢하려고 하

---

18) 朴南守, 1987, 앞의 논문, 106쪽.
19) 鎌田茂雄, 1988, 『新羅佛敎史序說』, 東京大 東洋文化硏究所, 168쪽 : 朴淳敎, 1999, 앞의 논문, 155쪽 주 228) 참조.
20) 金相鉉, 1995, 앞의 논문 ; 1999, 앞의 책, 44~45쪽 및 47쪽.
21) 金在庚, 1982, 「新羅 阿彌陀信仰의 성립과 그 배경」 『韓國學報』29, 一志社, 15쪽 : 南東信, 1992, 앞의 논문, 39쪽.
22) 金杜珍, 1989, 앞의 논문, 12~13쪽.
23) 『三國史記』권5, 新羅本紀5 善德王 16년 정월.
24) 『三國史記』권5, 新羅本紀5 眞德王 원년 정월.

였다. (선덕)왕이 안에서 막아내자 비담 등은 明活城에 주둔하고, 官軍은 月城에 陣營을 베풀어 공방이 10일이었지만 풀리지 않았다. … 여러 將卒을 독려하여 奮擊하니, 비담 등이 敗走하자 쫓아가 목을 베고 九族을 滅하였다.[25]

위의 기록은 상대등인 이찬 비담과 아찬 염종이 '女主不能善理'를 내세우며 일으켰던 난에 대한 내용이다. 비담은 구귀족세력의 대표적인 인물로 645년(선덕왕 14)에 水品을 대신하여 상대등에 임명되었다. 비담이 상대등에 임명되었던 것은 같은 해에 당 태종이 고구려를 정벌할 때 신라가 당을 돕기 위해 고구려를 공격하였던 틈을 이용하여 백제가 신라 서쪽 국경의 7성을 襲取한 이후이기 때문에 이 사건과 밀접한 관련이 있었을 것이다.

비담의 난이 일어났던 원인에 대해서는 다양한 견해들이 제기되었다.[26] 그러나 비담의 난을 이해하기 위해서는 난이 일어났던 시기와 직

---

25) 『三國史記』 권41, 列傳1 金庾信 上.
26) 毗曇 亂의 원인에 대한 연구는 크게 몇 가지로 구분할 수 있는데, 먼저 王位繼承과 관련하여(李基白, 1962, 「上大等考」 『歷史學報』 19 ; 1974, 『新羅政治制度史硏究』, 一潮閣, 100~101쪽 : 姜聲媛, 1983, 「新羅時代 叛逆의 歷史的 性格 －『三國史記』를 중심으로－」 『韓國史硏究』 43, 30쪽) 정치세력 사이의 갈등이나(朴南守, 1987, 앞의 논문, 116쪽 : 高慶錫, 1994, 「毗曇의 亂의 성격 문제」 『韓國古代史硏究』 7, 267쪽 : 朴勇國, 1996, 「新羅 中代 支配勢力의 形成過程과 그 性格」 『慶尙史學』 12, 13쪽) 신·구귀족세력의 대립으로 이해하고 있다(申瀅植, 1977, 「武烈王系의 成立과 活動」 『韓國史論叢』 2 ; 1984, 『韓國古代史의 新硏究』, 一潮閣, 116쪽 : 丁仲煥, 1977, 「毗曇·廉宗亂의 原因考－新羅政治社會의 轉換期에 관한 一試考－」 『東亞論叢』 14, 27쪽 : 李晶淑, 1986, 「新羅 眞平王代의 政治的 性格－所謂 專制王權의 成立과 關聯하여－」 『韓國史硏究』 52, 22쪽 주 77) 침조 . 金瑛河, 1988, 「新羅 中古期 政治過程 試論－中代王權 成立의 理解를 위한 前提－」 『泰東古典硏究』 4, 31쪽 ; 2002, 『韓國古代社會의 軍事와 政治』, 高大 民族文化硏究院, 265쪽 : 李明植, 1989, 「新羅 中代王權의 專制化過程」 『大丘史學』 38, 85쪽 ; 1992, 『新羅政治史硏究』, 螢雪出版社, 107쪽 : 文暻鉉, 1999, 앞의 논문, 296쪽).
이 외에도 진덕여왕의 즉위에 대한 불만과(李鍾旭, 1980, 「新羅中古時代의 聖

접적인 원인이 되었던 '여주불능선리'의 의미에 대한 문제를 해결해야만
한다. 또한 비담의 난은 진평왕대에 일어났던 柒宿의 모반사건과 연계
해서 파악하여야 좀 더 실질적으로 이해할 수 있을 것이다.

먼저 비담의 난이 일어났던 시기에 대한 문제이다. 비담의 난이 일어
난 시기는 647년 정월이었다. 그리고 난은 10여 일 정도 지속되었으며,
이 과정에서 선덕왕이 죽었다. 선덕왕의 죽음이 비담의 난과 관련하여
반군에 의해 弑害된 것으로 보기도 하지만,[27] 평소 왕의 건강이 좋지
않았다는 기록을[28] 통해서 病死하였을 가능성이 크다.[29] 선덕왕이 자신
의 죽는 날을 미리 알았다는 사실은 그의 예지적 능력을 나타내 주는
것이지만, 동시에 평소에 건강이 좋지 않았다는 것을 시사해 준다.[30] 이
때에 이미 병상에 있으면서 자신의 죽음을 예상하고 있었을 것이다.[31]

骨」, 『震檀學報』 50 ; 1999, 『新羅骨品制研究』, 一潮閣, 175쪽 : 朱甫暾, 1994,
「毗曇의 亂과 善德王代 政治運營」, 『李基白先生古稀紀念 韓國史學論叢』上,
一潮閣, 214~215쪽) 중앙귀족과 지방세력간의 충돌(井上秀雄, 1962, 「新羅政治
體制의 變遷過程-門閥貴族의 集團支配와 專制王權-」, 『古代史講座』 4, 學生
社 ; 1974, 『新羅史基礎研究』, 東出版, 440~441쪽 : 李基東, 1972, 「新羅 奈
勿王系의 血緣意識」, 『歷史學報』 53·54 ; 1984, 『新羅骨品制社會와 花郎徒』,
一潮閣, 84쪽)이나 진덕왕의 개인적인 능력의 부족(三池賢一, 1966, 「『日本書紀』
'金春秋의 來朝記事'에 대하여」, 『駒澤史學』 13 ; 1974, 『古代의 日本과 朝鮮』, 學
生社, 208쪽)으로도 이해한다. 또한 部세력의 반란(姜鳳龍, 1992, 「6~7世紀 新羅
政治體制의 再編過程과 그 限界」, 『新羅文化』 9, 145쪽)이나 사상적인 측면(姜
英卿, 1990, 「新羅 善德王의 '知幾三事'에 대한 一考察」, 『원우논총』 8, 204쪽
주 94) 참조)으로도 파악하는 등 다양한 견해들이 있다.
27) 山尾幸久, 1989, 『古代의 日韓關係』, 塙書房, 392쪽 : 李文基, 1986, 「新羅 侍
衛府의 成立과 性格」, 『歷史敎育論集』 9, 36쪽 ; 1997, 『新羅兵制史研究』, 一
潮閣, 161쪽 : 文暻鉉, 1999, 앞의 논문, 277쪽.
28) 『三國史記』 권5, 新羅本紀5 善德王 5년 3월.
29) 朱甫暾, 1994, 앞의 논문, 212쪽 : 鄭容淑, 1994b, 앞의 논문, 255쪽 : 김기흥,
2000, 앞의 책, 249쪽.
30) 朱甫暾, 1994, 앞의 논문, 213쪽.
31) 李昊榮, 1997, 『新羅三國統合과 麗·濟의 敗亡原因研究』, 書景文化社, 96쪽 :
朱甫暾, 1994, 앞의 논문, 213~214쪽.

이러한 상황에서 선덕왕의 절대적인 후원세력인 김춘추도 646년 겨울에 倭에 사신으로 파견되어 국내에 없는 상황이었다.[32] 따라서 선덕왕은 자신을 반대하는 세력들의 동향에 대해서 많은 관심과 주의를 기울이고 있었을 것이다.

비담은 바로 이러한 때를 이용하여 난을 일으켰다. 선덕왕의 죽음이 예상되는 가운데 정치적으로 대립관계에 있던 김춘추마저 국내에 없는 상황을 비담은 절호의 기회라고 판단하였을 것이다. 이러한 비담의 난은 우발적으로 일어난 사건은 아니었을 것이다. 이미 오래 전부터 선덕왕의 건강에 대한 문제가 제기되었을 것이고, 따라서 후계자를 선정하려는 논의도 대두되었을 것이다. 또한 비담이 난을 일으킨 후에 바로 明活城에 주둔하였고, 그의 군사력도 김유신이 감당하기 어려울 만큼 강력하였다. 이와 같은 사실은 비담의 난이 우발적으로 일어난 것이 아니라 계획적으로 일어났던 것이었음을 보여주고 있다.

다음은 비담이 난을 일으켰던 명분인 '女主不能善理'에 대한 것이다. 비담이 '여주불능선리'를 내세우기 전에 당 태종이 이 문제에 대해서 언급하고 있는 것으로 미루어 이미 오래 전부터 논란이 되고 있었음을 알 수 있다. 이러한 논란의 근본적인 원인은 선덕왕이 '女王'이라는 사실에서 비롯되었다. '여왕'이 아니었으면 아무렇지도 않았을 것들도 '여왕'이기 때문에 문제가 되었던 것이다.[33] 따라서 '여주불능선리'는 선덕왕이

32) 毗曇의 亂이 일어났을 때 金春秋에 대한 기록이 나타나지 않는 것은 그가 당시 신라에 없었기 때문일 것이다(山尾幸久, 1989, 앞의 책, 392쪽 : 朱甫暾, 1993, 「金春秋의 外交活動과 新羅內政」『韓國學論集』20, 44쪽 : 鄭孝雲, 1995, 『古代韓日政治交涉史 硏究』, 學硏文化社, 74쪽 : 朴淳敎, 1999, 앞의 논문, 179쪽 주 29) 참조).
33) 辛鍾遠, 1996, 「『三國遺事』善德王知幾三事의 몇 가지 問題」『新羅와 狼山』, 新羅文化宣揚會, 53쪽 ; 2004, 『삼국유사 새로 읽기 1』-기이편-, 일지사, 130쪽. 한편 조경철은 『삼국유사』의 善德王知幾三事의 세 번째 이야기에서 선덕왕이 忉利天에 묻어 달라고 한 숨은 뜻은 자신은 죽어서 도리천의 제왕인 帝釋이

즉위할 때부터 거론되었던 문제였을 것이다.[34] 그러나 당시는 신귀족세
력이 칠숙의 모반사건을 진압한 직후였기 때문에 이러한 문제는 公論化
되지 못하고 다만 잠재하고 있었을 것이다.

이와 같은 상태에서 백제의 계속된 침공과 더불어 대야성이 함락되는
국가적 위기 상황을 맞았고, 선덕왕은 불교를 숭상하여[35] 황룡사구층탑의
건립과 같은 불교정책을 실시함으로써 위기상황을 극복하려고 하였다. 그
런데 선덕왕이 지나치게 불교를 숭상하는 정책을 추진하였기 때문에 이것
이 '여주불능선리'의 원인으로 작용하였을 가능성도 지적되었다.[36]

그러나 비담이 내세운 '여주불능선리'는 위와 같은 문제가 아닌 좀 더
근본적인 원인이 있었을 것이다. 이것은 비담이 난을 일으킨 시기와도
밀접한 관련이 있을 것이다. 선덕왕의 죽음이 어느 정도 예상되는 가운
데 후계자에 대한 문제가 거론되었을 가능성이 크다. 선덕왕은 김춘추와
김유신의 도움을 받아 자신의 후계자로 聖骨 출신의 勝曼을 다음 왕위
계승자로 내정한 듯하다.[37] 비담은 이런 결정에 불만을 가졌을 것이다.

될 현세의 제왕으로 지금은 여성이지만 장차 남성으로 변해 제석이 될 여왕임을
주지시키고 싶었을 것이라고 하였다(조경철, 2007, 「신라의 여왕과 여인성불론」
『제50회 전국역사학대회 발표요지』, 138쪽).

34) 朱甫暾은 선덕왕이 사실상 實權이 전혀 없는 존재였기 때문에 선덕왕의 개인적
인 능력여부와 상관없이 구조적으로 '女主不能善理'가 될 수밖에 없었다고 하였
다(朱甫暾, 1994, 앞의 논문, 231쪽).

35) 조범환은 선덕여왕이 기존의 정치세력과 무관한 새로운 세력인 불교세력을 정치
에 이용하여 왕권을 강화하려는 의도를 지녔다고 하였다(조범환, 2000, 앞의 책,
50~52쪽).

36) 鄭容淑, 1994b, 앞의 논문, 259쪽 : 文暻鉉, 1999, 앞의 논문, 302쪽 : 朴淳敎,
1999, 앞의 논문, 102쪽.

37) 진덕왕이 선덕왕의 후계자로 내정된 시기는 비담이 상대등으로 임명되는 645년
(선덕왕 14) 11월 이후였을 것으로 보인다. 645년에 신라는 백제의 계속되는 침
공을 방어하는데 급급하였고, 또한 당 태종이 고구려를 정벌할 때 원군을 파견한
틈을 이용하여 다시 서쪽 국경의 7성을 빼앗겼으며, 그 이후에 비담이 상대등으
로 임명되었다. 그런데 『삼국사기』에는 646년(선덕왕 15)의 기록이 누락되었다.
이와 같이 급박한 시기에 646년의 기록이 누락되었다는 것은 당시 신라의 정국운

왜냐하면 비담은 상대등이었으므로 선덕왕을 이어서 즉위할 수 있었던 가장 유력한 인물이었기 때문이다.[38] 그리고 이런 결정은 김춘추를 비롯한 신귀족세력의 영향력에 의한 것이었으므로 구귀족세력으로서는 정국을 운영하는데 있어서 주도권을 상실하는 것과 함께 그 만큼 자신들의 정치적인 입지가 줄어드는 것을 의미하는 것이다.[39] 따라서 비담의 난은 왕위계승에서 표출된 문제와 김춘추와 김유신 등 신귀족세력의 대두에서 비롯된 불만이 그 핵심적인 원인이었다.[40] 이러한 사실은 대야성이 함락된 이후에 활동하였던 인물들을 통해서도 알 수 있다.

〈표 8〉 선덕왕대 후기의 인물 성향

성 명	연 도	관 등	관 직	활 동	성 향	비 고
金春秋	642년(선덕왕 11)	伊飡		高句麗에 使臣	舍輪系	
訓信	〃	沙干		金春秋 수행	(舍輪系)	
豆斯支	〃	沙干		金春秋에게 靑布 기증	〃	
金庾信	〃	大將軍		決死隊 조직	加耶系	
				押梁州 軍主 임명		
	644년(선덕왕 13)	蘇判	大將軍	7城 공취		上將軍
薛罽頭	645년(선덕왕 14)		左武衛 果毅	高句麗 駐蹕山 전투		唐 亡命
毗曇	〃	伊飡		上大等 임명		
	647년(선덕왕 16)	〃	上大等	謀叛		大臣
廉宗	〃			〃		〃
沈那	仁平年間			白城郡 전투		

( )는 추정임

영과 관련된 내부사정에서 기인하였을 것이다. 선덕왕을 비롯한 신귀족세력은 진덕왕을 후계자로 내정하기 위하여 구귀족세력과 일정한 타협을 시도하여 비담을 상대등으로 임명하였을 것이다. 그리고 누락된 646년에는 이와 같은 타협으로 인한 모순된 사건들이 발생하였을 것이며, 그 결과 647년 정월에 비담의 난이 일어났을 것이다(金德原, 2003a, 앞의 논문, 148쪽 주 36) 참조).

38) 李基白, 1962, 앞의 논문 ; 1974, 앞의 책, 99쪽.
39) 高慶錫은 비담이 다른 귀족과의 정치적 경쟁에서 밀려난 것에 대한 반발로 난을 일으켰을 가능성이 크다고 하였다(高慶錫, 1994, 앞의 논문, 267쪽).
40) 李晶淑, 1986, 앞의 논문, 22쪽 주 77) 참조.

<표 8>은 대야성이 함락된 이후에 선덕왕대에 활동하였던 인물들을 『삼국사기』에서 정리한 것이다. <표 8>에서 비담과 염종을 제외하면 모두 사륜계라는 사실을 알 수 있다.[41] 따라서 비담은 왕위계승의 불만 과 함께 신귀족세력의 대두에서 비롯된 불만을 가지고 있었으며, 이러한 불만이 결국에는 난을 일으키는 원인이 되었을 것이다.

비담의 난은 진평왕대에 일어났던 칠숙의 모반사건과 서로 연결되는 점이 있다. 즉 두 사건은 모두 왕이 죽기 직전에 발생하였고, 또 그 이후 에 '여왕'이 즉위하였다는 공통점이 있다. 따라서 두 사건은 '여왕'의 즉 위에 대한 불만이 그 원인으로 작용하였을 것이다. 즉 진평왕 말년에 일 어났던 칠숙의 모반사건은 선덕왕의 즉위에 대한 불만이 원인이었고, 선 덕왕 말년에 일어났던 비담의 난 역시 진덕왕이 즉위하는 것에 대한 불 만이 원인이었을 것이다.[42] 다시 말하면 진평왕 말년에 선덕왕을 후계 자로 정하였고, 선덕왕 말년에 진덕왕을 후계자로 정하였기 때문에 이와 같은 모반사건이 일어났던 것이다.[43]

그런데 구귀족세력에 의해서 일어났던 두 사건을 모두 신귀족세력이 진압하고 있다는 사실이 주목된다. 즉 진평왕대에 일어났던 칠숙의 모반 사건은 김용춘과 김서현 등에 의해서 진압하였고,[44] 선덕왕대의 비담의 난은 김유신 등이 진압하였다. 그렇다면 적어도 진평왕 후기부터는 왕위 계승과 관련하여 신귀족세력과 구귀족세력의 대립구도가 형성되었음을 알 수 있다.

진평왕 후기부터 '여왕'의 즉위와 관련하여 4종류의 정치세력이 형성 되었는데, 이것을 크게 분류하면 두 세력으로 구분할 수 있다. 먼저 '여

---

41) 薛罽頭는 일찍부터 骨品制를 비롯하여 신라의 지배체제에 대한 불만을 가지고 있었던 것으로 미루어 동륜계는 아니었을 것이다.

42) 朱甫暾, 1994, 앞의 논문, 209쪽.

43) 李鍾旭, 1980, 앞의 논문, 20쪽 ; 1999, 앞의 책, 175쪽.

44) 金德原, 1992, 「新羅 眞平王代의 政治改革 小考」『明知史論』4, 44쪽.

왕'의 즉위를 찬성하거나 지지하는 세력을 들 수 있으며, 이들은 진평왕
을 포함한 동륜계 왕실이 중심이 되었다. 그리고 진평왕 후기에 동륜계
왕실과 정치적인 타협을 맺은 사륜계 세력과 이들과 연결된 가야계의 신
귀족세력이 있으며, 여기에 동륜계 왕권과 결탁한 구귀족세력의 일부가
포함되었다. 한편 '여왕'의 즉위를 반대하는 세력도 있었는데, 칠숙과 같
은 대다수의 구귀족세력이 여기에 포함되었다. 이들은 진골귀족으로서
의 기득권을 유지하기 위하여 왕권과 대립하였고, 또 왕위계승 문제와
관련하여 신귀족세력과도 대립관계에 있었다. 결국 진평왕 후기부터의
정치세력들은 '여왕'의 즉위를 찬성하거나 반대하는 세력으로 크게 구분
을 할 수 있다.

　이러한 정치세력들은 선덕왕대에도 약간의 변화를 보이며 그대로 지
속되었다.[45] 그 변화는 자장과 같이 '여왕'을 지지하는 불교세력이 새롭
게 등장하고 있다는 사실이다. 즉 선덕왕대에도 '여왕'의 즉위를 찬성하
는 사륜계와 가야계 그리고 구귀족세력의 일부와 불교세력이 존재하였
고, 반대하는 세력은 비담을 중심으로 하는 구귀족세력이었다. 이들 정
치세력들은 비록 추구하는 목적은 서로 다르지만, 정국의 변화와 관련하
여 경우에 따라서는 상호 협력과 대립관계를 형성하며 그 세력을 유지하
였다. 따라서 선덕왕대에도 이들 정치세력은 '여왕'의 즉위를 찬성하거

---

45) 南東信은 선덕왕대의 정치세력을 3부류로 구분하였는데, 신진세력은 사륜계와
　　가야계이며, 보수세력은 여왕의 즉위를 인정하는 온건세력과 반대하는 강경세력
　　으로 분열되었다고 하였다(南東信, 1992, 앞의 논문, 28쪽). 이 견해는 정치세력
　　을 크게 신진세력과 보수세력으로 구분한 것인데, 신진세력은 여왕의 즉위를 찬
　　성하거나 지지하였으므로 결국 보수세력의 온건세력과 연결된다고 할 수 있다.
　　그러니 진평왕의 시후에 동륜계는 정치적인 실권을 점점 상실히면서 여왕의 즉위
　　를 인정하는 보수세력의 온건세력도 약화되었으며, 정국의 운영은 김용춘과 김서
　　현을 비롯한 사륜계 중심의 신귀족세력들이 장악하였다. 특히 진덕왕이 즉위한
　　이후의 동륜계는 사실상 사륜계에 흡수되었다고 이해하는 것이 더 정확할 것이
　　다. 따라서 선덕왕대 이후의 정치세력은 크게 여왕의 즉위에 찬성하는 신귀족세
　　력과 반대하는 구귀족세력의 두 세력으로 구분할 수 있을 것이다.

나 반대하였던 세력으로 크게 구분할 수 있을 것이다.

결국 비담의 난도 '여왕'의 즉위와 관련하여 당시의 정국동향과 밀접한 관련을 맺고 있었으며, '여왕'의 즉위를 찬성하는 신귀족세력과 반대하는 구귀족세력과의 대립이 원인이었다.

647년(선덕왕 16) 정월에 비담의 난이 발생하는 과정에서 선덕왕이 죽고, 그 뒤를 이어서 진덕왕이 즉위하였다. 진덕왕은 선덕왕의 사촌으로 '聖骨男盡'한 상황에서 마지막 성골의 신분으로 즉위하였다. 그러나 진덕왕의 즉위는 비담의 난을 진압하였던 사륜계를 중심으로 하는 신귀족세력의 영향력에 의한 것이었다.[46] 따라서 진덕왕은 무열왕이 즉위할 때까지의 과도적인 성격을 지니고 있다.[47] 진덕왕의 즉위에 대한 기록은 다음과 같다.

> C-1. 진덕왕이 즉위하니 이름은 勝曼이고, 진평왕의 同母弟인 國飯(國芬이라고도 한다)葛文王의 딸이며, 母는 朴氏로 月明夫人이다. 승만의 자질이 번화하고 곱고 키가 7尺이나 되며, 손을 늘어뜨리면 무릎 아래까지 닿았다.[48]
>
> 2. 제28대 眞德女王의 이름은 勝曼이고, 金氏이다. 父는 진평왕의 弟 國其安葛文王이고, 母는 阿尼夫人 朴氏로 奴追□□□葛文王의 딸이다. 혹은 月明이라고도 하나 잘못이다. 丁未年에 즉위하였으며, 治世는 7년이다.[49]
>
> 3. (貞觀) 21년에 善德이 卒하였다. 光祿大夫를 追贈하고, 나머지의 官爵은 이전에 봉하여 준대로 하였다. 이어서 그의 여동생 眞德을 세워 왕으

---

46) 金瑛河, 1988, 앞의 논문, 32쪽 ; 2002, 앞의 책, 266쪽. 그러나 朴勇國은 女主支持勢力인 김춘추와 김유신의 정치적 기반이 미약하였기 때문에 기본적으로 여왕의 권위를 기반으로 하고 있었던 것으로 이해하였다(朴勇國, 1996, 앞의 논문, 22쪽).

47) 申瀅植, 1977, 앞의 논문 ; 1984, 앞의 책, 117쪽 : 文暻鉉, 1981, 「三國統一과 新金氏家門－金庾信 祖孫 四代의 貢獻－」『軍史』2, 58쪽 : 鄭容淑, 1994a, 「新羅의 女王들」『韓國史市民講座』15, 一潮閣, 45쪽.

48) 『三國史記』권5, 新羅本紀5 眞德王 즉위년.

49) 『三國遺事』권1, 王曆1 眞德女王.

로 삼고, 柱國을 加授하고 樂浪郡王에 봉하였다.50)

　　4. (貞觀) 21년에 善德이 죽으니, 光祿大夫를 追贈하고, (그의) 여동생 眞
　　德으로 왕을 세습케 하였다.51)

　　진덕왕은 선덕왕의 사촌 동생으로 聖骨 출신의 마지막 왕이었다. 비
담의 난을 진압한 사륜계를 중심으로 하는 신귀족세력은 김춘추를 왕으
로 세울 수 있었음에도 불구하고 마지막 성골 출신인 진덕왕을 즉위시킴
으로써 합리적인 방법을 선택하였다.52) 여기에는 당시 진덕왕의 연령이
年老하였던 것이 중요한 원인으로 작용한 듯하며,53) 앞으로 전개될 상
황도 고려하였을 것이다. 즉 신귀족세력은 '聖骨男盡'한 상황에서 이제
성골 출신의 여자마저도 자연적으로 소멸되는 '聖骨全盡' 또는 '聖骨完
盡'을 기대하였을 것이다. 이러한 상황에서 신귀족세력은 진덕왕대에 여
러 가지 정책을 추진함으로써 앞으로 다가올 자신들의 시대를 준비하기
시작하였다.54)

　　진덕왕은 선덕왕과 확실히 구분할 수 있을 만큼의 뚜렷한 차이를 보
이고 있다. 먼저 진덕왕대에는 선덕왕대와는 달리 불교에 대한 기록이
없다. 선덕왕대에는 자장과 같은 불교세력을 등용하여 활발한 불교정책
을 추진하였고, 황룡사구층탑의 건립과 佛國土說의 제시와 같은 佛敎
治國策을 실시함으로써55) 국가적인 위기 상황을 극복하고자 하였다. 그
러나 진덕왕대에는 이러한 불교정책 대신에 유교에 관한 기록이 집중적

---

50) 『舊唐書』 권199 上, 列傳149 上 東夷 新羅.
51) 『新唐書』 권225, 列傳145 東夷 新羅.
52) 文暻鉉, 1987, 「武烈王體制의 成立」 『新羅社會의 新研究』, 新羅文化宣揚會,
　　108～109쪽.
53) 朴淳敎도 김춘추가 진덕왕을 추대한 것은 은연중 진덕왕의 高齡에 대한 자신감
　　도 다분히 내포되어 있었을 것이라고 하였다(朴淳敎, 1999, 앞의 논문, 187쪽).
54) 이러한 의미에서 진덕왕대를 武烈王系의 정책시험기라고 파악한 申瀅植의 견해
　　(申瀅植, 1977, 앞의 논문 ; 1984, 앞의 책, 117쪽)는 示唆하는 바가 크다.
55) 南東信, 1992, 앞의 논문 ; 辛鍾遠, 1996, 앞의 논문 ; 2004, 앞의 책.

으로 나타나고 있다. 이러한 사실은 당시 정국의 주도권을 장악하고 있었던 김춘추와 관련된 것이었다.

또 하나는 '여왕'인 진덕왕이 즉위하였지만 선덕왕과는 달리 '女主不能善理'에 대한 논란이 없다는 사실이다. 선덕왕은 즉위할 때부터 '여왕'으로서의 자격시비에 대한 논란을 받고 있었다. 선덕왕이 즉위할 수 있었던 것은 칠숙의 모반사건을 진압하였던 사륜계를 중심으로 한 신귀족세력의 영향력에 의해서 가능하였다. 그럼에도 불구하고 이러한 논란을 받았다는 것은 신귀족세력이 정국운영의 우위를 차지하고 있었지만, 아직까지 다른 세력들을 확실하게 압도하지 못하였다는 것을 의미하였다. 그러나 같은 '여왕'인 진덕왕이 즉위하였음에도 불구하고 이러한 논란이 제기되지 않았다. 이것은 선덕왕대와는 달리 구귀족세력이 '여주불능선리'를 제기할 수 없을 정도로 몰락하였으며, 반대로 신귀족세력이 정국의 주도권을 완전히 장악하였음을 의미하는 것이다.[56] 이러한 사실은 진덕왕대에 활동하였던 인물들을 통해서도 알 수 있는데, 『삼국사기』에 수록되어 있는 인물들을 정리하면 다음의 <표 9>와 같다.

<표 9>를 통해서 알 수 있는 것은 비담의 난을 진압한 이후에는 동륜계는 물론이고 구귀족세력도 보이지 않고, 사륜계와 가야계의 활동이 대부분을 차지하고 있다는 사실이다. 이것은 비담의 난을 진압한 이후에

---

56) 朴勇國은 毗曇의 亂 이후에 김춘추와 김유신을 비롯한 女主支持勢力이 비록 실권을 장악하였으나 그것은 어디까지나 진덕왕의 권위를 전제로 한 불완전한 권력집중 형태였으며, 이들의 정치세력으로서의 기반은 독자적인 모습이라기보다 아직 국왕의 권위에 의존한 형태를 크게 벗어나지 못하였다고 파악하였다(朴勇國, 2005c, 「新羅의 660년 百濟戰役에 대한 考察」『白山學報』73, 87~88쪽 ; 2005d, 『統一戰爭期 新羅 政治勢力의 構成과 變化』, 慶北大 博士學位論文 참조). 그러나 642년에 발생한 연개소문과 의자왕의 政變은 이것을 성공한 세력이 정권을 장악하였으나 김춘추만이 실권이 없는 국왕의 권위를 전제로 하였다는 것은 이해하기 어렵다. 칠숙의 모반사건과 비담의 난이 발생한 이후의 상황이나 분위기 즉 정변에 성공한 세력이나 또는 이를 진압한 세력들이 정국의 주도권을 장악하는 모습은 후대의 역사를 통해서도 살펴볼 수 있다.

는 사륜계가 진덕왕대 정국운영의 주도권을 장악하였다는 의미라고 할
수 있다.

<표 9> 진덕왕대의 인물 성향

성 명	연 도	관 등	관 직	활 동	성 향	비 고
閼川	647년(진덕왕 원년)	伊飡		上大等 임명	(舍輪系)	
守勝	〃	大阿飡		牛頭州 軍主	〃	
丕寧子	〃			茂山城 전투	(加耶系)	
擧眞	〃			〃	〃	丕寧子의 子
金庾信	648년(진덕왕 2)	伊飡	押梁州 都督	腰車城 전투	加耶系	
金庾信	648년(진덕왕 2)	伊飡	押梁州 軍主	玉門谷 전투	加耶系	上州行軍大 摠管
	〃	〃	〃	進禮城 공취		
	649년(진덕왕 3)		大將軍	道薩城 전투		
邯帙許	648년(진덕왕 2)			入朝使		
金春秋	〃	伊飡		唐에 使臣	舍輪系	
文王	〃			金春秋 수행	〃	金春秋의 子
□□	〃		大監	〃	(舍輪系)	
溫君解			從者	〃	〃	
天存	649년(진덕왕 3)		將軍	道薩城 전투		
陳春	〃		〃	〃		
竹旨	〃		〃	〃	舍輪系	
	651년(진덕왕 5)	波珍飡		執事部 中侍		
金法敏	650년(진덕왕 4)			遣唐使	〃	金春秋의 子
金仁問	651년(진덕왕 5)			朝貢使	〃	〃
天曉	652년(진덕왕 6)	波珍飡		左理方府令	(舍輪系)	

( )는 추정임

이와 같이 진덕왕대에 나타난 두 가지 뚜렷한 차이는 서로 연결되는
것이며, 비담의 난을 진압한 이후 진덕왕내 정국의 주도권을 장악하었던
신귀족세력과도 밀접하게 관련된 것이다. 결국 김춘추는 진덕왕대 정국
주도권을 장악한 이후 본격적으로 對唐外交를 추진하였고, 그 결과 당의
제도를 수용하여 官制整備를 실시하여 改革政治를 추진할 수 있었다.

2. 對唐外交의 전개와 羅唐同盟의 체결

1) 對唐外交의 전개

647년(선덕왕 16)에 발생하였던 毗曇의 亂을 진압한 김춘추 중심의 사륜계는 진덕왕이 즉위한 이후부터 정국의 주도권을 완전히 장악하였다. 그리고 642년(선덕왕 11)에 大耶城이 함락된 이후 백제의 침공을 방어하기 위한 목적으로 고구려와 왜에 사신으로 파견되어 외교활동을 전개하였던 김춘추는 본격적으로 對唐外交를 추진하였는데, 그 기록은 다음과 같다.

> D-1. 伊湌 金春秋와 그 아들 文王을 보내어 唐에 조공하였다. (唐) 太宗이 光祿卿 柳亨을 보내 교외에서 그를 맞이하여 위로하였다. 이윽고 (궁성에) 다다르자 (김)춘추의 용모가 영특하고 늠름함을 보고 후하게 대우하였다. (김)춘추가 國學에 가서 釋奠과 講論을 참관하기를 청하니 태종이 이를 허락하였다. 아울러 자기가 직접 지은 溫湯碑와 晉祠碑, 그리고 새로 편찬한 『晉書』를 내려주었다.[57]
>
> 2. (무열)왕이 太子로 있을 때[在東宮時] 고구려를 치려고 군사를 청하러 唐에 들어갔더니, 당 황제가 그 풍채를 보고 칭찬하여 神聖한 사람이라고 하고 기어이 머물러 侍衛로 삼으려 하였으나 굳이 청하여 본국으로 돌아왔다.[58]
>
> 3. (貞觀) 22년에 眞德이 그의 아우 國相 伊贊干 金春秋 및 그의 아들 文王을 보내와 朝覲하였다. 조서를 내려서 (김)춘추에게는 特進을 제수하고, 문왕에게는 左武衛將軍을 除授하였다. (김)춘추가 國學에 나아가 釋奠 및 講論하는 의식을 구경하겠다고 청하므로 (당)태종은 이로 말미암아 친히 지은 溫湯碑・晉祠碑 및 新撰한 『晉書』를 내렸다. (그들이) 본국으로 돌아갈 무렵에는 3品 이상의 관원을 시켜서 餞別宴을 베풀어주는 등 예우가 극진하였다.[59]

---

57) 『三國史記』 권5, 新羅本紀5 眞德王 2년.
58) 『三國遺事』 권1, 紀異1 太宗 春秋公.
59) 『舊唐書』 권199 上, 列傳149 上 東夷 新羅傳.

4. 이듬해에 (그의) 아들 文王과 伊贊 (김)春秋를 보내와 朝覲하였다. 문왕
에게는 左武衛將軍을 제수하고, 춘추에게는 特進을 제수하였다. 이어
서 服章을 고쳐 중국의 제도를 따르기를 청하므로 궁중의 珍服을 내어
주었다. 또 國學에 보내어 釋尊과 講論을 보게 하고, 태종이 손수 지은
『晉書』를 내려 주었다. 돌아갈 때에는 勅命으로 3品 이상의 관원을 교
외에 내보내어 전송하게 하였다.[60]

위의 기록은 648년(진덕왕 2)에 김춘추가 '請兵'을 목적으로 아들 文
王과 함께 당에 사신으로 파견되었다는 내용이다. 김춘추가 진덕왕대에
대당외교를 추진한 것은 비담의 난을 진압한 이후에 정국의 주도권을 완
전히 장악한 것에서 오는 자신감과 함께[61] 당의 정책변화에도 주목한
결과였을 것이다.[62]

김춘추가 당에 도착하자 당 태종은 이전의 신라 사신들에게 대하던
태도와는 달리 후한 대접을 하고 있다. 당 태종은 643년(선덕왕 12)에
파견되었던 신라 사신에게 '女主不能善理'를 거론하며 실현이 불가능
한 해결책을 제시했었다.[63] 또 김춘추와 비슷한 시기에 당에 사신으로
파견되었던 邯帙許에게는 독자적인 年號의 사용을 책망하기도 했다.[64]
그러나 김춘추에게는 이와는 전혀 다른 태도를 보이고 있다. 이러한 당
태종의 변화는 김춘추의 '請和'外交를 통한 동아시아 국제정세에 대한

---

60) 『新唐書』 권225, 列傳145 東夷 新羅傳.
61) 朴淳敎는 김춘추가 개혁을 추진하기 위해 당 태종의 지지를 필요로 하였을 만큼
    국내기반이 안정되지 못하였고, 당으로의 장기 외유를 떠난 것은 잃을 권력이 크
    게 없었던 상황이었기에 가능하였다고 파악하였다(朴淳敎, 1999, 앞의 논문, 200
    쪽 주 91) 참조). 그러나 김춘추가 당에 사신으로 파견되었을 때에는 비담의 난을
    진압한 이후에 舍輪系를 중심으로 한 新貴族勢力들이 집권하고 있었기 때문에
    再考되어야 한다.
62) 이창훈은 당은 649년 고구려에 대한 대규모 공격을 준비하기 위해 어떤 식으로든
    배후의 지원을 확보할 필요가 있었다고 하였다(이창훈, 2005, 앞의 논문, 72쪽).
63) 『三國史記』 권5, 新羅本紀5 善德王 12년 9월.
64) 『三國史記』 권5, 新羅本紀5 眞德王 2년.

정보 및 그의 인식과 관련되었을 것으로 생각된다.[65] 즉 김춘추는 고구려에 사신으로 파견되어 60여 일 동안 머물면서 고구려의 내부사정에 대한 정보를 수집하였고, 또 왜로 건너가서 그곳의 상황도 파악하였다. 따라서 당 태종으로서도 김춘추의 이와 같은 '청화'외교에 대해서 특별한 관심을 가질만 하였을 것이다.[66]

당시 당은 645년의 고구려 원정이 실패한 이후에 소규모의 군사를 동원하여 고구려를 침입하면서 지속적인 소모전을 전개하고 있었다.[67] 이와 같은 상황에서 고구려의 내부사정에 대한 정보를 갖고 있었던 김춘추의 존재야말로 당 태종에게는 무엇보다 필요한 존재가 아닐 수 없었을 것이다. 따라서 당 태종은 김춘추와의 만남에서 당시 동아시아의 국제정세의 동향과 앞으로의 변화에 대해서 서로의 의견을 교환하였을 것으로 생각된다.

당 태종의 태도 변화에는 김춘추가 신라에서 차지하고 있었던 정치적인 비중도 작용하였을 것이다.[68] 당 태종은 김춘추와 비슷한 시기에 먼저 사신으로 파견되었던 邯帙許와[69] 金多遂로부터[70] 신라의 내부 사정에 대해서 전해 듣고 김춘추가 차지하고 있는 정치적인 위상에 대해서

---

65) 김춘추의 '請和'外交에 대해서는 金德原, 2005, 앞의 논문 참조. 한편 최현화는 당 태종의 태도가 변화한 것은 동맹상대를 신라로 굳히는 시점이라는 특수한 상황이 작용한 것으로 파악하였으며(최현화, 2004, 앞의 논문, 47쪽), 卞麟錫은 당이 신라를 선택한 시점이 貢道의 호소에서 비롯되었다고 하였다(卞麟錫, 1995, 「唐에서 바라 본 新羅의 三國統一」『史學研究』50, 45쪽).

66) 朴淳敎, 1999, 앞의 논문, 192쪽.

67) 『三國史記』권22, 高句麗本紀10 寶藏王 6년.

68) 朴淳敎, 1999, 앞의 논문, 193쪽.

69) 拜根興은 이때 邯帙許를 사신으로 파견한 목적은 김춘추를 당에 파견하기 위한 사전 준비였을 것이라고 하였다(拜根興, 2002,『7世紀 中葉 羅唐關係 硏究』, 慶北大 博士學位論文, 25쪽 ; 2003,『七世紀中葉唐與新羅關係研究』, 中國社會科學出版社, 27쪽).

70) 金多遂에 대해서는 朱甫暾, 1992,「『文館詞林』에 보이는 韓國古代史 관련 外交文書」『慶北史學』15 ; 2002,『금석문과 신라사』, 지식산업사 참조.

이미 알고 있었을 가능성이 크다. 따라서 고구려를 정벌하는 것이 당면 과제였던 당 태종으로서도 김춘추의 존재를 무시할 수 없었던 것이다.

이와 같은 김춘추의 정치적인 역할과 비중의 결과로 당 태종이 이전 의 신라 사신들과는 달리 김춘추에게 특별한 대우를 하였을 것이다. 이 러한 사실은 김춘추가 당에 파견되었을 때 '東宮' 또는 '國相'이었다 는[71] D-2·3의 기록을 통해서 확인할 수 있다. 또한 당 태종이 김춘추에 게 特進이란 벼슬을 주었고, 그의 아들인 文王을 宿衛로[72] 삼았던 사실 로도 방증된다. 특히 숙위는 일반적으로 王子弟들로 구성되는데,[73] 왕 자가 아닌 문왕이[74] 숙위가 되었던 것은 당에서도 김춘추의 정치적인 위상을 충분히 인식하고 있었음을 의미하는 것이다.[75]

2) 羅唐同盟의 체결

신라와 당의 변화된 관계에도 불구하고 김춘추와 당 태종은 서로 목 적하는 것이 달랐다. 김춘추는 당의 도움으로 백제의 침공으로부터 벗어 나고자 하였으며, 당 태종은 고구려를 정벌하는데 신라의 도움을 받으려

---

71) 朱甫暾은 김춘추는 對唐 교섭과정에서 스스로 國相이라 하였으며, 大臣會議를 초월하는 國相 또는 太子의 직위에 있으면서 정치적 실권을 장악하였던 것으로 파악하였다(朱甫暾, 1993, 앞의 논문, 46~47쪽). 한편 木村誠은 김춘추가 소유 한 國相을 宰相으로 보고 신라 宰相制度의 기원을 김춘추의 권력장악과 관련하 여 이해하였다(木村誠, 1977, 「新羅の宰相制度」『人文學報』118 ; 2004, 『古 代朝鮮の國家と社會』, 吉川弘文館, 259쪽).

72) 卞麟錫은 삼국시대 당과의 宿衛관계는 신라만이 이루어졌다고 하였다(卞麟錫, 1966, 「唐宿衛制度에서 본 羅·唐關係-唐代'外人宿衛'의 一研究-」『史叢』 11, 54쪽).

73) 申瀅植, 1966, 「新羅의 對唐交涉上에 나타난 宿衛에 대한 一考察」『歷史教育』 9 ; 1984, 改題「新羅의 宿衛外交」앞의 책, 353~355쪽.

74) 朱甫暾은 김춘추가 文王을 진덕왕의 嗣子로 삼았다고 하였다(朱甫暾, 1993, 앞 의 논문, 47쪽).

75) 朴淳敎도 당 태종이 다음 왕위계승자로 김춘추를 실질적으로 인정한 것으로 파악 하였다(朴淳敎, 1999, 앞의 논문, 201쪽).

고 하였다. 따라서 김춘추와 당 태종이 목적으로 하는 대상은 각각 백제
와 고구려였다. 그러나 이와 같은 차이에도 불구하고 두 사람은 서로의
도움이 필요하다는 사실에는 인식을 같이하였다. 김춘추의 입장에서는
백제의 침공을 방어하기 위해서 당의 군사력이 절실하게 필요하였고, 당
태종의 경우도 고구려를 정벌하기 위해서는 신라의 도움이 필요하였다.
이러한 두 사람의 현실적인 이해가 일치하여 마침내 羅唐同盟이 체결되
었다. 이와 관련된 기록은 다음과 같다.

> L-1. (당 태종이)어느 날 (김춘추를) 불러 사사로이 만나 금과 비단을 내려주
> 며 묻기를 "경은 무슨 생각을 마음에 가지고 있는가?"라고 물었다. (김)
> 춘추가 꿇어앉아 아뢰기를 "신의 나라는 바다 모퉁이에 치우쳐 있으면
> 서도 天子의 조정을 섬긴 지 이미 여러 해가 되었습니다. 그런데 백제는
> 강하고 교활하여 여러 차례 침략을 마음대로 하였습니다. 더욱이 지난해
> 에는 군사를 크게 일으켜 깊숙이 쳐들어와 수십 개의 성을 쳐서 함락시
> 켜 조회할 길을 막았습니다. 만약 폐하께서 당의 군사를 빌려주어 흉악
> 한 것을 잘라 없애지 않는다면 저희 나라 인민은 모두 사로잡히는 바가
> 될 것이고 산 넘고 바다 건너 행하는 조공마저 다시는 바랄 수 없을 것
> 입니다"라고 하였다. 태종이 매우 옳다고 여겨 군사의 출동을 허락하였
> 다.76)
>
> 2. 대왕이 답서에서 일러 말하기를 "先王께서 貞觀 22년에 入朝하여 太宗
> 文皇帝를 직접 뵙고 은혜로운 칙명을 받았는데, 이르기를 '내가 지금 고
> (구)려를 치려는 것은 다른 이유가 있어서가 아니라 너희 신라가 두 나
> 라 사이에 끼어서 매번 침략을 당하여 편안할 때가 없음을 불쌍히 여기
> 기 때문이다. 산천과 토지는 내가 탐내는 바가 아니고 보배[玉帛]와 사
> 람들은 나도 충분히 가지고 있다. 내가 두 나라를 평정하면 平壤 이남의
> 백제 땅은 모두 너희 신라에게 주어 길이 편안하게 하겠다'라 하시고는
> 계책을 내려주시고 군사 행동의 기일을 정해 주셨습니다. …"77)

위의 기록은 김춘추와 당 태종이 나당동맹을 체결한 것에 대한 내용

---

76) 『三國史記』 권5, 新羅本紀5 眞德王 2년.
77) 『三國史記』 권7, 新羅本紀7 文武王 11년 7월 26일.

이다.[78] 김춘추가 당에 사신으로 갔던 목적이 '請兵'이었기 때문에 나당
동맹을 체결하였다는 것은 그의 '請兵'外交가 성공하였다는 것을 의미
하는 것이다.[79]

나당동맹이 체결됨으로써 김춘추는 백제의 침공을 당의 군사적인 지
원으로 방어할 수 있게 되어 대외적인 부담에서 벗어나 대내적인 문제에
만 전념할 수 있게 되었다. 그리고 당 태종은 단독으로 고구려를 정벌하
는 방법에서 벗어나 신라를 이용하여 고구려의 방어력을 양분하고, 남북
에서 협공을 할 수 있게 되었다.[80] 또한 신라에서 보급품을 지원 받음으
로써 冬季작전뿐만 아니라 장기전도 가능해 졌다.[81] 이와 같이 나당동

78) 羅唐同盟에 대한 대표적인 연구성과는 다음과 같다.
　　John C. Jamieson, 1969,「羅唐同盟의 瓦解－韓中記事 取捨의 比較－」『歷史
　　學報』44 : 李道學, 1985,「羅唐同盟의 性格과 蘇定方被殺說」『新羅文化』2 :
　　金壽泰, 1999,「羅唐關係의 변화와 金仁問」『白山學報』52 : 徐榮敎, 2000,『羅
　　唐戰爭史硏究－國際情勢의 變化와 羅唐戰爭의 推移－』, 東國大 博士學位論
　　文 : 拜根興, 2002, 앞의 논문 ; 2003, 앞의 책 : 최현화, 2004,「7세기 중엽 羅唐
　　關係에 관한 考察」『史學硏究』73 : 金炳坤, 2005,「羅唐同盟의 成立과 新羅
　　求法僧의 役割」『震檀學報』99 : 이창훈, 2005,「나당동맹의 성립 배경」『6～8
　　세기 동아시아 국제정세와 三國·南北國의 대외관계』, 한국역사연구회 제100회
　　연구발표회 발표요지.
79) 拜根興은 당시 당 태종은 고구려에 대한 대규모의 군사행동을 계획하고 있었기
　　때문에 김춘추에게 표면적으로만 동의하였고, 구체적인 시간이나 군사 투입 등은
　　약속할 수 없었다고 하였다(拜根興, 2002, 앞의 논문, 27～28쪽 ; 2003, 앞의 책,
　　29쪽). 한편 金瑛河는 당 태종은 삼국의 존재를 인정하지 않는 新撰『晉書』를
　　김춘추에게 하사하여 고구려와 백제를 멸망시키려는 뜻을 드러냈으며, 그러한 자
　　신의 뜻을 김춘추에게 암시함으로써 긴밀한 나당관계의 성립을 기대한 것으로 파
　　악하였다(金瑛河, 2005,「新羅 中代의 儒學受容과 支配倫理」『韓國古代史硏
　　究』40, 146쪽 ; 2007,『新羅中代社會硏究』, 일지사, 203～204쪽).
80) 盧泰敦, 1989,「淵蓋蘇文과 金春秋」『韓國史市民講座』5, 一潮閣, 20쪽 : 徐
　　榮敎, 2000, 앞의 논문, 10쪽.
81) 盧泰敦, 1989, 앞의 논문, 32쪽 : 徐榮敎, 2000, 앞의 논문, 44～46쪽. 한편 金瑛
　　河는 645년 태종의 親征이 실패한 이후 당은 遼東에 대해 '短期占領戰略'에서
　　'長期消耗戰略'으로 전환한 것으로 파악하였다(金瑛河, 2000,「高句麗 內紛의
　　국제적 배경－唐의 단계적 戰略變化와 관련하여－」『韓國史硏究』110, 38～

맹은 신라와 당 사이에 군사적인 문제를 중요한 내용으로 하고 있다. 이러한 의미에서 김춘추의 대당외교는 대고구려외교와 대왜외교의 '請和'外交와는 달리 '請兵'外交라고 할 수 있다.

나당동맹이 체결된 것은 다른 측면에서 볼 때 당시 당이 추구하였던 동아시아의 세계질서에 신라가 편입되었음을 뜻하는 것이다.[82] 이러한 사실은 동아시아가 이제 본격적으로 당-신라와 고구려-백제-돌궐-왜로 연결되는 새로운 역학관계가 형성됨으로써 남북을 축으로 하는 세력이 재편되었음을 의미한다.[83] 이것은 이후 삼국통일과 나당전쟁으로 발전하였다.

나당동맹의 체결은 여러 가지 의미를 지니고 있다. 즉 나당동맹의 체결을 계기로 신라와 당 사이에는 긴밀한 관계가 형성되었으며,[84] 또한 김춘추의 정치적인 위상은 더욱 높아져서 그가 즉위하는 과정에도 결정적인 역할을 하였을 것이다. 그리고 나당동맹은 이후 백제와 고구려가 멸망하게 되는 결과를 초래하였고, 더 나아가 나당전쟁으로 이어지게 되었다. 따라서 나당동맹의 체결은 김춘추의 외교활동 중에서도 가장 대표적인 것이라고 할 수 있다.

한편 김춘추는 당에서 귀국하기 전에 당 태종에게 자신의 아들 文王의 宿衛를 요청하였는데, 이것은 대당외교를 독점하려는[85] 의도였다.

40쪽 ; 2007, 앞의 책, 98~101쪽).
82) 최현화, 2004, 앞의 논문, 46쪽. 한편 卞麟錫도 중국이 주변의 소수민족에게 행한 정책의 기본노선을 신라가 먼저 충분히 판단하였기 때문에 당을 지원세력으로 끌어들였다고 하였다(卞麟錫, 1995, 앞의 논문, 57~58쪽).
83) 盧重國, 1981, 「高句麗・百濟・新羅 사이의 力關係變化에 대한 一考察」『東方學志』28 ; 1987, 『高句麗史硏究』 Ⅰ, 延世大 出版部, 481쪽.
84) 최근에 당 태종의 무덤인 昭陵에서 '新羅樂浪郡王金眞德'이란 銘文이 새겨진 石像의 일부분이 발견됨으로써 당시 신라와 당 사이에 긴밀한 관계가 형성되었음을 확인할 수 있다. 이에 대해서는 拜根興, 2006, 「試論新羅眞德女王石像殘軀及底座銘文的發現」『新羅史學報』7 참조.
85) 朱甫暾, 1993, 앞의 논문, 47쪽 : 朴勇國, 1996, 앞의 논문, 17~18쪽.

문왕을 당에 숙위로 머무르게 함으로써 당의 내부사정의 변화에 대하여
수시로 연락을 취하여 능동적으로 대응할 수 있고,[86] 또한 당에서 求法
활동을 하거나 國學에서 공부하는 신라의 승려와 유학생들과의 접촉을
통해서 당을 포함한 국제정세에 대한 분석도 이루어졌을 것이다.[87]

　신라와 당 사이의 긴밀한 관계는 당 고종이 즉위한 이후에도 계속되
었다. 650년(진덕왕 4)에 신라는 김춘추의 아들인 法敏을 당에 파견하여
진덕왕이 지은「太平頌」을 바쳤으며,[88] 그 이듬해에도 역시 그의 아들
인 仁問을 파견하여 숙위로 머물렀다.[89] 이와 같이 진덕왕대 김춘추의
아들인 법민과 인문이 대당외교의 중심에서 활약할 수 있었던 것은 비록
기록에는 나타나지 않지만 그의 영향력이 있었기 때문에 가능하였는데,
이들은 김춘추가 보낸 것으로 생각된다. 따라서 법민과 인문이 당에 사
신으로 파견된 기록을 통해서 김춘추가 진덕왕대 대당외교를 독점하며
정국운영을 주도하고 있었음을 확인할 수 있다.

　김춘추는 진덕왕대 대당외교의 전개를 통해서 나당동맹의 체결이라
는 군사적인 목적을 이루었을 뿐만 아니라 자신의 아들을 당에 숙위로
머물게 하는 등의 성과를 거두었다. 그의 대당외교는 대고구려외교・대
왜외교와 비교하였을 때 성공적인 것이었으며, 이러한 외교활동의 성공
으로 김춘추의 위상은 더욱 높아지게 되었을 것이다. 김춘추는 높아진
위상을 바탕으로 새로운 시대를 준비하기 위한 관제정비를 추진하였다.

86) 朱甫暾, 1993, 앞의 논문, 47쪽.
87) 權惠永, 1987,「三國時代 新羅 求法僧의 活動과 役割」『淸溪史學』4, 22～30
　　쪽 : 卞麟錫, 1995, 앞의 논문, 58쪽 : 朴淳敎, 1999, 앞의 논문, 203쪽 주 101)
　　참조 : 金炳坤, 2005, 앞의 논문, 35～36쪽.
88)『三國史記』권5, 新羅本紀5 眞德王 4년.
89)『三國史記』권5, 新羅本紀5 眞德王 5년.

제2절 武烈王의 즉위와 改革政治의 실시

1. 武烈王의 즉위과정

비담의 난 이후에 정권을 장악하고 진덕왕대 관제정비의 추진을 통하여 김춘추의 즉위 기반을 조성한 신귀족세력은 본격적으로 김춘추를 즉위시키기 위한 작업을 실행하였는데, 그 기록은 다음과 같다.

> 진덕왕대에 閼川公·林宗公·述宗公·武林公(慈藏의 아버지)·廉長公·庾信公이 있었다. 이들은 南山 亏知巖에 모여서 나라 일을 의논하였다. 이때 큰 호랑이 한 마리가 좌중에 뛰어 들었다. 여러 公들은 놀라서 일어났지만, 閼川公 만은 조금도 움직이지 않고 태연히 담소하면서 호랑이의 꼬리를 잡아 땅에 메쳐서 죽였다. 그러나 모든 公들은 庾信公의 위엄에 심복하였다. 신라에는 네 곳의 신령스러운 땅이 있어서 나라의 큰 일을 의논할 때면, 大臣들은 반드시 그곳에 모여서 일을 의논하였다. 그러면 그 일이 반드시 이루어지는 것이었다. 이 네 곳의 첫째는 동쪽의 靑松山이고, 둘째는 남쪽의 亏知山이고, 셋째는 서쪽의 皮田이고, 넷째는 북쪽의 金剛山이다.[90]

위의 기록은 진덕왕대에 大臣들이 모여서 나라의 큰 일을 의논하였다는 내용에 대한 것이다.[91] 이 기록을 통해서 당시 閼川이 수석의 위치에 있으면서도 김유신의 위엄에 心服하였다는 것을 알 수 있다. 그리고 김유신이 어느 정도의 지위를 확보하고 있었던 사실을 통해서 비담의 난을

---

90) 『三國遺事』권1, 紀異1 眞德王.
91) 신라 貴族會議에 대한 연구는 다음과 같다.
李仁哲, 1991, 「新羅의 貴族會議와 宰相制度」 『韓國學報』 65, 一志社 ; 1993, 『新羅政治制度史研究』, 一志社 : 李泳鎬, 1993, 「新羅 貴族會議와 上大等」 『韓國古代史研究』 6 ; 1995, 『新羅 中代의 政治와 權力構造』, 慶北大 博士學位論文 : 申瀅錫, 2002, 「6세기 新羅 貴族會議와 그 성격」 『國史館論叢』 98.

진압한 이후에 높아진 그의 위상을 반영하고 있다. 따라서 이 기록은 김유신이 김춘추와 더불어 정국을 운영하였던 진덕왕대에 해당하는 기록이라고 할 수 있다.[92]

김춘추는 이와 같은 김유신의 현실적인 세력을 배경으로 하여 즉위하였는데, 이와 관련된 기록은 다음과 같다.

> F-1. 太宗武烈王이 즉위하니 諱는 春秋이고, 진지왕의 아들인 伊湌 龍春(또는 龍樹)의 아들이다(唐書에 眞德의 弟라고 한 것은 잘못이다). 母는 天明夫人으로 진평왕의 딸이고, 妃는 文明夫人으로 舒玄 角湌의 딸이다. 왕의 容姿가 영특하여 어려서부터 濟世의 뜻을 품고 진덕왕을 섬겨 직품이 伊湌에 이르렀고, 唐帝로부터는 特進을 받았다. 진덕왕이 돌아가자 群臣은 閼川 伊湌에게 攝政을 청하였으나 알천이 짐짓 사양하며 "나는 나이가 늙고 이렇다 할 만한 德行도 없다. 지금 德望이 높기는 春秋公만한 이가 없으니, 그는 실로 濟世의 英雄이라 할 수 있다"라고 하였다. 群臣이 드디어 (김)춘추를 추대하여 왕을 삼으니, (김)춘추는 再三 사양하다가 마지못하여 왕위에 올랐다.[93]
>
> 2. 永徽 5년에 진덕왕이 돌아가고 後嗣가 없었다. 庾信이 宰相인 閼川 伊湌과 의논하고 春秋 伊湌을 맞아 즉위케 하니, 이가 太宗大王이다.[94]

위의 기록은 김춘추가 즉위하는 과정에 대한 내용이다. 이 기록을 통해서 김춘추는 김유신의 절대적인 지원을 받으며 즉위하였던 사실을 알수 있다. 김유신은 당시 백제와의 전쟁을 혼자의 힘으로 해결할 만큼 군사적인 영향력을 발휘하고 있었으며, 그러한 군사적인 영향력이 김춘추의 즉위를 가능케 하였음은 물론이다. 그런데 김춘추가 즉위할 때 함께 거론되었던 알천의 존재에 대해서 주목해야 할 것이다. 김춘추를 추대하

기 이전에 群臣들이 알천에게 먼저 攝政을 요청하고 있기 때문이다.[95]
이러한 사실은 알천도 진덕왕대에 일정한 정치적 영향력을 행사하고 있
었음을 의미하는 것이다.

그러나 알천은 자신의 나이가 많고 늙었다는 이유를 내세우며 김춘추
에게 왕위를 양보하고 있다. 여러 진골귀족들이 알천에게 먼저 섭정을
요청하였던 것은 일종의 형식적인 절차과정이었다. 왜냐하면 알천이 거
절한 이후에 다시는 그러한 요청을 하고 있지 않다는 사실을 통해서 알
수 있다. 알천도 당시 김춘추와 김유신의 정치적인 영향력이 절대적이었
으며, 또 김춘추의 즉위가 기정사실화 되었음을 알고 있었다. 이것은 다
른 진골귀족들도 마찬가지였을 것이다.[96] 알천은 비담의 난이 일어났을
때 여기에 가담하지 않았던 것으로 보인다. 이것은 비담의 난이 진압된
이후 이 사건에 연루되어 처벌을 받지 않고 오히려 상대등이 되었다는
것에서 알 수 있다. 비담의 난이 진압된 이후에 알천이 상대등이 되었다
는 사실은 그가 親舍輪系였거나 아니면 적어도 중도적인 성향이었을 것
으로 생각된다.[97] 그렇기 때문에 김유신이 김춘추를 추대하기 위해서
의논한 대상이 되었을 것이다.

알천이 섭정의 요청을 거절하자 진골귀족들은 김춘추를 추대하였다.
그러나 김춘추는 세 번이나 사양을 하다가 드디어 왕위에 즉위하였다.

---

95) 朴淳敎는 여러 신하들이 김춘추로의 정해진 왕위계승에 저항하여 알천에게 攝政
을 요청한 것은 김춘추의 왕위계승을 어떻게든 막아보려는 귀족들의 정서가 극적
으로 노출된 것이라고 하였다(朴淳敎, 1999, 앞의 논문, 243쪽).

96) 朴勇國은 김춘추의 즉위과정이 순탄하지 못하였으며, 그것은 眞骨貴族聯合勢力
과의 정치체제를 둘러싼 갈등을 겪으면서 초래된 정치적 대립관계에서 비롯된 것
이라고 하였다(朴勇國, 2005a, 「新羅 武烈王代 政治勢力의 構成과 變化」『歷
史敎育論集』35, 104쪽 ; 2005d, 앞의 논문 참조). 이것은 중고기 정치세력과 정
치체제에 대한 근본적인 이해의 차이에서 비롯된 것이지만, 기록 속에 숨겨져 있
는 역사적인 사실과 의미를 간과하였다고 생각된다.

97) 朴淳敎는 알천이 비담의 난이 발생한 어수선한 시점에 상대등이 되었던 만큼 비
교적 중도적인 입장이었을 것이라고 하였다(朴淳敎, 1999, 앞의 논문, 239쪽).

김춘추가 '三讓'을 한 것은 당시 자신의 즉위가 기정사실화 된 상황에서 비롯된 것으로 그만큼 자신의 즉위에 대하여 강한 자신감을 갖고 있었음을 말해 주는 것이다.

이와 같이 김춘추는 당시 유일하게 세력을 형성하고 있었던 알천으로부터 왕위를 양보 받고 '三讓'의 과정을 거치면서 즉위하였다. 이러한 김춘추의 즉위는 中代라는 새로운 시대가 도래하였음을 알리는 것이며, 그의 자손들에 의하여 왕위가 계승되면서 中代 武烈王權이 성립하였다.

김춘추가 무열왕으로 즉위하면서 이전과는 달리 많은 부분에서 변화가 있었는데, 王統의 변화도 그 중의 하나였다. 즉 이전까지는 聖骨만이 왕으로 즉위하였지만 이제는 眞骨에서 즉위하게 되었다. 이와 같은 왕통의 변화는 다음의 기록을 통해서 알 수 있다.

> G-1. 國人들은 始祖로부터 이때까지를 三代로 나누어 처음부터 眞德王까지의 28왕을 上代라 하고, 武烈王부터 惠恭王까지의 8왕을 中代라 하고, 宣德王부터 敬順王까지의 20왕을 下代라고 한다.[98]
>
> 2. 國人이 始祖 赫居世로부터 眞德王에 이르기까지의 28왕을 聖骨이라 하고, 武烈王부터 末王에 이르기까지를 眞骨이라 한다. 唐의 令狐澄의 『新羅記』에 이르기를 그 나라의 王族은 第一骨이라 하고, 나머지 貴族들은 第二骨이라 한다고 하였다.[99]
>
> 3. 以上은 中古로서 聖骨의 왕이고, 以下는 下古로서 眞骨의 왕이다.[100]

위의 기록은 『삼국사기』와 『삼국유사』에 의한 신라의 시기구분에 대한 내용이다. 위의 기록에서 알 수 있는 바와 같이 진덕왕과 무열왕을 기준으로 上代와 中代, 그리고 中古와 下古로 하나의 시기가 구분되고 있다. 이것은 분명히 두 왕을 기준으로 시기를 구분할 수 있는 중요한

---

98) 『三國史記』 권11, 新羅本紀11 敬順王 9년.
99) 『三國史記』 권5, 新羅本紀5 眞德王 8년 3월.
100) 『三國遺事』 권1, 王曆1 眞德女王.

차이가 있었음을 알려주는 것으로 이러한 차이는 결국 聖骨과 眞骨의 차이 즉 王統의 차이를 의미하는 것이다.

신라의 骨品制에서 성골과 진골에 대해서는 지금까지 많은 연구가 진행되었다.[101] 그럼에도 불구하고 아직까지 성골과 진골의 성격에 대해서는 확실한 결론을 내리지 못하고 있는 실정이다. 그러한 가운데에서도 진평왕이 즉위한 이후에 太子 銅輪의 直系卑屬으로 구성된 小家系集團이 배타적으로 한층 높은 신분으로서 성골을 주장하였을 것이라는 견해가 지배적이다.[102] 이러한 견해는 진평왕이 즉위한 이후에 왕권을 강화하기 위한 차원에서 성골의 신분을 새롭게 만들었다는 의미이다. 이와 관련된 기록은 다음과 같다.

> 元年 8월에 伊湌 弩里夫를 上大等으로 임명하고, 同母弟 伯飯을 眞正 葛文王으로, 國飯을 眞安葛文王으로 봉하였다.[103]

위의 기록은 진평왕 즉위 이후에 同母弟인 伯飯과 國飯을 각각 眞正葛文王과 眞安葛文王으로 봉하였다는 기록이다. 이것은 진평왕이 자신의 동모제를 갈문왕에 봉하여 동륜계의 소가계집단이 釋宗意識을 성립시키면서 스스로 진골보다 우월한 聖骨意識을 가지고[104] 왕권을 강화시키려고 하였음을 의미하는 것이다. 왕권을 강화시키기 위한 진평왕의 노력은 天賜玉帶 설화를 통해서 더욱 확실하게 알 수 있다.

그러나 진평왕이 왕권을 강화하는 차원에서 스스로 성골의식을 성립시켰다는 것은 역으로 왕으로 즉위하였음에도 불구하고 아직까지 확고

---

101) 骨品制에 대한 연구성과는 田美姬, 1997,『新羅 骨品制의 成立과 運營』, 西江大 博士學位論文, 2～12쪽 참조.

102) 李基東, 1972, 앞의 논문 ; 1984, 앞의 책, 88쪽.

103)『三國史記』권4, 新羅本紀 眞平王 원년 8월.

104) 金杜珍, 1988,「新羅 眞平王代의 釋迦佛信仰」『韓國學論叢』10, 34쪽.

한 기반을 형성하지 못하고 불안한 상황이었음을 의미하는 것이라고 생
각된다. 즉 스스로 성골의식을 만들어 다른 진골귀족보다 우월한 지위를
설정한 것은 그렇게 하지 않으면 안될 정도의 특별한 이유가 있었으며,
그 이유는 바로 왕권이 강하지 못함을 뜻하는 것이다. 또한 이러한 상황
은 진지왕을 폐위시키고 즉위하였기 때문에 불안정한 왕권의 모습을 보
여주는 것이다.[105]

이와 같은 성골은 진평왕을 끝으로 '聖骨男盡'하였고, 진덕왕을 마지
막으로 완전히 소멸하여 마침내 '聖骨全盡' 또는 '聖骨完盡'하였으며, 진
골 출신의 무열왕이 즉위함으로써 中代라는 새로운 시대를 열게 되었다.

2. 武烈王代 改革政治의 실시

1) 官制整備의 실시

김춘추는 대당외교를 성공적으로 수행하고 귀국한 후인 649년(진덕
왕 3)부터 관제정비를 실시하였다. 이때의 관제정비는 621년(진평왕 43)
이후에 약 30여년 만에 대규모로 실시한 것으로 儒敎的인 政治理念이
반영되었는데, 이와 관련된 기록은 다음과 같다.

> H-1. 禮部. 令은 2명이었는데 진평왕 8년에 설치하였다. 관등은 兵部令과 같
> 았다. 卿은 2명이었는데 진덕왕 2년(또는 5년이라고도 하였다)에 설치하
> 였고, 문무왕 15년에 1명을 더하였다. 관등은 調府의 경과 같았다. 大舍
> 는 2명이었는데 진덕왕 5년에 설치하였다. 경덕왕이 主簿로 고쳤으나
> 후에 다시 대사로 칭하였다. 관등은 조부의 대사와 같았다. 舍知는 1명
> 이었는데 경덕왕이 司禮로 고쳤으나 후에 다시 사지로 칭하였다. 관등

---

105) 이와 관련하여 동륜계는 사륜계를 완전히 제압하지 못하고 사륜계와의 제휴를
    통하여 왕권을 안정시키려고 하였다는 金杜珍의 견해는(金杜珍, 1988, 앞의 논
    문, 34~35쪽) 示唆하는 바가 크다.

은 조부의 사지와 같았다. 史는 8명인데, 진덕왕 5년에 3명을 더하고, 관등은 조부의 사와 같았다.[106]

2. 2월에 稟主를 執事部라 고치고, 波珍湌 竹旨를 執事中侍로 삼아 기밀 업무를 관장케 하였다.[107]

3. 執事省. 본래 이름은 稟主(혹은 祖主라고도 하였다)였다. 진덕왕 5년에 執事部로 고쳤고, 홍덕왕 4년에 또 省으로 고쳤다.[108]

4. 調府. 진평왕 6년에 설치하였다. 경덕왕이 大府로 고쳤으나 혜공왕이 옛 이름대로 하였다. 令은 2명이었는데 진덕왕 5년에 설치하였다. 관등은 衿荷에서 太大角干까지인 자로 임용하였다. 卿은 2명이었는데, 문무왕 15년에 1명을 더하였다. 관등은 兵部의 大監과 같았다. 大舍는 2명이었는데 진덕왕이 설치하였다. 경덕왕이 主簿로 고쳤으나 혜공왕이 다시 대사로 칭하였다. 관등은 舍知에서 奈麻까지인 자로 임용하였다.[109]

5. 倉部. 예전에는 창부의 일을 稟主에게 겸임시켰다. 진덕왕 5년에 이르러 이 관청을 나누어 두었다. 令은 2명이었는데 관등은 大阿湌에서 大角干까지인 자로 임용하였다. 卿은 2명이었는데 진덕왕 5년에 설치하였으며, 문무왕 15년에 1명을 더하였다. 경덕왕이 侍郎으로 고쳤으나 혜공왕이 다시 경으로 칭하였다. 관등은 兵部의 大監과 같았다. 大舍는 2명이었는데 진덕왕이 설치하였고, 경덕왕이 郎中으로 고쳤으나 혜공왕이 다시 대사로 칭하였다. 관등은 병부의 대사와 같았다.[110]

6. 領客府. 본래 명칭은 倭典이었는데, 진평왕 43년에 領客典(후에 또 倭典을 별도로 설치하였다)으로 고쳤다. 경덕왕이 또 司賓府로 고쳤으나, 혜공왕이 옛 이름대로 하였다. 令은 2명이었는데 진덕왕 5년에 설치하였다. 관등이 大阿湌에서 角干까지인 자로 임용하였다.[111]

7. 左理方府. 진덕왕 5년에 설치하였다. 효소왕 원년에 大王의 이름을 피하여 議方府로 고쳤다. 令은 2명이었는데 관등이 級湌에서 迊湌까지인 자로 임용하였다. 卿은 2명이었는데 진덕왕이 설치하였고, 문무왕 18년에 1명을 더하였다. 관등은 다른 경과 같았다. 佐는 2명이었는데 진덕

---

106) 『三國史記』 권38, 雜志7 職官 上.
107) 『三國史記』 권5, 新羅本紀5 眞德王 5년 2월.
108) 『三國史記』 권38, 雜志7 職官 上.
109) 위와 같음.
110) 위와 같음.
111) 위와 같음.

왕이 설치하였다. 경덕왕이 評事로 고쳤으나 혜공왕이 다시 좌로 칭하
였다.112)

8. 國學은 禮部에 속하였는데 신문왕 2년에 설치하였다. 경덕왕이 大學監
으로 고쳤으나 혜공왕이 옛 이름대로 하였다. 卿은 1명이었는데 경덕왕
이 司業으로 고쳤으나 혜공왕이 다시 卿으로 칭하였다. 관등은 다른 경
과 같았다. 博士(약간 명이었는데 수는 정하지 않았다)와 助敎(약간 명
이었는데 수는 정하지 않았다)가 있었다. 大舍는 2명이었는데 진덕왕 5
년에 설치하였다. 경덕왕이 主簿로 고쳤으나 혜공왕이 다시 대사로 칭
하였다. 관등이 舍知에서 奈麻까지인 자로 임용하였다.113)

9. 侍衛府는 三徒가 있었는데, 진덕왕 5년에 설치하였다.114)

10. 6년 봄 정월에 波珍湌 天曉를 左理方府令으로 삼았다.115)

위의 기록은 진덕왕대의 관제정비에 대한 내용이다. 진덕왕대의 관제
정비는 통합적으로 운영되던 업무를 세분화시키면서 이루어졌으며,116)
또 그 두드러진 특징은 執事部의 설치와 侍衛府의 개편이라고 할 수
있다.

집사부는 왕의 家臣的 존재에서 국가의 전체적인 財政을 담당하였던
稟主를 개편한 것이다.117) 그리고 품주가 다시 변화하여 倉部에서 재정
을 맡으면서 나머지 기능을 담당하는 집사부는 따로 독립하여 機密事務
를 관장하게 되었다. 집사부는 당의 정치제도의 영향으로 김춘추와 김유
신 등 신귀족세력의 필요에 의해서 설치된 것이다.118) 김춘추와 김유신
등은 집사부를 통해서 그들의 정치적인 기반을 마련하였으며, 그것은 결

---

112) 위와 같음.
113) 위와 같음.
114) 『三國史記』 권40, 雜志9 職官 下.
115) 『三國史記』 권5, 新羅本紀5 眞德王 6년 정월.
116) 權悳永, 1997, 앞의 책, 271쪽.
117) 李基白, 1964, 「稟主考」 『李相佰博士回甲紀念論叢』 ; 1974, 앞의 책, 141∼
144쪽.
118) 李基白, 1964, 앞의 논문 ; 1974, 앞의 책, 151∼153쪽 : 申瀅植, 1977, 앞의
논문 ; 1984, 앞의 책, 117쪽.

국 專制王權을 강화하려는 목적을 가지고 있었다.[119] 이러한 집사부는 이후 김춘추가 즉위하는데 절대적인 역할을 수행하였다.[120]

侍衛府의 개편은 毗曇의 亂을 진압한 이후에 그 경험의 결과에서 이루어졌던 것으로 보인다. 즉 왕권에 도전하려고 무력도발을 일으키는 세력에 대한 대응책으로써 김춘추와 김유신의 군사력이 시위부가 개편되면서 그 병력의 핵심 세력으로 편성되었을 것이다. 그리고 이때 개편된 시위부의 군사력이 김춘추가 즉위할 때에 군사적인 기반을 담당하였을 것이다.[121]

이와 같은 사실을 통해서 결국 집사부의 설치와 시위부의 개편은 서로 보완적인 관계를 형성하였으며,[122] 이것이 김춘추가 무열왕으로 즉위하는데 결정적인 역할을 수행하였음을 알 수 있다.

2) 漢化政策의 추진

김춘추는 나당동맹의 체결이라는 군사적인 목적과 함께 당의 제도를 수용하려는 정치적인 목적을 가지고 대당외교를 전개하였다. 그리고 이것은 당의 服章 수용의 결과로 나타났는데, 이와 관련된 기록은 다음과 같다.

> I-1. 春秋는 또 章服을 고쳐 중국의 제도에 따를 것을 청하니 이에 내전에서 진귀한 옷을 꺼내 (김)춘추와 그를 따라온 사람에게 주었다. 조칙으로 (김)춘추에게 관작을 주어 特進으로 삼고, 文王은 左武威將軍으로 삼았다.[123]

---

119) 李基白, 1962, 앞의 논문 ; 1974, 앞의 책, 101쪽 : 井上秀雄, 1962, 앞의 논문, 207~208쪽 ; 1974, 앞의 책, 440~441쪽.
120) 李明植, 1989, 앞의 논문, 92쪽 ; 1992, 앞의 책, 123쪽.
121) 李文基, 1986, 앞의 논문, 35~36쪽 ; 1997, 앞의 책, 160~161쪽.
122) 任慶彬, 1993, 앞의 논문, 77쪽.
123) 『三國史記』권5, 新羅本紀5 眞德王 2년.

2. 진덕왕 재위 2년에 이르러 김춘추가 唐에 들어가 당의 의례에 따를 것을 청하니, 태종 황제가 조서로써 허가하고 아울러 옷과 띠[衣帶]를 주었다. 드디어 돌아와서 시행하여 오랑캐의 복속을 중화의 것으로 바꾸었다. 문무왕 4년에는 또한 婦人의 의복을 개혁하니, 이때 이후로 衣冠이 중국과 같게 되었다.[124]

3. 3년 봄 정월에 비로소 중국의 衣冠을 착용하였다.[125]

4. 4년 여름 4월에 왕이 명을 내려 眞骨로서 관직에 있는 사람은 牙笏을 갖게 하였다.[126]

5. 이 해에 비로소 중국의 永徽 年號를 사용하였다.[127]

6. 5년 봄 정월 초하루에 왕이 朝元殿에 나아가 百官으로부터 새해 축하인사를 받았다. 새해를 축하하는 예식은 이때부터 시작되었다.[128]

위의 기록은 김춘추가 당 태종에게 唐制를 따르기를 청하여 허락을 받고, 의복을 하사 받았다는 내용이다. 그런데 당제를 수용하려고 한 것은 김춘추뿐만이 아니라 慈藏도 마찬가지였다. 이러한 사실은 다음의 기록을 통해서 알 수 있다.

J-1. 이 임금 때에 비로소 중국의 衣冠과 牙笏을 쓰게 되었는데, 이것은 慈藏法師가 唐 황제에게 청해서 가져온 것이다.[129]

2. (慈藏은) 일찍이 우리나라의 복식[服章]이 중국[諸夏]과 같지 않았으므로 조정에 건의하였더니, 허락하여 좋다고 하였다. 이에 진덕왕 3년 己酉에 비로소 중국의 衣冠을 입게 하고, 이듬해 庚戌에 또 正朔을 받들어 비로소 永徽 年號를 사용하였다. 이 뒤로부터는 중국에 조빙할 때마다 반열에 (외방나라들의) 윗자리[上蕃]에 있었으니, (이는) 慈藏의 공이었다.[130]

124) 『三國史記』 권33, 雜志2 色服.
125) 『三國史記』 권5, 新羅本紀5 眞德王 3년 정월.
126) 『三國史記』 권5, 新羅本紀5 眞德王 4년 4월.
127) 『三國史記』 권5, 新羅本紀5 眞德王 4년.
128) 『三國史記』 권5, 新羅本紀5 眞德王 5년 정월.
129) 『三國遺事』 권1, 紀異1 太宗 春秋公.
130) 『三國遺事』 권4, 義解5 慈藏定律.

위의 기록은 慈藏의 요청으로 당의 服章을 수용하였다는 내용이다. 자장은 당에서 귀국하자 사륜계와 협조하며 정치와 외교에 관련된 부분에 대해서 조언을 하고 있었다.[131] 특히 자장은 皇室을 비롯한 당의 내부사정에 대해서 정통하였는데, 이러한 자장의 역할로 미루어 볼 때 당의 복장을 수용하는 문제도 자장의 견해가 많이 반영되었을 것으로 보인다. 더구나 복장을 수용하는 시기가 자장이 당에서 귀국한 지 얼마 안되었던 점을 감안한다면 상대적으로 그의 역할이 더욱 크게 작용하였을 것이다.[132] 그리고 여기에는 당제를 수용하여 정치적인 변화를 추구하려는 김춘추의 노력도 역시 반영되었을 것이다.[133] 이와 함께 김춘추가 倭에 사신으로 파견되었을 때 왜에서 실시한 13階에 이르는 官服制의 개혁을 경험한 것도[134] 역시 당제를 수용하는데 일정한 영향을 주었을 것으로 생각된다.

그런데 당제를 수용하는 과정에서 제일 먼저 복장을 수용하고 있는 사실이 주목된다. 이것은 당과의 유대를 강화하는 효과적인 방법이면서도[135] 당 태종의 환심을 사기 위한 김춘추의 고도의 정치적인 의도가

---

131) 金杜珍, 1989, 앞의 논문, 9~13쪽 : 金德原, 2005, 앞의 논문, 59~60쪽.

132) 金相鉉은 慈藏이 복식개혁을 중심으로 하는 대당외교에 관한 중요한 정책을 조정에 건의하였고, 김춘추는 결정된 외교정책이나 기본 방향에 따라서 대당외교를 실무적으로 성공시켰다고 하였다(金相鉉, 1995, 앞의 논문 ; 1999, 앞의 책, 45쪽). 이러한 견해는 김춘추와 자장의 정치적 성격을 이해하는데 示唆하는 바가 크다.

133) 南東信은 복식개혁의 주체에 대한 관련자료가 金春秋說과 慈藏說을 각각 배타적으로 전하는 두 가지 계통으로 확연히 구분되는데, 『三國史記』를 비롯한 正史類는 김춘추설을 주장하고, 『三國遺事』를 비롯한 僧史類는 자장설을 주장하고 있다고 하였다(南東信, 1992, 앞의 논문, 41쪽).

134) 朱甫暾, 1993, 앞의 논문, 48쪽 : 朴淳敎, 1999, 앞의 논문, 202쪽.

135) 南東信은 복식개혁은 신라와 당 사이에 동맹관계가 수립되었음을 상징하는 사건이라고 하였다(南東信, 1992, 앞의 논문, 40~41쪽 주 173) 참조). 한편 任慶彬은 당의 服章 수용은 毗曇의 亂을 진압한 이후에 단계적으로 관제정비를 실시함으로써 그 충격을 최소화시키려는 의도라고 하였다(任慶彬, 1993, 앞의 논

반영된 제스처였다.[136] 또한 관리들의 복장을 통일시킴으로써 새로운 시대의 도래를 상징하는 결과까지 예상하였던 치밀하게 계획된 조처였을 것이다.

이와 같은 당제의 수용은 김춘추가 무엇을 의도하였는지를 추정할 수 있게 하는데, 그것은 이제까지 불교정책에 의해서 시행되었던 佛國土說에 입각한 佛敎治國策이 아니라 새로운 儒敎的인 政治理念에 의한 왕권중심의 지배체제를 구축하기 위한 것이었다.

일반적으로 중고기는 '佛敎王名時代'라고[137] 일컬을 정도로 불교가 중요한 역할을 수행하였던 시기였다. 이미 법흥왕대에 왕권강화를 위하여 불교를 公認한 이후에 진흥왕대에는 轉輪聖王의 이념을 바탕으로 활발한 대외 정복활동을 실시하였다.[138] 뿐만 아니라 진평왕대에는 釋宗意識을 성립시키면서 釋迦佛信仰을 토대로 왕실의 神聖性을 강조하여 聖骨을 표방하기에 이르렀다.[139] 그리고 선덕왕대에는 불국토설에 입각한 불교치국책에 의하여 정국이 운영되었다.[140]

이와 같이 신라 중고기의 지배이념은 법흥왕 이후의 불교적 국가이념과 불국토설에 의해서 유지되고 있었으므로[141] 불교를 숭상하는 것은

문, 71~72쪽).

136) 최현화도 唐制의 수용은 당의 환심을 얻는 데에 유용하였을 것이며, 이것은 김춘추가 고구려와 왜에 대한 외교활동을 통해서 당시 국제정세에 걸맞는 외교감각을 체득하였기 때문이라고 하였다(최현화, 2004, 앞의 논문, 48~49쪽). 한편 朱甫暾은 당의 의복제의 수용은 원병 요청에 대한 명분을 제공하기 위한 명분으로 파악하였다(朱甫暾, 1993, 앞의 논문, 49쪽).

137) 金哲埈, 1952, 「新羅 上代社會의 Dual Organization」下 『歷史學報』 2, 91~92쪽 ; 1990, 『韓國古代社會研究』, 서울大 出版部, 147~148쪽.

138) 金煐泰, 1966, 「彌勒仙花攷」 『佛敎學報』 3·4 ; 198/a, 『新羅佛敎研究』, 民族文化社, 77쪽.

139) 金杜珍, 1988, 앞의 논문, 33~34쪽.

140) 南東信, 1992, 앞의 논문 참조.

141) 金炯佑, 1987, 「新羅 中古期 佛敎思想의 國家社會的 寄與」 『統一期의 新羅社會 研究』, 東國大 新羅文化研究所, 301~302쪽.

하나의 시대적인 조류였다. 김춘추 역시 당시 적극적으로 불교를 수용하였던 왕실의 至親으로 출생하였기 때문에 이러한 시대적 조류에 영향을 받으면서 성장하였을 것이다. 그리고 김춘추의 父인 金龍春(樹)은 皇龍寺九層塔을 건립하는 책임자였으며 또한 慈藏과의 정치적인 협력관계를 유지하면서 그가 추구하였던 불국토설을 비롯한 불교치국책에 참여와 협조를 하였다는 사실은 적어도 김춘추와 불교와의 친연성을 상정할 수 있을 것이다.

그러나 중고기에는 불교만 수용한 것이 아니었다. 중고기에도 이미 일정한 수준 이상의 유교에 대한 지식을 가지고 있었다. 524년(법흥왕 11)에 건립된 蔚珍鳳坪新羅碑의 喙部博士라는 기록과[142] 또한 律令을 반포하고 百官公服의 朱紫의 次序를 제정하였다는[143] 사실을 통해서 당시의 유교에 대해서 어느 정도 알 수 있다. 이러한 과정을 거치면서 발전하기 시작한 유교는 眞興王巡狩碑에 『論語』와 『書經』 등의 유교경전에 수록되어 있는 구절을 인용하는 수준이었을 뿐만 아니라 王道政治의 이념을 표방하기에 이르고 있다.[144] 특히 법흥왕대에 유교적인 소양을 갖춘 '士類'의 등장과[145] 함께 『孝經』을 수용하면서[146] 유교이념에 의한 지배체제가 정비되기 시작하였다. 그리고 중고기에는 이미 여러 가지 유교경전의 書名이 나타나고 있어서 유교에 대한 높은 관심을 가지고 있었음을 알 수 있다.[147] 이것은 世俗五戒나 壬申誓記石 등의 기

---

142) 韓國古代社會硏究所 編, 1992, 『譯註韓國古代金石文』 Ⅱ, 15쪽.

143) 『三國史記』 권4, 新羅本紀4 法興王 7년 정월.

144) 眞興王巡狩碑에 기록되어 있는 유교적인 정치이념에 대해서는 盧鏞弼, 1996, 『新羅眞興王巡狩碑硏究』, 一潮閣, 130~163쪽 참조.

145) 南希叔, 1991, 「新羅 法興王代 佛敎受容과 그 主導勢力」 『韓國史論』 25, 28~37쪽.

146) 盧鏞弼, 1994, 「新羅時代 『孝經』의 受容과 그 社會的 의의」 『李基白先生古稀紀念 韓國史學論叢』 上, 一潮閣.

147) 李基白, 1973, 「儒敎 受容의 初期形態」 『韓國民族思想史大系』 2, 亞細亞學術硏究會 ; 1986, 앞의 책, 206~207쪽.

록 등을 통해서 대략적인 이해가 가능하고, 이러한 상황은 진평왕대를 거치면서 당시 신라에서 보편적인 현상으로 수용되었을 것이다.[148]

이와 같이 중고기에는 왕권강화의 차원에서 불교뿐만 아니라 유교도 같이 수용하였다. 따라서 당시의 시대적인 조류의 영향으로 인하여 사륜계 역시 불교와 함께 유교에 대한 관심도 높았을 것이며, 또한 일정한 영향을 받았음이 틀림없다. 왜냐하면 유교와 관련되었을 듯한 사륜계의 모습을 찾아볼 수 있기 때문이다.

먼저『三國遺事』彌勒仙花·未尸郎·眞慈師의[149] 기록에서 진지왕대에 진자사가 미륵선화를 찾기 위하여 熊川의 水源寺로 갔다는 사실은 백제 彌勒信仰의 성격과 연관된 것으로[150] 彌勒戒法은 율령제도와 신분제도를 확립하기 위한 신앙이라고 한다.[151] 이러한 사실은 기록이 부족한 진지왕대의 율령제도뿐만 아니라 신분제도에 대한 문제를 이해하는데 중요한 자료를 제공하는 것이다. 따라서 적어도 김춘추의 가문은 그의 祖父인 진지왕대부터 기존의 불교를 토대로 유교를 수용하였음을 알 수 있다.

金龍春(樹) 역시 유교에 대해서 비교적 일찍부터 관심을 가졌을 것으로 보인다. 김용춘은 자신의 이름뿐만 아니라[152] 아들의 이름을 '春秋'

---

148) 李晶淑도『三國史記』金庾信傳에 나타나 있는 유교문화의 片鱗들은 당시 신라인들의 보편적인 가치관이 그대로 투영된 것이라고 하였으며(李晶淑, 2001,「中古期 新羅儒敎의 性格」『白山學報』58, 24쪽), 金瑛河도 진평왕대 이후에 유학적 가치가 사회에 뿌리내리기 시작함으로써 인간행위에 변화가 나타났다고 하였다(金瑛河, 2005, 앞의 논문, 145쪽 ; 2007, 앞의 책, 202쪽).
149)『三國遺事』권3 塔像4 彌勒仙花·未尸郎·眞慈師.
150) 金杜珍, 1987,「新羅 中古時代의 彌勒信仰」『韓國學論叢』9, 18쪽 : 金億原, 2004,「新羅 眞智王代의 王權强化와 彌勒信仰」『史學研究』76, 44쪽.
151) 洪潤植, 1984,「新羅 皇龍寺經營의 文化的 意味-百濟 彌勒寺經營과의 比較論的 考察-」『馬韓·百濟文化』7, 240쪽.
152) 金龍春(樹)은 龍春 또는 龍樹라고 기록되어 있는데, 이것은 불교와 유교의 수용에 따른 결과였을 것으로 생각된다. 즉 처음에는 불교의 영향으로 龍樹라고 하

라고 하였는데, '춘추'는 확실히 유교적인 색채가 농후하다고 할 수 있다. 이것은 김용춘이 사상적인 전환을 시도한 결과였을 것으로 생각된다. 이와 같이 김용춘이 유교에 대한 관심을 갖게된 것은 동륜계가 釋宗意識을 성립시키며 釋迦佛信仰을 토대로 聖骨 관념을 표방하자 이들과의 차별성을 나타내기 위한 목적에서 비롯되었을 것이다. 그리고 김용춘이 유교에 대한 관심을 갖게된 시기는 동륜계가 성골의식을 성립시킨 진평왕 초기부터라고 보여지며, 따라서 적어도 김춘추가 태어나기 이전인 604년(진평왕 26) 이전이었을 것이다. 이러한 김용춘의 유교에 대한 인식은 역시 아들의 이름을 유교적인 색채가 짙은 '庾信'이라고 한 加耶系의 金舒玄과도 긴밀한 관계를 유지할 수 있는 조건의 하나로 작용하였을 것이다.153)

이와 같은 사륜계와 유교와의 관련은 김춘추에 이르러서 더욱 강화되었다. 물론 이것은 대당외교를 전개한 이후에 漢化政策을 실시함으로써 나타났지만, 김춘추는 일찍부터 유교에 대해서 남다른 관심을 가지고 있었을 것으로 보인다. 이와 관련된 기록은 다음과 같다.

> 진덕왕 太和 원년 戊申에 (김)춘추는 고구려의 청병을 이루지 못하자 당에 들어가 군사를 청하였다. 태종 황제가 "너희 나라 (김)유신의 명성을 들었는데, 그 사람됨이 어떠한가?"라고 하니, 대답하기를 "(김)유신은 비록 다소의

였으나 유교에 대한 관심을 갖게된 이후에는 龍春이라고 改名하지 않았을까 한다. 이와 관련하여 歆葛文王·乙祭·閼川을 동일 인물로 보고, 이들의 이름을 각각 불교식 이름, 고유식 이름, 한자식 이름으로 추정한 朴南守의 견해(朴南守, 1992,「新羅 和白會議의 機能과 性格」『水邨朴永錫敎授華甲紀念 韓國史學論叢』上, 229쪽)가 참고된다.

153) 사륜계와 가야계가 긴밀한 관계를 유지할 수 있었던 것은 군사적인 측면에서 뿐만 아니라 유교에 대해서 상호 비슷한 인식을 하고 있었다는 사상적인 면도 작용하였을 것이다. 이와 관련하여 申瀅植은 사륜계와 가야계가 군사적인 이미지 극복을 위해 유교적인 정치이념과 율령정치를 추구한 것으로 파악하였다(申瀅植, 1977, 앞의 논문 ; 1984, 앞의 책, 114쪽).

재주와 지략이 있으나 만약 황제의 위엄을 빌리지 않으면 어찌 쉽게 걱정거리인 이웃 나라를 없앨 수 있겠습니까?"라고 하였다. 황제는 "참으로 君子의 나라로구나!"라 하고는 요청을 수락하여 장군 蘇定方에게 명하여 군대 20만을 거느리고 백제를 정벌하게 하였다.[154]

위의 기록은 김춘추가 대당외교를 추진하면서 당 태종과 나누었던 대화에 관한 내용이다. 김유신에 대한 당 태종의 물음에 김춘추는 겸손의 말로 대답함으로써 '君子之國'이란 찬사를 듣게 되었다. 이것은 물론 김춘추가 자신의 목적을 이루기 위해 취한 방법으로 이해할 수도 있겠지만, 이미 '謙讓之德'에 대해서 알고 있었을 가능성도 배제할 수 없다. 그리고 이러한 김춘추의 태도는 당 태종에게 깊은 인상을 심어주게 되었으며, 결국 자신이 염원하던 당의 出師로 이어지면서 나당동맹을 체결하는데 영향을 주었을 것이다.

김춘추는 선덕왕대에 지나치게 불교를 숭상하는 정책을 실시하여 많은 문제점들이 발생하였고, 그 결과의 하나로 비담의 난이 일어났던 사실에 유의하였을 것이다.[155] 더욱이 진덕왕대에는 성골의 자연적인 소멸이 예상되면서 불교를 숭상하던 동륜계와 구별하려는 의도와 함께 전통신앙을 숭상하던 다른 진골귀족들과의 차별이라는 정치적인 목적에서 적극적으로 儒敎的인 政治理念을 수용하는 정책을 추진하였을 것으로 생각된다. 따라서 김춘추는 아무리 늦어도 진덕왕대부터는 동륜계와 구별하려는 의도와 다른 진골귀족들과의 차별이라는 정치적인 목적을 추구하기 위하여 적극적으로 유교적인 정치이념을 수용하고자 하였음을 알 수 있다.[156]

154) 『三國史記』 권41, 列傳1 金庾信傳 上.
155) 朴淳敎는 비담의 난을 기점으로 佛敎治國策의 허상을 절감한 金春秋系가 선덕왕 사후에 선덕왕의 시정내용과 차별하기 위한 방편으로 유교정치이념을 표방하였을 개연성이 크다고 하였다(朴淳敎, 1999, 앞의 논문, 197쪽).
156) 金德原, 2003a, 『新羅 中古期 舍輪系의 政治活動 硏究』, 明知大 博士學位論

당시 신라에서는 諫爭을 통한 유교적 道義政治를 실시하였지만,[157] 아직까지 儒敎儀禮에 대해서는 지식이 부족하였던 것으로 생각된다. 그렇기 때문에 김춘추는 자신이 직접 당에서의 견문을 바탕으로 유교의례에 대한 지식을 쌓기 위해서 당 태종에게 國學에 나가서 釋尊과 講論의 참관을 요청하였을 것이다.[158] 즉 김춘추는 '請兵'이 목적이었지만 자신의 목적을 드러내지 않고 오히려 당 태종에게 국학에서 석존과 강론의 참관을 요청하였다. 그리고 당에서의 경험을 바탕으로 귀국한 이후에는 유교적인 정치이념에 입각하여 관제정비를 실시하였다. 이러한 김춘추의 행동과 관련하여 일반적으로 그의 유교적인 면을 강조하고 있다.

이와 같은 김춘추의 유교적인 정치이념의 수용은 당에서 귀국한 이후에 진덕왕대의 唐制를 수용한 관제정비로 나타났다. 이러한 유교적인 정치이념은 무열왕으로 즉위한 이후에도 계속되었는데, 이와 관련된 기록은 다음과 같다.

　　원년 여름 4월에 왕의 죽은 아버지를 文興大王으로 追封하고, 어머니를

文, 171쪽.

157) 李晶淑, 2001, 앞의 논문, 30쪽.

158) 당 태종 貞觀 2년(628)에 尙書左僕射 房玄齡과 國子博士 朱子奢의 건의로 '聖孔師顔制'를 시행하여 國學에서의 釋奠 대상으로 정착하여 孔子와 顔回 대한 존숭이 강화되었다. 이후 정관 4년에는 전국 州縣의 官學에도 孔子廟를 건립하도록 하였다. 이러한 당 태종의 노력은 유교주의에 입각한 교육이념을 널리 보급함과 동시에 유교주의 교육정책을 강화하는 결정적인 계기가 되었다. 당태종의 유교주의에 입각한 교육이념은 學制와 學禮가 어우러진 이른바 '廟學制'라는 중국식 학교제도를 완성하였다(吳富尹, 2002, 「中國 廟學制 韓國에서의 發展－韓·中 廟學圈의 形成 初探－」『湖西史學』32, 53~54쪽).
廟學制에 대한 연구는 高明士, 1989, 「羅·麗時代廟學制的創立與展開」『大東文化硏究』23 ; 高明士 著·吳富尹 譯, 1995, 『韓國敎育史硏究』, 大明出版社 참조. 한편 金瑛河는 김춘추가 국학에서 석전과 강론을 참관한 것은 유학을 수용하는 계기가 되었다고 하였다(金瑛河, 2005, 앞의 논문, 146쪽 ; 2007, 앞의 책, 203쪽).

文貞太后로 삼았다.[159]

위의 기록은 무열왕이 즉위한 후에 자신의 부모를 文興大王과 文貞太后로 追封하였다는 내용이다. 무열왕 이전에는 왕의 父를 葛文王으로, 왕의 母를 夫人으로 추봉하였으나[160] 무열왕대부터는 사실상 갈문왕이 폐지되고 대신 중국식의 大王으로 追諡되고 있다.[161] 이와 같이 갈문왕을 폐지하고 새롭게 대왕의 칭호를 추봉하는 것은 자신의 가문을 尊崇시켜서 왕실의 권위를 고양시키려는 의도에서 비롯된 것이다. 따라서 이것은 중고기에 동륜계가 성골 관념을 성립시켜 자신의 가문을 우월하게 한 것과 같은 의미라고 할 수 있다.[162] 이러한 가문에 대한 존숭은 이후 五廟制의 실시로 연결되고 있다.[163]

이와 같은 家祖尊崇과 함께 무열왕은 律令에 대한 정비를 단행하였는데, 이 기록은 다음과 같다.

> 5월에 理方府令 良首 등에게 명하여 律令을 상세히 살펴 理方府格 60여 조를 가다듬어 정하게 하였다.[164]

위의 기록은 무열왕 원년에 理方府格 60여 조를 개정하였다는 내용이다. 무열왕이 즉위한 이후에 이방부격 60여 조에 대한 대대적인 정비

---

159) 『三國史記』 권51, 新羅本紀5 太宗武烈王 원년 4월.
160) 邊太燮, 1964, 「廟制의 變遷을 通하여 본 新羅社會의 變遷過程」『歷史教育』 8, 71쪽.
161) 李基白, 1973, 「新羅時代의 葛文王」『歷史學報』 58 ; 1974, 앞의 책, 23~26쪽.
162) 중고기의 동륜계가 불교에 의해서 자신들의 가문을 聖骨 관념으로 우월한 지위를 성립시켰다면, 중대의 사륜계는 유교의 정치이념에 의하여 家祖尊崇을 내세워 자신들의 가문에 대한 우월한 의식을 성립시켰다.
163) 邊太燮, 1964, 앞의 논문, 68쪽 ; 申瀅植, 1977, 앞의 논문 ; 1984, 앞의 책, 119쪽 ; 蔡美夏, 2001, 『新羅 宗廟制와 王權의 推移』, 慶熙大 博士學位論文, 62~69쪽 ; 나희라, 2003, 『신라의 국가제사』, 지식산업사, 185~186쪽.
164) 『三國史記』 권5, 新羅本紀5 太宗武烈王 원년 5월.

를 실시한 것은165) 이전과는 다른 새로운 지배체제를 지향하고자 하는
의도에서 비롯되었을 것으로 보인다. 그리고 무열왕에 의해서 실시된 율
령체제는 문무왕대에도 다시 정비되고 있는 사실을166) 통해서 지속적으
로 이루어지고 있음을 알 수 있다.

　이와 같이 김춘추는 무열왕으로 즉위한 이후에 유교적인 정치이념을
수용하여 家祖尊崇과 律令制에 의한 개혁정치를 실시하였는데,167) 이
것은 중고기의 정치이념과는 완전히 다른 내용이었다. 무열왕은 이러한
유교적인 정치이념을 토대로 中代 武烈王權을 형성하면서 새로운 시대
를 열게 되었다.

---

165) 高明士는 김춘추는 당 태종이 하사한『晉書』등의 여러 '書物'을 가지고 귀국하
　　였는데, 이 중에는 貞觀 11년(637)에 완성된 律令格式이 있었으며, 김춘추는 이
　　것을 토대로 理方府格 60여조를 정비한 것으로 파악하였다(高明士 著・吳富尹
　　譯, 1995, 앞의 책, 95쪽). 한편 姜鳳龍은 무열왕대 율령의 개편은 部體制的 잔
　　재를 청산하고 국왕 중심의 官僚制로의 재편함을 지향한 것이라고 하였다(姜鳳
　　龍, 1992,「三國時期 律令과 '民'의 存在形態」『韓國史硏究』78, 22～29쪽).
166)『三國史記』권7, 新羅本紀7 文武王 21년 7월.
167) 무열왕대의 정치상황에 대한 연구는 다음과 같다.
　　末松保和, 1954,「新羅三代考」『新羅史の諸問題』, 東洋文庫 : 井上秀雄,
　　1962, 앞의 논문 ; 1974, 앞의 책 : 李明植, 1989, 앞의 논문 ; 1992, 앞의 책 :
　　申瀅植, 1990,「新羅 中代 專制王權의 展開過程」『汕耘史學』4 ; 1990,『統
　　一新羅史硏究』, 三知院 : 金壽泰, 1991,『新羅 中代 專制王權과 眞骨貴族』,
　　西江大 博士學位論文 ; 1996,『新羅中代政治史硏究』, 一潮閣 : 朴海鉉,
　　1996,『新羅 中代 政治勢力 硏究』, 全南大 博士學位論文 ; 2003,『신라 중대
　　정치사 연구』, 국학자료원 : 朴勇國, 2005a, 앞의 논문 ; 2005d, 앞의 논문.

결 론

본서는 新羅 中古期에서 舍輪系의 政治活動에 대한 연구를 목적으로 한 것이다. 본서에서 사용한 '舍輪系'라는 용어는 진흥왕의 次子인 舍輪(金輪)을 중심으로 한 그의 直系 子孫을 의미하는 것이다. 즉 진흥왕의 차자로서 이후 진지왕으로 즉위하는 舍輪과 그의 아들인 金龍春(樹), 그리고 손자인 金春秋를 말한다. 그리고 그 기간은 太子 銅輪이 죽은 572년부터 김춘추가 무열왕으로 즉위하는 654년까지 약 82년 동안으로 한정하였다. 이 기간은 약 140년 동안의 중고기에서 절반 이상에 해당하며, 또한 신라 사회가 중요한 변화와 발전을 하던 시기와 같이하고 있다.

　지금까지 사륜계에 대해서는 많은 연구가 이루어지지 않았다. 그것은 진지왕의 즉위가 비정상적이었고, '政亂荒婬'하여 재위 4년만에 폐위되었다는 기록으로 말미암아 부정적으로 인식되어 왔기 때문이다. 또한 진지왕을 폐위시키고 즉위한 진평왕이 54년 동안 재위하면서 왕권을 강화시켰다는 평가를 받고 있는 것도 하나의 원인이 되었다. 이러한 사실은 진평왕에 대한 긍정적인 평가가 크면 클수록 반대로 진지왕에 대한 부정적인 인식도 그만큼 커진다는 것을 의미한다.

　이것은 진지왕에 대해서만 국한된 문제는 아니다. 진지왕의 아들인 김용춘과 손자인 김춘추에 대한 연구도 마찬가지이다. 김용춘은 622년(진평왕 44) 內省이 설치되면서 그 장관인 內省私臣에 임명될 때까지 아무런 활동을 하지 않았으며, 김춘추 역시 642년(선덕왕 11) 백제의 침공으로 大耶城이 함락된 이후 고구려에 사신으로 파견되기 이전까지는 아무런 정치적인 활동을 하지 않았다고 이해하는 것이 대세였다. 이러한 이해는 폐위된 왕의 후손이기 때문에 정치적으로 활동하기에는 한계가 있었을 것이라는 일종의 선입관에서 비롯된 결과라고 할 수 있다. 그러나 본 연구를 진행하면서 지금까지 이해하였던 것과는 달리 새로운 사실들을 알 수 있게 되었다. 지금까지 살펴본 내용을 정리하면 다음과 같다.

舍輪은 太子 銅輪이 죽은 이후 진흥왕 후기의 정국을 주도하면서 국정을 운영하다가 진지왕으로 즉위하였다. 이 과정에서 居柒夫와 金武力 등의 도움을 받았지만, 그가 즉위할 수 있었던 배경에는 개인적인 능력과 함께 즉위를 전후한 당시의 대내외적인 상황이 작용하였다. 개인적인 능력에 대한 것은 우선 진지왕이 태자 동륜의 아들인 白淨보다 年長者였고, 이것을 토대로 정치적인 경륜과 지혜, 그리고 정확한 판단력을 갖추고 있었던 사실이 상대적으로 유리하게 작용하였다. 또한 대내적으로는 진흥왕대의 불교정책을 계승하여 추진하고, 대외적으로는 한강유역으로 진출한 이후에 백제와 고구려의 침입을 방어하고 확대된 영토를 안전하게 유지하기 위해서는 백정보다는 진지왕이 더욱 적합하였다.

더욱이 轉輪聖王의 이념과 관련하여 '輪(Cakra)'에 대한 개념이 중요하게 작용하였다. 즉 '輪'은 왕의 통치권을 나타내는 것으로 왕의 통치권은 상속되어질 수 없으며, 후계자가 스스로의 힘으로 통치권을 행사하는 것이다. 그리고 전륜성왕은 상속되어지는 것이 아니라 기본적으로 功德을 많이 쌓은 왕에게만 제한되는 것이다. 이것은 진흥왕에 의하여 자식들에게 계승된 전륜성왕의 이념이 태자 동륜이 죽은 후에 그 아들인 백정에게 왕위가 계승되는 것이 아니라 사륜에게 계승될 수 있었음을 의미한다.

진지왕은 즉위한 이후에 자신의 정치적인 후원세력이었던 거칠부와 김무력의 죽음과 銅輪系의 위협에서 벗어나기 위하여 독자적으로 정국을 운영하려고 하였다. 그리하여 대내적으로는 불교의 彌勒信仰을 바탕으로 왕권을 강화하는 한편 沙梁部의 桃花女 세력과 정치적인 결합을 추진하려고 하였으며, 대외적으로는 백제와의 관계에서 강경한 정책을 추진하였다. 그러나 이러한 노력에도 불구하고 진지왕은 동륜계에 의해 폐위되었고, 그 과정에서 桃花女·鼻荊郎 설화가 만들어지게 되었다. 따라서 도화녀·비형랑 설화의 '政亂荒婬'이란 기록도 진지왕의 개인적인 성품과 행동에 따른 失政의 결과가 아니라 당시 동륜계의 위협에 대한 불안감의 표현으로 진지왕의 정치적인 위기의식을 나타낸 것이다.

진지왕이 폐위되었다고 하여 사륜계가 완전히 몰락한 것은 아니었다. 이것은 진지왕의 아들인 김용춘이 진평왕대에 활동하는 사실을 통해서 알 수 있다. 김용춘은 도화녀·비형랑 설화의 鼻荊으로 추정되는 인물이다. 그는 일찍부터 執事로 진평왕 초기의 정국에 참여하며 사륜계 세력을 유지하였고, 天明夫人과 혼인한 이후에는 大等과 兵部令을 거치면서 정치적인 활동을 하였다. 그리고 이러한 기반을 토대로 622년(진평왕 44)에 內省私臣으로 임명되었다.

김용춘은 진평왕 후기에 더욱 활발하게 정치적인 활동을 하였다. 622년에 내성사신으로 임명된 이후 진평왕 후기의 관제정비를 주도적으로 추진하였다. 이와 같이 김용춘이 내성사신에 임명되었던 것은 진평왕 후기에 현실적으로 제기되었던 왕위계승 문제와 밀접하게 관련되었다. 진평왕으로서는 왕위를 물려줄 後嗣가 없었다는 것이 가장 큰 정치적인 딜레마였다. 이와 같은 상황에서 진평왕은 딸 德曼에게 왕위를 계승시키기 위하여 사륜계인 김용춘과 정치적인 타협을 하였고, 김용춘은 선덕왕의 즉위에 도움을 주면서 정국의 주도권을 장악하게 되었다. 따라서 내성사신은 왕위계승 문제를 사륜계와 정치적인 타협으로 해결하기 위한 목적으로 진평왕이 김용춘을 위해서 '爲人設官'한 것이었으며, 또 한편으로는 진평왕의 사후를 대비한 것이었다. 이와 같은 사실은 당시 진평왕의 정치적인 한계를 보여준다.

이러한 진평왕과 김용춘의 정치적인 타협은 '女王'의 즉위를 반대하는 세력들의 반발을 불러왔는데, 그 대표적인 것이 伊湌 柒宿의 謀叛사건이었다. 이 모반사건은 김용춘과 김서현이 진압함으로써 선덕왕이 즉위할 수 있는 확실한 배경을 마련하였다. 이후 김용춘은 선덕왕대에 김춘추가 활동할 수 있는 정치적인 후원세력의 역할을 담당하였다.

642년(선덕왕 11) 백제의 침공으로 大耶城이 함락된 이후에 삼국의 관계가 변화하면서 이른바 '統一戰爭期(642~676)'가 시작되었다. 대야성이 함락된 이후부터 삼국의 문제는 더 이상 삼국의 문제로 끝나는 것이 아니라 이제는 唐과 倭라는 주변 세력이 함께 관련된 동아시아의 국제적인 문제로 확대되었다.

김춘추는 대야성이 함락된 이후에 적극적으로 對高句麗外交와 對倭外交를 전개하였다. 이것은 백제의 침공에 따른 위기상황을 극복하기 위한 것이었다. 이러한 김춘추의 외교활동은 군사적인 목적인 '請兵'外交라기보다는 政變을 겪은 두 나라의 내부사정을 직접 경험하고, 和平을 제의하기 위한 '請和'外交의 성격이었다.

선덕왕 말년에 上大等인 毗曇이 '女主不能善理'를 내세우며 亂을 일으켰다. 이 난은 사륜계를 중심으로 한 신귀족세력이 확대됨으로써 정치적인 입지가 축소되는 것에 불만을 품은 비담을 비롯한 구귀족세력이 일으킨 것이다. 비담의 난은 신귀족세력을 반대하던 구귀족세력의 마지막 저항이었으며, 김유신이 이 난을 진압한 이후에 사륜계를 중심으로 한 신귀족세력은 정국의 주도권을 완전히 장악하였다. 그리고 마지막 聖骨 출신의 勝曼을 진덕왕으로 옹립하며 이전과는 다른 정책을 추진하였다.

비담의 난을 진압하고 진덕왕대에 정국의 주도권을 완전히 장악한 김춘추는 對唐外交를 통하여 적극적인 漢化政策을 추진하였다. 대당외교는 唐에 대한 '請兵'의 결과인 羅唐同盟의 체결로 나타났다. 그 과정에서 儒敎的인 政治理念의 강화를 위하여 당의 문물을 수용하면서 官制整備를 실시하였다. 이것은 동륜계인 진평왕이 즉위하면서 불교에 의한 聖骨이라는 神聖化 觀念을 내세웠던 것과 구별하려는 의도에서 비롯되었다. 김춘추는 이와 같은 한화정책을 기반으로 家祖尊崇과 律令制에

의한 改革政治를 실시하였다. 무열왕은 이러한 유교적인 정치이념을 토
대로 中代 武烈王權을 형성하면서 새로운 시대를 열게 되었다.

　舍輪系의 활동은 加耶系와의 긴밀한 협조 관계를 유지하면서 이루어
졌다. 사륜계와 가야계의 관계는 舍輪이 진지왕으로 즉위하는 과정에서
부터 성립되어 이후 김춘추가 무열왕으로 즉위하는 과정에 이르기까지
상호 긴밀한 협조 속에서 이루어졌다. 사륜이 진지왕으로 즉위하는 과정
에는 居柒夫뿐만 아니라 金武力의 도움도 있었는데, 이때 형성된 두 가
문의 관계는 진지왕이 폐위된 이후에도 계속 유지되어 진평왕대의 김용
춘과 김서현, 선덕왕·진덕왕대의 김춘추와 김유신으로 이어졌다. 그리
고 사륜과 김무력, 김용춘과 김서현, 김춘추와 김유신의 3代에 걸친 이
두 가문의 관계는 이후 중복되는 혼인을 통해서 더욱 강화되었고, 마침
내 中代 武烈王權이라는 새로운 시대를 개창하는 원동력이 되었다.

참고문헌

1. 史　料

『三國史記』,『三國遺事』,『海東高僧傳』,『日本書紀』,『北史』,『隋書』,『舊唐書』,
『新唐書』,『册府元龜』

2. 著　書

1) 국　내

강봉룡 외, 2007,『해양사와 해양문화』, 경인문화사.

高明士 著·吳富尹 譯, 1995,『韓國敎育史硏究』, 大明出版社.

權悳永, 1997,『古代韓中外交史』, 一潮閣.

길기태, 2006,『백제 사비시대의 불교신앙 연구』, 서경문화사.

金基興, 1993,『새롭게 쓴 한국고대사』, 역사비평사.

_____, 2000,『천년의 왕국 신라』, 창작과비평사.

金三龍, 1983,『韓國 彌勒信仰의 硏究』, 同和出版公社.

金庠基, 1974,『東方史論叢』, 서울大 出版部.

金相鉉, 1999,『신라의 사상과 문화』, 一志社.

金壽泰, 1996,『新羅中代政治史硏究』, 一潮閣.

金煐泰, 1987a,『新羅佛敎硏究』, 民族文化社.

_____, 1987b,『韓國彌勒思想硏究』, 東國大 出版部.

金瑛河, 2002,『韓國 古代社會의 軍事와 政治』, 高大 民族文化硏究院.

_____, 2007,『新羅中代社會硏究』, 일지사.

金昌鎬, 2007,『고신라 금석문의 연구』, 서경문화사.

金哲埈, 1990,『韓國古代社會硏究』, 서울大 出版部.

나희라, 2003,『신라의 국가제사』, 지식산업사.

盧鏞弼, 1996,『新羅眞興王巡狩碑硏究』, 一潮閣.

盧重國, 1988,『百濟政治史硏究』, 一潮閣.

노태돈, 1999,『고구려사연구』, 사계절.

文暻鉉, 1983,『新羅史研究』, 慶北大 出版部.

朴南守, 1996,『新羅手工業史』, 신서원.

朴淳敎, 2006,『김춘추, 외교의 승부사』, 푸른역사.

박해현, 2003,『신라 중대 정치사 연구』, 국학자료원.

百濟文化開發研究院, 1988,『忠南地域의 文化遺蹟』2－公州郡篇－.

佛敎文化研究院 編, 1986,『韓國密敎思想研究』, 東國大 出版部.

서영교, 2006,『羅唐戰爭史研究』, 아세아문화사.

서영일, 1999,『신라 육상 교통로 연구』, 학연문화사.

徐仁漢, 1999,『羅唐戰爭史』, 國防軍史研究所.

辛鍾遠, 1992,『新羅初期佛敎史研究』, 民族社.

＿＿＿, 2004,『삼국유사 새로 읽기 1』－기이편－, 일지사.

申瀅植, 1984,『韓國古代史의 新研究』, 一潮閣.

＿＿＿, 1990,『統一新羅史研究』, 三知院.

안지원, 2005,『고려의 국가 불교의례와 문화』, 서울대 출판부.

梁正錫, 2004,『皇龍寺의 造營과 王權』, 서경문화사.

양종국, 2004,『백제 멸망의 진실』, 주류성.

梁柱東, 1954,『古歌研究』, 博文出版社.

역사학회 엮음, 2006,『전쟁과 동북아의 국제질서』, 일조각.

연민수, 1998,『고대한일관계사』, 혜안.

＿＿＿, 2003,『古代韓日交流史』, 혜안.

延世大 國學研究院 編, 1987,『高句麗史研究』I, 延世大 出版部.

李光奎, 1977,『韓國家族의 史的研究』, 一志社.

李基東, 1984,『新羅骨品制社會와 花郎徒』, 一潮閣.

李基白, 1974,『新羅政治社會史研究』, 一潮閣.

＿＿＿, 1986,『新羅思想史研究』, 一潮閣.

李明植, 1992,『新羅政治史研究』, 螢雪出版社.

＿＿＿, 2003,『新羅政治變遷史研究』, 螢雪出版社.

李文基, 1997,『新羅兵制史研究』, 一潮閣.

李丙燾, 1959,『韓國史』－古代篇－, 乙酉文化社.

＿＿＿, 1976,『韓國古代史研究』, 博英社.

＿＿＿, 1983,『譯註 三國史記』上·下, 乙酉文化社.

李仁哲, 1993,『新羅政治制度史研究』, 一志社.

李鍾旭, 1980,『新羅上代王位繼承研究』, 嶺南大 出版部.

＿＿＿, 1999,『新羅骨品制研究』, 一潮閣.

이종욱 역주해, 1999,『화랑세기』, 소나무.

李昊榮, 1997,『新羅三國統合과 麗・濟敗亡原因研究』, 書景文化社.

李弘稙, 1971,『韓國古代史의 研究』, 新丘文化社.

장지훈, 1997,『한국고대미륵신앙연구』, 집문당.

장학근, 2002,『삼국통일의 군사전략』, 국방부 군사편찬연구소.

全德在, 1996,『新羅六部體制研究』, 一潮閣.

田鳳德, 1968,『韓國法制史研究』, 서울大 出版部.

鄭璟喜, 1990,『韓國古代社會文化研究』, 一志社.

鄭求福 外, 1995,『三國史記의 原典檢討』, 韓國精神文化研究院.

_____ 外, 1997,『역주 삼국사기』3, 한국정신문화연구원.

鄭孝雲, 1995,『古代韓日政治交涉史 研究』, 學研文化社.

조범환, 2000,『우리 역사의 여왕들』, 책세상.

朱甫暾, 1998,『新羅 地方統治體制의 整備過程과 村落』, 신서원.

_____, 2002,『금석문과 신라사』, 지식산업사.

진성규・이인철, 2003,『신라의 불교사원』, 백산자료원.

최광식, 2007,『한국 고대의 토착신앙과 불교』, 고려대 출판부.

崔淑卿, 1978,『韓國女性史』I, 梨花女大 出版部.

忠南大 百濟文化研究所 編, 1994,『百濟佛敎文化의 研究』.

河日植, 2006,『신라 집권 관료제 연구』, 혜안.

韓國古代史研究所 編, 1992,『譯註 韓國古代金石文』II.

한국사연구회 엮음, 1993,『韓國史 轉換期의 문제들』, 지식산업사.

_____ 編, 1987,『古代韓中關係史의 研究』, 三知院.

洪潤植, 1988,『韓國佛敎史의 研究』, 敎文社.

黃壽永 編, 1994,『韓國金石遺文』(제5판), 一志社.

2) 외 국

鎌田茂雄, 1988,『新羅佛敎史序說』, 東京大 東洋文化研究所.

今西龍, 1933,『新羅史研究』, 近澤書店.

末松保和, 1954,『新羅史の諸問題』, 東洋文庫.

木村誠, 2004,『古代朝鮮の國家と社會』, 吉川弘文館.

拜根興, 2003,『七世紀中葉唐與新羅關係研究』, 中國社會科學出版社.

山尾幸久, 1989,『古代の日韓關係』, 塙書房.

三品彰英, 1943,『新羅花郎の研究』, 平凡社.

_____, 1975,『三國遺事考証』下之一, 塙書房.

上田正昭·井上秀雄 編, 1974,『古代の日本と朝鮮』, 學生社.

井上秀雄, 1974,『新羅史基礎研究』, 東出版.

_____, 1978,『古代朝鮮史序說－王者と宗敎－』, 東出版.

池內宏, 1960,『滿鮮史研究』上世篇 第2冊.

村上四男, 1994,『三國遺事考証』下之一, 塙書房.

蔡印幻, 1977,『新羅佛敎戒律思想研究』, 國書刊行會.

3. 論 文

1) 국 내

姜鳳龍, 1992,「6~7世紀 新羅 政治體制의 再編過程과 그 限界」『新羅文化』9.

_____, 1992,「三國時期 律令과 ‘民’의 存在形態」『韓國史研究』78.

_____, 1994,『新羅 地方統治體制 硏究』, 서울大 博士學位論文.

_____, 2007,「신라의 삼국통일과 그 해양사적 의의」『해양사와 해양문화』, 경인문화사.

강봉원, 2002,「백제 무왕과 ‘서동’의 관계 재검토－신라와 백제의 정치·군사적 관계를 중심으로－」『白山學報』63.

姜聲媛, 1983,「新羅時代 叛逆의 歷史的 性格－『三國史記』를 중심으로－」『韓國史研究』43.

姜英卿, 1989,「新羅 眞平王代 巫佛關係에 대한 一考察」『淑大史論』13·14·15.

_____, 1990,「新羅 善德王의 ‘知幾三事’에 대한 一考察」『원우논총』8.

_____, 1991,「新羅 眞平王代 花郎國仙의 設置」『雪岡林采源博士華甲紀念史學論叢』.

姜在哲, 1991,「‘善德女王知幾三事’條 說話의 研究」『東洋學』21.

_____, 2000,「善德王知幾三事條 說話의 歷史的 理解」『耳勤崔來沃敎授華甲紀念論文集 說話와 歷史』, 集文堂.

姜鍾薰, 2004,「7세기 삼국통일전쟁과 신라의 군사활동－660년 이전 對高句麗戰을 중심으로－」『新羅文化』24.

강헌규, 1994,「삼국유사에 나타난 이른바 ‘未尸郎’, ‘眞慈師’에 대하여－未尸郎이 아니라 末尸郎이다－」『公州大論文集』32.

高慶錫, 1994,「毗曇의 亂의 성격 문제」『韓國古代史研究』7.

高明士, 1989,「羅·麗時代廟學制的創立與展開」『大東文化研究』23.

高翊晋, 1984,「韓國 佛敎思想의 전개」『한국의 사상』, 열음사.

구효선, 2004, 「6~8세기 신라 재상의 성격」『韓國史學報』 16.

權悳永, 1987, 「三國時代 新羅 求法僧의 活動과 役割」『淸溪史學』 4.

_____, 1995, 「三國史記 新羅本紀 遣唐使 記事의 몇 가지 問題」『三國史記의 原典檢討』, 韓國精神文化硏究院.

權相老, 1963, 「韓國古代信仰의 一臠－미리(龍)信仰과 彌勒信仰에 對하여－」『佛敎學報』 1.

權英五, 2003, 「신라 中古・中代期 상대등과 왕위계승」『역사와 경계』 47.

권영택, 1999, 「新羅 佛敎受容에서의 密敎의 역할」『石堂論叢』 28.

길기태, 2006, 「百濟 泗沘時代의 彌勒信仰」『百濟硏究』 43.

金基興, 1999, 「桃花女・鼻荊郎 설화의 역사적 진실」『韓國史論』 41・42.

金德原, 1992, 「新羅 眞平王代의 政治改革 小考」『明知史論』 4.

_____, 1999, 「新羅 中古期 舍輪系의 政治活動」『白山學報』 52.

_____, 2000, 「金龍春의 生涯와 活動」『明知史論』 11・12.

_____, 2002, 「眞智王의 卽位에 대한 再檢討」『白山學報』 63.

_____, 2003a, 『新羅 中古期 舍輪系의 政治活動 硏究』, 明知大 博士學位論文.

_____, 2003b, 「新羅 眞智王代의 政局運營」『梨花史學硏究』 30.

_____, 2004a, 「新羅 中古期 舍輪系에 대한 硏究史的 檢討」『明知史論』 14・15.

_____, 2004b, 「新羅 眞智王代의 王權强化와 彌勒信仰」『史學硏究』 76.

_____, 2005a, 「신라 善德王代 金春秋의 외교활동과 정국동향」『新羅史學報』 5.

_____, 2005b, 「新羅 善德王代 大耶城 함락의 의미」『東峰申千湜敎授停年記念 史學論叢』, 景仁文化社.

_____, 2007, 「新羅 眞德王代 金春秋의 對唐外交와 官制整備」『新羅文化』 29.

金杜珍, 1987, 「新羅 中古時代의 彌勒信仰」『韓國學論叢』 9.

_____, 1988, 「新羅 眞平王代의 釋迦佛信仰」『韓國學論叢』 10.

_____, 1989, 「慈藏의 文殊信仰과 戒律」『韓國學論叢』 12.

_____, 1990, 「新羅 眞平王代 初期의 政治改革－『三國遺事』所載 '桃花女・鼻荊郎'條의 分析을 中心으로－」『震檀學報』 69.

_____, 1994, 「百濟의 彌勒信仰과 戒律」『百濟佛敎文化의 硏究』, 忠南大 百濟文化硏究所.

金炳坤, 2004, 「新羅 中古期 支配 集團의 政治 過程에 대한 새로운 이해」 I 『史學硏究』 76.

_____, 2005, 「羅唐同盟의 成立과 新羅 求法僧의 役割」『震檀學報』 99.

김병남, 2002, 「百濟 武王代의 領域 확대와 그 의의」『韓國上古史學報』 38.

_____, 2004, 「百濟 武王代 阿莫城 전투 과정과 그 결과」『全南史學』 22.

金秉柱, 1984,「羅濟同盟에 관한 研究」『韓國史研究』46.

金福順, 2002,「興輪寺와 七處伽藍」『新羅文化』20.

金庠基, 1969,「花郞과 彌勒信仰에 대하여－神仙寺遺構의 調査를 기틀로－」『李弘稙博士回甲紀念韓國史學論叢』, 新丘文化社.

金相鉉, 1980,「新羅 三寶의 成立과 그 意義」『東國史學』14.

_____, 1987,「新羅 三國統一의 歷史的 意義」『統一期의 新羅社會研究』, 東國大 新羅文化研究所.

_____, 1992,「皇龍寺九層塔考」『中齋張忠植博士華甲紀念論叢』－歷史學篇－.

_____, 1995,「慈藏의 政治外交的 役割」『佛教文化研究』4 ; 1999.

_____, 1999,「百濟 威德王代의 父王을 위한 追福과 夢殿觀音」『韓國古代史研究』15.

_____, 1999,「新羅三寶의 불교사상적 의미」『신라의 사상과 문화』, 一志社.

김선숙, 2004,「羅唐戰爭 前後 新羅·日本間 外交關係의 推移와 그 背景」『日本學』23.

_____, 2007,『新羅 中代 對日外交史 研究』韓國學中央研究院 博士學位論文.

김선주, 1997,「眞興王의 卽位와 只召太后의 攝政」『韓國學大學院論文集』12.

金壽泰, 1991,「百濟의 滅亡과 唐」『百濟研究』22

_____, 1991,『新羅 中代 專制王權과 眞骨貴族』, 西江大 博士學位論文.

_____, 1992a,「百濟 義慈王代의 政治變動」『韓國古代史研究』5.

_____, 1992b,「百濟 義慈王代의 太子冊封」『百濟研究』23.

_____, 1998,「百濟 威德王代 扶餘 陵山里 寺院의 創建」『百濟文化』27.

_____, 1998,「百濟 義慈王代 王族의 動向」『百濟研究』28.

_____, 1999,「羅唐關係의 변화와 金仁問」『白山學報』52.

_____, 1999,「百濟 武王代의 政治勢力」『馬韓·百濟文化』14.

_____, 2004,「百濟 威德王의 정치와 외교」『韓國人物史研究』2.

_____, 2004,「삼국의 외교적 협력과 경쟁－7세기 신라와 백제의 외교전을 중심으로－」『新羅文化』24.

金榮官, 1999,「羅唐聯合軍의 百濟侵攻戰略과 百濟의 防禦戰略」『Strategy21』Vol.2 No.2.

金英美, 1992,「慈藏의 佛國土思想」『韓國史市民講座』10, 一潮閣.

金煐泰, 1966,「彌勒仙花攷」『佛敎學報』3·4.

_____, 1967,「新羅 眞興大王의 信佛과 그 思想研究」『佛敎學報』5.

_____, 1970,「僧侶郞徒考」『佛敎學報』7.

_____, 1987,「三國時代의 彌勒信仰」『韓國彌勒思想研究』, 東國大 出版部.

金瑛河, 1979,「新羅時代 巡狩의 性格」『民族文化研究』14.

_____, 1987,「新羅 中古期의 中國認識」『古代韓中關係史의 研究』, 三知院.

_____, 1988,「新羅 中古期의 政治過程 試論－中代王權 成立의 理解를 위한 前提－」『泰東古典研究』4.

_____, 1999,「新羅의 百濟統合戰爭과 體制變化」『韓國古代史研究』16.

_____, 2000,「高句麗 內紛의 국제적 배경－唐의 단계적 戰略變化와 관련하여－」『韓國史研究』110.

_____, 2004,「新羅 中代王權의 기반과 지향」『韓國史學報』16.

_____, 2005,「新羅 中代의 儒學受容과 支配倫理」『韓國古代史研究』40.

金龍善, 1979,「蔚州 川前里 書石 銘文의 研究」『歷史學報』81.

金在庚, 1978,「新羅의 密敎 受容과 그 性格」『大丘史學』14.

_____, 1982,「新羅 阿彌陀信仰의 성립과 그 배경」『韓國學報』29, 一志社.

金在弘, 2001,『新羅 中古期 村制의 成立과 地方社會 構造』, 서울大 博士學位論文.

金貞淑, 1996,「新羅 花郎의 생활사 연구－人材로의 登用을 중심으로－」『화랑문화의 신연구』, 문덕사.

金周成, 1988,「義慈王代 政治勢力의 動向과 百濟滅亡」『百濟研究』19.

_____, 1990,『百濟 泗沘時代 政治史研究』, 全南大 博士學位論文.

_____, 1993,「백제 무왕의 사찰건립과 권력강화」『韓國古代史研究』6

_____, 1998,「百濟 武王의 治績」『百濟文化』27.

金昌謙, 1993,「新羅時代 太子制度의 性格」『韓國上古史學報』13,

_____, 1996,「新羅 眞興王의 卽位過程」『韓國上古史學報』23.

_____, 1994,『六世紀 新羅 金石文의 釋讀과 그 分析』, 慶北大 博士學位論文.

金哲埈, 1952,「新羅 上代社會의 Dual Organization」下『歷史學報』2.

_____, 1956,「高句麗·新羅의 官階組織의 成立過程」『李丙燾博士華甲紀念論叢』.

_____, 1962,「新羅 貴族勢力의 基盤」『人文科學』7.

金鉉球, 1983,「日唐關係의 成立과 羅日同盟－『日本書紀』'金春秋의 渡日'記事를 中心으로－」『金俊燁教授華甲紀念 中國學論叢』.

_____, 1989,「古代 韓(新羅)·日關係의 一考察－大化改新과 新羅·日本·唐 三國간의 협력체제 성립을 中心으로－」『大東文化研究』23.

金炯佑, 1987,「新羅 中古期 佛敎思想의 國家社會的 寄與」『統一期의 新羅社會 研究』, 東國大 新羅文化研究所.

金惠婉, 1978,「新羅의 花郎과 彌勒信仰의 關係에 대한 研究－半跏思惟像을 中心으로－」『成大史林』3.

金惠婉, 1992, 『新羅時代 彌勒信仰의 硏究』, 成均館大 博士學位論文.

金洪哲, 1998, 「桃花女 鼻荊郞 說話考」 『敎育科學硏究』 11-3.

金羲滿, 2000, 『新羅 官等制 硏究』, 東國大 博士學位論文.

南都泳, 1987, 「眞興王의 政治思想과 治積」 『統一期의 新羅社會 硏究』, 東國大
　　　　新羅文化硏究所.

南東信, 1992, 「慈藏의 佛敎思想과 佛敎治國策」 『韓國史硏究』 76.

南希叔, 1991, 「新羅 法興王代 佛敎受容과 그 主導勢力」 『韓國史論』 25.

盧啓鉉, 1964, 「新羅의 統一外交政策 硏究」 『大韓國際法學會論叢』 9-1.

盧鏞弼, 1994, 「新羅時代 『孝經』의 受容과 그 社會的 의의」 『李基白先生古稀紀
　　　　念 韓國史學論叢』 上, 一潮閣.

_____, 1994, 『新羅 眞興王巡狩碑 硏究』, 西江大 博士學位論文.

盧重國, 1981, 「高句麗·百濟·新羅 사이의 力關係變化에 대한 一考察」 『東方
　　　　學志』 28.

_____, 1986, 「『三國遺事』 武王條의 再檢討－泗沘時代後期 百濟支配體制와
　　　　관련하여－」 『韓國傳統文化硏究』 2.

_____, 1999, 「百濟 武王과 知命法師」 『韓國史硏究』 107.

_____, 2000, 「新羅와 百濟의 交涉과 交流－6·7세기를 중심으로－」 『新羅文化
　　　　』 17·18.

盧泰敦, 1978, 「羅代의 門客」 『韓國史硏究』 21·22.

_____, 1989, 「淵蓋蘇文과 金庾信」 『韓國史市民講座』 5, 一潮閣.

_____, 1997, 「對唐戰爭期(669~676) 新羅의 對外關係와 軍事活動」 『軍史』 34.

_____, 2002, 「연개소문」 『한국사시민강좌』 31, 일조각.

_____, 2006, 「나·당전쟁과 나·일관계」 『전쟁과 동북아의 국제질서』, 일조각.

文暻鉉, 1976, 「新羅의 骨制」 『大丘史學』 11.

_____, 1981, 「三國統一과 新金氏家門－金庾信 祖孫 四代의 貢獻－」 『軍史』 2.

_____, 1987, 「武烈王體制의 成立」 『新羅社會의 新硏究』, 新羅文化宣揚會.

_____, 1999, 「弑王說과 善德女王」 『白山學報』 52.

文明大, 1976, 「新羅 神印宗의 硏究」 『震檀學報』 41.

문안식, 2004, 「의자왕 전반기의 신라 공격과 영토확장」 『慶州史學』 23.

閔德植, 1989, 「羅·唐戰爭에 관한 考察－買肖城 전투를 중심으로－」 『史學硏
　　　　究』 40.

朴南守, 1987, 「統一主導勢力의 形成과 政治改革」 『統一期의 新羅社會 硏究』,
　　　　東國大 新羅文化硏究所.

_____, 1992, 「新羅 上代 手工業과 匠人」 『國史館論叢』 39.

朴南守, 1992,「新羅 和白會議의 機能과 性格」『水邨朴永錫敎授華甲紀念 韓國史學論叢』上.

_____, 2003,「新羅 和白會議에 관한 再檢討」『新羅文化』21.

박민경, 2000,「武王·義慈王代 政局運營의 研究」『韓國古代史研究』20.

朴成熙, 1999,「古代 三國의 史書 편찬에 대한 재검토」『震檀學報』88.

朴淳敎, 1997,「진덕왕대 정치개혁과 김춘추의 집권과정 I」『淸溪史學』13.

_____, 1998,「善德王代 政治運營과 毗曇의 亂 1−선덕 16년간의 對內外政을 중심으로−」『淸溪史學』14.

_____, 1999,『金春秋의 執權過程 研究』, 慶北大 博士學位論文.

_____, 2002,「皇龍寺九層塔의 歷史的 虛實」『悠山姜仁求敎授停年紀念 東北亞古文化論叢』, 民昌文化社.

_____, 2003,「眞智王의 改革과 花郎徒의 動向」『淸溪史學』18.

朴勇國, 1996,「新羅 中代 支配勢力의 形成過程과 그 性格」『慶尙史學』12.

_____, 2000,「善德王代 初의 政治的 實狀」『慶北史學』23.

_____, 2003,「新羅 眞平王 末期 倭典에서 領客典 改編과 對外關係」『慶尙史學』19.

_____, 2005a,「新羅 武烈王代 政治勢力의 構成과 變化」『歷史敎育論集』35.

_____, 2005b,「7世紀 後半 百濟戰役期 新羅 政治勢力의 變化」『大丘史學』81.

_____, 2005c,「新羅의 660년 百濟戰役에 대한 考察」『白山學報』73.

_____, 2005d,『統一戰爭期 新羅 政治勢力의 構成과 變化』, 慶北大 博士學位論文.

_____, 2006,「新羅 眞智王의 廢位와 眞平王 初期의 政治的 性格」『大丘史學』85.

朴泰華, 1965,「新羅時代의 密敎 傳來考」『趙明基博士華甲紀念佛敎史學論叢』.

朴海鉉, 1988,「新羅 眞平王代 政治勢力의 推移−王權强化와 관련하여−」『全南史學』2.

_____, 1996,「新羅 中代의 성립과 神文王의 王權 强化」『湖南文化研究』24.

_____, 1996,『新羅 中代 政治勢力 研究』, 全南大 博士學位論文.

拜根興, 2002,『7世紀 中葉 羅唐關係 研究』, 慶北大 博士學位論文.

_____, 2006,「試論新羅眞德女王石像殘軀及底座銘文的發現」『新羅史學報』7.

卞麟錫, 1966,「唐宿衛制度에서 본 羅·唐關係−唐代 '外人宿衛'의 一研究−」『史叢』11.

_____, 1995,「唐에서 바라 본 新羅의 三國統一」『史學研究』50

邊太燮, 1964,「廟制의 變遷을 통하여 본 新羅社會의 發展過程」『歷史敎育』8.

邊太燮, 1985,「三國統一의 民族史的 意味-'一統三韓' 意識과 관련하여-」
　　　『新羅文化』2.

_____, 1989,「三國의 鼎立과 新羅統一의 민족사적 의미」『韓國史市民講座』5,
　　　一潮閣.

徐榮敎, 2000,『羅唐戰爭史硏究-國際情勢의 變化와 羅唐戰爭의 推移-』, 東國
　　　大 博士學位論文.

徐永大, 1991,『韓國古代 神觀念의 社會的 意味』, 서울大 博士學位論文.

徐榮洙, 1987,「新羅 統一外交의 展開와 性格」『統一期의 新羅社會 硏究』, 東
　　　國大 新羅文化硏究所.

선석열, 2001,「신라사 속의 가야인들-金海金氏와 慶州金氏-」『한국고대사
　　　속의 가야』, 혜안.

申東河, 1979,「新羅骨品制의 形成過程」『韓國史論』5.

_____, 2000,『新羅 佛國土思想의 展開樣相과 歷史的 意義』, 서울大 博士學位
　　　論文.

辛鍾遠, 1992,「新羅 佛敎公認의 實相」『新羅初期佛敎史硏究』, 民族社.

_____, 1992,「安弘과 新羅佛國土說」, 『新羅初期佛敎史硏究』, 民族社.

_____, 1992,「慈藏과 中古時代 社會의 思想的 課題」『新羅初期佛敎史硏究』,
　　　民族社.

_____, 1996,「『三國遺事』善德王知幾三事의 몇 가지 問題」『新羅와 狼山』,
　　　新羅文化宣揚會.

申衡錫, 2002,「6세기 新羅 貴族會議와 그 성격」『國史館論叢』98.

申瀅植, 1966,「新羅의 對唐交涉上에 나타난 宿衛에 대한 一考察」『歷史敎育』9.

_____, 1971,「新羅王位繼承考」『柳洪烈博士華甲紀念論叢』.

_____, 1974,「新羅兵部令考」『歷史學報』61.

_____, 1977,「武烈王系의 成立과 活動」『韓國史論叢』2.

_____, 1981,「巡幸을 通하여 본 三國時代의 王」『韓國學報』25.

_____, 1983,「金庾信家門의 成立과 活動」『梨花史學硏究』13·14.

_____, 1983,「韓國古代에 있어서 漢江流域의 政治·軍事的 性格」『鄕土서울』
　　　41.

_____, 1984,「新羅骨品制의 一考察」『韓國古代史의 新硏究』, 一潮閣.

_____, 1988,「三國統一의 歷史的 性格」『韓國史硏究』61·62.

_____, 1990,「新羅 中代 專制王權의 展開過程」『汕耘史學』4.

沈嗅俊, 1965,「新羅王室의 婚姻法則」『趙明基博士華甲紀念 佛敎史學論叢』.

안지원, 1997,「신라 眞平王代 帝釋信仰과 왕권」『歷史敎育』63.

梁起錫, 1981,「三國時代 人質의 性格에 대하여」『史學志』 15.

_____, 1982,「百濟 義慈王代의 政治的 變革」『湖西史學』 10.

_____, 1986,「『三國史記』 都彌列傳 小考」『李元淳敎授華甲記念 史學論叢』, 敎學社

_____, 1990,「百濟 威德王代 王權의 存在形態와 性格」『百濟研究』 21.

梁炳龍, 1997,「羅唐戰爭의 進行過程에 보이는 高句麗 遺民의 對唐戰爭」『史叢』 46.

梁正錫, 2001,『新羅 中古期 皇龍寺의 造營과 그 意味』, 高麗大 博士學位論文.

양종국, 2002,「7세기 중엽 義慈王의 政治와 동아시아 국제관계의 변화-義慈王에 대한 재평가 1-」『百濟文化』 31.

余昊奎, 2000,「高句麗 千里長城의 經路와 築城背景」『國史館論叢』 91.

延敏洙, 1997,「改新政權의 성립과 동아시아 외교-을사의 정변에서 백촌강전투까지-」『日本歷史研究』 6.

_____, 1997,「百濟의 對倭外交와 王族」『百濟研究』 27.

_____, 2004,「7世紀 東아시아 情勢와 倭國의 對韓政策」『新羅文化』 24.

鈴木靖民, 1993,「7世紀 中葉 百濟의 政變과 東아시아」『百濟史의 比較研究』, 忠南大 百濟研究所.

吳富尹, 2002,「中國 廟學制 韓國에서의 發展-韓・中 廟學圈의 形成 初探-」『湖西史學』 32.

柳永哲, 1989,「新羅 中代 王權의 性格-太宗武烈王을 中心으로-」『嶠南史學』 4.

兪元載, 1996,「百濟 武王의 益山經營」『百濟文化』 25.

李基東, 1972,「新羅 奈勿王系의 血緣意識」『歷史學報』 53・54.

_____, 1976,「新羅 花郎徒의 起源에 대한 一考察」『歷史學報』 69.

_____, 1979,「新羅花郎徒의 社會學的 考察」『歷史學報』 82.

_____, 2002,「김유신-지성으로 이룩한 삼국통일의 위업-」『한국사시민강좌』 30, 일조각.

_____, 2004,「隋・唐의 帝國主義와 新羅 外交의 妙諦-高句麗는 왜 멸망했는가?-」『新羅文化』 24.

_____, 2005,「신라의 대당 군사동맹과 삼국통일」『한국사시민강좌』 36, 일조각.

李基白, 1954,「三國時代 佛敎 受容과 그 社會的 意義」『歷史學報』 6.

_____, 1962,「大等考」『歷史學報』 17・18.

_____, 1962,「上大等考」『歷史學報』 19.

_____, 1964,「新羅 執事部의 成立」『震檀學報』 25・6・7.

_____, 1964,「稟主考」『李相佰博士回甲紀念論叢』.

李基白, 1973, 「新羅時代의 葛文王」『歷史學報』58.

_____, 1973, 「儒敎 受容의 初期形態」『韓國民族思想史大系』2, 亞細亞學術研究會.

_____, 1975, 「新羅 初期 佛敎와 貴族勢力」『震檀學報』40.

_____, 1978, 「皇龍寺와 그 創建」『新羅時代 國家佛敎와 儒敎』, 韓國研究院.

_____, 1993, 「新羅 專制政治의 成立」『韓國史 轉換期의 문제들』, 지식산업사.

이남석, 2002, 「水源寺와 水源寺址」『湖西史學』32.

李道學, 1985, 「羅唐同盟의 性格과 蘇定方被殺說」『新羅文化』2.

_____, 1997, 「『日本書紀』의 百濟 義慈王代 政變記事의 檢討」『韓國古代社會의 地方支配』, 신서원

_____, 2004, 「百濟 義慈王代의 政變 變動에 대한 檢討」『東國史學』40.

李明植, 1984, 「新羅 文武王의 民族統一偉業」『大丘史學』25.

_____, 1989, 「新羅 中代王權의 專制化過程」『大丘史學』38.

_____, 1990, 「新羅 中古期의 王權强化過程」『歷史敎育論集』13·14.

_____, 2004, 「新羅 中古期의 將帥 異斯夫考」『『삼국사기』「열전」을 통해 본 신라의 인물』, 新羅文化宣揚會.

李文基, 1983, 「新羅 中古의 國王近侍集團」『歷史敎育論集』5.

_____, 1984, 「新羅時代의 兼職制」『大丘史學』26.

_____, 1986, 「新羅 侍衛府의 成立과 性格」『歷史敎育論集』9.

_____, 1992, 『新羅 中古期 軍事組織 研究』, 慶北大 博士學位論文.

李丙燾, 1976, 「眞興大王의 偉業」『韓國古代史研究』, 博英社.

李逢春, 2002, 「興輪寺와 異次頓의 순교」『新羅文化』20.

李銖勳, 1995, 『新羅 中古期 村落支配 研究』, 釜山大 博士學位論文.

李泳鎬, 1993, 「新羅 貴族會議와 上大等」『韓國古代史研究』6.

_____, 1995, 『新羅 中代의 政治와 權力構造』, 慶北大 博士學位論文.

李綏衡, 1995, 「'桃花女 鼻荊郎'條의 祭儀劇的 性格 試考」『韓國文學論叢』16.

李宇泰, 1991, 『新羅 中古期의 地方勢力 研究』, 서울大 博士學位論文.

李仁哲, 1991, 「新羅의 貴族會議와 宰相制度」『韓國學報』65, 一志社.

_____, 1993, 「新羅 內廷官府의 組織과 運營」『新羅政治制度史研究』, 一志社.

_____, 1999, 「新羅上代의 佛寺造營과 그 社會·經濟的 基盤」『白山學報』52.

_____, 2003, 「新羅의 王權과 政治構造」『新羅文化』22.

李晶淑, 1986, 「新羅 眞平王代의 政治的 性格－所謂 專制王權의 成立과 關聯하여－」『韓國史研究』52.

_____, 1993, 「新羅 眞平王代의 對中交涉」『釜山女大史學』10·11.

李晶淑, 1994a, 「眞興王의 卽位에 대한 몇 가지 문제」『釜山女大史學』 12.

_____, 1994b, 「眞平王의 卽位를 전후한 政局動向」『釜山史學』 27.

_____, 1995, 『新羅 眞平王代의 王權 硏究』, 梨花女大 博士學位論文.

_____, 1999, 「眞平王 末期의 政局과 善德王의 卽位」『白山學報』 52.

_____, 1999, 「眞平王代의 王權强化와 帝釋信仰」『新羅文化』 16.

_____, 2001, 「中古期 新羅儒敎의 性格」『白山學報』 58.

李鍾旭, 1980, 「新羅中古時代의 聖骨」『震檀學報』 50.

_____, 1986, 「三國遺事 竹旨郞條에 대한 一考察」『韓國傳統文化硏究』 2.

이창훈, 2005, 「나당동맹의 성립 배경」『6~8세기 동아시아 국제정세와 三國・南北國의 대외관계』, 한국역사연구회 제100회 연구발표회 발표요지.

李昊榮, 1981, 「新羅 三國統一에 대한 再檢討」『史學志』 15.

_____, 1982, 「麗・濟 連和說의 檢討」『慶熙史學』 9・10.

_____, 1984, 「高句麗・新羅의 漢江流域 進出 問題」『史學志』 18.

_____, 1997, 「對麗・濟相爭과 太宗武烈王權의 成立」『新羅三國統合과 麗・濟敗亡原因硏究』, 書景文化社.

_____, 1997, 「新羅 法興・眞興王代의 統一基盤 構築」『新羅三國統合과 麗・濟敗亡原因硏究』, 書景文化社.

李弘稙, 1971, 「三國遺事 竹旨郞條 雜考」『韓國古代史의 硏究』, 新丘文化社.

李喜寬, 1990, 「新羅上代 智證王系의 王位繼承과 朴氏王妃族」『東亞硏究』 20.

任慶彬, 1993, 「新羅 眞德女王代의 政治改革－武烈王의 卽位와 관련하여－」『北岳史論』 3.

임기환, 2000, 「신라 삼국통합의 배경과 통합정책」『한신인문학연구』 1.

_____, 2006, 「7세기 동북아시아 국제질서의 변동과 전쟁」『전쟁과 동북아의 국제질서』, 일조각.

任昌淳, 1958, 「戊戌塢作碑小考」『史學硏究』 1

張長植, 1997, 「桃花女 鼻荊郞 說話의 성립과 의미」『黃山李興鍾博士華甲紀念史學論叢』.

장지훈, 1995, 「佛敎의 政治理念과 轉輪聖王－三國時代 佛敎受容 문제와 관련해서－」『史叢』 44.

_____, 1995, 『三國時代 彌勒信仰 硏究』, 高麗大 博士學位論文.

John C. Jamieson, 1969, 「羅唐同盟의 瓦解－韓中記事 取捨의 比較－」『歷史學報』 44.

全德在, 1995, 『新羅 六部體制 硏究』, 서울大 博士學位論文.

田美姬, 1993, 「新羅 眞平王代 家臣集團의 官僚化와 그 限界－『三國史記』 48 實

兮·劍君傳에 보이는 舍人에 대한 검토를 中心으로-」『國史館論叢』48.

田美姬, 1997, 『新羅 骨品制의 成立과 運營』, 西江大 博士學位論文.

田鳳德, 1968, 「新羅 最高官職 上大等論」『韓國法制史研究』, 서울大 出版部.

全昌範, 2000, 「眞平王 天賜玉帶의 再考察」『東岳美術史學』 창간호.

鄭璟喜, 1990, 「三國時代 社會와 仙道」『韓國古代社會文化研究』, 一志社.

鄭求福, 2002, 「金庾信(595~673)의 정신세계」『悠山姜仁求敎授停年紀念 東北
  亞古文化論叢』, 民昌文化社.

정동준, 2002, 「7세기 전반 백제의 대외관계」『역사와 현실』46.

_____, 2006, 「7세기 중반 백제의 대외관계」『역사와 현실』61.

鄭善如, 2000, 「高句麗 僧侶 義淵의 活動과 思想」『韓國古代史研究』20.

鄭容淑, 1994a, 「新羅의 女王들」『韓國史市民講座』15, 一潮閣.

_____, 1994b, 「新羅 善德王代의 정국동향과 毗曇의 亂」『李基白先生古稀紀念
  韓國史學論叢』上, 一潮閣.

鄭雲龍, 1996, 『5~6世紀 新羅 對外關係史 研究』, 高麗大 博士學位論文.

丁仲煥, 1977, 「毗曇·廉宗亂의 原因考-新羅政治社會의 轉換期에 관한 一試
  考-」『東亞論叢』14.

_____, 1984, 「金庾信(595~673)論」『高柄翊先生回甲紀念史學論叢 歷史와 人
  間의 對應』, 한울.

鄭泰爀, 1981, 「韓國佛敎의 密敎的 性格에 대한 考察」『佛敎學報』18.

鄭孝雲, 1986, 「新羅 中古時代의 王權과 改元에 관한 研究」『考古歷史學志』2.

_____, 1990, 「七世紀代의 韓日關係의 研究-白江口戰에의 倭軍派遣 動機를
  중심으로-」上『考古歷史學志』4·5.

조경철, 2007, 「신라의 여왕과 여인성불론」『제50회 전국역사학대회 발표요지』.

趙愛姬, 1973, 「新羅における彌勒信仰の研究」『新羅佛敎研究』, 山喜房佛書林.

朱甫暾, 1979, 「新羅 中古의 地方統治組織에 대하여」『韓國史研究』23.

_____, 1984, 「新羅時代의 連坐制」『大丘史學』25.

_____, 1992, 「『文館詞林』에 보이는 韓國古代史 관련 外交文書」『慶北史學』15.

_____, 1993, 「金春秋의 外交活動과 新羅內政」『韓國學論集』20.

_____, 1994, 「南山新城의 築造와 南山新城碑-第9碑를 中心으로-」『新羅文
  化』10·11.

_____, 1994, 「毗曇의 亂과 善德王代 政治運營」『李基白先生古稀紀念 韓國史
  學論叢』上, 一潮閣.

_____, 1995, 『新羅 中古期의 地方統治와 村落』, 啓明大 博士學位論文.

_____, 1997, 「新羅 花郎徒 研究의 現況과 課題」『啓明史學』8.

蔡美夏, 2001, 『新羅 宗廟制와 王權의 推移』, 慶熙大 博士學位論文.

蔡印幻, 1994, 「新羅初期 佛敎의 思想과 文化」 『佛敎大學院論叢』 2.

崔光植, 1981, 「三國史記 所載 老嫗의 性格」 『史叢』 25.

崔珉熙, 2002, 「'儀鳳四年皆土' 글씨기와를 통해 본 新羅의 統一意識과 統一紀年」 『慶州史學』 21.

최현화, 2004, 「7세기 중엽 羅唐關係에 관한 考察」 『史學硏究』 73.

_____, 2006, 「7세기 중엽 당의 한반도 지배전략」 『역사와 현실』 61.

판카즈(N. M. Pankaj), 1994, 「新羅 '中古'期의 轉輪聖王 理念－印度 Asoka王과 新羅 眞興王의 政治理念의 비교－」, 서울大 碩士學位論文.

河日植, 1998, 『新羅 官等制의 起源과 性格』, 延世大 博士學位論文.

河廷龍, 1993, 「『三國遺事』 彌勒仙花・未尸郞・眞慈師條 譯註」 『普照思想』 9.

洪潤植, 1984, 「新羅 皇龍寺經營의 文化的 意味－百濟 彌勒寺經營과의 比較論的 考察－」 『馬韓・百濟文化』 7.

_____, 1985, 「三國時代의 佛敎受容과 社會發展의 諸問題」 『馬韓・百濟文化』 8.

黃善榮, 1985, 「新羅 武烈王家와 金庾信家의 嫡庶問題」 『釜山史學』 9.

黃壽永, 1960, 「百濟半跏思惟石像小考」 『歷史學報』 13.

2) 외 국

Marc J. Swartz, Victor W. Turner & Arthur Tuden, Political Anthropology ALDINE publishing Co. Chicago. 1976 3rd.

古畑徹, 1983, 「7世紀末から8世紀初にかけての新羅・唐關係」 『朝鮮學報』 107.

鬼頭淸明, 1974, 「世紀後半の國際政治史試論－中國・朝鮮三國・日本動向－」 『古代の日本と朝鮮』, 學生社.

今西龍, 1933, 「新羅眞興王巡狩管境碑考」 『新羅史硏究』, 近澤書店.

末松保和, 1954, 「新羅三代考」 『新羅史の諸問題』, 東洋文庫.

木村誠, 1976, 「6世紀新羅における骨品制の成立」 『歷史學硏究』 428.

_____, 1976, 「新羅郡縣制の確立過程と村主制」 『朝鮮史硏究會論文集』 13.

_____, 1977, 「新羅の宰相制度」 『人文學報』 118.

武田幸男, 1974, 「新羅法興王代の律令と衣冠制」 『古代朝鮮と日本』, 龍溪書舍.

_____, 1975, 「新羅骨品制の再檢討」 『東洋文化硏究所紀要』 67.

_____, 1985, 「新羅'毗曇の亂'の一視覺」 『三上次男博士喜壽紀念論文集』, 平凡社.

三池賢一, 1966, 「『日本書紀』 '金春秋の來朝記事'について」 『駒澤史學』 13.

_____, 1968, 「金春秋の王位繼承」 『法政史學』 20.

三池賢一, 1968,「金春秋小傳」1『駒澤史學』15.

_____, 1969,「金春秋小傳」2『駒澤史學』16.

_____, 1970,「金春秋小傳」3『駒澤史學』17.

_____, 1971·1972,「新羅內廷官制考」上·下『朝鮮學報』61·62.

_____, 1975,「新羅官制と社會身分」『日本史研究』150·151.

三品彰英, 1973,「古代朝鮮における王者出現の神話と儀禮について」『古代祭政と穀靈信仰』.

石上英一, 1974,「古代における日本の稅制と新羅の稅制」『古代朝鮮と日本』, 龍溪書舍.

鈴木英夫, 1980,「七世紀中葉における新羅の對倭外交」『國學院雜誌』81-10.

鈴木靖民, 1992,「七世紀東アジアの爭亂と變革」『新版 古代の日本』2.

李成市, 1979,「新羅六停の再檢討」『朝鮮學報』92.

_____, 1985,「新羅僧慈藏の政治·外交上の役割」『日本史學會八十三會大會發表要旨』.

井上秀雄, 1962,「新羅政治體制の變遷過程－門閥貴族の集團支配と專制王權－」『古代史講座』4, 學生社.

_____, 1974,「新羅王權と地方勢力」『新羅史基礎研究』, 東出版.

酒井改藏, 1970,「三國史記の地名考」『朝鮮學報』54.

池內宏, 1930,「高句麗滅亡後の遺民の叛亂と唐と新羅との關係」『滿鮮地理歷史研究報告』12.

_____, 1934,「百濟滅亡後の動亂及び唐·羅·日三國の關係」『滿鮮地理歷史研究報告』14.

村上四男, 1976,「新羅眞興王と其の時代」『朝鮮學報』81.

八百谷孝保, 1937,「新羅社會と淨土敎」『史潮』7-4.

布山和男, 1996,「新羅文武王五年の會盟にみる新羅·唐關係」『駿台史學』96.

ABSTRACT

A study on the political history in the Meddle ancient period of Silla dynasty

Kim, Deok-won

The Middle ancient period(中古期) of Silla dynasty is when changes and developments are repeated in many fields. This article aims to research into Saryungye's political activity at such era. The term of 'Saryungye(舍輪系)' used at this article means the lineal descendant of the second son of King Jinheung(眞興王), Saryungye. That is, it refers to Saryun(舍輪) throned to King Jinji(眞智王) as the second son of King Jinheung, and his son Kim, Yong-choon(金龍春), and grandson, Kim, Chun-chu(金春秋). And that period was limited to about 82 years from the year 572, the Crown Prince Dongryun(銅輪) died till 654 Kim, Chun-chu ascended the throne. This period falls under over half the Meddle ancient period of about 140 years, when Silla society went through significant change and development.

Saryungye initiatively operated national politics in the later rule of King Jinheung after the death of the Crown Prince, Dongryun, and ascended the throne as King Jinji. In this process, he got assistance from Geochilboo(居柒夫) and Kim, Moo-ryuk(金武力), but the background of his being throned to the king was individual qualities and then domestic and foreign

circumstances. For individual qualities, King Jinji was older than Baek
jeong(白淨), the son of the Crown Prince, Dongryun, and had political
experience and wisdom and correct judgement based on it. Also he may
habe been more fit than Baekjeong, internally, to promote the Buddhist
policy at King Jinheung, and externally to defend the invasion of Baekje
(百濟) and Koguryo(高句麗) and maintain expanded territory with safety.

King Jinji, ascending the throne, tried to make an independent operation
of political situation after the death of political supporting power,
Geochilboo and Kim, Moo-ryuk, but Dongryungye(銅輪系) organized
disregardable power. King Jinji attempted to break through unfavorably
developing situation by promoting political alliance with Saryangboo(沙梁
部) and Dohwanyeo(桃花女). Despite of this effort, King Jinji was
dethroned by Dongryungye, and in that course, the story of Dohwanyeo(桃
花女) and Bihyungrang(鼻荊郎) was created. Thus the record of 'national
political situation being disturbed and obscene (政亂荒婬)' indicates the
political crisis of King Jinji as the expression of unrest to Dongryungye's
threat, not the result of failed politics according to King Jinji's private
character and behavior.

Saryungye was not entirely collapsed as King Jinji was dethroned. This
can be found through the fact that the son of King Jinji, Kim, Yong-chun
was acting at the times of King Jinpyung(眞平王). Kim, Yong-chun is the
figure presumed to be Bihyung(鼻荊) of Bihyungrang(鼻荊郎)'s story. He
was early involved in the political situation of King Jinpyung, and
maintained the power of Saryungye, and after marrying Cheonmyong(天
明), he may have acted as Daedeung(大等) and Byungbooryung(兵部令).
And he was appointed as Naesungsashin(內省私臣) in 622 based on this
foundation.

Kim, Yong-chun was more active at the latter period of King Jinpyung. After elected as Naesungsashin in 622, he may have initiatively promoted the arrangement of bureaucratic system at the later period of King Jinpyung. Likewise, Kim, Yong-chun being appointed as as Naesungsashin is related to the issue of succeeding to the throne at the later period of King Jinpyung. King Jinpyung politically compromised with Kim, Yong-chun in the line of Saryungye to have a woman, Seondeok(善德) take over the throne, and in turn, Kim, Yong-chun came to take up the initiative of political situation helping King Seondeok(善德王) succeed to the throne.

Such political compromise of King Jinpyung and Kim, Yong-chun brought out the repulsion of the power opposing the enthronement of the queen, whose representative event was the conspiracy of Ichan(伊湌), Chilsook(柒宿). This treason was quelled by Kim, Yong-chun and Kim, Seo-hyun(金舒玄), and definite background was secured for King, Seondeok to ascend the throne. Later Kim, Yong-chun played a role of political supporting power for Kim, Chin-chu in the reign of King Seondeok.

Performing foreign affairs to Koguryo and Japan(倭) after Daeyasung(大耶城) was ruined by Baekje in 642, Kim, Chun-chu tried to defended Baekje's invasion. This kind of Kim, Chun-chu's diplomatic activity had the character of 'demanding peace(請和)' for experiencing the internal situation of two countries going through political disorders rather than 'requesting forces(請兵)'.

At the later year of King Seondeok, Bidam(毗曇) raised a rebellion contending that the 'queen did not do well in politics(女主不能善理)'. This riot was caused by Sangdaedeung(上大等), Bidam's complaint about the expansion of Saryungye's power, but suppressed by Kim, Yoo-shin(金庾信). Bidam's rebellion was the last resistance of the powers objecting to Saryungye, and after the suppression of this riot, Saryungye completely ruled over political situation. And it backed up King Jindeok(眞德王) from Seonggol(聖骨), and developed different politics from the past.

Suppressing and take up political power, Kim, Chun-chu put forward with 'progressive Pro-Chinese policy(漢化政策)' through diplomacy to Dang(唐). This Pro-Chinese policy led to the conclusion of an alliance between Silla and Dang, the fruit of 'requesting forces(請兵)' to Dang, in the midst, he accepted Dang's products of civilization to consolidate of Confucian ideology. This was derived from the intention of distinguishing it from King Jinpyung of Dongryungye promoting the ideology of sanctifying Buddhist Seonggol. Kim, Chun-chu executed reform policy based on this kind of Pro-Chinese policy, finally ascended the throne as King Mooyul(武烈王), and opened the new era of the Middle age(中代).

The reason why Kim, Chun-chu was throned as King Mooyul was possible due to positive support of Kim, Yoo-shin from Gaya(加耶). The relation of Saryungye and Gayagye(加耶系) formed in the process of Saryun throned as King Jinji, were on good terms till Kim, Chun-chu was throned as King Mooyul. In the course of Saryun throned as King Jinji, it received help Geochilboo and Kim, Moo-ryuk, whose relation was kept on after King Jinji was dethroned, and connected to Kim, Yong-chun, Kim, Seo-hyun at the time of King Jinpyung, and Kim, Chun-chu and Kim, Yoo-shin at King Seondeok, and Jindeok. And The relation of these two families over three generations, Saryun and Kim, Moo-ryuk, Kim, Yong-chun and Kim, Seo-hyun, Kim, Chun-chu and Kim, Yoo-shin was strengthened through overlapped marriage, at last became a motive power to open the new era of Middle age.

찾아보기

ㅌ

김 덕 원金德原

忠北 永同에서 출생하여
明知大學校 大學院 史學科를 졸업(文學博士)하고
明知大·柳韓大·放通大 등에서 강의하고 있다.

論 文

「新羅 眞智王代의 政局運營」,「新羅 佛敎의 民間 受容에 대한 一考察」,
「新羅 眞智王代의 王權强化와 彌勒信仰」,「新羅 善德王代 大耶城 함락의
의미」,「新羅의 東海岸 進出과 蔚珍鳳坪碑」,「신라 善德王代 金春秋의 외교
활동과 정국동향」,「新羅 眞德王代 金春秋의 對唐外交와 官制整備」외 다수

著 書

『韓國古代史料集成』(編著),『금석문을 통한 신라사 연구』(공저),『신라속의 사
랑 사랑속의 신라』(공저),『韓國中世日本史料集成』(編著),『한국고전사-고대
편-』(공저) 외 다수

新羅中古政治史研究   값 15,000원

2007년 6월 20일 초판 인쇄
2007년 6월 30일 초판 발행

저   자 : 김 덕 원
발 행 인 : 한 정 희
발 행 처 : 경인문화사
편   집 : 신 학 태
서울특별시 마포구 마포동 324-3
전화 : 718-4831~2, 팩스 : 703-9711
이메일 : kyunginp@chol.com
홈페이지 : 한국학서적.kr / www.kyunginp.co.kr
등록번호 : 제10-18호(1973. 11. 8)

ISBN : 978-89-499-0495-5   94910